U0624118

陈夏红·主编

中国破产法

中国破产法的现代化：从《大清破产律》到《企业破产法》(1906-2006)

分卷主编·陈夏红　译者·谢琳　涂晟　张承儿　等

中国大百科全书出版社

图书在版编目（CIP 数据）

中国破产法/陈夏红主编．--北京：中国大百科全书出版社，2018.8

（远观译丛）

ISBN 978-7-5202-0150-6

Ⅰ.①中… Ⅱ.①陈… Ⅲ.①破产法-研究-中国
Ⅳ.①D922.291.924

中国版本图书馆 CIP 数据核字（2017）第 180261 号

策 划 人 郭银星
责任编辑 李海艳
责任印制 魏 婷
封面设计 乔智炜
出版发行 中国大百科全书出版社
地 址 北京阜成门北大街 17 号 **邮政编码** 100037
电 话 010-88390093
网 址 http：//www.ecph.com.cn
印 刷 北京君升印刷有限公司
开 本 787 毫米×1092 毫米 1/16
印 张 28.5
字 数 345 千字
印 次 2018 年 8 月第 1 版 2018 年 8 月第 1 次印刷
书 号 ISBN 978-7-5202-0150-6
定 价 79.00 元

本书如有印装质量问题，可与出版社联系调换。

总　序

大洋彼岸的回声

想编这样一套丛书的想法由来已久。自多年前到荷兰游学，出于研究需要，查阅了大量英文写成的有关中国法律的文献。阅读的过程，失望与希望并存。说失望，是发现，由于语言、文化等因素，有一些用英文写成的有关中国法律的文献，或流于浅层次的泛泛介绍，或充满西方式的傲慢与偏见，并不尽如我们在惯性思维里对西方学者的预期与推崇。而说希望，是发现，亦有为数不少的文献，选题新颖，论证严密，评析问题入木三分，既顾及中国的传统与现实，亦能够用最现代化的法治标准，去衡量中国法治发展的成败得失；既有理性的批评与建议，亦有客观的褒扬与赞许。尽管现在国人的英文水平较之以往有提高，文献检索能力也随之进步，数据库技术的发展消除了获取这些原文的障碍，但从传播效果最优化的角度，我觉得这些佳作，依然有翻译成中文并在国内出版的必要。

这个想法，首先得到中国大百科全书出版社社科学术分社社长郭银星女士的鼎力支持。2013 年初，我回国探亲，忙里偷闲与郭银星聚餐，聊及这个选题，双方一拍即合，并在各自的领域内，做了最大的努力。

我与郭银星相识已有十多年，在出版领域算是挚友，此前我们已有一些合作。比如在我的建议下，中国大百科全书出版社重版曹汝霖的回忆录《曹汝霖一生之回忆》；《高宗武回忆录》出版过程中，我亦参与校阅；我们更大规模的合作，便是辛亥革命100周年之际，由我与杨天石教授编辑的《辛亥革命实绩史料汇编》四卷本。这套丛书出版过程延宕甚久；出版之际，辛亥革命百年纪念已经落幕。但这套书出版后，依然获得一些好评，尤其是很荣幸地获得“2011凤凰网年度十大好书”的称号。而这套远观译丛，则是我们最新的合作成果。

选择与中国大百科全书出版社合作，完全是基于该社在法学学术出版领域卓越的声誉和口碑。据我所知，中国大百科全书出版社在法学领域最早期的成果，是20世纪80年代初期的《中国大百科全书·法学》。百科全书作为国家学术思想的门户，其重要性毋庸赘言，尤其是中国经过多年“文革”浩劫，亟待重建知识体系的情况下。中国大百科全书出版社由此创建，而亦以此成名。《中国大百科全书·法学》编撰过程中，当时国内老中青三代法学家尽数参与其中，济济一堂；这本书出版后，一时洛阳纸贵，也成为当时法学院师生不可或缺的参考书。而90年代中后期，中国大百科全书出版社与福特基金会合作，由江平先生出任主编，隆重推出“外国法律文库”，将德沃金的《法律帝国》《认真对待权利》、伯尔曼的《法律与革命》、哈耶克的《法律、立法与自由》、贝卡利亚的《论犯罪与刑罚》、哈特的《法律的概念》、戴西与莫里斯的《论冲突法》、奥本海的《奥本海国际法》、凯尔森的《论法律与国家的一般理论》、拉德布鲁赫的《法学导论》等西方学界脍炙人口的法学名著，悉数译介到国内。这些书籍的出版，对于当时的法学界来说，其意义自不待言。如今随着法学出版格局的进化，译介甚至原版影印的作品越来越多，但中国大百科全书出版社在法学领域的这些贡献和创举，至今散发着绵延不绝的影响力。

远观译丛想法的产生，不能不提及一些同类作品。最为著名的当然是刘东主持编辑的海外汉学丛书。这套书从文史的角度，将海外学人研究中国的佳作“一网打尽”。而在法律领域，除了早年王健编辑的《西法东渐：外国人与中国法的近代变革》，尚有高道蕴、高鸿钧以及贺卫方等编辑的《美国学者论中国法律传统》。除了译作，后来也出现一些研究外国学者论中国法的作品，这里面最重要的一本当属徐爱国教授的《无害的偏见——西方学者论中国法律传统》。我之所以有想法编译这套远观译丛，无疑是受到以上作品的启迪，理当在这里表达敬意与谢意。

但是，上述译作大都局限在比较法或中国法律传统的框架内，重理论而轻实务，重理念而轻实践，文史气息浓郁，对具体的部门法则涉及不多。这或许是远观译丛与前述作品的最大区别。在我看来，中国法律传统固然值得盘点，但在中国大转型的节骨眼上，更为重要的则是对我们现行法制建设的成败得失作出理性的分析评判。正应了那句老话：“兼听则明。”我们有必要将域外学者对中国法律制度的具体评述译介到国内，为法治的现代化更上一层楼，增加必要的参考资料。这些中国法治事业在大洋彼岸的回声，势必会给读者带来耳目一新的感觉。这么说，并不是说前述对中国法律传统的盘点不重要，而是希冀在这些工作的基础上更进一步。

说到中国法治的现代化，这无疑是一个更长久的历史过程。清末开启中国法治现代化进程，绵延至今已有一个多世纪。大约 115 年前，即 1902 年，刚从义和团运动及八国联军侵华之后回过神来的晚清政府，在与西方列强修订商约过程中，被迫启动修律新政，为挽救这个摇摇欲坠的王朝，不得不服下一剂废弃祖宗成法的猛药。此举一下子将畅行中华帝国千余年的传统律法体系几乎连根拔起，亦将中国带上了法律现代化的不归路。正所谓“开弓没有回头箭”，中国在法律现代化的道路上，因应国际政治形势的演变，先学欧美，再学苏联，复归欧美，一波三折，大方向却始终如一。在这个过程中，中国的法律体系可以说是一个“全盘西化”的过程。这个“西”既包括日本、德国、法国，也包括英国、美国，当然更不能漏掉苏联。周大伟先生尝言，中国现代化的过程便是三院诞生的过程。这里的三院便是医院、法院、法学院，此言颇得我心。现在是对持续近百年的法治“全盘西化”作一盘点的时候。在盘点之前，我们有必要听听域外学者对我们现有的法律成果作何评说。师夷长技以自强也好，师夷长技以制夷也罢，中国法治现代化的伟业，我们只能一步一个脚印，筚路蓝缕，群策群力，以愚公移山的精神艰苦奋斗下去。

在我心目中，这套书预期的读者，将不仅仅是法科学生，而更多的是各个部门法领域的专家、学者及研究人员，还有实务部门的实践者和决策者。我之所以这么说，完全是由这套丛书的格局与气象决定的。在阅读译稿的过程中，我常常惊讶于原文作者直面中国法律实践的学术敏感，以及他们发现问题、归纳问题、提出问题以及解决问题的能力。这里面给我冲击最大的，既有《中国知识产权法》中，从中国传统文化角度解读“山寨”现象的新观点，亦有《中国破产法》中，对1906年《大清破产律》的比较研究。我不敢说每部入选图书都是佳作，但这样的列举势必挂一漏万，因为这样的闪光点实在是比比皆是。

这套丛书能够以现在这个样子呈现在读者面前，不能不归功于一个优秀的翻译团队。这个团队年轻而富有朝气，大部分成员为“八〇后”，基本都在中国、日本、德国、荷兰、奥地利等国内外法学院，受过完备的法律教育及扎实的学术训练。这也是为什么我们首辑包括《中国民法》《中国刑法》《中国刑事司法》《中国公司法》《中国知识产权法》以及《中国破产法》中，能够收录包括日语、德语、英语在内的重要文献。这既保证我们能有国际化的视野，也保证我们可以尽最大的能力，使得这些优秀的作品能够以尽可能完美的方式，呈现在读者面前。

毫无疑问，对于我们这个年轻而朝气蓬勃的翻译团队来说，无论是在专业素养上，还是在人格养成方面，翻译并出版这套丛书，都是一个极为宝贵的锻炼机会。在这个协作的过程中，我们逐渐学会有效沟通、制定规则、执行规则、维护权利、履行义务、践行诺言、承受压力等。在这个组稿、翻译、定稿的过程中，我们既完整地展示出各自的能力，亦发现自身颇多值得完善的地方。对于每个参与者来说，这套丛书出版的意义，绝不仅是署有自己名字的译作出版，而更多的意义在出版物之外。我希望这套丛书的出版，对于所有参与者来说，不是我们这些参与者学术人格训练和养成的终结，而只是开始。

坦率地说，翻译本身不仅仅挑战译者的外语能力，更考验译者的中文水平。就翻译三目标“信、达、雅”而论，能够“信”而“达”已属不易，“雅”更是一个值得恒久努力的目标。什么是美好的汉语？这个问题仁者见仁、智者见智，但能够做到清楚、通顺已经很不容易。只有在翻译的过程中，我们才能真切地看到自身的汉语水平。这套丛书译稿不断更新的过程，也是我们对自己的母语水平不断审视并提高的过程。但即便如此，用一句俗套但绝非客套的话来说，恐怕翻译的讹误之处在所难免，还请读者们不吝赐教。

第一辑七本分册的出版，只是远观译丛的起步。这套丛书将保持开放性、持续性，会通过各种方式继续进行下去。下一步，我们除了继续围绕不同学科或者特定主题选译优秀论文外，亦将会引进合适的专著，目前这方面的工作已经起步。此外，我们诚挚地期待并邀请更多的同行加入这个团队，将更多的佳作介绍给国内的读者。

作为这套丛书的主编，在这里，请允许我诚挚地感谢中国大百科全书出版社尤其是社科学术分社社长郭银星女士；感谢本丛书所收论文的作者或原出版机构等版权持有方的慷慨授权；感谢本丛书各位分卷主编耐心细致的组织工作；感谢各位译者认真负责地翻译；当然，最后更要感谢并期待来自各位读者的意见和建议。

是为序。

陈夏红

2015 年于荷兰马斯特里赫特大学

2017 年定稿于京郊昌平慕风斋

序　言

本书将大体按照时间及主题，分为四个部分：第一部分距离我们最近，是一组对 2006 年中国新《破产法》评述的论文；第二部分则是一组对 20 世纪 90 年代中国破产法的运行及实践中的案例的评述文章；第三部分主要围绕 1986 年《破产法（试行）》；而第四部分，则是两篇研究 1906 年大清《破产律》的文章。

第一部分收入如下文章：

张宪初教授的《中国特色的“大到不能倒”》发表于 2013 年。该文结合中国新《破产法》颁布以及 2008 年金融危机的大背景，评述了近年来破产案件的情况，以及政府应对金融危机的政策。作者指出，虽然中国政府和主要发达国家都采取政策手段，来拯救金融危机中某些金融机构，但中国式救援，更强调政治和社会稳定，更看重政治意义，更有利于国有企业。这些政策偏好，反映出中国模式的社会主义市场经济本质特征，即市场机制与政治权威的结合。这些政策手段表面上使得中国领先于其他国家，走出经济危机的阴影，但也留下了诸多风险。

迈克·法尔克的《中国新〈破产法〉：皆大欢喜的结局？》一文，发表在破产法领域著名的《国际破产法评论》（*Interna-*

tional Insolvency Review）上，是最早用英语发表并评述中国 2006 年《破产法》的文献之一。法尔克除熟稔德国破产法律体系外，他的博士论文便是研究转型国家的破产法改革，因此对包括俄罗斯在内各国破产法的转型颇有研究心得。这可能也是他关注并迅速对中国新《破产法》作出反应的背景。在这篇不长的文章中，法尔克对中国 2006 年《破产法》的背景和条文，都做了详尽而切中肯綮的评述。

汉·塞缪尔·布福德教授的《中国新〈破产法〉：文本与有限的比较分析》一文，对中国 2006 年《破产法》做了精当的述评。作者认为，中国《破产法》模仿美国《破产法》第 11 章，建立企业重整制度。该文最大特色在于，作者重点聚焦于重整制度及其他法律规定，并结合美国破产法律制度，对中、美二者在破产法体系上的异同，尤其是重整制度，做了“有限”而深入的比较研究。

葛安德教授的《漫长的冻结：中国〈破产法〉对担保人权利的影响》一文，选择围绕 2006 年《破产法》中的核心规定之一，即担保人的权利变化，展开细致的研究。该文作者对中国破产法的发展历程和新《破产法》颁布之前的历次草案，显得非常熟悉，对争议问题的焦点，亦能明确辨识并清晰阐述。而针对这一具体而核心的问题，即担保权人利益与破产法的基本目标的平衡，通过对《破产法》框架下与法官权力、管理人权力以及债权人会议权力之间制衡和分配的探析，作者详细考察了担保权人、无担保权人以及债务人的利害关系的消长。在以中国新《破产法》为研究对象的论文中，这篇文章可以说别具一格。

第二部分题为“破产实践”，收录如下文章：

张宪初教授和查尔斯·布斯教授合写的文章《新兴市场经济中的中国破产法：深圳经验》一文，很让人耳目一新。

这篇文章基于对深圳市中级人民法院破产庭法官及深圳其他破产从业人员的访谈，旨在考查《破产法（试行）》及《深圳经济特区企业破产条例》并存的格局下，深圳特区的破产实践。这篇访谈研究文章信息量相当大，可以说是有关中国破产法体系运作及实践的第一手材料。即便相关访谈发生在十多年前，但访谈中涉及的中国体制的一些痼疾，无论是在深圳还是在深圳特区之外，今天依然存在。职是之故，重读这篇文章，无疑会对中国破产法律体系的运行及缺陷，有更为直观的认识。文章中提及的诸如破产法庭的“弱势”现象、行政系统的巨大影响、破产欺诈、跨境破产制度的付之阙如等，对今天完善《破产法》，依然具有重大的启迪。这也是这篇文章的最大意义所在。

文森特的文章《珠光集团破产案：中国国有企业跨国破产立法案例分析》围绕珠海市市政府下属的珠光集团的破产案，通过大量的文献，完整地还原整个珠光集团破产案件的来龙去脉。除了“讲故事”外，作者还用夹叙夹议的方式，对案件表象之后的问题，尤其是地方政府与国有企业、地方政府与中央政府、地方政府与法院等的关系，做了入木三分的分析。这种结合具体案例展开的分析，较之学理上的归纳和演绎，更有说服力。在文章结论部分，作者提出外资进入中国时的诸多安全策略，既值得外资决策者参考，亦值得中国决策者反思。关于珠光集团破产案，在已有的中文文献中，类似的研究绝无仅有；关于中国破产法的研究中，这篇文章的研究视角独树一帜，颇值得读者重视。

卓雪莉的《中国的持续性经济改革：破产立法引路》一文写于1994年新《破产法》起步之际。当本书编者与卓雪莉联系版权事宜时，她对我们选入这篇文章表示惊讶和欣喜——在她看来，我们的选择本身，就说明这篇近二十年前的文章，对中国当代破产法的研究和实施依然有价值。的确，这也是我们选择这篇文章的初衷。1986 年《破产法（试行）》颁布后，新《破产法》的制定于 1994 年起步，一直到 2006 年才通过，可谓“二十年磨一剑”。其间，欧美学界有不少围绕中国破产立法而发表的文章，或者批判，或者建议，或者二者兼而有之。卓雪莉的文章可以说是其中很有代表性的一篇。无论是从内容本身，还是从破产法文献的辑录方面，都有可选之处。

第三部分“1986 年《破产法（试行）》”，收录如下一篇文章：

张大光的《〈破产法（试行）〉立法史话：基于立法过程的研究》，最早对中国 1986 年《破产法（试行）》的立法过程，做了精当的描述。这篇文章也是西方学界研究中国 1986 年《破产法（试行）》时，引用率最高的一篇。这篇文章中有很多有意思的提法。例如，作者将破产法的根源，追溯至 1983 年由国务院技术经济研究中心主持的关于中国技术发展的研究，该研究的结论是，“加快中国技术进步的唯一途径，是制定破产法，这样将有助于淘汰低效率和技术落后的企业”。由此，中华人民共和国的破产立法工作，才逐步进入公众及立法机构的视野中。此外，这篇文章对 1986 年《破产法（试行）》颁布之前的过程，从试点、草案、征集意见，一直到最终颁布，都有详尽论述，尤其是作者将之放在中国民主化进程中，颇有新意。对于 80 年代中国的转型以及破产法的发展历程感兴趣的读者，不能不读这篇文章。

第四部分“历史与文化”，收录如下三篇文章：

托马斯·米特拉诺的《〈大清破产律〉：一部法案史》，是这本破产法分卷编译过程中最大的发现之一。米特拉诺在这篇文章中，对《大清破产律》的背景、经过、结果及框架，做了详尽的述评，字里行间体现出来的对中国文化的熟稔、对清末修律历史的熟悉、对相关参考文献的爬梳，总是让人眼前为之一亮。而文中论及《大清破产律》的废除时，提及地方层面对该法的消极态度，尤其是重臣张之洞对这部法律的批评，也是笔者此前未曾留意到的。选入这篇文章，可以说是有笔者的“私念”在其中。笔者的硕士学位论文，即研究近代中国破产法律的制度变迁，四年后意外发现这篇文章，可以说喜出望外。在早先的研究中，笔者并未意识到或者发现西方学者对《大清破产律》的研究和关注。但事实上，《大清破产律》颁布没多久，就有英文版本在国外发表或者出版单行本。在英国杜伦大学（University of Durham）攻读破产法博士学位的张子年先生曾给笔者发来张宁云 1907 年翻译并出版的《大清破产律》的英译单行本。而就目前发现的西方学者的研究，除了这篇《〈大清破产律〉：一部法案史》外，还有下一篇多弗的文章。当然，或许还有笔者未曾发现的文献。

海因里希·多弗的文章《1906 年 4 月 27 日的〈大清破产律〉》一文，是另外一篇西方学者写成的研究《大清破产律》的文章。这篇文章早在 1907 年就用德文发表，可以说是《大清破产律》最早时在西方学界的反响之一。较之上文米特拉诺的文章，这篇文章整体而言，流于更浅层次的介绍，乃泛泛而谈之作，读者不能不查。不过，该文中作者对当时“中国崛起”的论述、对商会作用的概述，倒也有一定新意。

娜塔莉·马丁教授的《历史与文化在破产和破产制度发展中的作用：法律移植的危险》一文，无疑拥有更为广博的视野。该文并未单独研究中国破产法律，而是将破产法律制度放在法律移植的大背景下予以考察，进而详细阐述了历史和文化因素在破产法律发展中的作用。作者提出，“历史和文化在决定如何处理案件时，比法律如何规定可能更加重要”，美国破产法律制度，植根于其独特的消费、信贷、债务宽恕文化中；此外，两党制的政治体制、私人律师的兴起等，也成为支撑破产法发展的重要力量；当然，第二次世界大战后美国消费主义的盛行，尤其是罗斯福新政时期政府促进房地产市场发展的政策，对于消费者个人破产制度来说，亦起到推波助澜的作用。对于任何一个国家或地区来说，基于文化观念上的明显不同，单纯引入美国模式的重整制度和自然人破产制度，而不改造其文化，不大可能取得预期的经济效果。在该文中，中国内地和香港特别行政区的破产法，只是作者比较对象的一小部分。或许只有植根于传统中，现代化的破产法律制度才能更有效率地运行。这也是编者选入这篇文章的初衷。

整体而言，这本《中国破产法》，囊括了最近一百年来破产制度在中国的运作和实践。站在历史的长河中，破产法的发展脉络似乎更为清晰，立法技术的进步与退步，更是显而易见。唯愿破产法研习者和决策者能够将本书放在案头，让本书为将来的破产法律制度的完善，起到一定程度的积极作用。

有必要向读者交待的是，在本书涉及的原文中，类似《中华人民共和国企业破产法》这样的称谓比比皆是。基于文本简便及中文中约定俗成的表达方式，除非特别说明，一般将2006 年中国《企业破产法》直接简称为《破产法》。如提及1986 年《中华人民共和国企业破产法（试行）》，一般简称为《破产法（试行）》，或者“1986 年《破产法》”，或者二者兼而有之。而涉及这两部法律的诸多草案，则会直接被称为“破产法”草案。

陈夏红

目　录

2006 年《破产法》

中国特色的"大到不能倒"*

张宪初** 文

涂晟*** 译

简目

---

* Zhang Xianchu, "Too Big To Fail with Chinese Characteristics", first published at Rebecca Parry edit, *Too Big to Fail? Large National and International Failures under the Spotlight*, INSOL Europe 2013, pp. 133 - 150. 本文的翻译与出版已获得作者授权。本文由张宪初教授对其参会文稿修改而成。原稿曾提交给由国际破产法协会欧洲学术论坛和诺丁汉法学院主办的"2012年国际破产联席会议"。张宪初教授亦希望向香港大学的研究和会议委员会对该研究项目的大力支持，表达其感激之情。

** 张宪初，现为香港大学法学院教授，香港大学法学院副院长。同时兼任香港大学—北京大学法学研究中心（港方）主任，中国法学会审判理论研究会涉外专业委员会委员，香港法律教育信托公司理事，中国国际经济贸易仲裁委员会仲裁员、上海国际经济贸易仲裁委员会仲裁员和华南国际经济贸易仲裁委员会仲裁员。中国政法大学法学学士，美国印第安纳大学法学院（布鲁明顿）比较法硕士和法律博士。曾在中国政法大学和香港城市大学任教，并曾获邀为美国佩斯大学访问学者、英国伦敦大学皇家玛丽学院高级研究员和中国台湾地区"中央研究院"访问学者。近年来，曾担任世界贸易组织亚太地区贸易政策培训项目和美国杜克大学—香港大学亚洲跨国法项目客座教授。主要研究领域为商法、中国法、比较法及区际法律关系。

*** 涂晟，对外经济贸易大学国际法学博士，中国政法大学资本金融研究院研究员。

三、中国的“大到不能倒”

四、体制上的意涵

五、结束语

2006年颁行的《中华人民共和国企业破产法》(以下简称《破产法》),统一了自20世纪80年代以来在中国割裂适用的破产条款[①],并引入了不少发达国家,特别是美国的新制度来完善破产规则。[②] 这一新立法,作为政府承诺向市场经济转型的信号,因其有望在市场规律的基础上为破产实践提供良好的环境,而倍受学者和执业者的欢迎。[③] 作为司法推进的一部分,最高人民法院为了更有效地实施新《破产法》,制定了一系列更为详细的司法解释。[④]

然而,新《破产法》显然是在金融海啸席卷全球的艰难时刻开始生效的,相较于技术适用层面,这场灾难从制度层面对新法提出了更大的考验。美国处理金融危机的方法极富争议,即政府基于“大到不能倒”(Too Big To Fail,TBTF)的理念,而极力拯救一些大型金融机构。而中国政府和最高人民法院,为了维持社会稳定这一优先政治任务,则坚决采取更全

---

① 中国《破产法》于2006年8月27日通过并于2007年6月1日正式实施。在这之前,适用于不同类型的企业的破产规则,被分别规定在《破产法(试行)》《公司法》《民事诉讼法》和其他行政法规中。

② 在破产程序中新引入的机制包括破产管理人、重整及加强司法的积极作用。对于这些机制的讨论,see E. Lee and K. Ho,“China's New Enterprises Bankruptcy Law - A Great Forward, But Just How Far”,(2010) 19 *INSOL International Insolvency Review*, pp. 145 - 177。

③ E Jin,“China's New Bankruptcy Law:A Legislative Innovation”,(2006) Oct. *China Law & Practice*, pp. 17 - 20.

④ 到目前为止,最高人民法院颁布的关于实施新《破产法》的司法解释包括2011年8月29日通过的《最高人民法院关于适用〈中华人民共和国企业破产法〉若干问题的规定(一)》、2007年4月12日通过的《关于审理企业破产案件指定管理人的规定》和《关于审理企业破产案件确定管理人报酬的规定》。

面的政策以防止企业大规模破产。其结果是，自 2007 年起实施的新《破产法》，不仅在便捷破产程序方面颇令人失望，而且在防止政府对破产实践的过度干预方面也是如此。

本文通过批判性反思金融危机期间的破产实践数据和所通过的司法政策，来考察中国“大到不能倒”及其实际应对情况，并思考这种“大到不能倒”的处理方式，对中国破产制度和体制改革的潜在影响。

一、近年来的破产实践数据

在金融危机的阴影下，从 2008 年到 2010 年，企业破产的数量在世界范围内激增。根据世界银行的数据，主要发达国家在 2009 年，都目睹了企业破产案件的急剧增加，美国的申请数量达到 60, 837 件，与去年相比增加 40% 。[①] 但最新数据显示，从 2007 年以来，特别是在金融危机期间，中国的破产率显著下降。这与西方世界的破产境况和中国从业者对在社会主义市场经济体制下，新《破产法》将促进和提高破产效率的这一预计[②]形成鲜明反差。中国经济在 2008 年年末受到重创，经济增长率从 2007 年的 13% 下降到 9% ，并在 2009 年的第一季度进一步降到 6. 1% ，创 2003 年非典危机以来的历史新低。[③] 中国的国际贸易从 2008 年中期开始直线下降，从 9 月份的 2433 亿美元，降至 2009 年 1 月份的 1419 亿美元，仅 4 个

---

① E. Cirmizi, L. Klapper and M. Uttamchandani, “The Challenges of Bankruptcy Reform”, *The World Bank Development Research Group Policy Research Working Paper* (WPS5448), 2010, p. 2.

② P. Wang, “Bankruptcy Legislation Passed”, *China International Business*, 2006 November, p. 26.

③ Yongding Yu, “China’s Policy Responses to the Global Financial Crisis”, *Richard Snape Lecture of Australian Government Productivity Commission*, 25 November 2009, pp. 1 – 2, http: //www. pc. gov. au/data/assets/pdf_ file/0003/92595/2009 – yongding. pdf, last viewed 23 January 2013.

月就减少近41%的贸易量。[1] 单是2008年第三季度，就有约67万家工厂关闭，导致超过1000万的农民工失业。[2]

调查还发现，由于经济的衰退，在2008年有大约78万家企业退出了市场。然而，官方的记录显示，其中的38万家是通过注销的方式退出的，而其他的40万家是通过吊销营业执照的方式。这些数据清晰地表明，在金融危机期间，破产或清算很少被当成一项市场退出制度而使用。然而，正如一些著名学者所指出的，这些数据背后的真相是故意规避《破产法》的现象，[3] 并且这一做法的主要原因是由于“政府对市场干预过多”。[4]

司法机构的统计数据也印证了这一趋势。虽然2007年记入卷宗的破产案件达到3207件，比上一年度增加350余件，但下降的趋势已经非常明显地反映在2008年和2009年的数据上，其分别为2955件和2434件。并且2010年进一步降到1973件，是自1995年以来的历史新低，它仅占历史最高点2001年所受理的8939件的22.1%。[5]

虽然新《破产法》已经正式构建重整框架，但一项研究表明，重整案件的数量在不断下降，特别是上市公司的重整案件。在2009年下半年，正当世界其他地方企业破产进入高峰

---

① W. Liu, C. W. Pannell and H. Liu, “The Global Economic Crisis and China’s Foreign Trade”, (2009) 50 (5) *Eurasian Geography and Economics*, p. 500.

② Tan Yangzi, “China Unemployment Rate Climbs”, *China Daily*, 21 January 2009, http://www.chinadaily.com.cn/business/2009-01/21/content_7416242.htm, last viewed 20 October 2012.

③ S. Li and Z. Wang, “Review of the PRC Bankruptcy Law in 2009”, (2010) 11 *INSOL International Technical Series*, p. 2.

④ 王毕强：《破产案件大幅下降司法解释明年出台》，载《经济观察报》2009年6月5日，http://www.eeo.com.cn/ens/2009/0605/139307.shtml，最后访问日期：2012年1月3日。

⑤ 参见由北京思源智囊团总结的1989年—2010年破产案件的调查结果，载http://www.caosy.com/view.asp?id=71，最后访问日期：2012年10月2日。

期，而中国仅受理 25 起重整案件，其中上市公司大约只占 30%。从那时起，这一数字在此后的两年半里，甚至下降到了个位数。① 根据最高人民法院的报告，自从新《破产法》实施后，全国法院系统在 4 年半的时间里，只受理了 32 家上市公司的重整申请。②

此外，尽管许多上市公司在金融危机中经历了疲软的市场表现和严重的亏损，但在 2008 年到 2011 年中，没有一家公司退市，这致使中国的退市率低至 2%，远低于纽约和伦敦等发达的金融市场的比例。③ 根据《上海证券交易所股票上市规则》和《深圳证券交易所股票上市规则》，如果上市公司连续两年亏损的话，其股票就必须被进行特别处理（special treatment，ST），以提醒投资者潜在的风险。如果公司在第三年年底前未能恢复盈利，其将被终止上市。④ 然而，由于政府干预和执法不严，这条规则名存实亡。⑤ 目前，大量资不抵债的企业由于其上市地位（“壳资源”）具有投机价值，仍然在市场上继续发挥着作用。⑥ 在 2011 年年底，最高人民法院公告称，

---

① R. Tomasic and Z. Zhang, “From Global Convergence in China's Enterprise Bankruptcy Law 2006 to Divergent Implementation: Corporate Reorganization in China”, (2012) 12 (2) *Journal of Corporate Law Studies*, pp. 311 – 313.

② 刘伟：《破解上市公司只破产不退市怪圈》，载《北京商报》2011 年 11 月 14 日 C2 版。

③ 田志明：《37 家上市公司面临退市》，载《南方日报》2012 年 5 月 7 日。相比之下，从 2009 年的 135 支纳斯达克和纽交所的股票被终止上市，下降到 2010 年上半年的 41 支。See Matt Krantz, “Companies Struggle to Avoid Getting Stocks Delisted”, *USA Today*, 18 June 2010, http://www.usatoday.com/money/markets/2010-06-17-delist17_ST_N.htm, last viewed 23 October 2012.

④ 参见 2006 年修订的《上海证券交易所股票上市规则》和《深圳证券交易所股票上市规则》第 13 章、第 14 章。

⑤ H. Shen and A Li, “Delisting in China ‘Exists in Name Only’”, *The Wall Street Journal*, 20 March 2013, http://blogs.wsj.com/chinarealtime/2013/03/21/delisting-in-china-exists-in-name-only/, last viewed 21 March 2013.

⑥ 田志明：《37 家上市公司面临退市》，载《南方日报》2012 年 5 月 7 日。

自从新《破产法》生效以来，没有一家上市公司适用破产程序退出证券市场，但至少有35家资产净值为负的公司在市场上持续挂牌超过4年。[①]

政府的过度干预和金融危机中破产案件数量的下降，曾导致所谓的“政策性破产”的蔓延，即破产程序被控制在政府的政策之下，而非严格的法规之下。从20世纪90年代开始，政策性破产就已经在国有企业改革中实行，以实现在职工安置和维稳优先方面的特殊安排。虽然新《破产法》第133条规定，允许在国务院的特殊规定下延续政策性破产的施行，但为了简化新《破产法》的执行，中央政府也在2006年承诺，将于2008年年底结束这一措施。[②] 显然，这一承诺并没有兑现，并且直到2009年年底，国有资产管理委员会仍发布通知，要求在其管理之下的国有企业，报告它们2010年的政策性破产计划。[③]

二、金融危机期间的政府措施和司法政策

在金融危机期间中国有趣的破产实践数据背后，中国共产党、中央政府和最高人民法院的政治政策，是形成这些统计数据的主要原因。中国共产党在2009年12月初的中央经济工作会议上，承认2009年是“新世纪以来最为困难的一年”。虽然中央领导层已经认识到，市场在经济再平衡中的角色，和中国发展模式优化的迫切需求，但依然高度重视并付诸全力，来维护社会稳定。根据会议公报的要求，党和各级人民政府都必

---

① 刘伟：《破解上市公司只破产不退市怪圈》，载《北京商报》2011年11月14日C2版。

② 国务院于2006年1月16日批准的《关于进一步做好国有企业政策性关闭破产工作的意见》。

③ 通知的时间为2009年12月18日，载 http：//www.sasac.gov.cn/n1180/n1211/n2740/n4802/12351608.html，最后访问日期：2012年10月23日。

须加强公共安全的综合管理，扎实有效地防止重大安全事故，确保社会稳定和国家安全。[①]

中央和地方政府同时采取大量的行政措施以应对金融危机，如“4 万亿一揽子经济刺激计划”、稳定就业市场的严格政策、信贷控制的放松、增值税退税率的增加和低利率的适度宽松货币政策。[②] 在 2008 年 11 月 19 日，商务部、外交部、公安部、司法部联合制定了《外资非正常撤离中方相关利益方跨国追究与诉讼工作指引》，由于全球金融危机迫使许多外国投资者突然从中国撤资，该指引的目的，是为境内当事人提供法律保护和救济办法。根据系统分工，各主管部门将登记国内的诉讼请求，并利用中国迄今与 50 多个国家签订的司法协助和引渡的双边条约来寻求救济。[③] 特别是，如果外国投资者的企业不经过清算程序就关闭的话，其个人将承担民事责任。[④] 如果涉诉的该外国企业留在中国的财产不足以清偿索赔，国家机关随后将请求相关外国承认和执行，由人民法院作出的支持

---

① 会议公报的发布日期为 2009 年 12 月 7 日，载 http：//www. gov. cn/ldhd/2009 - 12/07/content_ 1481724. htm，最后访问日期：2012 年 9 月 24 日。

② 有关这些措施更为详细的讨论，see S. Y. Tong and Y Zhang，“China's Responses to the Economic Crisis”，（2009）*East Asian Institute*（*EAI*）*Background Brief* 438，1 March 2009，http：//www. eai. nus. edu. sg/BB438. pdf，last viewed 7 October 2012。

③ 参见《外资非正常撤离中方相关利益方跨国追究与诉讼工作指引》第 1 条：“我国已与许多国家缔结了《民商事司法协助条约》《刑事司法协助条约》和《引渡条约》，上述条约为有效处理跨国民商事案件、打击刑事犯罪、追捕逃犯奠定了法律基础，为处理外资非正常撤离导致的经济纠纷提供了必要的法律依据。”——译者注

④ 参见《外资非正常撤离中方相关利益方跨国追究与诉讼工作指引》第 3 条：“不履行正常清算义务给债权人造成损失的，根据最高法院《关于适用〈中华人民共和国公司法〉若干问题的规定（二）》的最新规定，作为有限责任公司的股东、股份有限公司的控股股东和董事以及公司实际控制人的外国企业或个人仍应承担相应民事责任，对公司债务承担连带清偿责任。”——译者注

国内当事人的判决。[①][②]

应该指出的是，中国在2008年10月颁布名为《中华人民共和国企业国有资产法》。这一重要法律的目的，是为各种形式的企业国有资产提供特殊保护。[③] 根据该法，重要的国有独资企业的破产申请，应当首先经过政府批准[④]，并且任何国有企业资产的转让都应当有利于国有经济的整体战略性调整，不能造成国有资产损失。[⑤]该法第30条规定，由国家出资的企业申请破产的，应当遵守法律法规进行，并不得损害国家作为出资人的权益。国有资产监督管理委员会在随后发布的通知中表明，该条仅是基于保护国家作为投资者的立场而制定的。[⑥] 在实践中，正如一些学者所观察到的，无论出资者是中央的还是地方的国资委，只要涉及国有股权，它们都将参与企业的破产

---

① 《工作指引》第3条、第4条，载 http：//www. gov. cn/gzdt/2008 – 12/20/content_ 1183152. htm，最后访问日期：2012年11月18日。

② 参见《外资非正常撤离中方相关利益方跨国追究与诉讼工作指引》第4条："中方当事人提起的民事诉讼在我国法院胜诉后，如败诉的外国当事人在中国无可供执行的财产，胜诉方可依据中国和相应国家签订的《民商事司法协助条约》的相关规定或依据败诉方在国外的财产所在地的法律，请求外国有管辖权的法院承认和执行中国法院的生效判决、裁定。"——译者注

③ 该法的英文翻译版本，载 http：//www. lawinfochina. com/display. aspx？lib = law&id = 7195，最后访问日期：2012年9月29日。

④ 《中华人民共和国企业国有资产法》第34条第1款："重要的国有独资企业、国有独资公司、国有资本控股公司的合并、分立、解散、申请破产以及法律、行政法规和本级人民政府规定应当由履行出资人职责的机构报经本级人民政府批准的重大事项，履行出资人职责的机构在作出决定或者向其委派参加国有资本控股公司股东会会议、股东大会会议的股东代表作出指示前，应当报请本级人民政府批准。"

⑤ 《中华人民共和国企业国有资产法》第52条："国有资产转让应当有利于国有经济布局和结构的战略性调整，防止国有资产损失，不得损害交易各方的合法权益。"

⑥ 参见《国资委关于贯彻实施〈中华人民共和国企业国有资产法〉有关问题的通知》第2条第6款，2008年11月12日。

或重整程序。[①]

全球金融危机不仅逼迫政府通过一系列的拯救政策和措施，并且也推迟通过一些迫切需要的，但具有争议和政治敏感性的法规。例如，2006 年颁布的新《破产法》第 134 条，明确授权国务院制定适用于金融机构破产的实施办法。然而，政府在金融海啸中，基于对某些“大到不能倒”性质的金融机构及社会稳定的深层担忧，这一立法进程在 2009 年和 2010 年被中止了。即使是在 2013 年年初，银行业监督管理委员会副主席公开声明，颁布这一法规甚至没有时间表，其原因简单来说，是在目前中国政治和市场环境下，无人敢试验金融机构破产。[②] 由此造成的结果是，相当多的国内银行和证券公司的破产案件不在法律的管辖内，而归于政府的政策的管辖。[③]

与此同时，最高人民法院下发多份通告，为下级人民法院在处理大量因金融危机引发的纠纷提供政策指导，从而贯彻执行党和政府的政策。具体如下：

1. 2008 年 12 月 3 日印发的《关于为维护国家金融安全和经济全面协调可持续发展提供司法保障和法律服务的若干意见》（以下简称《2008 年维护意见》）；[④]

2. 2009 年 5 月 25 日印发的《关于应对国际金融危机做好当

---

① S. Li and Z. Wang, “The Function of China's Court in Enterprise Bankruptcy and the Future Trend-Observations from the Background of the Four Year Implementation of China's Existing Bankruptcy Law”, (2012) 4 *INSOL World*, p. 12.

② 《银监会：〈金融机构破产条例〉正内部征求意见》，载《中国证券报》2013 年 3 月 7 日，http://finance.chinanews.com/fortune/2013/03 - 07/4622264.shtml，最后访问日期：2013 年 3 月 10 日。

③ 《银行破产法争议：金融机构如果大到不能倒问题很严重》，载中国破产法网 2011 年 8 月 12 日，http://www.chinainsol.org/show.aspx? &id = 3702& cid = 7，最后访问日期：2012 年 10 月 2 日。

④ 《关于为维护国家金融安全和经济全面协调可持续发展提供司法保障和法律服务的若干意见》，载 http://www.chinalaw.gov.cn/article/fgkd/xfg/sfwj/200905/20090500133980.shtml，最后访问日期：2012 年 10 月 2 日。

前执行工作的若干意见》（以下简称《2009 年执行意见》）；[①]

3. 2009 年 7 月 6 日印发的《关于当前形势下做好劳动争议纠纷案件审判工作的指导意见》（以下简称《2009 年劳动争议意见》）；[②]

4. 2009 年 6 月 15 日印发的《关于正确审理企业破产案件为维护市场经济秩序提供司法保障若干问题的意见》（以下简称《2009 年破产意见》）；[③]

5. 2009 年 7 月 7 日印发的《关于当前形势下审理民商事合同纠纷案件若干问题的指导意见》（以下简称《2009 年合同纠纷意见》）；[④]

6. 2009 年 7 月 9 日印发的《关于当前形势下进一步做好房地产纠纷案件审判工作的指导意见》（以下简称《2009 年房地产意见》）；[⑤]

7. 2009 年 11 月 4 日印发的《关于审理公司强制清算案件工作座谈会纪要》；[⑥]

---

① 《关于应对国际金融危机做好当前执行工作的若干意见》，载 http://www.news.xinhuanet.com/legal/2009-06/08/content_11505581.htm，最后访问日期：2012 年 10 月 2 日。

② 《关于当前形势下做好劳动争议纠纷案件审判工作的指导意见》，载 http://www.gogaonet.com.cn/gigggs/zuigaorenmingfayuan/43326.htm，最后访问日期：2012 年 12 月 7 日。

③ 《关于正确审理企业破产案件为维护市场经济秩序提供司法保障若干问题的意见》，载 http://www.court.gov.cn/lawdata/explain/main/200906180052.htm，最后访问日期：2012 年 10 月 2 日。

④ 《关于当前形势下审理民商事合同纠纷案件若干问题的指导意见》，载 http://www.npc.gov.cn/npc/xinwen/fztd/sfjs/2009-07/14/content_1510405.htm，最后访问日期：2012 年 12 月 7 日。

⑤ 《关于当前形势下进一步做好房地产纠纷案件审判工作的指导意见》，载 http://www.news.xinhuanet.com/legal/2009-07/20/content_11736418.htm，最后访问日期：2012 年 11 月 23 日。

⑥ 《关于审理公司强制清算案件工作座谈会纪要》，载 http://www.court.gov.cn/qwfb/sfwj/tz/201003/t20100330_3570.htm，最后访问日期：2012 年 10 月 2 日。

8. 2010 年 6 月 29 日印发的《关于为加快经济发展方式转变提供司法保障和服务的若干意见》。[1]

为了贯彻执行党和政府制定的政策目标，最高人民法院在金融危机期间下发的所有相关司法通告都涉及了至少三个相同的主题：

第一，金融危机期间应该将重点放在保护国有资产之上。最高人民法院在《2008 年维护意见》中明确要求，人民法院在并购和不良资产的处置中应保护国有金融资产。在这些交易中，为努力防止国有资产流失而必须进行最大限度地审查。[2]

2009 年 3 月 30 日，最高人民法院进一步颁布《关于审理涉及金融不良债权转让案件工作座谈会纪要》[3]。这一会议纪要适用于，资产管理公司在市场上处置那些从困境金融企业剥离出来的不良资产。为防止国有资产的流失，该纪要第 4 条明确指出，相关政府部门可以对被处置的资产行使优先购买权。但该规定因其明显有利于政府，并牺牲了其他市场参与者的平等机会，从而一直饱受从业人员的质疑。[4]

第二，在司法方式上，通告要求在金融危机期间处理的大量纠纷，应当以调解为主来解决争端。这改变了自 20 世纪 90 年代初以来的一贯政策，即推进提高司法专业化和司法效率，以及调解应当根据当事人双方自愿协议进行。最高人民法院在

---

① 《关于为加快经济发展方式转变提供司法保障和服务的若干意见》，载 http：//www. court. gov. cn/qwfb/sfwj/yj/201008/t20100811_8490. htm，最后访问日期：2012 年 12 月 5 日。

② 《司法保障意见》第 1 章。

③ 《关于审理涉及金融不良债权转让案件工作座谈会纪要》，载 http：//www. china. findlaw. cn/fagui/xz/20/221247. html，最后访问日期：2012 年 11 月 12 日。

④ 史进峰：《最高法院出台防国有资产流失新规　不良资产处置引争议》，载《21 世纪经济报道》2009 年 4 月 16 日，http：//finance. ifeng. com/news/hgjj/20090416/545616. shtml，最后访问日期：2012 年 11 月 12 日。

2008 年重新构建，并有力地促进在司法程序中实行“调解优先、调判结合”的司法政策。[①] 在上述的司法通告中，为了确保社会的和谐稳定，司法调解被明确规定为首选工具。例如，《2009 年劳动争议意见》规定，人民法院必须尽可能地调解劳资纠纷；[②] 《2009 年房地产意见》中要求人民法院在调解优先，必要时进行审判的原则下解决纠纷。[③]

第三，在金融危机期间，人民法院运用更为灵活的方式处理纠纷时，被授予更大的自由裁量权。例如，考虑到众多企业的财务困境，《2009 年合同纠纷意见》规定，法官在执行合同中约定的违约金条款时，应该行使裁量权，以防止合同当事人的过度求偿。[④]《2009 年破产意见》第 3 条规定，对于符合政府产业政策且仍具有发展前景的企业，即使面临着破产或丧失清偿能力，人民法院要充分发挥破产重整与和解程序的作用，对其进行积极有效地挽救。《2009 年执行意见》规定，对国有大中型企业或上市公司的执行措施，如果可能导致其破产或影响社会稳定，允许人民法院为了制定一个顾全大局的解决方案，主动与相关政府部门进行沟通协调。[⑤] 《2008 年维护意见》告诫人民法院，要帮助负债企业对其债权人多做耐心的、细致的调解工作，以便债务人能渡过危机。[⑥]

关于破产程序，《2008 年维护意见》还要求，人民法院运用破产重整制度、和解制度，维持有发展前景的财务困境企业生存，避免大量职工下岗、银行债权落空和影响社会稳

① 2009 年《最高人民法院工作报告》，载 http://www.gov.cn/test/2009-03/17/content_1261386.htm，最后访问日期：2013 年 10 月 24 日。

② 《2009 年劳动争议意见》第 4 章。

③ 《2009 年房地产意见》第 10 章。

④ 《2009 年合同纠纷意见》第 6 条。

⑤ 《2009 年执行意见》第 10 条。

⑥ 《2008 年维护意见》第 3 章。

定。[①]《2009 年破产意见》进一步阐述该政策的范围，其适用于那些虽然已经出现破产原因，或者对其债务有明显丧失清偿能力可能，但符合国家产业政策且仍具发展前景的企业。根据最高人民法院的意见，处理破产案件的司法目标，不仅仅是努力促进就业和重整、优化资源配置、给危困企业再生机会以实现共赢，从而减少企业破产给社会带来的不利影响，同时也要服务于中国共产党保增长、保民生、保稳定的大局要求。[②]

此外，最高人民法院还指出，金融危机期间，各方的矛盾和争议在破产案件中极为集中和突出，有可能成为影响社会稳定的突发性、群体性事件。因此，人民法院一定要在党委的领导下，充分利用地方政府的风险预警机制，全力配合政府做好维持社会稳定的工作。[③]

三、中国的“大到不能倒”

从 1984 年开始，美国兴起对“大到不能倒”的关注。当时的美国国会听证会，通过了美国联邦存款保险公司（Federal Deposit Insurance Corporation，FDIC）对伊利诺伊大陆银行和信托公司（Continental Illinois Bank and Trust Company）的援助方案。这是当时美国有史以来规模最大的银行倒闭案。[④] 位于全球金融危机中心的美国政府，借助救援政策来处理某些金融巨头，因其对整体经济影响太大或太重要以至于不能倒闭。鉴于金融巨头在全球范围内所构成的系统性金融风险，国际货币基金组织（IMF）也敦促政府之间合作，以应对“大到不能

---

① 《2008 年维护意见》第 3 章。

② 《2009 年破产意见》第 3 章。

③ 《2009 年破产意见》第 4 章。

④ E. Dash，“If It's Too Big to Fail，Is It Too Big To Exist?”，*New York Times*，20 June 2009，http：//www.nytimes.com/2009/06/21/weekinreview/21dash.html?partner = rss&emc = rss，last viewed 13 July 2010.

倒”这一问题。[①] 然而，此类方法的有效性、社会公正性、市场责任及其副作用，都饱受激烈的争议和辩论。[②] 有学者认为，相关监管者要想保持一个稳定性、流动性和有序性的市场，就必须通过让金融机构申请破产保护的方式来实现这一愿望。[③]

虽然中国政府和主要发达国家都采取政策手段，来拯救金融危机中的某些商业企业，但简单比较，就能发现它们之间的不同特点。第一，作为社会主义市场经济的救援方式，中国更加强调政治和社会稳定高于市场稳定。尽管在中国的政治制度下，人民享有不同于西方世界中的民主权利和自由，但中国共产党认为，其统治的合法性在于中国经济的快速增长。然而，以国内生产总值为驱动的发展模式，导致中国社会更为不平等。尽管近年来呼吁“和谐社会”，但大规模骚乱事件的数量，从2006 年的9 万起上升至2013 年的大约20 万起。[④] 在此背景下，金融危机的平稳处理，在政治上的意义远大于其在经济上的意义。

---

① L. Elliott，“IMF Warns Time Running Out to Tackle ‘Too Big To Fail’ Banks”，*The Guardian*，20 April 2010，http：//www. guardian. co. uk/business/2010/apr/20/imf – time – running – out – banks#start – of – comments，last viewed 20 August 2010.

② S. L. Schwarcz，“Too Big to Fail? Recasting the Financial Safety Net”，(2009) No. 235 *Duke Public Law & Legal Theory Research Paper Series*，http：//ssrn. com/abstract = 1352563，last viewed 9 September 2010；M. Goldstein and N. Veron，“Too Big to Fail：The Transatlantic Debate”，(2011) No. 11 – 2 *Peterson Institute for International Economics Working Paper*，http：//papers. ssrn. com/sol3/papers. cfm? abstract_ id = 1746982，last viewed 2 January 2013.

③ J. Helwege，“Financial Firm Bankruptcy and Systemic Risk”，(2009) *Summer Issue*，*Regulation*，p. 29.

④ L. J. C. Ma，“China's Authoritarian Capitalism：Growth，Elitism and legitimacy”，(2009) 31 (1) *International Development Planning Review*，pp. i – xii. 群体性事件的数据来源于：Y. Tong and S. Lei，“Large – scale Mass Incidents in China”，(2010) 12 (2) *East Asian Policy*，pp. 23 – 33；M. Yu，“Never Mind the Fiscal Cliff, China is Headed For a ‘Real’ Cliff”，*The Epoch Times*，4 January 2013。

第二，西方的“大到不能倒”政策，仅是用来挽救数量有限的金融巨头，而中国“大到不能倒”政策的拯救目标则是整个经济体。最好的例证是中央和地方政府都采取大量政策，如发放救助金、放松信贷和货币政策、增加政府支出和投资，以及允许地方政府设立融资平台。① 在很多时候，当倒闭企业的老板已经“跑路”时，地方政府只能用政府财政来安置其职工。② 所有政府政策背后的驱动力，是中国共产党对于其“宏观调控能力”的信心，因为这一能力代表了社会主义制度“决策高效、组织有力、集中力量办大事”的优势。③

第三，在社会主义政治意识形态下，开展的救市政策更有利于国有企业。在“4万亿一揽子经济刺激计划”和7.3万亿的信贷支持中，仅有一小部分提供给私营企业。④ “大到不能倒”政策的执行，最终是以牺牲民营经济为代价的。实际上，金融危机为国有企业在政府财政和政策的支持下，创造了一个迅速扩张的机会，并且加剧中国“国进民退”的现象。⑤ 虽然这种做法，在西方将不可避免地引起“公平竞争”的担忧，

---

① B. Naughton, "China's Response to the Global Crisis, and the Lessons Learned", in Dali L. Yang ed., *The Global Recession and China's Political Economy*, New York: Palgrave MacMillan, 2012, pp. 18 – 23.

② 何碧霞：《金融海啸背景下涉外商事审判工作面临的新形势和新任务》，载《金融危机对涉外商事审判工作影响及其对策研讨会论文集》，最高人民法院于2009年7月30日在东莞举办此次研讨会。

③ 温家宝：《向全国人民代表大会作的政府工作报告》，载 http://www.npc.gov.cn/englishnpc/speechs/2010-03/19/content_1564308.htm，最后访问日期：2011年7月5日。

④ Z. Liu and Others, "Private Business Sidelined by China's Stimulus", Issue 409 (2009) *Economic Observer*, http://www.eeo.com.cn/ens/Industry/2009/03/16/132582.shtml, last viewed 2 March 2013.

⑤ D. Yang and J. Jiang, "*Guojin Mintui*: The Global Recession and Changing State – Economy Relation in China", in Yang ed., *The Global Recession and China's Political Economy*, pp. 33 – 69; Michael Wines, "China Fortifies State Business to Fuel Growth", *New York Times*, 29 August 2010.

但却能在中国的宪法中找到法律依据，因为《中华人民共和国宪法》规定，国家为国有经济提供特殊保护以保障其主导地位①，以及非公有制是社会主义市场经济的重要组成部分，并对其实行监督和管理。②

“大到不能倒”政策的一个很好的例子是铁道部③，它作为一个企业，一直主管着全国所有铁路的商业运营。从2007年到2012年，其资产负债比增加3.3倍，达到了70%。在2011年上半年，其净利润累计只有17亿元，但总负债高达20,900亿元。④ 然而，该部获准发行超过200亿元高利率债券，并被国内评级机构授予AAA级信用评级。铁道部的还款能力及其信用评级受到严重质疑，其中甚至包括时任银监会主席的刘明康先生。该评级机构的答复可简单归纳为，铁道部并不是一个普通的企业，而是中央政府的一个分支，并能得到国家财政的支持。⑤ 至此，中国面临的真正挑战并不是华尔街上的“大到不能倒”问题，而是作为社会主义市场经济中国营部门的垄断。因为中国的“大到不能倒”对体制有着深刻的政治敏感性，所以政府应对金融危机的政策，在很大程度上被其绑架了。

---

① 《中华人民共和国宪法》（2004年修正）第6条、第7条。

② 《中华人民共和国宪法》（2004年修正）第11条。

③ 在最近的政府改革中铁道部被撤销，至少部分原因在于其低效和腐败。See “China Unveils Rail Ministry Breakup to Curb Corruption”, *Bloomberg News*, 11 March 2013.

④ 参见彭兴庭：《铁道部信用3A级媒体质疑：全国人民埋单还债》，载新华报业网2011年8月10日，http://finance.qq.com/a/20110810/004780.htm，最后访问日期：2014年1月25日。另参见李雨思：《铁道部上半年盈利42.9亿元总负债20,907亿元》，载中国经济网2011年8月2日，http://www.ce.cn/cysc/jtys/tielu/201108/02/t20110802_21015154.shtml，最后访问日期：2013年1月25日。——译者注

⑤ 乔加伟、高荧：《市场质疑铁道部AAA评级》，载《21世纪经济报道》2011年8月10日。

基于对公正和市场规律作用的顾虑，西方国家的救市措施，一般都必须得到某些具有一定透明度和法律限制的政治程序的通过，如问责制和契约义务。举例来说，作为紧急财政援助的条件，大银行中高级管理人员的薪酬必须受到政府一定程度的控制。[①] 最近有报道称，美国财政部不仅收回向美国国际集团（AIG）投放的救助资金，而且有望从救援行动中盈利 150 亿美元。[②] 与此相反，中国救援措施的推出，仅是凭借着中国共产党和政府的政治意愿，而缺乏硬性的约束。除了政府拉动的投资的低效和浪费外，还出现各种违法行为，如非法土地征收、投资项目造成污染和猖獗的腐败。[③] 此外，缺乏有效监管，为大量的资金和信贷涌入证券、商业票据及房地产市场投机铺平道路，[④]这不仅挫伤政府帮助国家实体经济恢复的目的，而且助长了严重的通货膨胀。正如一些专家指出的，“中国的货币政策过于宽松”。信贷和货币供应量的快速扩张，是缺乏充分经济理论基础的非市场干预行为的结果，这种做法“将对中国的长期经济增长产生非常大

① “Obama Imposes Limits on Executive Pay”, *Associated Press*, 4 February, 2009, http://www.msnbc.msn.com/id/29003620/ns/business - us _ business/t/obama - imposes - limits - executive - pay, last viewed 24 October 2012.

② “U.S. Could Make $15.1 Billion on AIG Bailout”, *Reuters*, 8 May 2012, http://www.reuters.com/article/2012/05/08/us - usa - financial - aig - idUSBRE84705U20120508, last viewed 30 July 2012.

③ 《巨额公共投资有量无质》，载《经济观察报》2009 年 7 月 24 日；《关于 4 万亿刺激计划涉及非法使用土地的调查》，载《中华时报》2010 年 6 月 18 日，以及 “China Cracks Down on Stimulus - Linked Graft”, *Associated Press*, 20 May 2010。

④ 《1.16 万亿信贷资金流向股市》，载《中国经济周刊》2009 年 7 月 6 日，http://www.ceweekly.cn/Html/magazine/200976972571.html，最后访问日期：2011 年 10 月 21 日。

的负面影响”。[①]

四、体制上的意涵

中国处理金融危机和“大到不能倒”问题的方式，明显反映出中国社会主义市场经济的本质特征。中国的国家资本主义将市场机制与政治专制权威相结合，一直被许多专家认为是中国惊人的经济发展的成功模式，与所谓的的华盛顿共识相对抗。[②] 然而对于中国模式，特别在其可持续性方面，更多的学者似乎持谨慎甚至是批评的观点。尽管有着令人赞叹的经济增长，中国已经越来越多地受到不断升级的社会冲突、腐败的裙带资本主义和恶化的环境与劳动条件的挑战。[③] 这便是中国共产党和政府如此担心在金融危机期间，发生社会不稳定的背景环境。

在实践中，虽然政府声称其强有力的政策手段，使中国领先于其他发达国家成功地走出了经济衰退，并塑造出一个新的世界秩序，[④] 但“4 万亿一揽子经济刺激计划”的负面影响，已经在近年严重地显现出来，如高通胀、投资和增长速度的减缓、私营企业大量倒闭以及经济结构提升的效果不佳。[⑤] 此

---

① Yongding Yu, “China's Policy Responses to the Global Financial Crisis”, *Richard Snape Lecture of Australian Government Productivity Commission*, 25 November 2009, pp. 11 - 12.

② S. Halper, *the Beijing Consensus: How China's Authoritarian Model Will Dominate the Twenty - First Century*, New York: Basic Books, 2010.

③ Y. Huang, “Rethinking the Beijing Consensus”, (2011) No. 11 *Asia Policy*, pp. 1 - 26; A. Stern, “China's Superior Economic Model”, *The Wall Street Journal*, 1 December 2011; S. Zhao, “The China Model and the Authoritarian State”, (2011) 3 (2) *East Asia Form Quarterly*, pp. 12 - 13.

④ 温家宝:《向全国人民代表大会作的政府工作报告》; W. Lam, “Beijing's Glorification of China's Model Could Blunt its Enthusiasm for Reform”, *China Brief*, 11 July 2008。

⑤ 《4 万亿刺激计划的副作用开始显现》，载《经济新闻报》2012 年 4 月 27 日。

外，由于地方融资平台的经营在金融危机中缺乏严格约束，它们已经日益成为触发中国新一轮金融危机的潜在危险。根据官方估计，地方政府的债务自 2007 年以来已经翻了 3 倍，约达 110,000 元人民币，几乎等于 2012 年全国的税收总额。①

经过 30 年以上的改革，国家资本主义模式的实践，创造出一个更占主导地位的国有部门，并增强了公有制经济。在这一经济体制中，政府运用国家政策和行政措施，继续发挥着强有力的作用。在应对金融危机的过程中，中国共产党和政府的支持国有企业的立场，被清晰地反映出来。最近，世界银行在其名为《中国 2030》的研究报告中，强烈建议中国政府应该进一步改革和重组国有企业，以提高市场上公平竞争的水平，并更有效的利用公共资源。② 上述“大到不能倒”的做法，显然把 20 世纪 80 年代中期开始的国有企业改革引入了一个相反的方向。

与国有企业进一步改革密切相关的另一问题，是对中国公司治理状况的严重关切。“大到不能倒”政策备受争议的问题之一，便是其可能对审慎治理和道德风险产生潜在的负面影响。③ 国家所有权的过度集中和法律法规的执行不严，是中国在公司治理中长期以来固有的两大主要问题。在此大背景下，金融危机未被当成一次提高监管和问责的机会，反而在某种意义上，变成地方政府和大型国企利用中央政府的政治性担忧，为他们自身谋求利益的大好时机。正如《2012 年中国上市公司 100 强公司治理评价》报告所反映的，虽然这些公司都开始

---

① “China's Local Government Debts Nearly Equal National Tax Revenue”, *The Epoch Times*, 28 March 2013.

② World Bank, *China*: *2030*, Washington DC: World Bank, 2012, pp. 110 – 122.

③ A. Bohrer, *Corporate Governance in the Era of* “*Too Big to Fail*”, (2011) No. 3 GesKR, pp. 326 – 345.

更为注重风险管理，但国有控股公司的公司治理落后于平均水平，而且与表现最好的公司之间的差距越来越大。[①] 最近的一些研究发现，中国的经济制度在很大程度上，是一个垂直性的整体框架，其中中央政府控制着国家主导的控股公司，这些控股公司又进一步领导了一大群附属子公司。在这一框架内，法律条文也许仅在中小股东保护和董事问责方面，发挥着有限的作用。[②]

在市场机制的功能被扭曲的背景下，中国《破产法》的实践亦未能在此背景中豁免，这方面的例证就是重整制度。在美国，重整制度主要用来维持那些具有持续经营价值的资不抵债的企业，然而在中国的证券市场上，存在着许多 ST 公司，破产重整已经并非用来延续该公司相关的营业活动，而是用于清算其资产，特别是其可供市场投机的上市地位的价值（“壳资源”）。[③] 另一个至今尚未解决的问题是，重整中的司法权与行政权之间的冲突。目前，虽然上市公司的重整将由人民法院管理，而中国证券监督管理委员会作为政府部门，其保持着批准上市公司注入新资产、发行新证券和股份转让的权力。因此，人民法院与中国证监会之间的有效协调，成为证券市场上重整成功的至关重要的因素。根据一些新闻报道，人民法院在

---

① 这是甫瀚咨询（上海）有限公司与中国社会科学院世界经济与政治所公司治理研究中心，在 2012 年 5 月联合发布的报告，载 http：//www. protiviti. com. hk/zh – CN/Documents/CN – Headline/CN – 2012 – Corporate – Governance – Survey – Report. pdf，最后访问日期：2013 年 3 月 2 日。

② Li – Wen Lin and C. Milhaupt，“We Are the（National）Champions：Understanding the Mechanisms of State Capitalism in China”，（2011） No. 409 *Columbia Law and Economics Working Paper*，http：//papers. ssrn. com/sol3/papers. cfm? abstract_id = 1952623，last viewed 24 October 2012；and S. Lubman，“China's State Capitalism：The Real World Implications”，*The Wall Street Journal*，2 March 2012.

③ R. C. Pedone and H. H. Liu，*the Evolution of Chinese Bankruptcy Law：Challenges of a Growing Practice Area*，New York：Aspatore，2010.

作出裁判之前，可能需要向中国证监会咨询其行政意见。[①]

此外，最高人民法院在金融危机期间下发的所有通告，都明确要求法院和司法工作应该服从党和政府的领导，这也说明了中国司法独立的现状。事实上，中国共产党在 2007 年年底提出了所谓的“三个至上”理论，即在所有司法工作中坚持党的事业至上、人民利益至上、宪法法律至上。[②] 在实践中，所有的审判程序的开展都应该尽可能的“保增长、保民生、保稳定”。[③] 《2009 年破产意见》明确指出，在处理如欠薪、失业、债务人逃债等敏感类案件时，人民法院应该及时向当地党委汇报，争取政府的支持与协调以合理解决案件。[④]

此类的指导方针和实践做法，将不可避免地引发对中国司法独立的担忧。在此背景之下，国务院法制办主任曹康泰先生认为，金融危机的压力将使得机构改革的执行更加困难，如提高行政管理的效率。他提出特别警告，全球金融危机的处理是不应该以牺牲法治为代价的。[⑤] 但一些法官也认为，仅仅依靠司法程序来保护国家利益和国有资产是不现实的。对他们来说，法院的判决绝不应超越法律，法官更应该铭记公正、公平、公开以及他们的决策对国际社会的影响。[⑥]

---

① 《上市公司重整拟建会商机制谋求司法行政衔接》，载《上海证券报》2012 年 12 月 11 日。

② 胡锦涛：《同全国政法工作会议代表和全国大法官、大检察官座谈时讲话》，载新华网 2007 年 12 月 25 日，http：//news. xinhuanet. com/newscenter/2007 - 12/25/content_ 7312439. htm，最后访问日期：2012 年 9 月 12 日。

③ 关于“三个至上”理论的评论，see J. A. Cohen，“Body Blow for the Judiciary”，*South China Morning Post*，18 October 2008。

④ 《2009 年破产意见》第 4 条、第 5 条。

⑤ 曹康泰：《不能借口应对危机擅自突破法律》，载《法制日报》2009 年 5 月 20 日。

⑥ 重庆市高级人民法院第三审判庭编：《金融危机中涉及向外方转移有毒金融资产案件审判的思考论文集》，第 30—31 页。

五、结束语

2011 年年初，中国政府宣布，中国特色社会主义法律体系在 2010 年年底已经形成。[①] 但全球金融危机为测试这一法律框架的成熟度和有效性，提供了很好的机会。上述关于在应对金融危机中，党和政府采取的政策措施以及中国“大到不能倒”问题的简要探讨，并与发达经济体的相关做法相比较，反映出一些重大的体制性差异。虽然最近在公众的压力下，已经实施了进一步的改革措施，比如修订退市规则以强化执行力度[②]，但中国法治和市场经济的发展，仍将继续面临着政治意识形态和权威体制的挑战。

---

① 参见中央政府网站上的报道：“China Issues White Paper on Socialist Legal System”，2011 年 10 月 27 日发布，http：//www. china. org. cn/china/2011 - 10/27/content_ 23738518. htm，最后访问日期：2012 年 9 月 25 日。

② “CRSC Moves to Delist Weak Firms”，*South China Morning Post*，7 May 2012.

中国新《破产法》：皆大欢喜的结局？*

迈克·法尔克** 文

谢琳*** 译

简目

---

* Mike Falke, "China's New Law on Enterprise Bankruptcy: A Story With a Happy End?", *International Insolvency Review*, Volume 16, Issue 1, 2007, pp. 63 - 74. 本文的翻译与出版已获得作者及出版社授权。

** 迈克·法尔克，先后就读于德累斯顿工业大学、伦敦大学、伦敦政治经济学院，2003 年获得洪堡大学博士学位，博士论文题目为《转型国家的破产法改革》（*Insolvency Law Reform in Transition Economies*）。现为德埃施波恩德国技术合作公司（GTZ）的律师和法律政策顾问，担任德埃施波恩德国技术合作公司塞尔维亚法律改革项目（GTZ Legal Reform Project Serbia）负责人。

*** 谢琳，中国政法大学诉讼法学硕士，德国汉堡大学欧盟国际法学硕士，现任职于北京市环中律师事务所。

一、引言

(一) 概况

中华人民共和国经历复杂的社会政治转型过程，已经持续超过17年。[①] 从1979年开始，中国政府早期的关注点之一，便是为改革开放政策创建一个支持性的法律体系。从一开始，执政的共产党精英们，就特别重视从计划经济到社会主义市场经济的经济转型。在这种背景下，大量支持性的经济法律被颁布并成功实施。

(二) 破产法的发展[②]

在向市场经济转型的过程中，规范企业破产的法律制度显得至关重要。除了其他用途，破产法常被用来处理严重负债的国有企业。

鉴于处理倒闭企业的需要，中国立法机构于1986年颁布《破产法（试行）》,[③] 专门处理国有企业的破产。[④]正因为如此，这部法律并不适用于私营企业。仅仅几年之后，中国注册

---

① 原文如此。本文写于2006年。从作者所认为的1979年起算，改革开放历程刚好经历17年。——译者注

② 中国破产法制定及其改革过程中的问题，see Mirko Wormuth, *Das Konkursrecht der VR China - Kontinuität und Wandel*, Hamburg, IFA, 2004; Immanuel Gebhardt & Zhu Shaoping, *The Bankruptcy Law of the People's Republic of China, Materials on the Drafting Process 2000*, Beijing, 2003; Immanuel Gebhardt & Kerstin Olbricht, "Reformbestrebungen im chinesischen Konkursrecht", in *Newsletter der deutsch -chinesischen Juristenvereinigung E. V.*, Volume 1 January 2001, 1; Mike Falke, "Secured Creditor Protection and the Treatment of Different Unsecured Creditor Classes under the Chinese draft Bankruptcy Code - A Comparative Analysis", http://www.worlbank.org/gild (accessed 27 November 2006)。

③ 1986年之前中国破产法的历史发展，see Mirko Wormuth, *Das Konkursrecht der VR China - Kontinuitätund Wandel*, p. 29。

④ See Ronald Harmer, "Insolvency Law and Reform in the People's Republic of China", 64 *Fordham Law Review* (1996), p. 2563.

登记的私营企业数量，已经远远超过国有企业，这部法律由于适用范围的局限性，已明显不能满足中国经济的发展需要。①

通过在其他法律中作出相关规定的做法，立法者试图弥补破产法律制度不能适用于私营企业的缺陷。② 然而，中国当时的形势要求一个全面的破产制度，结合依然存在的国家干预，以覆盖发展中的市场经济的所有部分。为了回应这些需求，全国人大财政经济委员会开始其持续时间长、涉及范围广的立法改革，其中就包括近 12 年来多部有关私营企业破产的法律。③ 其主要目的是制定一部透明而全面的破产法，以向境内外投资者展开大规模投资，提供必要的信任和确定性。

2006 年 8 月，中国最高立法机构——第十届全国人大常委会，颁布了新的《破产法》。④ 该法将取代 1986 年《破产法》，于 2007 年 6 月 1 日生效。下文将简要介绍这部新法，并将详细讨论其中的重要条款。

有必要指出的是，统一的适用于国有企业和私营企业的破产法体系并不会立即生效，中国立法机构并不会通过这部新《破产法》，来立刻满足改革议程上的所有重要目标。根据新《破产法》第 133 条的规定，中国的国务院也许会暂时将国有企业排除出该法的适用范围。这是因为如果严格适用新《破

---

① Immanuel Gebhardt & Kerstin Olbricht，“New Developments in the Reform of Chinese Bankruptcy Law”，12 *Australian Journal of Corporate Law*（2000），p. 109.

② 参见《民事诉讼法》第 19 章、《公司法》第 9 章；Immanuel Gebhardt & Kerstin Olbrcht，“New Developments in the Reform of Chinese Bankruptcy Law”，p. 109。当前破产制度框架，see Ronald Harmer，“In solvency Law and Reform in the People's Republic of China”，p. 2563。

③ Immanuel Gebhardt & Kerstin Olbricht，“New Development in the Reform of Chinese Bankruptcy Law”，p. 109；Mirko Wormuth，*Das Konkursrecht der VR China – Kontinuität und Wandel*，p. 46.

④《中华人民共和国企业破产法》于 2006 年 8 月 27 日第十届全国人民代表大会常务委员会第二十三次会议通过，由中华人民共和国第 54 号主席令公布，自 2007 年 6 月 1 日起施行。

产法》，约有2000家国有企业将会经营惨淡，甚至依据新标准已经技术性破产。这些企业很可能立即进入破产程序，而其职工和其他的债权人则得不到偿付。所谓的“政策性破产程序”① 将会试图通过帮助这些将要倒闭的国有企业脱离困境，从而保护国企职工和其他相关的债权人，并因此避免使社会陷入困境，甚至因为职工损失数以亿计的收入而引发社会动荡。②此外，中国的银行因为担心适用新《破产法》，将危及他们对国企债务人的债权要求，亦倾向于延长针对国有企业的特殊待遇。但是，知情人士认为，这样的例外将只能持续到2008年年底。从那以后，在破产体系下，国有企业将面临与私营企业一样的权利和义务。③

二、新《破产法》

（一）概况

总体来说，新《破产法》共有12章、136条，④ 已广泛地遵循了破产领域的国际标准，⑤ 而且很大程度上亦与其他国家的现代破产法保持一致。⑥ 该法通过清算、重整或和解程序，

---

① See John Rapisardi & Deryck Palmer, “China's New Bankruptcy Law”, Doing Business in China, *New York Law Journal*, October 2006, p. 3.

② Francesco Guerrera & Richard McGregor, “China State Firms Win Stay of Execution”, *Financial Times*, 24 September 2006, p. 8.

③ Ibid.

④ 《破产法（试行）》只有6章，共43条。

⑤ See e. g, International Monetary Fund, “Orderly and Effective Insolvency Procedures: Key Issues”, Washington 1999, http: //www. imf. org/external/pubs/ft/orderly/index. htm; World Bank, “Principles and Guidelines for Building Effective Insolvency Systems and Debtor – Creditor Regimes”, *World Bank Insolvency Initiative*, http: //www. worldbank. org/legal/insolvency_ ini. html.

⑥ 南欧及东南欧的比较研究，see Mike Falke, “Zum Stand der Insolvenzrechte in den Staaten Süd- und Südosteuropas”, *Zeitschrift zur Rechts- und Wirtschaftsentwicklung in den Staaten Mittel-und Osteuropas* (WiRO) (2006), p. 161。

提供了有秩序的集体协商程序，保证财产分配公平和债权人权利的平等。然而，考虑到前述情形普遍存在于中国的国有企业之中，该法亦有一定的妥协，试图在职工权利和担保权人之间保持平衡，以保障债权人的投资决定。

立法的政策性目标规定在第1条之中。值得注意的是，维护社会主义经济的市场秩序，或维护市场统一，是该法的主要目标之一。[①] 在通过经济性手段破产的国家里，市场统一常被当作政策目标。转型中的经济体尤其倾向于选择更加社会化的途径，通过破产立法中的多种条文，解决伴随其经济发展而产生的普遍性社会问题。

（二）重要规定

1. 一般规定

该法的属人适用范围，包括所有从事经济交易的企业法人。这既包括私营企业和国有企业，亦包括由外国投资者或者他们的附属机构参与的联营企业。金融机构的破产将会由其他特别的规定处理。[②] 该《破产法》也没有规定个人破产或者消费者破产。然而，在《破产法》起草过程中，个体户和消费者的破产，是重点讨论的问题之一。[③]

不能偿还到期债务，是触发破产程序的主要原因。而有明显丧失清偿能力的可能，亦会启动重整程序。[④] 然而，在后一种情况时，《破产法》并未规定在何种情形下，法院可以开始第2条第2款规定的预期破产。

第2条第1款规定了两个普遍适用的标准，作为开始破产

① 破产立法要以与市场相符为目标，see Mike Falke，“Insolvency Law Reform in Transition Economies”，Berlin 2003，（PhD thesis），p. 42。

② 《破产法》第134条。

③ Mirko Wormuth, *Das Konkursrecht der VR China – Kontinuität und Wandel*, p. 91.

④ 《破产法》第2条第2款。

程序的必备条件，即不能清偿到期债务（现金流标准）和资不抵债（资产负债表标准）。严格依据该条的表述，不论债务人是不能清偿到期债务，还是资产不足以清偿全部债务，都要求这是长期累积形成的，才能开始破产程序。由于债权人可能无法持续地审查债务人的账簿，该规定可能为债权人开始针对违约债务人的破产程序，制造了额外的阻碍，进一步延迟程序的开始。①

此外，《破产法》似乎认可债务人预期不能清偿到期债务，作为开始破产程序的另一个标准。为了增加成功挽救困境企业的可能性，以及尽早开始破产程序，破产程序也应当适用于那些形式上尚未破产，但倘若无外来支持，其财务状况必将导致破产的企业。② 债务人预期无法清偿到期债务，应当成为启动破产程序的额外标准，但只能由债务人提出申请。因此，在假定其预期不能清偿到期债务时，债务人应当有此权利而非义务，申请开始破产程序。③ 达到该要求的证明标准不能太高，④ 而且债务人决定其清算状态时，应当有一些自由裁量权，否则该额外标准的积极作用可能会被弱化。但不幸的是，中国立法者将不能清偿到期债务，作为额外的前置条件。适用如此严格的条款的话，预期不能偿还到期债务，将始终包括实际上不能清偿到期债务，因而使得这个开始破产程序的机制毫

---

① Chua Eu Jin, "China's New Bankruptcy Law: A Legislative Innovation", *China Law and Practice* (2006), October 2006, p. 17.

② 比如，《匈牙利破产法》(Hungarian Bankruptcy Code) 第3 (1) (b) 节规定，"或者可能将没有能力在债务到期时偿还债务"，在《匈牙利破产法》第27节界定流动性不足（illiquidity)；《俄罗斯破产法》(Russian Bankruptcy Code) 第7条（2）规定，"如果早期情形明显预示债务人将无法履行其金钱债务，那么债务人有权在破产之前向仲裁法庭（Arbitration Court）提出申请"。

③ 关于德国的规定参见《德国支付不能法》(German Insolvency Code) 第18条。

④ 50%的可能就足以开启程序。

无意义。

比如，德国破产改革中的一个主要问题，便是如何尽早开始程序，以增加拯救债务人的可能性，或者为之后的清算保护债务人的财产。因此，新《德国破产法》的创新之一，就是引进第三个适用于威胁或预期清算而开启破产程序的标准。[①]

精确地表述破产程序开始的原因，是破产制度成功的主要前置条件。鉴于《破产法》并未精确描述中国立法者用来开始破产程序的前置激发条件，最高人民法院应当通过其常用的司法解释，使相关问题更加明确。

债务人[②]和债权人[③]都有权利提出破产申请。然而，债务人在其不能清偿到期债务时，并无申请破产的义务。

此外，立法者规定了许多很短的期限。在这种情况下，破产程序不仅要增加透明度，亦需要加快速度。

在申请程序中，按规定法院对破产申请有正式的审查权，但是在《破产法》中，这种权力的标准却付之阙如。这是有问题的。根据相关条文规定，[④]我们并不清楚法院受理或不受理申请的依据。中国现在的情形是，法院经常不对提交的申请作出积极或消极的回应，破产程序自然无从启动。在那种情形下，申请人没有正式权利去开启相应程序，因此由于法院的不作为而陷入被动。新《破产法》并未消除这些实践。[⑤] 因此，《破产法》有必要作出相应修改，比如，明文规定，如果法院未在特定期限内作出回应，该破产案件将被视为受理。

---

① 《德国支付不能法》第18条规定：由于该额外的自由裁量权，并没有强迫债权人申请正式的程序，因此债务人的管理人要决定，到底是正式的程序还是法庭外的安排更有利于拯救债务人。

② 《破产法》第7条第1款。

③ 《破产法》第7条第2款。

④ 《破产法》第10条。

⑤ Chua Eu Jin, "China's New Bankruptcy Law: A Legislative Innovation", p. 17.

2. 程序开始的效果

法院裁定受理破产申请后，应当指定管理人。[①]

法院受理破产申请后，债务人对个别债权人的债务清偿无效。[②]

与许多其他国家的破产法一样，[③] 中国新《破产法》规定，法院受理破产申请后，管理人对破产申请受理前成立而债务人和对方当事人均未履行完毕的合同，有权决定解除或者继续履行。[④] 其背后的政策依据是要使得资产价值最大化，管理人有权将有偿履行义务转化为货币主张。如果管理人在收到对方当事人的通知后两个月内，依然未行使权利，该合同被视为终止。

一旦破产开始，所有有关债务人的诉讼和执行程序，都要自动中止。[⑤]

然而，这并不是提出破产申请的效果，而是有管辖权的法院受理破产申请之后的效果。在法院受理破产申请之前，风险是存在的：当事人可能通过处分可支配财产，滥用他们的权利，这对其他债权人是不利的。同时也违反了《破产法》第1条规定的《破产法》的目标。[⑥]

因此，立法者应当规定，为使债务人现有财产受到保护且

---

① 《破产法》第13条。

② 《破产法》第16条。

③ 比如，《美国破产法》第365条；《德国支付不能法》第103条；《罗马尼亚支付能力不足法》（Romanian Insolvency Code）第51条；《俄罗斯破产法》第77条、第101条（3）；《波兰破产法》（Polish Bankruptcy Code）第39条；《保加利亚商法典》（Bulgarian Commercial Code）第644条；《捷克破产与和解法》（Czech Bankruptcy and Composition Act）第14部分（2）。

④ 《破产法》第18条。该条规定："管理人自破产申请受理之日起二个月内未通知对方当事人，或者自收到对方当事人催告之日起三十日内未答复的，视为解除合同。"

⑤ 《破产法》第19条、第20条。

⑥ John Rapisardi & Deryck Palmer, "China's New Bankruptcy Law", p. 2.

有益于所有债权人，授权法院主动采取措施，提供临时保护。一般来说，法院可以根据其自由裁量主动采取措施，或者依据申请实施这些措施。这些措施包括指定初步管理人，禁止债务人除正常经营外处分财产，封存债务人部分或全部财产，以及暂停针对债务人的担保权行使。由于这些临时保护性措施，将会在已满足破产程序开始条件的司法裁定作出之前，就付诸实施，法院可能要求提出申请的债权人提供证据证明这些措施是必要的，并且在特定情形下，可以要求提供保证。

举例来说，《俄罗斯破产法》（1992）就没有特别规定破产申请和程序开始之间的临时措施。这是个障碍，尤其是程序开始之前，可能旷日持久。新的《俄罗斯破产法》（1998）[①]赋予法院非常大的自由裁量权，以采取临时措施保护债权人权利。此外，新《俄罗斯破产法》还规定了观察程序，[②]该程序主要的目的是在破产申请的决定到达之前，保护债务人的财产。

3. *破产管理人*

中国《破产法》首次将独立的破产管理人视为破产程序中的关键角色。1986 年《破产法》亦规定破产管理人或者清算组，然而在实践中，他们常从行业相关的官员中选任，不足以赋予必要的自主权限。[③]

在新《破产法》中，破产管理人由法院提名，但是如果管理人违反其法定义务，债权人会议可以向人民法院申请更换破产管理人。[④] 正如前文所述，[⑤]在常规的破产管理人被任命

---

① 《俄罗斯破产法》第 44 条。

② 《俄罗斯破产法》第四章。

③ 当前立法现状，see Mirko Wormuth, *Das Konkursrecht der VR China – Kontinuität und Wandel*, p. 202。

④ 《破产法》第 22 条。

⑤ 请参见本文二（二）2 的相关内容。

前，法律应当规定临时性保护措施，以保护债务人的财产。这通常是通过临时管理人来实现。临时管理人有着与常规管理人类似的权利，常被要求采取即时措施，以保护将来的破产财产。

破产管理人的指定和报酬一般由中国的最高人民法院决定。[①] 因此，尤其是在转型经济体中，平衡参与各方不同的利益，将成为破产程序依据新《破产法》成功运行的决定性因素。

关于破产管理人的指定，应该保证有足够资质和经验的专业人士，能够被指派为破产管理人。此外，法院需要足够的灵活性，以根据不同的案件，调整对管理人的要求。法院特别应从具有一定行业背景，或有与相关案件类似的大量破产案件处理经验的人中指定破产管理人。另一方面，法院应当平等地对待所有管理人，避免封闭管理人候选名单，否则可能在事实上垄断该新设立的职业。关于报酬的规定，最高人民法院应当注意，其提供的报酬应当能够吸引足够多高水平的律师、经济学家或其他相关专业人士。在设定报酬水平时，可利用资产的价值将是主要根据，此外还要适当考虑案件的难度和复杂性。最后，如果管理人给债权人带来很大的回报，或者以高效的方式管理破产财产的话，应当给予额外的货币奖励。

在个案中，管理人的报酬将由有管辖权的法院确定。[②] 如果债权人会议的多数认为管理人的报酬太高，他们有权向法院提出异议。

在新《破产法》中规定的破产管理人的条件，并未详细到被指定的管理人只能是这样一些人，即有较高的执业资历、

① 《破产法》第 22 条第 2 款。

② 《破产法》第 28 条第 2 款。

经验丰富且具备相应能力的专业人士。[①]

其他缺乏破产实践经验的转型经济体的经验表明，相关的立法空白，会对整个破产程序产生负面影响。

此外，值得注意的是，依据新《破产法》，公司制或合伙制的律师事务所和会计师事务所，亦可成为破产管理人。这在德国法中也是可能的，[②]而大量其他国家[③]只允许自然人担任管理人。由上述中介机构中的人员取代个体专业人士，可能会引起其他的问题。

与先前1986年《破产法》的破产制度一样，[④] 新《破产法》同样允许破产管理人可以从相关（国有的）行业的公务员或者官员当中选任（第24条第2款）。如果程序主体恰好是私营企业，广受推荐的是管理人亦应是独立个人。

法院是否可以指定非中国境内的居民为管理人，这个问题并不清楚。对于在中国境内有相应的专业经验和利益，但是在中国香港特别行政区、澳门特别行政区或者台湾地区定居的专业人士来说，这确实关系重大。

鉴于这个新设职业的作用对《破产法》的成功实施非常重要，这些专业人士的选择、监督和培训，应当成为下一步改革议程的重点关注对象。在这方面，应当仔细考虑从其他转型经济体中获取经验。

---

① 《破产法》第24条；一个好的例子见塞尔维亚破产法（the insolvency code of Serbia），其中规定，破产管理人将通过常规考试来证明他们的专业能力，亦需要从相关行政机构申请执照。

② 《德国支付不能法》第56条（1）。

③ 比如《俄罗斯破产法》第19条规定：只有自然人可以担任管理人（administrator）；《保加利亚商法典》第655条（1）规定：只有自然人可以成为接管人（receiver）；《斯洛伐克破产法》（Slovakian Bankruptcy Code）第8条（1）规定：只有自然人可以被选为托管人（trustee）。

④ 参见最高人民法院《关于贯彻执行〈中华人民共和国企业破产法（试行）〉若干问题的意见》，1991年11月7日发布，第50条；Mirko Wormuth，*Das Konkursrecht der VR China－Kontinuität und Wandel*，p. 202。

4. 债务人财产

根据新《破产法》第30条的规定，破产程序中，债务人的财产包括当前属于债务人的全部财产，以及将来会取得的财产。

破产管理人可能终止对债务人财产价值有消极影响的交易（债权保全之诉）。[①] 为了提高程序的效率，并提高透明度，立法者规定管理人的行为要坚持客观公正的原则。[②] 此外，在债务人的经营者或者其他个人开始破坏性行为时，法律赋予破产管理人要求赔偿的权利。[③]如果债务人的经营者的报酬或者相关费用不公正且不合理地增加，管理人也可过问。[④]

新《破产法》亦规定了抵销权，据此债权人可主张抵销破产程序开始之前的债务。[⑤]

5. 破产费用和共益债务

在新《破产法》中，破产案件的成本和花费，以及程序开始之后债务人所负担的债务，享有优先权。如果财产不够支付全部破产程序的成本和费用，破产费用优先于共益债务受偿。如果破产财产连破产费用也无法支付，破产管理人应当申请终止程序。[⑥]

6. 重整与和解

与其他现代破产法一样[⑦]，新《破产法》在第八章首次将

---

① 《破产法》第31—33条。

② 关于申请的主观与客观标准，see Mike Falke，“Insolvency Law Reform in Transition Economies”，p. 209。

③ 《破产法》第128条。

④ 《破产法》第36条。

⑤ 《破产法》第40条。

⑥ 《破产法》第41条、第43条。

⑦ 比如《美国破产法》第11章；《德国支付不能法》中的重整程序，第217条。

重整程序，作为债务人破产清算程序的替代性程序。债务人和债权人都可以申请重整。[①] 适用债务人控制资产（DIP）的原则时，债务人一般可以在破产管理人的监督下自行经营业务。[②]

破产程序中涉及担保权人的话，担保权人不能行使权利处分担保物。[③] 作为该限制的补偿，担保权人可以在担保物有损坏，或者价值有减少可能的时候，向法院提出申请恢复行使权利。但是，这些权利并不能充分地全部补偿他们作为担保债权人，而对其原先法律地位的侵犯。在债务人在此期间违背担保权人意志使用担保物的情形下，担保权人应当对收益和使用费享有权利。

重整程序限制在 9 个月之内。与其他现代破产立法相比，[④] 表决权在不同债权人组中分别行使，以体现不同债权人组在重整计划中的不同利益。[⑤]

此外，该法规定了和解程序。然而，和解协议对于担保权人没有效力。[⑥]

7. 清算以及债权人优先权

破产程序亦包括担保权人，他们有权利实现他们的担保利益。[⑦] 但是，新《破产法》第 132 条规定，破产人在该法公布之日前所欠职工费用，依靠现有的债务人财产不足以清偿的部分，优先于对该特定财产享有担保权的权利人受偿。至少在现实中还有职工“颁布前权利”（prior - promulgation - claims）

① 《破产法》第 70 条。
② 《破产法》第 73 条。
③ 《破产法》第 75 条。
④ Mike Falke, “Insolvency Law Reform in Transition Economies”, p. 232.
⑤ 《破产法》第 82 条。
⑥ 《破产法》第 96 条。
⑦ 《破产法》第 109 条。

的过渡时期，该规定已损及担保权人的权利。而且，鉴于担保权人的权利在破产程序中受到了减损，这明显违背市场统一的原则。

与其他转型经济体一样,[①]中国《破产法》起草过程中，职工债权人与担保债权人的清偿顺位问题，亦是一个主要的关注点。的确，有草案甚至主张，职工权益要完全优先于担保权人清偿。对此问题，中国立法者提供的解决方案，在某种程度上说，是一种妥协，即担保权人参与破产程序中，自动中止和其他破产程序的效力，也同样适用于担保权人。但是，因为他们对于特定担保物享有担保权，为了保障他们的权利，他们享有获得特定担保物出售所得利益的权利。因此，他们实际上优先于其他债权人组。只有职工债权人在有限的过渡期，享有优先于担保权人的权利。这个妥协只在有限的过渡期中可以接受，这是对中国大规模的社会政治现状的明显让步。

在破产费用和共益债务清偿完毕之后，接下来受偿的是职工债权、社会保险和破产人所欠税款。[②] 值得注意的是，没有得到偿付的主管和债务人其他高级管理人的工资，只能按照企业职工的平均工资计算。[③]

平等对待享有同样债权、处于同样情形的债权人的原则（*par conditio creditorum*），在不同组别的无担保债权人中，减少了大量的优先权。在现代市场经济中，社会和财政原因一般不再被认为是赋予一定债权人优先权的理由。比如，《德国支付不能法》完全废除了无担保权人之间的区别对待。

然而，在包括中国在内的一些转型国家，相应的破产基

---

① Mike Falke, “Insolvency Law Reform in Transition Economies”, p. 241.

② 《破产法》第 113 条；破产程序中的优先权，see Mike Falke, “Insolvency Law Reform in Transition Economies”, p. 238。

③ 《破产法》第 113 条。

金、社会保险制度或者高效的国内财政制度还不存在，因而直至新的平衡通过其他方式达成，在有限的过渡期内，对这些债权人给予一定的优先权是合理而必要的。

除了这些社会原因，还有其他一些原因，使得职工优先于其他无担保债权人。首先，他们可能没有能力承担失去工资之后的损失，可能因此无法偿还他们自己的债权。这可能导致连锁破产和社会萧条，并因此影响职工的社会环境。其次，职工因为不情愿地进入债权人—债务人的关系，一般不会扩展对雇佣者的信任；他们更愿意只是雇工—雇主的关系。一般情况下，职工既没有能力事先评估雇主的破产风险，也没有能力与雇主谈判要求给工资设置担保。而且，如果职工在破产中没有得到雇主清偿，他们可能不会再愿意继续工作，也不愿参与到重整程序中。当职工对于重整非常关键时，清偿职工债务就显得非常重要，因为他们的劳动有助于其他的债权人。①

另一方面，赋予税款优先权会适得其反，因为这形成政府补贴，而且可能破坏市场力量的规范功能。此外，这些权利会鼓励低效的政府税收制度，这是一个主要的障碍，在过渡经济体中尤其如此。

8. 责任

新《破产法》的第 11 章用许多条文规定了民事责任和刑事责任。② 值得注意的是第 125 条规定的高级管理人员责任。该条规定，违反相关义务的高级管理人员自破产程序终结之日起 3 年内，不得担任类似的高级管理职务。此外，该法亦规定了破产管理人的民事责任。

---

① Karen Gross, *Failure and Forgiveness – Rebalancing the Bankruptcy System*, Yale University Press, 1997, p. 152.

② 《破产法》第 125—131 条。

9. 跨境破产

随着中国作为重要国际贸易国角色的逐渐提升，立法者在《破产法》中首次规定了跨境破产。[①] 然而，中国没有吸收《联合国国际贸易法委员会跨境破产示范法》,[②] 尽管这种可能性在起草过程中已经讨论并考虑过。

该《破产法》区分了境内破产与境外破产。根据新《破产法》，境内债务人的破产程序同样也适用于他们在中华人民共和国境外的财产。由外国法院管辖的破产程序，只能依据现行国际条约[③]或者互惠原则，并且在不违反中国法律基本原则或者公共秩序的前提下，才能得到承认。

三、结论

中国的新《破产法》的确在很大程度上实现了其在第一条中暗示的目标，并且通过在破产程序中提高法律的确定性以及透明度，提供了有利于投资者的更好的投资环境。

然而，该《破产法》同样还有一些问题和缺陷，中国立法者应当通过适当的途径予以弥补。尤其是在以下几个方面：程序开始标准模糊，法院正式受理案件程序有待完善，临时性保护措施缺失，破产管理人条件限定不足，以及在重整程序中对担保权人保护的不完善。这些问题应当引起足够重视。

尽管该《破产法》在很大程度上已经与国际标准相符，

---

① 《破产法》第 5 条。

② 《联合国国际贸易法委员会跨境破产示范法》（United Nation Commission on International Trade Law, Model Law on Cross - Border Insolvencies 1997）, http://www.uncitral.org/uncitral/en/uncitral_ texts/ insolvency/1997Model.html，最后访问日期：2006 年 11 月 27 日。在破产法起草过程中，有人建议采纳这些规则：Immanuel Gebhardt & Zhu Shaoping, *The Bankruptcy Law of the People's Republic of China Materials on the Drafting Process 2000*, p. 422。

③ See also Chua Eu Jin, "China's New Bankruptcy Law: A Legislative Innovation", p. 20.

但是其成功实施还是将主要取决于司法机关、管理人以及企业的适用与执行。考虑到中国之大，成功实施该法的主要责任还将由地方上的利益相关者承担。此外，应该建立与发展破产管理人的行业组织。对于这些问题以及与之相关的其他问题，中国参考其他转型国家的经验，是非常有帮助的。比如，参考他们如何将破产制度改革，并使之达到国际通行的标准，以及如何保证其朝着现代市场经济转型。

除这些问题之外，该法实施成功与否的一个决定性的因素，就是中国最高人民法院是否能够通过司法解释，弥补该法存在的漏洞。

最后，建议中华人民共和国全国人民代表大会能够及时限制国有企业适用该法的豁免。当然采取的方式要透明而且具有可预见性。

除了在实施过程中的诸多挑战之外，我们不得不承认，新《破产法》是中国经济法律制度发展过程中一个重要的里程碑。毫无疑问，中华人民共和国市场经济制度建设，已经迈出非常重要的一步。

中国的新《破产法》：文本与有限的比较分析*

汉·塞缪尔·L. 布福德**文

谢琳***译

简目

---

* Hon. Samuel L. Bufford，"The New Chinese Bankruptcy Law：Text and Limited Comparative Analysis"，*Norton Journal of Bankruptcy Law & Practice* 5 art. 3（2007）. 本文的翻译与出版已获得作者授权。

** 汉·塞缪尔·L. 布福德，美国伊利诺伊州惠顿学院哲学专业学士，田纳西大学哲学博士，密歇根大学 J. D. 。早先担任执业律师。1985—2010 年，曾担任加利福尼亚州中央区（洛杉矶）破产法庭法官；同时在哈佛大学法学院等学术机构担任讲师。现为宾夕法尼亚州立大学迪金森法学院（Dickinson School of Law）常驻杰出学者（Distinguished Scholar in Residence）。著有 *United States International Insolvency Law*（Oxford University Press 2009）等专著。

*** 谢琳，中国政法大学诉讼法学硕士，德国汉堡大学欧盟国际法学硕士，现任职于北京市环中律师事务所。

三、综合性法律规定

（一）启动程序

（二）启动破产程序的无力清偿标准

（三）冻结程序（自动中止）的适用范围及其救济

（四）债权人委员会

（五）担保权人和职工之间的优先权

（六）跨境破产规定

（七）其他法律规定

四、结论

一、引言

《中华人民共和国企业破产法》[①] 于 2007 年 6 月 1 日生效。该法允许“法人身份的债务人”[②]（法人）申请破产。此外，合伙也可以破产清算，但是不能重整。[③] 目前，中国没有法律规定个人（自然人）破产。然而，值得注意的是，该法的适用范围包括金融机构和保险公司；[④] 相比之下，美国破产法则排除了金融机构。[⑤]

自 1949 年以来，在大多数情况下，中国并不允许企业破产。[⑥] 因此，中国长期以来并没有感觉到需要制定一部破产

---

① 《中华人民共和国企业破产法》，2006 年 8 月 27 日通过，自 2007 年 6 月 1 日起施行。下文简称《破产法》。

② 《破产法》第 2 条。

③ 《破产法》第 135 条规定该法可以适用于企业法人以外的组织的清算。

④ 《破产法》第 134 条。

⑤ See11 U. S. C. A. § 109（b）（2）（第 7 章案件的适格债务人）；11 U. S. C. A. § 109（d）（第 11 章案件的适格债务人）。

⑥ See Jingxia Shi，“Twelve Years to Sharpen One Sword：the 2006 Enterprise Bankruptcy Law and China's Transition to a Market Economy”，16 *Norton J. Bankr. L. & Prac.* 645（2007）.

法，来规范破产企业的有序清算。此外，由于没有工人会因企业破产而失业，中国也不存在社会保障体系。[①] 1986 年，中国颁布《破产法（试行）》，[②] 用于特定国有企业在政府批准前提下的破产清算。[③] 此外，1991 年颁布的《民事诉讼法》[④] 中，用一章（共 9 条）非常概括地规定了私有企业的破产。作为其迈向资本主义经济的一部分，中国现在已颁布一部非常成熟的《破产法》，综合规范包括国营和私营的合伙企业和公司的清算，以及有改造和拯救希望的公司（不适用于合伙）重整。

从两个方面来说，《破产法》是一部统一的法律。首先，该法同时规定重整和清算程序。而与之相反，日本则有三部法律，分别涉及清算、大型企业的重整和小型企业的重整。[⑤]

其次，这部《破产法》在开始时只有一个破产，之后分为重整和清算。与德国法一样，《破产法》假定破产会导致清算，如果可以重整，则需要另外的法庭裁定。[⑥] 相反，法国法假定任何破产案件都是重整案件，只有在重整不可行时，才开始清算程序。[⑦] 美国与这些国家都不同，破产申请人可以在重

---

① See Jingxia Shi, "Twelve Years to Sharpen One Sword: the 2006 Enterprise Bankruptcy Law and China's Transition to a Market Economy", p. 650.

② 《破产法（试行）》（1986 年 12 月 2 日通过，2006 年废止，或称"1986 年法"）。

③ 《破产法（试行）》第 2 条。

④ 参见《民事诉讼法》(1991 年 4 月 9 日通过并生效)。(该法已被修订——译者注)

⑤ See Kaisha Kseih（企业重整法），Law No. 154 of 2002, amended by Law No. 76 of 2004 (amending Law No. 172 of 1952), arts. 24 – 39（大型企业）; Minji Saiseih（民事再生法），Law No. 255 of 1999, amended by 80 & 129 of 2001, Laws No. 45, 98 & 100 of 2002, and Law No. 76 of 2004, arts. 26 – 31（小型企业）; Hasanh（破产法），Law No. 75 of 2004（清算）。

⑥ 德国法有些不同：债权人在其第二次会议上有权将破产案件转入重整之路。See InsO, v. 5. 10. 1994 (BGBI I S. 2866) § 157 (Ger.).

⑦ See C. com. art. L. 631 – 1 (Fr.).

整或清算之间选择。[1]

本文将关注《破产法》中的主要规定，并将《破产法》与一些工业国家的法律，尤其是美国做比较分析。第二部分探讨《破产法》中的重整制度的主要特征，包括重整案件的开始程序、重整中控制债务人的适用范围、重整的融资、重整计划的起草，以及重整计划通过的条件（包括关于非合意重整计划通过的规定）。第三部分将分析其他问题，包括破产案件开始的程序、启动案件必须满足的无力清偿标准、案件一开始就自动中止（冻结）程序的范围及其救济依据、债权人委员会的作用与权力、担保权人较之职工的相对优先权，以及与跨境破产相关的规定。

为了消除歧义、细化规定，最高人民法院已发布三个有关《破产法》的司法解释，其中包括管理人的指定和报酬，以及一些过渡性的问题。[2] 此外，最高人民法院为准备有关《破产法》的综合性司法解释，还专门成立一个工作委员会。

本文后面会附上我与我的同事共同准备的《破产法》英译稿。[3] 在解释该法时，有必要知道，中国法律体系大体上遵从大陆法传统，而非普通法传统。[4]

---

① See 11 U. S. C. A. § 301 (a); Official Form 1. （规定依据第 11 章进行重整，或者依据第 7 章进行清算的选择机制，以及其他与本文无关的一些替代性方式。）

② See Jingxiao Shi, "Twelve Years to Sharpen One Sword: the 2006 Enterprise Bankruptcy Law and China's Transition to a Market Economy", p. 679. 最高人民法院同样为 1986 年《破产法》发布了许多司法解释。See Jingxia Shi, "Twelve Years to Sharpen One Sword: the 2006 Enterprise Bankruptcy Law and China's Transition to a Market Economy", p. 651. 初看之下，这个程序对于普通法国家的人来说可能有点奇怪。然而，美国最高法院发布联邦破产程序规则（Federal Rules of Bankruptcy Procedure），实质上与此类似。

③ 本译文后末收录该英译稿。——译者注

④ See Jingxia Shi, "Twelve Years to Sharpen One Sword: the 2006 Enterprise Bankruptcy Law and China's Transition to a Market Economy", p. 666.

二、重整

本部分将讨论《破产法》第 8 章重整程序。第 8 章详细规定了困境企业[①]的重整。依据《破产法》，破产申请都会被假定为清算。但是，债务人或者债权人都可以向法院申请对债务人的重整。[②]

这些重整条款的大多数特征，都与《美国破产法》第 11 章的规定相似，很明显参照美国法。本部分主要强调的是两部法律之间的重大区别。鉴于《破产法》规定的债权人会议，既可以在清算案件中，也可以在重整案件中，将在第三部分讨论。[③]

在第 9 章中，《破产法》还有一些单独规定，主要针对预先制定好的简单重整计划。[④] 这些规定将主要适用于小型企业与其债权人达成协议的情形。该协议通常在法院受理之前已达成，本文不拟深入讨论这些规定。

（一）重整案件的启动

依据《破产法》，不论是债务人或者债权人，都可以向法院申请对债务人的重整。[⑤] 此外，出资额占债务人注册资本 1/10以上的出资人，也可以申请对该企业的重整。[⑥]还有另外一种情形，即如果债权人提出清算申请且法院已受理，债务人可申请将该案进入重整。[⑦] 该申请必须要在法院作出破产宣告

---

① 只有企业法人才可以依法重整，参见第 43 页注释②和注释③。

② 《破产法》第 73 条。

③ 参见第 60 页注释⑥和注释⑦，第 61 页和第 62 页的注释，第 63 页注释①。

④ 《破产法》第 95—106 条。

⑤ 《破产法》第 70 条。

⑥ 同上。

⑦ 同上。

之前提出。[1]

该程序使得债务人很难阻止债权人提出的清算申请。债务人申请的重整，必须在法院受理破产之后、破产宣告作出之前提出。该法并没有规定从受理案件申请到作出破产宣告之间的期限。因此，该期间可能非常短暂。

非常重要的是，在该程序窗口关闭之前，给予债务人足够的时间，去收集信息、聘请并咨询中介关于重整的可行性。否则的话，由于债务人未能成功地在短暂的期限里提出重整申请，可重整的企业将会被清算。如果允许债务人在案件受理后的任何时间，都可提出申请，或者明确不论清算命令是否作出，案件受理后多长时间内可以提出申请，这可能会更好。

（二）无力清偿

除在自愿清算的案件中，通过资产负债表和流动性测试来证明无力清偿（insolvency）之外，[2]《破产法》在债务人“有明显丧失清偿能力可能”的情形下，允许自愿重整。这个条款意在鼓励债务人，在他们事实上破产之前，尽早解决财务问题。[3] 除了这种无力清偿之外，还有很多情形符合“明显”的条件。然而，该法并没有为判断“明显”提供指引。最终，在决定是否开始破产案件时，“明显”只存在于法官的眼里；而且，这比无力清偿标准本身更难预测。因此，该标准也许过于严格，且很不确定。

这个标准类似于《法国破产法》中保障程序（sauvegarde procedure）（其以《美国破产法》第 11 章为基础）的资格条件（condition for eligibility）要求，即需要证明债务人处于

---

① 《破产法》第 70 条。

② 参见第 57 页注释④，第 58 页注释①和注释②。

③ See Jingxia Shi, “Twelve Years to Sharpen One Sword: the 2006 Enterprise Bankruptcy Law and China’s Transiton to a Market Economy”, p. 669.

“无法克服的困境，且这种困境将导致其停止偿付”。[1]《法国破产法》的这一章非常新，2006年年初才开始生效。鉴于此，该制度在法国破产案件中的适用，尚待阐明。然而，较之对“明显”的简单规定，法国模式为法院提供更好的指引。

现在还不完全清楚，要为进入破产法中的重整程序把关的话，无力清偿标准是不是个好主意。在自愿重整案件中，美国法律没有无力清偿要求，而只要求债务人提出善意的申请，这只有在之后有利益相关人提出撤销申请时才会审查。[2]在美国程序中，自愿重整案件的开始之所以极大简化，是因为刚开始各方都不花费时间、人力和资金，去审查债务人是否满足无力清偿标准。这之所以重要，是因为在重整案件开始时，还有很多更重要的事要做。的确，如果当事人对债务人的清偿能力喋喋不休，债务人很容易就凋零并死亡。

（三）债务人控制资产制度

《破产法》规定，“在重整期间，经债务人申请，人民法院批准，债务人可以在管理人的监督下自行管理财产和营业事务”。[3]很典型的是，这种“债务人控制资产”（DIP），只能出现在法院在该案中指定管理人，且发布债务人控制资产令之后。[4] 在这种情形下，管理人要将接管的财产转交给债务人。[5]自此以后，债务人有义务履行法律规定的本来应由管理人履行的义务。[6]

或者，法院可能让管理人负责重整。如果管理人负责重

---

① C. com. art. L. 620 - 1（Fr.）.

② See e. g.，In re Marshall，300 B. R. 507，509 - 19（Bankr. C. K. Cal. 2003）.

③ 《破产法》第73条。

④ 人民法院裁定受理破产申请的同时指定管理人。《破产法》第13条。

⑤ 《破产法》第73条。

⑥ 同上。

整，管理人可以聘任债务人的经营管理人员负责营业事务。[①]

《破产法》中的“债务人控制资产”的概念，与《美国破产法》中的“债务人控制资产”概念有一些相似之处。[②] 然而，中国《破产法》规定，“债务人控制资产”要在破产管理人的综合监督下进行。[③] 从这个方面来说，中国《破产法》更类似于《法国破产法》中的保障程序，同样规定在重整案件中，既需要指定破产管理人，亦规定债务人占有并且经营业务。[④]

在美国法律中，有个与《破产法》规定的重整案件中破产管理人监督功能类似的制度。依据《美国破产法》第 11 章，如果债务人控制资产，[⑤] 美国托管人（the U. S. Trustee）（一位司法部的官员）将行使一些不成文的监督功能。但是，美国托管人的监督权，较之中国《破产法》或者法国法，都要更加宽松。因此，对于重整中的业务经营，与《破产法》中的“债务人控制资产”相比，美国的“债务人控制资产”看起来拥有更多自主权和管理权。

（四）重整融资

《破产法》允许债务人通过贷款来维持重整。[⑥] 这些贷款可以设定担保，[⑦]假设允许出借人从企业的部分或全部财产中获得担保权益。即使该贷款未设定担保，也可以被推定为

---

① 《破产法》第 74 条。

② See 11 U. S. C. A. § 1107.

③ 《破产法》第 13 条。

④ See C. com. art. L. 622 – 1 （Fr. ）.

⑤ 美国法律规定依据第 11 章，案件中的管理人的指定要有一定的“理由”，比如诚实，或者管理人最有利于债权人、普通股股东以及其他利益相关人的利益。See 11 U. S. C. A. § 1104 （a）. 实际上，依据美国法第 11 章进行的案件中很少有管理人。此外，指定管理人通常是转向第 7 章清算程序的前奏。

⑥ 《破产法》第 75 条。

⑦ 同上。

“破产费用”,[①] 享有优先受偿权。[②]

与《美国破产法》不同,[③] 中国《破产法》关于既有担保权人的融资授权，付之阙如。这是一个非常严重的疏漏，因为在“债务人控制资产”中，除非出借人可以优先于既有担保权人获得清偿，否则获得“债务人控制资产”融资非常难。

（五）重整计划

不管是债务人还是管理人，都必须向法院提交重整计划草案。[④] 如果是“债务人控制资产”，债务人必须制作并提交重整计划草案。[⑤] 如果不是“债务人控制资产”，管理人必须制作并提交重整计划草案。[⑥] 值得注意的是，单个债权人和债权人会议（或者政府）都无权提交重整计划草案。

重整计划必须自裁定重整之日起 6 个月内，提交给法院。[⑦] 经债务人或者破产管理人请求，法院可以批准延长 3 个月。[⑧] 如果没有按期提出重整计划，破产重整将转化为清算。[⑨]

《破产法》列举了 4 种不同的债权，以分组表决：（1）享有担保权的债权；（2）与职工相关的债权（包括异常死亡）；（3）税款；（4）普通无担保债权。[⑩] 如果重整计划涉及股东权利的变动，那么他们有权组建他们自己的组。[⑪] 此外，重整计划可以在普通无担保权债权组中，设立附属的小额债权组，表

---

① 《破产法》第 41 条。

② 《破产法》第 43 条。

③ See 11 U. S. C. A. §364（c）.

④ 《破产法》第 79 条。

⑤ 《破产法》第 80 条。

⑥ 同上。

⑦ 同上。

⑧ 同上。

⑨ 同上。

⑩ 《破产法》第 82 条。

⑪ 《破产法》第 85 条。

决重整计划草案。[①] 一些特定的社会保险费用，必须要全额清偿，这些费用的持有人不参与重整计划草案的表决。[②]

（六）表决和重整计划的通过

关于债权人表决与重整计划通过的规定，《美国破产法》与《破产法》惊人相似。除个别例外，《破产法》都与《美国破产法》规定一致，而不同于其他工业国家法律中的另类规定。[③]

1. 合意计划（consensual plans）

在对通过合意重整计划的表决要求方面，中美法律规定是一致的。两国法律都要求，每个表决组都要满足以下两方面要求，以通过重整计划。对重整计划的合意通过，要求同一表决组的债权人过半数同意重整计划草案，并且其所代表的债权额占该组债权总额的 2/3 以上。[④]

如果所有的表决组都通过重整计划，那么就可以被法院批准。美国法规定，法院在满足相关 14 个条件的情况下，也可以批准通过重整计划草案。[⑤]《破产法》规定，法院在重整计划草案已经得到法定数量的赞成票，且“符合该法”时，可以批准通过。[⑥]

---

① 《破产法》第 85 条。

② 《破产法》第 83 条。

③ See e. g. , InsO, v. 5. 10. 1994 (BGBI I S. 2866) §244 (Ger.)（需要多数债权人投票肯定，并且其持有的债权份额要超过总债权的一半）；Kaisha Kseih（企业重整法），Law No. 154 of 2002, amended by Law No. 76 of 2004 (amending Law No. 172 of 1952), art. 196. 5. 2 (Japan)（需要无担保权人的同意，而且其持有的债权份额要超过总债权的一半；并且也要经过担保权人的同意，这些担保权人所代表的担保利益要不能低于总担保权的 2/3。在特定情形下对于担保权人的比例要求可能更高）。

④ 《破产法》第 84 条；see 11 U. S. C. A. §1126 (c)。

⑤ See 11 U. S. C. A. §1129 (a).

⑥ 《破产法》第 86 条。

但是，两国的表决程序并不相同。《破产法》规定，债权人在债权人会议中表决。[①] 相反，美国重整程序中，没有债权人会议可以行使表决权，所有对重整计划的表决都通过邮件实现。[②]

中美两国对投票的数量和价值的计算，只是以参加投票的债权人为基础，而忽视未投票的债权人。[③] 比如，某债权人组有 10 名债权人，享有价值 100 万元的债权，但是只有 5 名参加债权人会议对重整计划进行表决，其持有的债权总数只有 30 万元。如果其中 3 个债权人同意并且他们的债权总额超过 20 万元，这个表决组就可以通过重整计划。

如果一个或者多个表决组，没有足够的票数通过重整计划，《破产法》允许债务人或破产管理人，与这些没有通过重整计划草案的表决组协商，并再表决一次。[④] 如果第二次表决后，之前未通过重整计划的表决组满足通过的要求，法院可以批准该计划。[⑤] 这种调整，不得损害其他表决组的利益。[⑥]

虽然美国法律中没有类似的规定，但是在实践中有类似的程序。但不是让整个表决组再次表决，非常典型的情形是，由美国重整计划的主导者与各表决组个体成员协商，以说服他们改变投票，从而使得每个表决组有足够的支持率。

2. 非合意计划（nonconsensual plans）

由债权人表决通过重整计划的国家，极少允许在多数票要求没有满足的时候“强行批准”（cram down）重整计划。而美国法律与《破产法》都规定，在适当的情形下，可以运用

---

① 《破产法》第 84 条。
② See Fed. R. Bankr. P. 3017 (d).
③ 《破产法》第 84 条。
④ 《破产法》第 87 条。
⑤ 同上。
⑥ 同上。

强行批准程序。

《破产法》对强行批准非合意重整计划，规定了三个条件：第一，该计划草案必须“公平”对待同一表决组的每个成员；[①] 第二，重整计划规定的债权清偿顺序，不违反法律规定的破产清算中债权人受偿的优先顺序；[②] 第三，该计划必须具有可行性。[③]

此外，在非合意重整计划中，《破产法》针对特定的债权人组有一些要求。如果反对的表决组是享有优先权的债权人（担保权人、职工或者税务机构），那么该表决组必须要获得全额清偿。[④] 如果反对的表决组是担保权人，《破产法》规定额外的条件，即其因延期清偿所受的损失，将得到公平补偿，并且其担保权未受到实质性损害。[⑤] 如果反对的表决组是普通债权人，没有担保权，那么这些债权人所获得的清偿比例，不得低于依照破产清算程序所能获得的清偿比例。[⑥] 如果反对的表决组是出资人，那么对出资人权益的调整必须“公平、公正”。[⑦]

依据美国法，批准一个非合意重整计划草案时，特别强调持反对意见的表决组。一般来说，只有在其没有“不公正歧视”（discriminate unfairly），且“公正而平等”（fair and equitable）地对待任何反对组的情形下，重整计划才能获得通

---

① 《破产法》第 87 条第 2 款第 5 项。

② 同上。美国法中并没有这样对非合意计划批准（nonconsensual plan confirmation）要求的规定。

③ 《破产法》第 87 条第 6 项。

④ 同上。

⑤ 《破产法》第 87 条第 1 项。

⑥ 《破产法》第 87 条第 3 项。

⑦ 《破产法》第 87 条第 4 项。《破产法》在此并没有界定“公正、公平”的意义。

过。[①] 如果区别对待有正当理由，且为重整所必需，那么就不是不公正的。[②] 对于担保权人组，“公正而平等”原则要求这些债权人可以保留他们的优先权，而且其因延期清偿所受的损失，将依据相应的市场利率得到补偿，或者获得“确实等价物”（indubitable equivalent）。[③] 对于没有担保权的普通债权人组，[④]“公正而平等”待遇要求“绝对优先权”规则：依据重整计划，除非该债权人组已经被完全清偿（不计利息），否则次级债权人组不能获得任何分配。[⑤] 美国法律对于普通债权人组没有规定“公正而平等”待遇，除非是为了保护优先股股东。[⑥]

《破产法》规定，如果重整计划未获得通过或批准，那么该案就转为破产清算。[⑦] 美国法律没有采纳这个“苹果只咬了一口”（one bite at the apple）的方式，其需要提供一个“理由”，才能转入破产清算或驳回；这可能涉及很多因素，但不仅是重整计划草案未能通过。[⑧]

三、综合性法律规定

在这部分，本文将讨论如下几个方面：《破产法》中破产案件的开始程序；适用于破产案件开始的无力清偿标准；冻结

---

① See 11 U. S. C. A. §1129（b）（1）.

② See 7 Collier on Bankruptcy ‖1129. 04［3］［a］（Alan N. Resnick & Henry J. Sommer, eds., 15th ed. Rev. 2007）.

③ See 11 U. S. C. A. §1129（b）（2）（A）（i）.

④ 美国法律中允许设置多种没有担保权的债权人组。See 11 U. S. C. A. §1123.《破产法》只允许成立一个没有担保权的普通债权人组，必要时可以在普通债权人组中设小额债权组（a subclass for small claims）。参见《破产法》第82条。

⑤ See 11 U. S. C. A. §1129（b）（2）（B）.

⑥ See 11 U. S. C. A. §1129（b）（2）（C）.

⑦《破产法》第88条。

⑧ See 11 U. S. C. A. §1112（b）.

程序（自动中止）适用的范围及其救济；债权人委员会；担保权人和职工之间的优先权；有关跨境破产的条款。

（一）启动程序

按照《破产法》，破产案件的开始，要求债务人满足两个标准：一个是程序性的，一个是实体性的。从程序上来说，从最相关的角度，破产案件只开始于人民法院裁定受理破产案件之时。[①]

依据《破产法》，从递交破产案件申请，到法院作出受理裁定之间，会有一段比较短的时间间隔。如果债务人提出破产申请，人民法院需要在 15 天之内，决定是否受理案件。[②] 这个期限可能太短，因而难以证明无力清偿，导致案件无法开始。[③] 相比之下，在那些亦需要裁定开始破产案件的欧洲民法法系国家，这需要更长的时间。比如，法国法院通常需要大概 3 周的时间，来决定是否受理自愿破产案件申请；德国法院则可能需要 2 到 3 个月时间，才会回应当事人提出的自愿破产申请。

在破产申请提出后，尽快决定是否受理案件，非常重要。案件受理中的任何迟延，都可能导致在申请与受理之间，对可能由于案件受理后无法得到清偿的借款人和供应方，以及不知道债务人即将面临破产的顾客，造成实质上的侵害。因为这些原因，美国法规定，破产案件在破产申请提出后立即启动，而不需要更多程序。[④]

很明显，在案件受理决定作出之前，人民法院无权对债务

---

① 《破产法》第 10—12 条。

② 《破产法》第 10 条规定，有“特殊情况”的，经上一级人民法院批准，受理期限可以延长 15 日。

③ 参见第 57 页注释①至注释③，第 58 页注释①至注释④。

④ See 11 U. S. C. A. § 301（a）.（本章规定的自愿案件，由债务人向法院申请而启动。本章也规定了哪些实体是符合本章要求的债务人。）

人或者债权人采取任何行动，或者提供任何救济。相反，日本法在重整案件的受理决定尚未作出之前，就允许法院采取多种临时救济措施。[①] 在美国，因为自破产申请提出时破产案件便自动开始，所以不存在这个问题。

在大多数情况下，中国的破产申请都由债权人提出，而非债务人。相比之下，在美国，商业刺激和来自债权人的财务压力，会驱使债务人高效地提出《美国破产法》第 11 章的破产申请。的确，非自愿开始《美国破产法》第 11 章规定的破产案件的情形非常罕见。

（二）启动破产程序的无力清偿标准

实体上来说，不论是债务人还是债权人依据《破产法》提出破产申请，债务人都必须满足无力清偿的标准，才可以使破产案件开始。如果申请由债权人提出，他们必须要证明“债务人不能清偿到期债务”。[②] 这个流动性标准，与传统上只限定审查当前到期债务的标准不同。相反，传统的流动性标准（在《破产法》中有不同的功能）将无力清偿标准规定得更加广泛，并将其适用于在债务即将到期时，债务人不能清偿的情形。[③] 因此，在非自愿破产案件中，尚未到期的债务，对于无力清偿标准的审查并不起作用，即使在债务到期后债务人很明显没有能力清偿。

新《破产法》的无力清偿标准，对于自愿破产案件来说有点宽泛。在下列两种情形下，案件可以开始：（1）债务人

---

① See Kaisha Kseih（企业重整法），Law No. 154 of 2002，amended by Law No. 76 of 2004（amending Law No. 172 of 1952），arts. 24 – 39（大型企业）；Minji Saiseih（民事再生法），Law No. 255 of 1999，amended by 80 & 129 of 2001，Laws No 45，98 & 100 of 2002，and Law No. 76 of 2004，arts. 26 – 31（小型企业）。

② 《破产法》第 7 条。

③ See e. g. ，11 U. S. C. A. § 303（h）（1）.（规定非自愿破产案件在“如果债务人不能清偿到期债务”的情形下可以启动。）

“不能清偿到期债务，并且资产不足以清偿全部债务”，或者（2）债务人“明显缺乏清偿能力”。[①]

自愿申请破产清算案件，债务人必须满足两个不同的破产标准。其一，其必须满足传统的流动性标准，即债务到期时无法清偿（inability to pay its debts as they come due）。这个标准比修改后的标准，即无法清偿已经到期的债务（unable to pay its debts that are due），要容易达到。这个标准是《破产法》中为非债权人自愿申请破产案件的情形设置的。其二，债务人还要满足资产负债表标准，证明资不抵债，才能开始自愿破产案件。

“资产……不足以清偿全部债务”，到底是传统的资产负债表标准，还是修改后的资产负债表标准，并不清楚。依据传统的资产负债表标准，如果资产负债表表明债务人资不抵债，那么他就达到破产的标准。但是，资产负债表很难准确地反映企业的经济发展状况。因为依据国际会计标准，资产负债表只是反映资产的历史价值。[②] 对于大多数资产，资产负债表并没有反映他们当前的市场价值。[③] 因此，资产负债表标准并不能准确反映企业是否处于经济困境。

为了资格审查之外的其他目的，《美国破产法》使用修正后的资产负债表破产定义。依据该标准，债务人在下列情形下为破产，“依据合理价格，其全部债务大于全部资产价值总

---

① 《破产法》第2条。

② 对于非房地产资产（non－real estate assets），资产负债表同样会包括折旧准备或摊销准备（a reserve for depreciation or amortization）。然而，这个准备金（reserve）计算时所依据的公式一般与实际的市场价值没有什么关系，比如直线法折旧（straight line depreciation）。

③ 如果想了解关于资产负债表价值与实际市场价值之间的差异的讨论，see In re Bay Plastics. Inc.，187 B. R. 315，330－31，27 Bankr. Ct. Dec. （C. R. R）1067（Bankr. C. D. Cal. 1995）。

和”。[①]该表达起源于《统一欺诈转让法》(Uniform Fraudulent Transfer Act)。[②]“合理价格”要求需要评估债务人的财产，不可能在15天之内完成，但是15天是法院决定是否受理破产案件的时间期限。这种资产负债表标准，是审查财务困境的一种更好的方式。《破产法》中用来决定是否受理破产申请案件的资产负债表标准，也可以这么解释。

对于非自愿破产案，要求债权人证明债务人在相关情形中处于破产状态非常重要。美国法与《破产法》在这方面非常相似：在非自愿破产案件中，提出申请的债权人，必须要证明债务人不清偿到期债务，或者在提出申请的120天之内，托管人已经指定或者已经实质上接管债务人的全部财产。[③] 与自愿重整的案件一样，美国法对于自愿破产的案件，也没有规定破产的要求。只要求债务人善意地提出申请，并且只能在之后有利益相关人提出反对意见的时候才会审查。[④]

（三）冻结程序（自动中止）的适用范围及其救济

《破产法》规定了针对债权人行使权利行为的冻结程序（自动中止）。冻结程序始于法院受理破产案件之时，即随着

---

① See 11 U. S. C. A. § 101 (32) (a).

② See Uniform Fraudulent Transfer Act § 2 (a), 7A U. L. A. 652 (1985).

③ See 11 U. S. C. A. § 303 (h).

④ 比如，In re Tamecki, 229 F. 3d 205, 207, 36 Bankr. Ct. Dec. (CRR) 214 (3d Cir. 2000) [认为如果债务人不能证明他是诚实地 (good faith) 提出申请的话，11 U. S. C. A. § 707 (a) 允许撤销依据第7章进行的案件]。In re Zick, 931 F. 2d 1124, 1126-27, 21 Bankr. Ct. Dec. (CRR) 1174, Bankr. L. Rep. (CCH) P 74057 (6th Cir. 1991)(相同)。但是 In re Padilla, 222 F. 3d 1184, 1190-95, 36 Bank. Ct. Dec. (CRR) 166, 44 Collier Bankr. Cas. 2d (MB) 1190, Bankr. L. Rep. (CCH) P 78245 (9th Cir. 2000) [认为单单不诚实地申请第7章案件，理由 (cause) 不足，并不足以依据 § 707 (a) 而撤销该案]。美国法中第7章自愿案件的“诚信”要求是由法院创造的，在破产法中并没有明确规定。

法院作出受理决定之时起，冻结程序便自动开始。[①]除由受理破产案件的法院审理的案件外，冻结程序禁止与债务人相关的任何民事诉讼。[②] 冻结程序同样禁止对债务人的财产采取任何执行措施。[③]此外，冻结程序适用于任何与债务人有关的未决诉讼或仲裁。[④]

然而，《破产法》对于诉讼与仲裁的中止的规定非常简短。一旦管理人接管债务人的财产，中止便结束。[⑤] 因此，管理人必须介入以维护债务人的利益，在对抗债务人的诉讼或者仲裁中为债务人进行辩护。然而，如果判决是终局的，中止程序的执行禁止任何对抗债务人的判决的执行。

《破产法》中重整案件的中止范围更大。在重整期间（可持续 6 个月并可延长 3 个月），[⑥] 担保权人禁止就其担保财产主张权利。[⑦] 在这样的情形中，《破产法》规定，担保权人可以在下列情形下向法院请求救济：如果其“担保物有损坏或者价值明显减少的可能，足以危害担保权人权利”。[⑧]

如果在法院受理案件之时，决定对债务人重整，并且采取“债务人控制资产”的方式，那么在重整期间，也可能申请中止诉讼和仲裁程序。在这样的情形下，可能不会在案件一开始就指定管理人。因此，当法院受理案件之时，诉讼和仲裁的暂时中止不会结束。

---

① 《破产法》第 19—21 条。在这些方面，《破产法》中的冻结程序与欧洲大陆的制度非常相似。比如，C. Com. art. L 622 - 21（Fr.）；InsO，v. 5. 10. 1994（BGBI I S. 2866）§87 - 91（Ger.）。

② 《破产法》第 21 条。

③ 《破产法》第 19 条。

④ 《破产法》第 20 条。

⑤ 同上。

⑥ 《破产法》第 79 条。

⑦ 《破产法》第 75 条。

⑧ 同上。

这与美国在重整案件中，对担保权人适用中止程序的规定非常相似。依据《美国破产法》第11章，担保权人在下列情形的冻结程序中可获得救济，即不能合理预期重整会成功，[1]该财产并不是重整所必需的，[2]没有“适当保护”[3]担保权人的担保利益，[4]或者是其他“原因”。[5]

在清算案件中，《破产法》没有规定针对冻结程序的救济措施，而美国法则有相应规定。但因为《破产法》中的冻结在清算中不适用于担保权人，这对担保权人并不重要。对于没有担保权的债权人，美国法律中很少规定冻结的救济程序。因此，中、美两国的法律在这些情形下，结果都差不多。

（四）债权人委员会

《破产法》规定在清算或者重整案件中，债权人会议可以组成债权人委员会。[6]因为依据《破产法》，债权人委员会在清算案件中同样可能存在，该规定并没有强调重整过程中的债权人委员会。

按照《破产法》，债权人委员会一般不得超过9个成员，其中必须要有一个代表是债务人企业的职工代表或者工会代表。[7]这个委员会的职权如下：监督财产的管理和处分，监督破产财产分配，提议召开债权人会议，以及行使债权人会议委

---

① See United Sav. Ass'n of Texas v. Timbers of Inwood Forest Associates, Ltd., 484 U. S. 365, 375 - 76, 108 S. Ct. 626, 98 L. Ed. 2d 740, 16 Bankr. Ct. Dec. (CRR) 1369, 17 Collier Bankr. Cas. 2d (MB) 1368, Bankr. L. Rep. (CHH) P 72113 (1998).

② See 11 U. S. C. A. §362 (d) (2).

③ “适当保护”（adequate protection）被界定为足以支付债权人在担保物上任何利益的损失。该支付可能是金钱，也可能是其他替代担保物，或者通过其他方式补偿。See 11 U. S. C. A. §361.

④ See 11 U. S. C. A. §362 (d) (1).

⑤ Ibid.

⑥《破产法》第67条。

⑦ 同上。

托的其他权利。[①] 债权人委员会同样可以要求管理人或者债务人企业的有关人员，对其职权范围内的事务作出说明，或者提供有关文件。[②] 此外，管理人必须向债权人委员会报告重大事项，包括主要财产转移、经济交易，以及许可证的转让。[③]

《破产法》规定的债权人委员会的权力，类似于美国法律中债权人委员会所拥有的权力，只能在重整案件中设立。[④] 比如，依据美国法，债权人委员会有权监督管理人经营管理业务的行为，并且可以参与重整计划的制定。

美国法中的债权人委员会与《破产法》中的债权人委员会有几个重大的不同之处。首先是《破产法》中的债权人委员会可能包括担保权人，但是美国法中的标准债权人委员会，只允许非担保权人参与。[⑤] 第二个非常重要的不同点是，《破产法》中的债权人委员会由债权人会议任命，而且要对其负责。相对而言，美国法中的债权人委员会由美国托管人任命，并且不需要对债权人会议负责。美国法中的债权人委员会对于其所代表的债权人组，负有诚信义务，并且有义务为属于该组的单个的债权人提供相关信息及渠道。[⑥] 第三个不同的地方是，美国法中任命的债权人委员会，有很多法律明确规定的权力，但是在《破产法》中没有与之相对应的部分。然而，显

---

① 《破产法》第 68 条。

② 同上。

③ 《破产法》第 69 条。

④ See 11 U. S. C. A. § 1102 – 03. 依据《美国破产法》第 7 章的清算案件，只有在下列情形下，才会设置债权人委员会，即该案件依据第 11 章进行不下去时才指定债权人委员会。并且随后案件就要转入第 7 章规定的清算程序。

⑤ See 11 U. S. C. A. § 1102. 该规定同样规定股东委员会（an equity committee）的成立，并且规定其主要由债务人的股东组成。该法同样规定可以成立其他的债权人或者股票持有人委员会（additional committees of creditors or of equity security holders），这很明显包括担保权人委员会。在美国实践中，很少成立这种委员会。

⑥ See 11 U. S. C. A. § 1102.

然在《破产法》中，部分或者全部这些权力，可通过债权人会议授予债权人委员会。①

美国法明确规定，债权人委员会有权聘请律师、会计师以及其他专业人员和机构，来代表委员会或者为其提供服务。②依据该规定，美国债权人委员会几乎一直聘请律师，并且指定会计师、投资顾问，以及其他专业人员，来协助他们的工作。这些专业人员为委员会提供服务所应收取的报酬，由破产财产支付。③

在《破产法》中，没有有关债权人委员会可以聘请这些专业人员的规定。但是，如果债权人委员会聘请了这样的专业人员，其花费可以被视为“破产费用”,④ 这在破产财产的分配中享有优先权。⑤

（五）担保权人和职工之间的优先权

《破产法》的一个重大修改，是担保权人现在享有就其担保财产，优先于任何职工债权受偿的权利。⑥ 依据《破产法（试行）》，职工债权优先于担保权人就其担保财产受偿。⑦

一直以来，中国的工资法律并没有得到严格执行，所以职

---

① See 11 U. S. C. A. § 1103.

② See 11 U. S. C. A. § 1103 (a).

③ See 11 U. S. C. A. § 330.

④ 《破产法》第 41 条。

⑤ 《破产法》第 43 条。

⑥ 《破产法》第 109 条规定，对破产人的特定财产享有担保权的权利人，对该特定财产享有优先受偿的权利。根据《破产法》第 132 条，破产人在新法之前所欠的职工债权优先于担保权。但是，在新《破产法》颁布以后新发生的职工债权就不再具有这种优先性。

⑦ 《破产法》与中国之前的破产法，关于担保权人与职工债权人谁相对优先的规定，本质上类似。随后制定的实施细则，赋予职工债权人优先于担保权人的地位。See Jingxia Shi, “Twelve Years to Sharpen One Sword: the 2006 Enterprise Bankruptcy Law and China's Transiton to a Market Economy”, pp. 675 – 679. （该文讨论职工债权优先权的历史、新法中的妥协以及还存在的紧张关系。）

工债权在破产法中一直处于非常重要的地位，甚至可以阻止担保权人就其担保财产收取任何补偿。① 相反，美国由于工资法得到非常严格地执行，破产法中的工资债权相对比较小。

（六）跨境破产规定

随着中国越来越多地参与到世界市场，并且成为世界贸易组织的成员，破产法中的处理跨境事项的条款，也变得更加重要。许多中国的企业现在从事着国际业务，而且参与到跨境破产案件中。

《破产法》没有采纳《联合国国际贸易法委员会跨境破产示范法》（以下简称《示范法》）对跨境破产的规定。② 然而，其中有一条，用两款规定了跨境破产制度。③

首先，对于破产财产的范围，《破产法》采纳修正的普遍主义④的观点：既包括中国境内的财产，又包括其境外的财产。⑤

其次，《破产法》规定，涉及承认与执行外国法院作出的

---

① See Jingxia Shi, "Twelve Years to Sharpen One Sword: the 2006 Enterprise Bankruptcy Law and China's Transiton to a Market Economy", pp. 670 – 672.

② 《联合国国际贸易法委员会跨境破产示范法》（UNCITRAL Model Law on Cross – Border Insolvency), May 30, 1997, 36 *I. L. M.* 1386 (1997)。See Guide to Enactment of the UNCITRAL Model Law on Cross – Border Insolvency, 1997 XXVIII UNCITRAL Y. B. pt. 3, §2, U. S. Doc. A/CN. 9/442, reprinted in 6 Tul. J. Int'l & Comp. L415 (1998).

③ 《破产法》第 5 条。

④ 如果想更进一步探讨普遍主义（universalism）、修正的普遍主义（modified universalism）以及他们与地区主义（territorialism）的对比，see e. g., Samuel L. Bufford, "Global Venue Controls are Coming: A Reply to Professor LoPucki", 79 *Am. Bankr. L. J.* 105, 110 – 14 (2005); Ian F. Fletcher, *Insolvency in Private International Law* 369 (1999); Andrew T. Guzman, "International Bankruptcy: In Defense of Universalism", 98 *Mich. L. Rev.* 2077 – 2179 (2000); and Jay Lawrence Westbrook, "Choice of Avoidance Law in Global Insolvencies", 17 *Brook. J. Int'l L.* 499. 513 (1991)。

⑤ 《破产法》第 5 条。See Jingxia Shi, "Twelve Years to Sharpen One Sword: the 2006 Enterprise Bankruptcy Law and China's Transiton to a Market Economy", pp. 675 – 679.（该文讨论第 5 条及其历史。）

破产案件的命令或判决，尤其是涉及债务人在中国境内的财产，依据互惠原则或者中国参加的国际条约，来向中国法院提出执行的申请。[①] 如果涉及属于任何已经采纳《示范法》的外国（包括美国、英国、日本、加拿大和墨西哥）债务人的中国财产，由于这些国家的法律允许承认中国法院作出的破产裁定，该条款亦允许中国法律承认来自这些国家法院的破产裁定。鉴于互惠原则具有相互性，这条规定同样适用于在其示范法中规定互惠原则的国家（包括南非、罗马尼亚及墨西哥）。

《破产法》对于外国破产判决或者裁定的承认，规定了两个例外，这在采纳《示范法》的其他国家中并不常见。首先，除规定被普遍接受的公共秩序（public policy）例外条款外，[②]《破产法》规定，不予承认损害国家主权、安全和社会公共利益的外国破产判决或者裁定。[③]鉴于这些例外可能会对涉及中国财产的跨境合作造成很大障碍，它们需要进一步得到澄清。[④]

其次，《破产法》对“损害中华人民共和国领域内债权人的合法权益”的外国判决或裁定亦有例外规定。该规定可能会导致很多问题，因为可能被解释为赋予境内债权人优先于境外债权人的权利。这违反在破产财产的分配中，外国债权人（除了从属债权以及外国国家主权债权）应当享受不低于国内

---

① 《破产法》第5条。当前，中国并没有关于破产问题的条约，甚至在中国内地与中国香港特别行政区之间也没有什么规定。See Jingxia Shi，“Twelve Years to Sharpen One Sword：the 2006 Enterprise Bankruptcy Law and China's Transiton to a Market Economy”，p. 678. 但是，司法合作的一般规定中，可能有些可以适用于破产案件。See Jingxia Shi，“Twelve Years to Sharpen One Sword：the 2006 Enterprise Bankruptcy Law and China's Transiton to a Market Economy”，pp. 678 – 679.

② 《破产法》第5条，采纳《示范法》第6条关于公共政策例外（the public policy exception）的规定。

③ 《破产法》第5条。

④ See Jingxia Shi，“Twelve Years to Sharpen One Sword：the 2006 Enterprise Bankruptcy Law and China's Transiton to a Market Economy”，p. 667.

一般普通无担保债权人的地位的国际规范。[①]

此外，《破产法》似乎只是规定涉及债务人财产在中国境内的外国破产判决或者裁定的承认。[②]与之相反，《示范法》对于有授权的外国代表，赋予更多的权利：[③] 其授权这些代表具有参与国内破产案件的一般权利。[④] 此外，不同于《破产法》，《示范法》特别规定，外国代表可以申请启动国内破产案件。[⑤]

（七）其他法律规定

还有两个其他问题值得注意。首先，不同于美国法，[⑥]《破产法》没有授权法院决定管理人或者控制资产债务人聘请的专业人员的费用的合法性或者适当性。其次，《破产法》没有建立特别的破产法院，中国与许多其他国家一样，将破产法案件划归民商事审判庭审判。

四、结论

《破产法》设立了允许包括金融机构和保险公司在内，所有国有和私营企业及合伙的重整制度。这是对《美国破产法》第11章的模仿。如果它们的业务具有可行性，那么《破产法》应允许这些企业的重整。在重整条款中，主要限制是启动标准，即债务人要没有清偿能力，或者接近于此，直到他们的经济状况彻底无法挽救，这可能会妨碍企业进入重整制度。此外，该法没有规定自然人破产。对于合伙也适用破产清算。

《破产法》同样引入了现代破产法中典型的一些规定，包括破产案件的快速开始、适用于所有债权人的冻结或者自动中

① See e. g. , Model Law art. 13 (1).

② 《破产法》第5条。

③ 对于“外国代表”的定义，see Model Law art. 2 (d)。

④ 《破产法》第12条。

⑤ 《破产法》第11条。

⑥ See 11 U. S. C. A. § 330.

止程序、债权人会议的指定，以及担保权人担保财产的保护。该法只是初步规定了跨境破产，并没有采纳《示范法》。

中国的破产法仍然还在发展之中，新《破产法》是一个巨大的进步。与此同时，要完成中国破产改革的任务，还有许多立法性工作要做。同样，也还要通过许多努力来培训法官、律师以及公众，使他们了解《破产法》。特别是在适用新《破产法》的重整时，很有必要发展出一种富于经验而又专业的“拯救文化”。[①]

---

① See Jingxia Shi, “Twelve Years to Sharpen One Sword: the 2006 Enterprise Bankruptcy Law and China's Transiton to a Market Economy”, pp. 666 – 667.

漫长的冻结？

——中国《破产法》对担保权人权利的影响*

葛安德** 文

谢琳*** 译

简目

---

* Andrew Godwin, "A Lengthy Stay? The Impact of the PRC Enterprise Bankruptcy Law on the Rights of Secured Creditors", *UNSW Law Journal*, Volume 30, Issue 3, 2007. 本文的翻译与出版已获得作者授权。作者在原文题注中表示，感谢京都大学法学院的研究员金春（Jin Chun）对与《破产法》相关的问题的指导，感谢亚洲法中心（日本方向）副主任斯泰西·斯蒂尔（Stacey Steele）对本文的建议，感谢亚洲法中心的研究助理亚当·莱德劳（Adam Laidlaw）的研究支持。当然，所有的错误与不足都由作者本人负责。

** 葛安德，澳大利亚墨尔本大学法学院亚洲法中心（亚洲商法）副主任，兼任交易法项目（Transactional Law Program）及银行与财经法研究生项目（Graduate Program in Banking and Finance Law）主任。葛安德有着 15 年的执业经历，其中有 10 年时间担任某国际律所驻上海分部的合伙人及首席代表。研究兴趣包括证券监管（风险披露）、中国法、财产法、金融和破产法，以及职业管理和培训，兼任上海国际仲裁中心仲裁员。葛安德在专业期刊上有大量作品发表，在《商法》（*China Business Law Journal*）月刊上常设名为"词典"（Lexicon）的双语专栏。

*** 谢琳，中国政法大学诉讼法学硕士，德国汉堡大学欧盟国际法学硕士，现任职于北京市环中律师事务所。

一、引言

随着中国从计划经济向“社会主义市场经济”转轨，信贷的普及程度及债权人追偿债务行使权利的便捷性，尤其是关于特定财产的担保权的行使，已变得越来越重要。比如，在信贷经济中，非常重要的问题是如何平衡担保权人利益与破产法目标之间的关系，[①]这个利益平衡过程，不可避免涉及下述利益之间的较量：其一，担保权人及时不受阻碍地行使担保权以及追偿债务的利益；其二，无担保权人（包括雇员）公正平等地追偿还没有清偿的债务的利益，即比例平等原则（“*pari passu*” principle）；其三，债务人尽可能使自己恢复以避免清算的利益，即“企业拯救”选择（“corporate rescue” option）。

一般来说，这个过程需要在破产程序启动时，就留有一定缓冲空间，以保证能够彻底调查财产和债务人责任，并且保证利益相关人有机会决定采取最合适的行动步骤。这通常涉及两

---

① 在中国“破产”这个词既可以指企业破产，也可以指个人破产。汉语中用“资不抵债”来形容企业资产不足以抵销其所负担的债务的情形，但是没有一个单一的词相当于“insolvency”被用来形容债务人无法清偿其到期债务的情形。在本文中《破产法》的相关条文由作者自己翻译。《中华人民共和国企业破产法》于2006年8月27日第十届全国人民代表大会常务委员会第二十三次会议通过，由中华人民共和国第54号主席令公布，自2007年6月1日起施行。

个不同方面：一方面，清算债务人财产尽量满足债权人的主张；另一方面，给债务人机会重组债务，使其能够摆脱财务困境恢复偿付能力。

为了创造缓冲空间实现上述目标，最有效的方式是延缓（或者中止）向债务人追偿债务的行为，即延缓或中止债权人就债务人的财产采取行动、催收未清偿债务。这里有几个非常重要的问题需要考虑。一个问题是中止程序是否应该同时适用于担保权人和无担保权人。这里值得注意的是，担保权人就设定担保的财产，享有优先权而处于特殊的地位。另一个问题是担保权人中止行使权利的程序何时开始。它是从最初就开始（从法院受理破产案件之日起），还是在全体债权人同意其正式的债务重组计划及其持续期间开始？

不同的利益的较量和不同问题的交织，争抢着《破产法》起草者们的关注；这亦需要在《破产法》颁布时，有所平衡并妥善处理。《破产法》的起草始于 1994 年，先后形成过多份广受争议的草案。[①]《破产法》最终于 2006 年 8 月 27 日通过，2007 年 6 月 1 日起生效。

本文将探讨《破产法》在如下领域对担保权人的权利的影响：

· 在破产程序中，担保权人中止行使权利的程序的范围与性质；

· 在破产程序中，担保权人对担保权的行使；

· 破产管理人对担保财产的职责、责任与权力；

· 担保权人就担保财产的优先受偿权。

本文第二部分，将简要介绍《破产法》，其中会着重探讨与下文要讨论的问题相关的创新点，并为分析担保权人的权利

① 作者有最后两个草稿的复印件。

提供背景。第三部分探讨《破产法》在上述领域对担保权人的影响，并建议通过细则规定或司法解释，澄清相关问题。第四部分为结论部分，将会总结《破产法》对中国破产法发展的一般影响，并指出对担保权人最重要的两个问题。

二、《破产法》概况

（一）发展

尽管《破产法》吸纳了与破产实践相一致的概念，但并未单独以某个国家的立法或者“示范法”为模板。与中国大多数立法一样，《破产法》在结构、重点与方法等方面，都有其本土性。其概念体系“实质上”受到德国、澳大利亚和美国的破产制度共同影响而形成。

德国，作为大陆法系国家，是东亚早期一些法律体系的起源地，而且其特别强调银行在企业重整过程中的权利和影响；澳大利亚，作为普通法系国家，强调破产的自愿属性，并且对雇员权利的保护规定得很全面；美国，作为普通法系国家，强调债务人的权利，并且特别重视管理在企业重整中的作用。①

鉴于《破产法》的本土性，很难决定如何在其中解释和规定多种多样的概念和规范。作为中国的一部基础性法律，《破产法》对中国正在发展中的破产法律制度来说，是其基础架构，亦需要按照中国常规立法过程，通过实施性规定以及司法解释来补充。在本文写作之时，笔者预计最高人民法院将于2007年年底之前发布一个《破产法》的司法解释。

---

① Bruce G. Carruthers and Terence C. Halliday，“Negotiating Globalization：Global Scripts and Intermediation in the Construction of Asian Insolvency Regimes”（2006）31（3）*Law & Social Inquiry* 521，564. 卡鲁瑟斯（Carruthers）与哈利迪（Halliday）对下列问题的分析颇有洞见：在中国破产法发展过程中，国际化与本土化之间“脚本”的互动以及起草过程中，包括外国专家在内的机构和中介的角色等。

（二）适用

《破产法》废止了 1986 年《破产法（试行）》。1986 年《破产法（试行）》只适用于国有企业，即名义上的“全民所有制”企业。[①] 在《破产法》颁布之前，有关其他企业的破产和清算的问题，包括外商投资企业，由少数法律规定管辖，如《民事诉讼法》[②]。如果是外商投资企业，还有不同的清算程序。同样，最高人民法院也发布了一些司法解释和规定，包括 1991 年《关于贯彻执行〈中华人民共和国企业破产法（试行）〉若干问题的意见》（以下简称《1991 年最高人民法院意见》）以及 2002 年《关于审理企业破产案件若干问题的规定》（以下简称《2002 年最高人民法院规定》）。

《破产法》适用于“企业法人”,[③] 这个概念包括外商投资企业，以及其他依据中国《公司法》成立的企业。与《破产法》颁布之前的征求意见稿[④]中的立场相反，《破产法》并不适用于合伙、个体工商户或者其他营利性组织。但是，只要适用于除企业法人之外其他组织的法律规定，其清算属于破产清算，《破产法》第 135 条亦将适用。中国还没有法律规定自然人破产，不论大众媒体还是学术界，对引进自然人破产的时机的争议仍然在持续。

《破产法》适用范围存在两个例外：国有企业和金融机构。关于国有企业，《破产法》第 133 条规定，在《破产法》

① 《破产法（试行）》于第六届全国人民代表大会常务委员会第十八次会议通过，由中华人民共和国第 45 号主席令于 1986 年 12 月 2 日公布。

② 《民事诉讼法》于 1991 年 4 月 9 日第七届全国人民代表大会第四次会议通过，由中华人民共和国第 44 号主席令于 1991 年 4 月 9 日公布，第十九章，第 199 条至第 206 条。（该法已被修订——译者注）

③ 《民法通则》于 1986 年 4 月 12 日第六届全国人民代表大会第四次会议通过，由中华人民共和国第 37 号主席令公布。该法第 36 条定义“法人”是“具有民事权利能力和民事行为能力，依法独立享有民事权利和承担民事义务的组织”。

④ 公开的最新的立法草案是 2004 年 6 月 21 日公布的。

施行前由国务院规定规范的国有企业破产特殊事宜，仍然按照国务院有关规定办理。这将包括已经开始行政重组或“政策性破产”的国有企业。[①]

关于金融机构，比如银行、证券公司和保险公司，《破产法》第134条规定，国务院相关监督管理机构，可以向人民法院申请对这些机构重组或者破产清算，或申请中止对抗这些机构的民事诉讼或者执行程序。此外，如果金融机构实施破产，国务院可以依据《破产法》和其他有关法律规定，制定实施细则。[②]

（三）创新

与1986年《破产法》相比，2006年《破产法》创新之处比比皆是。下面将介绍与本文相关的一些创新。

1. 债权人和债务人更大的自治权

依据1986年《破产法》，一个没有偿付能力的国有企业，只有经其上级主管部门同意后，才可以申请破产清算。[③] 债权人只有在债务人不能清偿其到期债务时，才可以申请破产清

① 这同样被称为“行政破产”（administrative bankruptcy）。如果想了解更多内容，比如这些企业的背景信息、他们地位特殊的原因，以及处理这些企业破产的措施，see Charles D. Booth，“Drafting Bankruptcy Laws in Socialist Market Economies：Recent Developments in China and Vietnam”（2004）18（1）*Columbia Journal of Asian Law* 93；Wang Weiguo，“The Order of Payment of Workers' Claims and Security Interests under China's New Bankruptcy Law”（Report written after the Fifth Forum for Asian Insolvency Reform，Beijing，27 – 28 April 2006），http：//www. oecd. org/dataoecd/41/40/38182499. pdf，at 6 October 2007。这些措施包括国务院要求的，处理土地使用权所获得的收益，要优先安置职工，而不是优先支付担保权人的利益。担保权人一般是国有银行。

② See Charles D. Booth，“Drafting Bankruptcy Laws in Socialist Market Economies：Recent Developments in China and Vietnam”，110 – 111.（该文讨论金融机构的地位。）

③ 1986年《破产法》第8条。

算。[①] 然而，无论债务人或者债权人，都不能申请整顿。[②] 整顿是一种受到限制的企业拯救方式，只有企业的上级主管部门才可以申请，[③]并负责监督整顿。[④]。

依据 2006 年《破产法》的规定，无论是债务人还是债权人，都可以向人民法院申请破产。一共有三种具体破产程序：重整、和解和破产清算。申请应当明确其申请的程序。[⑤] 为便于本文第三部分的讨论，需要特别注意，从人民法院受理破产申请之日起到某个具体程序开始之日，中间会有一段时间差。

如有下列情形，债务人可以申请重整、和解或者破产清算：其一，无法清偿到期债务并且资产不足以清偿全部债务；[⑥] 其二，明显缺乏清偿能力。[⑦] 如果债务人申请重整，那么还有另外一个理由："有明显丧失清偿能力可能。"[⑧] 实际上，这赋予债务人在违反其债务义务之前申请重整的权利。

另一方面，债权人只能在债务人无法清偿其到期债务的情形下提交申请。[⑨] 债权人可以申请重整或者破产清算，但是不能申请和解。和解只能由债务人提出。[⑩]

债权人申请对债务人进行破产清算的，在人民法院受理破产申请后、宣告债务人破产前，债务人或者出资额占债务人注

---

① 1986 年《破产法》第 7 条。

② 此处原文为"reorganisation"，该词在 1986 年《破产法》中常被翻译为"整顿"；而在 2006 年《破产法》中，对应的中文为"重整"。此处论述对象为 1986 年《破产法》，因而翻译为"整顿"；而在其他地方，则翻译为"重整"。——译者注

③ 《破产法（试行）》第 17 条。

④ 《破产法（试行）》第 20 条。

⑤ 《破产法》第 8 条。

⑥ 这是对现金流标准与资产负债表标准的结合。

⑦ 《破产法》第 7 条。

⑧ 《破产法》第 2 条。

⑨ 《破产法》第 7 条。

⑩ 《破产法》第 95 条。

册资本1/10以上的出资人，可以向人民法院申请重整。[①] 债务人可以直接向人民法院申请和解；也可以在人民法院受理破产申请后、宣告债务人破产前，向人民法院申请和解。[②] 因此，在破产程序中，债务人有相当大的权利自由决定开始重整或和解程序。债权人需要重视债务人的这种权利自由可能导致迟延和不确定性。[③]

《破产法》第79条规定，在重整的情形下，债务人或者管理人应当自人民法院裁定债务人重整之日起6个月内，同时向人民法院和债权人会议提交重整计划草案。[④]

2. 管理人的指定

与主流的破产实践一致，《破产法》引进破产管理人的角色。管理人的职责包括接管债务人的财产，管理债务人的财产和营业事务，以及代表债务人参加法律程序。[⑤]

在债务人已经被宣告破产之后，管理人有责任清算债务人的财产，[⑥]该职责在1986年《破产法》中由清算组承担。[⑦] 管理人由人民法院在受理破产申请的同时指定，[⑧] 并且管理人可以由如律师事务所、会计师事务所或者破产清算事务所在内的

---

① 《破产法》第70条。

② 《破产法》第95条。

③ 有作者指出，对于和解，“在《破产法》中，似乎并不能阻止法院给予债务人多种机会。很明显这可能被当作诉讼策略（tactical filings）”。See Eu Jin Chua，“China's New Bankruptcy Law：A Legislative Innovation”（October 2006），*China Law and Practice* 17.

④ 《破产法》第79条进一步规定，经债务人或者管理人请求，有正当理由的，人民法院可以裁定延期3个月。

⑤ 《破产法》第25条。

⑥ 《破产法》第111条。

⑦ 依据1986年《破产法》，人民法院宣告企业破产之后成立清算组（liquidation committee）。在破产清算之前，清算组起不到任何作用。

⑧ 《破产法》第13条。

社会中介机构担任。[①]该制度的设立，使得管理人比清算组履行职责更加专业、更加独立，因为清算组的成员“由相关政府主管部门指定和任命”，并且专业人士很少。[②] 最高人民法院已发布关于指定管理人的规定，[③] 以及关于管理人报酬的规定。[④]

《破产法》引入管理人制度的创新，受到广泛的欢迎。然而，这项制度在实践中能起到多大的作用，还有待进一步观察。并且包括管理人对担保财产所享有的权力在内，还有许多问题需要澄清，这个问题将会在下面的第三部分讨论。

3. 企业救济程序强化

正如上文所提到的，1986 年《破产法》将企业拯救程序限制在“整顿”，只能由国有企业的主管政府部门启动。整顿申请提出后，企业应当向债权人会议提出和解协议草案。和解协议应当规定企业清偿债务的期限。企业和债权人会议达成和解协议之后，还需要得到人民法院的认可。[⑤] 和解协议是整顿程序中的一部分，并不构成独立的和解程序。现在《破产法》中的和解已是一个独立程序。

《破产法》建立两个由法院监督进行的企业拯救的正式程

① 《破产法》第 24 条。

② Li Shuguang, “The Significance Brought by the Drafting of the New Bankruptcy Law to China’s Credit Culture and Credit Institution: A perspective of Bankruptcy Law” (Paper presented at the Forum on Asian Insolvency Reform, New Delhi, 3 –5 November 2004) 10, http://www.oecd.org/dataoecd/1/45/33930345.pdf, at 6 October 2007.

③ 《最高人民法院关于审理企业破产案件指定管理人的规定》，2007 年 4 月 4 日通过，自 2007 年 6 月 1 日起施行。

④ 《最高人民法院关于审理企业破产案件确定管理人报酬的规定》，2007 年 4 月 4 日通过，自 2007 年 6 月 1 日起施行。

⑤ 《破产法（试行）》第 18 条、第 19 条。

序：重整与和解。[①] 该法也认可债务人与债权人在法院程序之外，通过非正式程序自行达成的协议。[②]

（1）重整

《破产法》中的重整具有许多与其他国家正式的企业重整程序相同的特征。重整程序对包括担保权人在内的所有债权人都有效力。依据《破产法》第 75 条的规定，担保权人对债务人的特定财产享有的担保权，暂停行使。[③] 虽然重整需要在管理人的监督下进行，[④] 但是依据《破产法》第 73 条的规定，债务人可以向人民法院申请取代管理人，自行管理财产和经营业务。

债务人的所有债权人，包括担保权人，被划分为不同的表决组。要使重整计划得到通过，就需要每个表决组都通过。[⑤] 然而，在满足特定情形的情况下，即使某表决组没有通过重整计划，人民法院也有权批准重整计划。[⑥] 比如，如果担保权人不同意重整计划草案，法院可以在下列情形下批准重整计划：有财产担保的债权就该特定担保财产将获得全额清偿，担保权人因延期清偿所受的损失将得到公平补偿，并且其担保权未受到实质性损害。

如果重整计划通过之后，债务人不能执行或者不执行该计划，经管理人或者利害关系人请求，人民法院将终止该重整计划的执行并且宣告该债务人破产。[⑦]

---

① 与这些词语相对应的英文表述并不统一。重整可能被翻译为"restructuring"或者"reorganisation"，和解则可能被翻译为"reconciliation"或者"composition"。

② 《破产法》第 105 条。

③ 详细讨论见第二部分。

④ 《破产法》第 90 条。

⑤ 《破产法》第 86 条。

⑥ 《破产法》第 87 条。

⑦ 《破产法》第 93 条。

（2）和解

与重整一样，和解是一个由法院监督进行的正式程序。和解程序的目的是提高债务人与债权人达成债务清偿协议的可能性，以尽量避免破产清算。和解与重整不同，因为和解完全由债务人掌控——和解不受管理人的监督，也不约束担保权人。担保权人可以在和解程序之外自由行使他们的担保权，正如《破产法》第 96 条第 2 款所规定的一样："对债务人的特定财产享有担保权的权利人，自人民法院裁定和解之日起可以行使权利。"

《破产法》没有明确区分重整与和解各自可能涉及的债权人安排的性质。但是，和解似乎比重整更加快速，成本也更低；而且和解可能与这些情形相关，即债务人欠缺支付能力时非常容易获得担保权人的支持，或者成功救济企业不是很重要。

一般认为，这个程序起源于 1886 年比利时首次规定的和解程序，此后被欧洲其他国家引进，比如奥地利和法国。这是一个中国从大陆法系传统中借用概念的有趣范例。①

如果和解协议已经达成，但是债务人不能执行或者不执行和解协议，那么根据债权人的申请，人民法院将终止该和解协议并且宣告该债务人破产。②

---

① 吴高盛主编：《〈中华人民共和国企业破产法〉条文释义与适用》，人民法院出版社 2006 年版，第 200—201 页。1922 年《日本和解法》同样也采纳该程序。日本的和解程序，现在已经被《民事再生法》（Civil Rehabilitation Law）中的民事再生程序所取代。该程序建立"债务人控制资产"（DIP）制度，在这个制度中，债权人可以在民事再生程序之外行使他们的担保权。有冻结程序，但是自由度很大。想要进一步了解日本和解程序向民事再生程序的转变，see Stacey Steele, "Too Hot to Handle: Extinguishing Secured Creditors' Interests in Insolvency under Japan's Civil Rehabilitation Law" (2003) 8 *Journal of Japanese Law* 223, 228 – 230。

② 《破产法》第 104 条。

4.《破产法》的适用范围覆盖担保财产

《破产法》的一个主要变化，是将其适用范围扩大到债务人的所有财产，包括有担保的财产。①

1986年《破产法》与此不同。在1986年《破产法》中，已作为担保物的财产，并不属于“破产财产”，而且与该法的目的不相关。只有出售担保物所获得的收益超过所担保的债务，其他债权人才可分配。② 2002年最高人民法院的规定中，进一步确认将有担保的债务排除在“破产债权”③ 的范围之外，而且明确规定，抵押物、留置物、出质物不属于“破产财产”。

上述规定反映出1986年《破产法》主要关注的是破产清算。由于企业拯救概念在当时并不成熟，除破产清算的情形外，1986年《破产法》没有明确规定担保财产的地位。其主要目的在于，让清算组集中精力处理无担保财产，而设定担保的财产则由各担保权人分别处理，但是在破产申请受理④后到破产宣告⑤之前，民事执行程序必须中止。

《破产法》第30条规定：“破产案件受理时属于债务人的全部财产，以及在破产申请受理后到破产程序终结前债务人取得的财产，为债务人财产。”这个变化是为了保证在人民法院

---

① 在国际破产中，“破产财产”（insolvency estate）包括了债务人所有财产。See UNCITRAL, *Legislative Guide on Insolvency Law* (2005) UNICITRAL, http://www.uncitral.org/pdf/english/texts/insolven/05 - 80722_Ebook.pdf, at 8 October 2007, [7] - [8]. 这个指引的序言提到，“我们的目的是为国家和立法机构在制定新法，或者审查当前法律规则时，提供参考意见”。这包括对破产法制度设计的指引与建议，其基础是许多法律制度中接受的概念与问题，因此对于《破产法》来说是一个很有用的评价标准。

② 《破产法（试行）》第28条。

③ 《2002年最高人民法院规定》第55条。

④ 《破产法（试行）》第11条。

⑤ 依据《1991年最高人民法院意见》第39条规定，担保物权人在破产案件受理后至破产宣告前，非经人民法院同意，不得行使优先权。

受理破产申请后，“能够更好地识别和管理债务人财产，能够公平解决债权和债务，以及充分保护债权人和债务人的合法权益”。[①]

这个变化似乎造成了这样的结果：除在担保权人没有暂停行使权利并且能够不受破产程序影响、独立行使担保权的情形之外，[②] 为了相关的目的，担保财产将与无担保财产受到同样的对待，包括债务人或者管理人的管理与使用。

在人民法院宣告债务人进入破产清算程序之后，表述就变了。《破产法》第107 条第2 款规定：债务人被宣告破产之后，债务人称为破产人，债务人财产称为破产财产，人民法院受理破产申请时对债务人享有的债权为破产债权。

这种表述再次包括担保财产和担保债权。

三、《破产法》对担保权人权利的影响

（一）在破产程序进行期间担保权人暂停行使权利

下面将讨论担保权人中止行使权利的情形。

1. 人民法院受理破产申请

《破产法》规定，人民法院受理破产申请后，有关债务人财产的执行程序将自动中止。《破产法》第 19 条规定：“人民法院受理破产申请后，有关债务人财产的保全措施应当解除，执行程序应当中止。”第 19 条并没有具体到担保权人权利的行使，显得有些模棱两可。然而，一般认为“执行程序”包括担保权人权利的行使。

在立法起草过程中，担保权人权利在破产申请受理后自动

---

① 吴高盛主编：《〈中华人民共和国企业破产法〉条文释义与适用》，人民法院出版社 2006 年版，第 79 页。

② 第三部分会详细讨论。

中止的建议，并没有得到普遍支持。比如，王欣新教授[①]认为，这种做法不符合国际惯例，担保权人的权利只是在重整过程中才应该中止。在他看来，能够促进和解或者重整，并不足以成为要求担保权人的权利从破产申请被受理之日起就暂停行使的理由。债务人如想避免因担保物被执行，致使和解或者整顿程序无法进行，那么应当与每一位别除权人单独达成和解协议。在企业重整程序中，别除权人的优先受偿权利应受到限制。但是，这种限制仅存在于企业重整程序进行之中，而非以可能提起企业重整程序为由，在程序之外便提前限制别除权人的优先受偿权利。债务人如想避免因担保物被执行，致使企业重整程序难以进行，完全可以尽早提起该程序，以降低这种风险。[②]

这个观点很有说服力，尤其是考虑到债务人可以在违约不履行其债务之前就申请重整，从而有能力提前阻止担保权人可能采取的任何不利行动。[③]

在法院受理破产申请之后就自动中止行使权利，对担保权人的潜在不利影响非常大。《破产法》没有规定法院何时作出决定，启动哪个具体程序（重整、和解或者破产清算），而且也没有规定相关的程序何时开始。此外，债务人可以在破产宣告之前任何时候，申请重整或者和解。因此，在具体的程序开始之前，相当长一段时间内担保权人都要暂停行使权利。

---

① 王欣新，中国人民大学的教授，《破产法》起草委员会成员之一。

② 王欣新：《别除权取回权抵销权（上）》，载中国民商法律网，http：//www. civillaw. com. cn/article/default. asp? id = 13116，最后访问日期：2007 年 10 月 8 日。他认为，“鉴于我国目前尚未建立起对担保物执行的健全制度，为保证破产债权人的利益，立法可以规定，别除权人应经由人民法院来处置担保物，行使其优先受偿权，但在权利的行使上无须人民法院同意”。

③ 正如前文第二部分所提到的，《破产法》第 2 条规定，债务人有权在其违反债务之前申请重整。

对担保权人救济途径的缺乏，加剧了自动中止制度可能带来的损害。救济途径的设立与具体的适用情形还需要进一步探讨。[①]

2. 重整

鼓舞人心的是，《破产法》允许担保权人在重整期间的自动中止程序中申请救济。《破产法》第 75 条规定：“在重整期间，对债务人的特定财产享有的担保权暂停行使。但是，担保物有损坏或者价值明显减少的可能，足以危害担保权人权利的，担保权人可以向人民法院请求恢复行使担保权。”因此，如果重整计划由债权人同意并且经法院批准，担保权人在重整程序中都要中止行使权利，但是担保权人依据第 75 条的规定，成功向人民法院请求恢复行使担保权的除外。

对于在重整程序中何时可以解除“暂时停止”，除第 75 条的规定之外，《破产法》没有其他具体规定。逻辑上看来，担保权人依据重整计划所达成的约定也可以。此外，正如上面所提到的，如果重整计划失败，债务人被宣告破产，担保权人依据《破产法》第 109 条的规定，可以行使他们的优先权。[②]

（二）担保权人优先权的行使

正如本文一开始所提到的，在破产程序中，对于担保权人非常关键的问题，就是他们能否就债务人的特定财产行使担保权，及时顺利地追偿债务。

《破产法》明确规定在三种情形下担保权人可以行使担保权：

---

① See UNCITRAL, *Legislative Guide on Insolvency Law* (2005), 90 [45].

② 下文第二部分更详细。

· 人民法院允许担保权人在重整程序中“恢复行使担保权”;[①]

· 人民法院裁定和解之后;[②]

· 债务人被宣告破产之后。[③]

如果债务人被宣告破产,《破产法》第 109 条规定:“对破产人的特定财产享有担保权的权利人,对该特定财产享有优先受偿的权利。”

第 109 条并没有明确规定担保权人为了“优先受偿”,而可以独立于破产清算程序,行使担保权。然而,第 109 条要与第 110 条与第 113 条结合起来理解。《破产法》第 110 条规定,如果担保权人在“行使优先权”之后未能完全受偿的,其未受偿的部分将被视为普通债权。《破产法》第 113 条规定,清算“破产财产”所获得的收益,将按照一定的清偿顺序分配给各债权人,普通债权人排在最后,其中并没有涉及担保权人的权利。逻辑上推断,是因为假定这些权利都由担保权人依据第 109 条的规定行使担保权而已经完全实现。

不论是在破产还是在和解中,债权人拥有就设定担保的财产优先于其他债权人获得清偿的权利,在民法法系中一般被称为“别除权”(right of separation)。[④] 传统上来说,别除权主

---

① 《破产法》第 75 条。

② 《破产法》第 96 条。

③ 《破产法》第 109 条。

④ 中文称为“别除权”。

要有质押权、抵押权、留置权和其他优先权。①

虽然别除权在理论上受到认可，但是在《破产法》中没有明确规定。2004 年 6 月的立法草案规定，债权人就特定抵押物、质押物和留置物享有别除权。但是最终的版本删掉这一说法，只是在《破产法》第 96 条和第 109 条规定，债权人“对破产人的特定财产享有担保权”。②

（三）管理人对担保财产的职责、责任与权力

正如上面所提到的，在人民法院受理破产案件后到具体的破产程序开始之前，会有一段相当长的时间。如果从破产申请受理之日起，担保权人就必须暂停行使担保权利，那么管理人在此期间内使用与处理担保财产的权力范围的界定，就显得非常重要。

这个问题之所以关键，是因为这在中国是所有权的核心功能，并且涉及破产程序中，担保权人先行存在的权利可以在多大程度上得到尊重，或需要作出多大程度让步的问题。

移转占有担保物的担保权（质押权或者留置权）的地位，比非移转占有担保物的担保权（抵押权），要清晰一些。《破产法》第 37 条规定，“人民法院受理破产申请之后，管理人

---

① 《证券法》由第九届全国人民代表大会常务委员会第六次会议于 1998 年 12 月 29 日通过，中华人民共和国主席令第 12 号公布，承认四种类型的“担保财产”（asset security）：抵押（mortgage）、质押（pledge）、留置（lien）与定金（deposit）。定金担保，是指为了保证债务的履行，一方当事人向另一方当事人交付资金作为担保，而不用在任何财产上设定担保权利；其并不构成任何形式的担保物权，只是一个债权。因此，定金并不属于优先权。《物权法》第四篇专门规定担保权，但是没有规定定金。对中国法律中的担保（security）的特征解释，参见王欣新：《别除权取回权抵销权（上）》，载中国民商法律网，http://www.civillaw.com.cn/article/default.asp?id=13116。

② 《破产法》第 96 条和第 109 条规定的“特别财产”，看起来将定金排除出别除权的范围。这与定金的债权性质而非担保物权的性质相一致。参见王欣新：《别除权取回权抵销权（上）》，载中国民商法律网，http://www.civillaw.com.cn/article/default.asp?id=13116。

可以通过清偿债务或者提供为债权人接受的担保，取回质物、留置物”，① 这表明除非有担保的债务已经被偿还，或者已经为担保权人提供满意的替代性担保，否则管理人不能终止质押或者留置。

对于抵押，管理人是否有权力终止抵押、出售抵押财产并不明确；而且担保权人是否可以影响或者管理抵押物的出售，特别是出售的时机与方式，也不清楚。这个问题在抵押所担保的债务大于抵押财产的价值时，还有抵押权人和管理人就何时以何种方式出售抵押财产有不同意见时非常重要。在这样的情形下，抵押权人最关注的就是，使交易收入最大化，使没有得到清偿的部分最小化。因为在出售抵押物之后，没有得到清偿的部分将被视为普通债权。这个目标并不是管理人最主要关注的事情。管理人更加关注的是，如何出售担保财产才不会导致不当迟延。

类似的问题还涉及管理人对抵押财产的使用，担保权人在具体的破产程序开始之前，可以采取什么措施防止抵押财产价值的减少。②《破产法》对这个问题的规定将在考虑管理人的责任、职责与权力，债权人会议的功能和权力，以及它们之间的相互作用的基础上来讨论。

依据《破产法》第 25 条的规定，管理人的责任和职责包

---

① 然而，有一个还没有解决的问题是：如果管理人不希望，或者没有能力清偿债务，而担保权人拒绝接受管理人提供的担保物的替代交付怎么办；这是否是给担保权人一个有效的对任何担保物替代给付的否决权；人民法院是否享有权力干预并且规范在一定情形下，哪些担保是可以接受的。另外一个问题是为了解决这个问题，将来对财产的评估将以什么为基础。

② See UNCITRAL, *Legislative Guide on Insolvency Law*（2005），103. 该文建议以向法院提出申请为前提，允许担保权人保障其有担保利益的财产的价值。并且允许法院批准担保权人采取适当措施来实现这种保障，比如通过该财产获得的现金支付，以及其他额外担保利益。

括接管债务人的财产,[①] 调查债务人的财产状况，管理和处分债务人的财产。[②] 管理人应当勤勉尽责，忠实执行职务。[③]

管理人应当向人民法院报告工作，并接受债权人会议的监督，如果设立债权人委员会，还要接受债权人委员会的监督。[④]

在清算程序中，将管理人可以独立于债权人行使的权力(即使可能在特定情形下需要获得法院的批准)，与管理人必须在获得债权人同意之后才能作出的行为，进行区分非常重要。

《破产法》第 61 条规定债权人会议的职权，包括以下几个方面:

· 决定是否继续或者停止债务人的营业;[⑤]

· 通过债务人财产的管理方案;[⑥]

· 通过破产财产的变价方案。[⑦]

依据《破产法》第 26 条的规定，在第一次债权人会议召开之前，管理人决定继续或者停止债务人的营业；或者有《破产法》第 69 条规定的行为之一的，应当经过法院许可。第 69 条包括土地、房屋等不动产权益的转让，探矿权、采矿权、知识产权等财产权的转让，还有对债权人利益有重大影响的其他财产处分行为。如果有第 69 条行为之一的，管理人应当及时报告债权人会议。未设立债权人会议的，管理人应当及时报告人民法院。

---

① 《破产法》第 25 条第 1 项。

② 《破产法》第 25 条第 2 项和第 6 项。

③ 《破产法》第 27 条。

④ 债权人可以依据《破产法》第 67 条设立债权人委员会，其主要是起监督作用。

⑤ 《破产法》第 61 条第 1 款第 5 项。

⑥ 《破产法》第 61 条第 1 款第 8 项。

⑦ 《破产法》第 61 条第 1 款第 9 项。

值得注意的是，不同于《破产法》第25条第1款第6项规定的“管理和处分”债务人财产的职责，《破产法》第61条只是提到，债权人会议有权通过债务人财产的“管理”方案（不是“管理和处分”债务人财产）、[①] 破产财产的变价方案[②]和破产财产的分配方案。[③] 换言之，《破产法》没有明确赋予债权人会议在具体的破产程序开始之前，决定债务人财产处分方案的权力。唯一有关决定处分财产的权力，只是关于“破产财产”，而这只是在人民法院作出破产宣告之后才产生。[④]

这回避了实质问题：管理人是否不需要担保权人的同意，就可以自由处理担保财产？如果回答是肯定的话，担保权人的权益如何保障；或者，管理人是否需要尊重担保权人在人民法院受理破产申请前，就存在的关于债务人的权利？

破产制度的关键，在于担保权人的利益，以及管理人、债务人企业和债权人的利益的平衡。这需要破产法以破产程序更广泛的价值追求，平衡各方利益，从而尽可能尊重先行存在的财产权。[⑤]

《破产法》并没有明确赋予管理人在具体的破产程序开始之前，使用和处理担保财产的权力。如果允许管理人在此期间使用或者处理担保财产，那么一定要明确在什么情形下才允许，以及使用和处理担保财产的具体要求。比如，如果担保财产的价值低于担保的债务，管理人在该财产出售之前，是否应

---

① 《破产法》第61条第1款第8项。

② 《破产法》第61条第1款第9项。

③ 《破产法》第61条第1款第10项。

④ 有趣的是，《破产法》第68条第1款第1项规定，债权人委员会设立之后，其职权中包括“监督债务人财产的管理和处分”。

⑤ See UNCITRAL, *Legislative Guide on Insolvency Law* (2005), 104 [74]. 第三方所有的财产，特别强调在什么情形下，可以使用或者处分这些财产。还要规定如何保护第三方所有权人以及担保权人的利益。参见建议58，涉及破产代表出售担保财产的能力。

当通过现金补足差额，或者通过提供替代性担保完全清偿债务；管理人能否要求担保权人接受替代性担保而不是现金支付；在这些情形下法院有什么权力；期待在最高人民法院即将出台的有关《破产法》的司法解释中澄清这些问题。

这个问题究竟该如何处理？这或许可以从《最高人民法院关于审理企业破产案件确定管理人报酬的规定》第 13 条获得启发。[①] 该条规定如下："管理人对担保物的维护、变现、交付等管理工作付出合理劳动的，有权向担保权人收取适当的报酬。管理人与担保权人就上述报酬数额不能协商一致的，人民法院应当参照本规定第 2 条规定的方法确定，但报酬比例不得超出该条规定限制范围的 10%。"[②]

上述规定承认管理人在行使其职责的过程中可以处理并且处分担保财产。但是，关于这是否需要担保权人的同意或者是否需要与担保权人协商都不明确。管理人的报酬至少可能将在之后协商或者确定，即在管理人作出单方行为之后。

这些问题对于"浮动抵押"非常重要。浮动抵押是《物权法》设立的一种新型担保。[③]这使得债务人可以将现有的以及将有的生产设备、原材料、半成品、产品抵押，债务人不履行到期债务，抵押权人有权就实现抵押权时的动产优先受偿。如果在债务人的关键生产资料上设定浮动抵押，担保合同可能会在很大程度上限制债务人的生产经营，因此法律能否权衡好抵押权人的权利与破产法广泛的目标之间的关系，至关重要。

---

① 《最高人民法院关于审理企业破产案件确定管理人报酬的规定》，2007 年 4 月 4 日通过，自 2007 年 6 月 1 日起施行。

② 该规定第 2 条明确限定管理人的报酬，应当在债务人最终清偿的财产价值总额的一定比例内。

③ 《中华人民共和国物权法》由第十届全国人民代表大会第五次会议于 2007 年 3 月 16 日通过，中华人民共和国第 62 号主席令公布，自 2007 年 10 月 1 日起施行。参见该法第 181 条、第 189 条、第 196 条。

（四）担保权人关于特定担保物的优先受偿权

正如上面所提到的，《破产法》第109条规定就债务人的特定财产享有担保权的人，对该特定财产享有优先受偿的权利。

《破产法》第132条为该优先权设定一个限制，规定如果破产企业的财产不足以清偿《破产法》公布之日前（2006年8月27日）所欠的职工的债务①，那么职工将就有担保的特定财产，优先于对该特定财产享有担保权的权利人受偿。这是两种观点妥协的结果：一种观点主张职工所享有的债权绝对优先于担保权；另一种观点认为，这样将影响《破产法》目标的实现，打击银行贷款的积极性。②

虽然第132条为担保权人的优先权规定了例外，乍看之下并不受欢迎，但是这个例外只是限定于2006年8月27日之前产生的职工权利主张。因此可以通过潜在贷款者与其他债权人，审慎地调查当前存在的权利与责任，从而尽可能降低风险。③

四、结语

《破产法》为中国建立了企业破产的制度框架。除存在少数例外情形，该法适用于中国所有的企业，弥补了之前存在的

---

① 《破产法》第132条中提到的职工债权，包括“所欠职工的工资和医疗补助、伤残补助、抚恤费用，所欠的应当划入职工个人账户的基本养老保险、基本医疗保险费用，以及法律、行政法规规定应当支付给职工的补偿金”。

② 关于这个问题的详细讨论，see Carles D. Booth，“Drafting Bankruptcy Laws in Socialist Market Economies：Recent Development in China and Vietnam”，138－141；王欣新：《别除权取回权抵销权（上）》，载中国民商法律网，http：//www. civillaw. com. cn/article/default. asp? id＝13116。《破产法》最近的草案规定赋予职工债权绝对的优先权，这在中国引起非常激烈的讨论。

③ See Eu Jin Chua，“China's New Bankruptcy Law：A Legislative Innovation”，20.

许多空白，比如外商投资企业破产，或者一般债务重整的具体程序和安排。《破产法》通过建立统一的企业破产途径，将使得债务人与债权人之间信用关系更加透明，也可以促进其可预见性的提高。

《破产法》适用的例外，即陷入政策性破产的国有企业和金融机构，可能并不会产生人们当初所想象的那么大的影响。国有企业的特别待遇是历史性的产物，随着时代发展将逐步淡化。金融机构破产的特别安排与其他许多法域的路径一致。

从概念化的角度来说，《破产法》紧随主流破产实践，颇多创新，比如管理人的设立及企业拯救程序的强化。这些创新适应信用经济的发展要求，并且将促进中国专业破产执业群体的发展。此外，这些创新基于破产法的基本原则而得以巩固，比如担保权人的优先权（依据第 132 条存在有限例外）以及普通债权人之间比例平等原则。

但是，《破产法》在实践中究竟能够起到多大的作用，还有待观察，尤其还不确定《破产法》的实施会受到多大阻碍。中国的法院缺乏处理破产案件的经验，以及政府特权和地方利益保护的冲突等这些问题，都可能给《破产法》的实施造成阻碍。

对于担保权人来说，有两个关键问题：其一，人民法院受理破产申请后担保权人自动中止行使权利的影响；其二，在具体的破产程序启动之前，管理人关于担保财产的权力的性质和范围。

正如在本文第三部分中所提到的，自动中止可能给担保权人带来相当长时间的拖延，和非常大的不确定性。破产受理之后到具体的破产程序（重整、和解或者破产清算）开始之前，这段时间可能带来的潜在损害最为严重。这个问题由于缺乏明确的救济途径而更加严重。担保权人的利益由于迟延而受到不公正对待也无法请求救济。

具体的破产程序开始之后，担保权人的利益就有了保障。例如，重整计划需要得到担保权人的同意，如果担保权人不同意，那么只能在人民法院认为担保权人的利益得到保障的情形下，才可以继续进行，比如《破产法》第 75 条的规定。此外，第 75 条为担保权人在重整程序中，暂停行使权利提供救济依据。而且，在和解的情形下，《破产法》明确规定，担保权人自人民法院裁定和解之日起，可以行使权利。

这些保障措施非常具有激励作用。然而，最主要的问题是在破产申请受理之后到具体的破产程序开始之前，这段时间内程序、公正和效率是否可以得到保障。

对于第二个问题，《破产法》并没有规定在具体的破产程序开始之前，管理人享有的终止抵押，以及处理抵押财产的权力的性质和范围。因此，抵押权人是否可以影响或者控制管理人处理抵押财产，以及处理的方式和条件，是不明确的。《破产法》对于管理人使用抵押财产，在此期间抵押财产价值减少，抵押权人是否可以得到保障，也没有明确规定。与此相关的一个问题是，浮动担保中担保权人的权利，与管理人管理和处分担保财产的权力之间如何相互影响。

最后，中国法院将以怎样的效率处理担保权人权利之间的冲突，以及如何平衡担保权人、无担保权人与债务人之间的利益，都是需要继续观察的问题。

破产实践

在新兴市场经济中的中国破产法：深圳经验

——对深圳市中级人民法院破产庭法官及深圳其他破产从业人员的访谈研究*

张宪初　查尔斯·布斯** 文

李敏　涂晟*** 译

---

* Xianchu Zhang & Charles D. Booth, "Chinese Bankruptcy Law in an Emerging Market Economy: the Shenzhen Experience: Findings from Interviews with Judges from the Bankruptcy Division of the Shenzhen Intermediate People's Court and Bankruptcy Practitioners in Shenzhen", *Columbia Journal of Asian Law*, Vol. 15, Fall 2001, No. 1, pp. 1 – 33.

作者曾将本文初稿提交“中国破产法研讨会——完善破产基础制度”。此次会议是由香港大学亚洲国际金融法研究所（Asian Institute of International Financial Law, AIIFL）于2000年11月17日至18日举办的。布斯先生衷心感谢香港大学研究与会议委员会（Committee on Research and Conference Grants, CRCG），对其在深圳调研期间的差旅费提供资金支持。作为CRCG基金的研究项目“深圳的破产立法和实践及对香港特别行政区经营活动的影响”的一部分，两位作者都想向他们的同事菲利浦·斯玛特（Philip Smart）先生对本文初稿提出的意见表示感谢。

本文的翻译与出版已获得张宪初教授书面授权；译文已经其审定。

** 张宪初，现为香港大学法学院教授，香港大学法学院副院长。同时兼任香港大学—北京大学法学研究中心（港方）主任，中国法学会审判理论研究会涉外专业委员会委员，香港法律教育信托公司理事，中国国际经济贸易仲裁委员会仲裁员、上海国际经济贸易仲裁委员会仲裁员和华南国际经济贸易仲裁委员会仲裁员。中国政法大学法学学士，美国印第安纳大学法学院（布鲁明顿）比较法硕士和法律博士。曾在中国政法大学和香港城市大学任教，并曾获邀为美国佩斯大学访问学者、英国伦敦大学皇家玛丽学院高级研究员和中国台湾地区“中央研究院”访问学者。近年来，曾担任世界贸易组织亚太地区贸易政策培训项目和美国杜克大学—香港大学亚洲跨国法项目客座教授。主要研究领域为商法、中国法、比较法及区际法律关系。

查尔斯·布斯，耶鲁大学文学学士，哈佛大学法学博士。曾任香港大学法学院亚洲国际金融法研究所副教授、主任。现为美国夏威夷大学威廉·理查德森法学院（William S. Richardson School of Law）教授，兼任该校亚太商法研究所（the Institute of Asian – Pacific Business Law, IAPBL）所长。

*** 涂晟，对外经济贸易大学法国际法学博士，中国政法大学资本金融研究院研究员。

李敏，北京大学法学院2015级经济法学博士研究生。

简目

导言

一、《深圳破产条例》的概述及其与《破产法（试行）》的比较

（一）与《破产法（试行）》之比较

二、深圳的破产实践：法官、律师和立法者的观点

（一）破产数据

（二）与政府部门的关系

（三）破产欺诈和犯罪

（四）破产制度和法律的不完善

（五）跨境破产

三、总体观察

导言

1986年，中国颁布实施第一部全国性的破产法，即《中华人民共和国企业破产法（试行）》（以下简称《破产法（试行）》），[①] 作为推动中国由计划经济向市场经济转型的新兴法制体系的一部分。为了迫使中国的国有企业更有效率，有必要给它们施加一些市场的压力；正因为如此，《破产法（试行）》制定之初，即被认为是政治和经济的重大突破。[②] 然而，中国经济改革的快速发展，很快暴露出《破产法（试行）》的严重

---

① 《中华人民共和国企业破产法（试行）》由全国人民代表大会常务委员会于1986年12月2日通过。英文版参见全国人民代表大会常务委员会法律委员会办公厅编译：*Laws of the People's Republic of China* (*Civil and Commercial Law*)，1998年，第684—695页。

② 对于立法过程和遭遇争议的详情，请参见曹思源：《破产风云》，中央编译出版社1987年版。英文版本在 *Chinese Law & Government* 中连续分期刊登（1998年1—4月）。

局限。

首先，该法律仅适用于国有企业，而不是普遍适用于中国所有的经济组织。其次，因为该法的制定早于中国于1993年推进的深化经济体制改革,[①] 所以《破产法（试行）》大量规定政府干预和控制的条款，开始与新引入的以市场为中心的规则相冲突。再次，依据1986年《破产法（试行）》所受理的破产案件的申请数量相对较少。[②] 乍看之下，鉴于国有企业普遍脆弱的财务状况，破产案件数量如此少的情况令人惊讶。例如，1997年的一份全国调查显示，在14，923家大中型国有企业中，有40.5%处于亏损状态，其亏损总额高达589亿元人民币，并在1998年情况进一步恶化。[③] 尽管2000年全年，国有企业的业绩有所改善，但据估计国有企业的不良贷款，占国有银行贷款总额仍有25%—50%之多。[④] 这些数据表明，在《破产法（试行）》“严格”适用于所有的资不抵债的国企之前，中国政府必须首先解决与此相关的两个问题：（1）破产导致的大量失业，及其对社会稳定可能造成的破坏性影响[⑤]；

---

① 在1993年，随着邓小平视察南方时呼吁进行大胆的经济改革，中国修订《宪法》，使社会主义市场经济实践合法化。参见1993年《宪法修正案》第7条。

② 根据思源咨询公司（一个专门从事破产、兼并和收购的公司）的统计数据，从1989年至1996年全国各级人民法院只受理了11，580宗破产案件。曹思源：《当说则说》，广东经济出版社1998年版，第156页。把这个数据放在当时（1996年以前）中国超过800万家注册的企业和工商户的角度上来看，破产案件的数量是非常少的。

③ 邱晓华等：《大中型国有工业企业运行情况不容乐观》，载《中国国情国力》1999年第2期。

④ Pauline Loong, “What WTO Means for Chinese Banking”, *Asia Money*, July/Aug. 2000, pp. 20－21. 据估计，前几年国有银行贷款给国有企业的份额高达所有贷款额的75%。

⑤ 事实上，中国政府正在社会保障立法的制定进程中。

（2）中国国有银行崩溃的可能性。[①] 最后，《破产法（试行）》本身的局限性。该法显然不足以解决破产案件中产生的众多问题和争议。《破产法（试行）》只有43条简要的条文，因此该法过于笼统，而且常常模棱两可。中国最高人民法院曾试图出台一个包含有76条规定的全面的司法解释[②]来弥补这一缺陷，但这并非长久之计。

为了解决这些局限性，[③] 中国政府于1994年开始检讨《破产法（试行）》的实施，并于1995年起草完成一份全面的新"破产法"草案。然而，某些特定问题（主要与失业和社会稳定相关）使该草案被全国立法机关搁置。该起草进程直到1998年才重新恢复，[④] 现在仍在进行之中。[⑤]"破产法"的

---

① 根据世界银行的分析，中国的长期财政的可持续性，受到国有企业改革所引起的银行业负债的威胁。世界银行认为这些问题比官方的统计数据更为严重，并且长期财政稳定在很大程度上取决于政府如何解决它们。World Bank, *China: Weathering the Storm and Learning the Lessons* 50, 1999.

② 最高人民法院研究室编：《中华人民共和国最高人民法院司法解释全集（1949—1993）》，人民法院出版社1994年版（第1卷）。

③ 限于篇幅，本文将不对中国《破产法（试行）》的其他缺陷进行详细讨论。对于这些问题的进一步探讨，see Roman Tomasic, Angus Francis & Kui Hua Wang, Ch. 2 "China", in Roman Tomasic & Peter Little (eds.), *Insolvency Law & Practice in Asia*, 1997, pp. 21 - 63; Ronald Winston Harmer, "Insolvency Law and Reform in the People's Republic of China", 64 Fordham L. Rev, 1996, pp. 2563 - 2589; Steven L. Seebach, "Bankruptcy Behind the Great Wall: Should U. S. Business Seeking to Invest in the Emerging Chinese Market be Wary?", 8 *Transnat'l Law*, 1995, pp. 351 - 373。

④ 在此期间，国务院在国有企业改革中，通过一项更倾向于兼并和收购，而非破产的国家政策，参见《国务院关于在若干城市试行国有企业兼并破产和职工再就业有关问题的补充通知》（1997年）第9条，载《中华人民共和国国务院公报8》，1997年，第312—317页。有人指出，鼓励兼并和收购政策应该进一步以优惠待遇和放松限制来实现。

⑤ See Wang Weiguo, "Adopting Corporate Rescue Regimes in China: A Comparative Survey", 3 *Australia J. Corp. L.*, 1998, p. 234. 在1998年，新《破产法》的制定作为上一届会议未完成的项目，被列入新一届全国人民代表大会立法计划之中。参见王卫国：《破产法》，人民法院出版社1999年版，第43—44页。

最新草案于2000年12月完成，并已经内部发布征求意见。[①]

虽然中国是一个中央集权的国家，国家制定的法律在大陆所有地区均具有约束力，但宪法的确也承认了一定的地方立法权。[②] 此外，地方政府在根据自身需求实施全国性法律的同时，由于在经济改革过程中的分权化加强，又进一步刺激其努力发展地方实践的做法。

在《破产法（试行）》实施的这一背景下，深圳经济特区的破产实践，提供了一个有趣且有益的对比；同时，也许能为中国破产法的改革，提供一些经验教训。为了获得对《深圳破产条例》的清晰理解，香港大学法学院和中国政法大学经济法系的成员访问了深圳市熟悉《深圳经济特区企业破产条例》（以下简称《深圳破产条例》）立法和实务的法官、律师和政府工作人员。[③] 作为联合研究项目的一部分，这些访谈是由香港大学[④]和中国政法大学[⑤]的团队成员于2000年2月16日至2月18日进行的。[⑥]

深圳调研始于对深圳市中级人民法院破产庭10名法官中的6名的访谈，为期半天，其中包括该法院的一名副院长。随后，研究小组采访6位破产从业人员，他们在破产案件中，经

---

① 新“破产法”草案，2000年12月，作者存档。

② 1982年《中华人民共和国宪法》第100条。英文版本参见中国国务院法制办汇编：*The Law and Regulations of the People's Republic of China Governing Foreign Related Matters*（1949－1990），1991年，第295页。

③ 访谈由一问一答自由讨论的形式进行，很难分辨每个参与者的言论。因此，本文综合受访者的看法和意见。如果存在任何由访谈报告引起的错误和误解，均由作者负责。

④ 包括两位合著作者和刘南平，非团队成员包括菲利浦·斯玛特（负责调研问卷设计）和吴世学教授。

⑤ 包括王卫国及其5位同事。王卫国也是中国新《破产法》起草小组成员之一。

⑥ 深圳访谈项目是合作的第一个领域，根据香港大学法学院和中国政法大学经济法系于1999年3月签订的破产研究协议进行，在未来的几年内，进一步访谈项目将在中国其他城市进行。

常担任清算组的成员（清算人）。[①] 最后，访谈6位在深圳从事一般破产实务操作的律师，以及3名法律委员会委员，该委员会为深圳市人民代表大会（地方立法机关）常务委员会的下设机构。

本文第一部分为《深圳破产条例》的概述，及其与《破产法（试行）》的比较。第二部分集中讲述《深圳破产条例》的实践，并列出了2000年2月在深圳进行的调研结果。第三部分最后提出了一些总体性的看法。

一、《深圳破产条例》的概述及其与《破产法（试行）》的比较

作为成立于20世纪80年代初的经济特区，深圳开始实施对外开放政策，从事以市场为基础的经济实践，并领先于中国大陆其他地区。因此，深圳经济发展背后的推动力，并非源于国有企业，而是包括了外商投资企业和国内民营企业在内，多元化结构作用的结果。与之相应，深圳制定了许多地方性法规来应对实践中产生的问题。深圳于1986年通过了《深圳经济特区涉外公司破产条例》（以下简称《涉外公司破产条例》）[②]，这甚至早于《破产法（试行）》的颁布实施。在1992年，为了促进深圳市场经济的发展，全国人民代表大会常务委员会授予深圳经济特区立法权，在不违反宪法的规定以及法律

---

① 其中的一名律师王福祥先生，基于自己的个人经历，出版了一本书。王福祥：《破产清算与律师实务》，吉林人民出版社1998年版。书中包含53份规范的清算文书，如通知、报告、确认函、各种协议和上诉状，作为深圳精简清算实践的证据。另一名没有参加访谈的深圳律师，也出版了一本书，参见郭星亚：《破产清算中的律师实务》，人民法院出版社1996年版。

② 《深圳经济特区涉外公司破产条例》由广东省人民代表大会常委会于1986年11月29日通过，并刊登在广东省政府办公厅和经济法研究中心编：《广东省法规规章汇编（1984—1986）》，第185—195页。

和行政法规的基本原则的前提下，授权其制定仅适用于经济特区的法规。[①] 深圳经济特区立即运用这一授权，于 1993 年 11 月 10 日制定《深圳破产条例》，以取代 1986 年的《涉外公司破产条例》。[②] 由此，只要该适用不违反国家法律，地方性破产法规在深圳应该优先得到适用。但是在这方面，中国司法审查的缺位导致地方法院缺乏对深圳地方性法规的合法性的判断能力。[③]

（一）与《破产法（试行）》之比较

作为后来的以市场为中心的制定法，《深圳破产条例》与《破产法（试行）》在很多方面都有所不同。

第一，《深圳破产条例》的适用范围宽于《破产法（试

---

① 对于常委会授权的英文翻译，参见全国人民代表大会常务委员会法制工作委员会汇编：*The Laws of The People's Republic of China*，1993 年第 5 卷，第 524 页，并于 1999 年修订。在这一方面，应该指出的是，如上所述根据《宪法》第 100 条的规定，其他地方性法规不能违反宪法、法律或行政法规。因此，授予经济特区的立法自由权，比普通地方立法更为广泛。这种特殊的权力在 2000 年通过的《立法法》中进一步确立，参见 2000 年《立法法》第 65 条。英文版本参见 Supplement No. 5 China Economic News 1 – 8，2000。

② 英文版本参见 CCH Asia Pacific（compilation），*CCH China Laws for Foreign Business*（*Special Zones and Cities*），Vol. 1，§ 71 – 055，1999，pp. 25014 – 25374（《中国对外经济贸易法规汇编》）。

③ 尽管中国正在走向市场经济，中国共产党和中央政府在国家的经济生活中和争议解决中，都继续发挥着至关重要的作用。法律和司法在治理过程中的从属地位，仍然是中国法律体系的一个重要特征。其结果是，行政行为的审查仅限于“具体”行政行为，因此通过法规和政策的行为被豁免审查。对于近期的讨论，see Donald J. Lewis，“Governance in China：the Present and Future Tense”，in Laurence J. Brahm（ed.），*China's Century*：*The Awakening of The Next Economic Powerhouse*，2001，pp. 235 – 243；Pitman B. Potter，“China and the WTO：Tensions Between Globalized Liberalism and Local Culture”，32 *Canadian Bus. L. J.*，1999，p. 440，pp. 447 – 453。2000 年的《立法法》没能解决这一问题，并且建立独立的宪法委员会的提案也被否决。然而，中国最近加入世界贸易组织，已表现出未来的一些令人鼓舞的变化。在 WTO 文件中，中国承诺修订现行的法律法规，并且将建立独立而公正的法院来审查行政行为，包括法律规则。See § 78 of WTO：Report of The Working Party on The Accession of China［WT/WIN（01）/3］，Nov. 10，2001，http：//www. wto. org.

行)》。《深圳破产条例》创造了一个统一的法律体系，能适用于所有在经济特区注册或常驻的企业。[①] 在深圳破产诉讼中，深圳法院可以在不与《破产法（试行)》的立法原则相冲突的前提下，优先适用《深圳破产条例》。

第二，《深圳破产条例》包括一个简化的破产标准。根据《破产法（试行)》的规定，测试一个国有企业是否破产的标准如下：（1）该国有企业是否有能力清偿其到期债务；（2）在债权人提出破产申请的情况下，该国有企业的严重亏损是否是由于管理不善造成的。[②] 相比之下，《深圳破产条例》第3条并没有包括与上述第二个标准相同的内容，而是规定只要企业不能偿还到期债务就可以被宣告破产。这条规定简化了破产定义，避免破产法庭去调查那些涉及破产国有企业的管理事项，而这些事项常常有争议并且很难调查。

第三，《深圳破产条例》更注重市场导向原则的应用，而不依赖于企业与相关政府部门之间的关系。尽管在字面上，《破产法（试行)》要求政府对国有企业破产的同意仅限于特定情形，[③] 但实践中，任何一个国企的破产，都必须经过不同

---

① 《深圳破产条例》第2条。

② 《破产法（试行)》第3条，此条还规定了当债权人申请破产，国有企业在以下情况下不应该被宣告破产：（1）公用企业和与国计民生有重大关系的企业，政府有关部门给予资助或者采取其他措施帮助清偿债务的；（2）取得担保，自破产申请之日起6个月内清偿债务的。而且，企业由债权人申请破产，上级主管部门申请整顿并且经企业与债权人会议达成和解协议的，中止破产程序。此外，《破产法（试行)》第8条规定，国有企业作为一个债务人，在没有取得其上级主管部门批准的情况下，不能主动提交破产申请。

③ 同上。

的政府部门批准。[①] 因此，《破产法（试行）》被评论为："本质上是一个被政府应用的程序，而不是被债务人或债权人的选择权所启动的程序。"[②] 此外，一旦案件已经根据《破产法（试行）》受理，除非作为债务人（国有企业）的上级主管机关，主动采取措施重组该国企，[③]否则和解协议将不会生效。相比之下，深圳的破产实践诉诸较少的行政控制。根据《深圳破产条例》，政府批准并不是破产程序中企业破产或者达成和解协议的必要条件之一。《深圳破产条例》第 25 条规定，当破产案件已经启动时，债务人自身有权决定是否申请和解。此外，该法第 28 条授权法院审查和认可和解申请，同时第 30 条规定，法院指定一个由会计师、律师等专业人员组成的监督组，对执行情况进行监督。[④]

---

① 当收到对国有企业的破产申请时，人民法院需要相关政府部门的同意，作为受理案件的一个必要条件，不管该国有企业的经营本质，或者它是否应被债权人提起破产申请。参见《中华人民共和国最高人民法院司法解释全集（1949—1993）》（第 1 卷），最高人民法院意见。此外，国务院 1992 年 7 月 23 日发布的《全民所有制工业企业转换经营机制条例》第 37 条规定，政府认为企业不宜破产的，应当给予资助或者采取其他措施，帮助企业清偿债务。该条例公布在《中华人民共和国国务院公报》上。

② Donald C. Clarke, "Regulation and its Discontents: Understanding Economic Law in China", 2 *Stan. J. Int'l L.* 283, 1992, pp. 299 - 300.

③ 《破产法（试行）》第 3 条和第 17 条。在这方面，最高人民法院规定，当债权人提出对国有企业的破产申请时，该国有企业的上级主管机关如果决定挽救该国企，那么它应向法院和债权人会议提交处理计划。参见《中华人民共和国最高人民法院司法解释全集（1949—1993）》（第 1 卷），人民法院出版社 1994 年版，最高人民法院意见。国务院也鼓励地方政府在其认为使特定国企破产不明智时，通过更换管理者和企业资本结构，或者改变国有企业组织结构的办法，重组濒临破产的国有企业。参见国务院于 1994 年 10 月 25 日发布的《关于在若干城市试行国有企业破产有关问题的通知》，载最高人民法院编：《精选司法文件 · 经济法卷》，中国民主法制出版社 1999 年版，第 437 页。

④ 《深圳破产条例》第 25 条规定，由债权人申请破产的，在人民法院受理破产案件后至宣告破产前，被申请破产的债务人可向人民法院申请和解。第 28 条规定，人民法院收到和解申请书后，应在 7 日内作出是否认可和解申请的裁定；前款裁定，不得上诉。第 30 条规定，人民法院认可和解申请的，应在注册会计师、律师或其他专业人员中指定和解监督组成员。和解监督组向人民法院负责并报告工作。——译者注

第四，《深圳破产条例》还包括《破产法（试行）》中所没有涉及的破产程序和其他规定，比如法院有权监督清算组，[①] 设专章处理小额破产案件，[②] 关于债务抵销的更详细的规定。[③]

第五，深圳处理破产案件的司法实践，与其他法院根据《破产法（试行）》进行审理的实践不同。1993 年，中国第一个破产审判庭在深圳市中级人民法院设立。这促进了深圳审判部门专业化的发展，并使其在中国所有的法庭中，最具破产司法实践经验。自从成立以来，深圳破产庭在以下三个方面领先于中国其他法院：每年受理破产案件的数量；每年审理破产案件的数量；每年解决破产案件的总量。[④]

通过处理这些较重的工作负担，该庭所获得的经验使其在处理破产案件中，各方面的效率都有所提高。比如，他们制定《深圳市中级人民法院经济审判第三（破产）庭职责及操作规程》（以下简称《破产庭操作规程》），以及《深圳市中级人民法院关于破产案件的时限及事项提示》；[⑤]并制定 30 份标准化的司法文书，包括通知、询问、预约及其他适用于破产程序不同阶段的裁定。[⑥]此外，深圳破产庭所采用的司法文书也填补了《破产法（试行）》框架下的部分空白。比如，《破产法（试行）》没有规定法院批准和解协议的时限，但《深圳市中级人民法院关于破产案件的时限及事项提示》第 10 条规定，法院应该在 10 日内作出裁决。

---

① 《深圳破产条例》第 54 条、第 55 条。

② 《深圳破产条例》第 6 章。

③ 《深圳破产条例》第 67 条。

④ 时任深圳破产庭庭长的许亮东，在其最近的一本书中讨论了深圳破产庭在过去几年中的审判实践。参见许亮东：《破产案件审理程序》，人民法院出版社 1997 年版。

⑤ 同上。所有的司法文书都被收录在该书附录中，参见该书第 415—429 页。

⑥ 同上，第 255—286 页。

综上所述，深圳市的破产制度使《破产法（试行）》在多方面得到了提高，部分是通过采取市场导向的经济原则，以及实行立法自由的方式来实现的。在审理破产案件中，与中国其他法院的法官相比，深圳破产庭的法官们更具专业性，也更有经验。然而，在另一方面，《深圳破产条例》不是万灵药，其自身也有很多局限性，这将在本文第二部分予以讨论。

二、深圳的破产实践：法官、律师和立法者的观点

（一）破产数据

从 1995 年到 1998 年，深圳破产庭共受理 316 起破产案件。在这些案件中，大约有 20% 涉及国有企业作为债务人，另有 20% 涉及外资企业。在有记录的涉及国有企业的破产案件中，只有一起是大型国有企业的破产，而且该案特别复杂，以至于直到此次访谈结束，都没能最终达成解决方案。尽管按照西方的标准，这些数字听起来并不是那么庞大，但是配套制度的缺乏（将在下文讨论），使深圳的破产案件比其他案件更难以处理。深圳《破产庭操作规程》第 55 条明确规定，破产案件耗费巨大的时间和精力，因为它们涉及众多不同类型的经济争议和法律诉讼。深圳破产庭的一位副庭长指出，该庭完结一个破产案件至少需要 9 个月。此外，许多未审理完结的案件，已经持续了两年之久。总体而言，除了根据简易程序而处理的破产案件外，深圳处理的破产案件平均需要两年时间来完结。[①] 深圳已经总结出了一个一般公式，用于计算破产案件大约所需

① 许亮东：《破产案件审理程序》，人民法院出版社 1997 年版，第 35 页。两年的时间严重超过一个中国普通民事案件的审判时间。因为《民事诉讼法》第 135 条规定，人民法院适用普通程序审理的案件，应当在立案之日起 6 个月内审结。有特殊情况需要延长的，由本院院长批准，可以延长 6 个月；还需要延长的，报请上级人民法院批准。

的工作时间：处理一个破产案件等同于处理 8 个其他案件；在小额破产案件中，该比率下降到相当于 4 个其他案件。[①]

法官们指出，深圳经济结构的持续转型已导致许多企业倒闭，这成为造成深圳破产案件数量上升的部分原因。从 1993 年开始，深圳经济特区政府开始推动城市产业结构升级，从而需要更多的技术密集型和以服务业为基础的企业。因此，许多劳动密集型的制造和加工企业，被要求自我“转型”或者迁出深圳。[②] 但是，法官们又指出，法院审理正式破产案件的总数，只占这些“转型”企业数量的很小一部分。许多资不抵债的企业，未经任何清算和正式解散就停止了经营，其所有人和投资人也消失了，因此获得“三无企业”的称号，即无经营场所，无会计账簿，无资产。在许多此类情形下，企业的债务人大多都是香港居民，他们逃到内地人民法院不能有效行使权力的域外司法辖区。

在深圳，债权人在破产案件中的平均清偿率不是很高。在典型的情况下，在满足有担保债权人和职工的要求后，只留下很少的资产用来清偿无担保债权人。所以，深圳债权人的平均清偿率低于 10%，在某些案件中竟然低至 0.026%。[③] 虽然在另一方面，有些案件中债权人的清偿率达到 20%，但这种情况是相当罕见的。清偿率低的一个原因在于，清算组通常不能

---

① 许亮东：《破产案件审理程序》，人民法院出版社 1997 年版，第 427 页。

② 关于该政策实施的讨论，see Zhang Xianchu，“Economic Legislation in the Pearl River Delta”，in Joseph Y. S. Cheng（ed.），*The Guangdong Development Model and Its Challenges*，1998，pp. 133 – 134。

③ 这些数据真切地反映了中国的实践状况。根据对 1996 年上半年 131 家企业破产案件的调查报告，平均的清偿率大约为 10%。曹思源：《兼并与破产操作实务》，中国工商出版社 1997 年版。最近，据最高人民法院副院长李国光法官所述，1997 年所有的国有企业破产案件清偿率为 6.63%，很多案件中的清偿率为零，见其在“国有企业破产审理国家工作会议”上的发言，载吉林省高级人民法院经济审判二庭编：《处理破产案件适用的法律和文书样式》，吉林人民出版社 2000 年版，第 68 页。

找到公司财产的购买者，另一个原因是在提交破产申请到委任清算组的这段时间内，债务人的资产通常会灭失。清算组的问题将在下文中予以详细讨论。

（二）与政府部门的关系

如上所述，尽管《深圳破产条例》并不要求国家有关部门对国有企业或其控制公司的破产的批准，但一些行政机关仍继续坚持适用国家政策，来要求上述批准。因为既然许多国家机关已成为国有公司的控股股东，那么，这些国家机关现在可以在股东层面行使同意权。换句话说，一个国家机关现在也许同时身兼两职：既作为公司的大股东，又作为市场经济的政策制定者。所以，许多受访者都认为，这是荒谬的（至少在债务人申请破产的情况下），因为对于国家机关来说，既要负责保护国有资产，同时又要依据法律责任公平对待债权人。

然而，当破产案件开始时，政府经常发挥着显著的作用。深圳破产庭的法官们认为，政府部门的支持和协助是法院妥善处理破产案件的必要条件。法官们认识到，在某些关键领域，他们需要与政府部门密切配合：确定职工的安置费用、处置国有资产和转让土地使用权。[①] 然而，他们也注意到，政府的干预有时会起到反作用。一些法官称，政府有时会试图对司法审判

---

① 许多国有企业是在计划经济体制下，通过划拨而获得国有土地，并未向国家提供补偿。当需要同外国投资者或其他企业建立合资企业时，一些国有企业已经用其土地使用权进行出资。在中国的房地产市场于 20 世纪 80 年代末正式开放时，土地使用权开始市场化，成为许多国有企业的重大资产。当许多国企破产时，便引发了难题：如何对这些土地使用权进行评估，并将其并入破产财产以供向债权人清偿。政府作为土地的所有者，可能根据政府的发展计划而对土地的使用目的、转让价格和其他转让条款予以控制。国务院的一项意见规定，土地使用权转让对价要首先用于破产国有企业的职工安置，即使该土地使用权之前已经向另一主体设置抵押。参见《国务院关于在若干城市试行国有企业兼并破产和职工再就业有关问题补充通知》（1997 年）第 5 条，载《中华人民共和国国务院公报 8》，1997 年，第 315 页。

施加政治影响。比如，他们提到，政府部门干预司法程序，以竭力保护国有资产。这就使法官陷入困难的境地中——是否应该以损害其他债权人的利益为代价，而给予国家利益特殊保护。

另一个有趣的问题是，司法机关在何种程度上，必须接受行政机关对于国有企业或其控股公司的处理或决定。目前，国家工商行政管理局（以下简称工商总局），是主管商事登记和注销的国家机关，其下设有清算部门来负责非破产情形下的清算程序。但是，一旦工商总局发现一个企业濒临破产，它需要将该案件移交人民法院。但有时它已经采取一些初步的措施，所以问题便产生了：法院在与工商总局持不同意见时（比如，该公司是否真的资不抵债），是否应该受制于这些已然实施的行政措施？在中国的社会主义体制下，还没有司法独立的传统，并且法院也没有撤销行政决定的先例。此外，如果法院拒绝接受工商总局移交的案件，将会使与该案件相关的其他主体，处于两个国家机关之间纠纷的夹缝之中。但是，如果司法机关轻易接受工商总局移交的案件，又的确会损害破产案件的受理标准和司法部门的专业独立性。

同时在其他的领域中，国家机关各部门与破产庭之间未被清晰界定的关系，可能会引起破产案件管理中的混乱。其中关于对欺诈的调查和起诉所引发的严重问题，将在下文中进行讨论，相关的困难在于，要防止债务人逃避他们的经济责任和潜逃出中国大陆。在这一领域中，深圳的法官们觉得他们的权力非常有限。比如，根据最高人民法院 1987 年发布的通告，人民法院可以对在内地没有可执行财产，或者拒绝对其未清偿债务提供担保的香港或澳门居民，作出限制他们离开内地的决定；[①] 然而，法官们发现，这一通告很难实施，因为法院缺乏与公安

① 《最高人民法院关于〈适用涉外经济合同法〉若干问题的解答》(1987 年)，载《中华人民共和国最高人民法院司法解释全集（1949—1993）》(第 1 卷)，人民法院出版社 1994 年版。

部门、边防部门和人民检察院之间的有效合作。例如，他们指出在一些民事案件中，当深圳所有的有关国家机关对限制出境的措施达成合意时，相关的债务人早已逃出内地的司法管辖范围。

另一个需要司法部门和国家行政机关合作的问题在于：相较于非国有企业职工，给予国有企业职工的优惠待遇。必须谨记的是，国有企业的破产更类似于市政机关的破产，而非某一家公司。[①] 在过去，国企不仅为其职工提供工作职位，并且提供教育、住房和其他社会保障福利。因此，国有企业的破产具有很大的社会影响。为了解决近年来由于大量国企破产而引发的社会稳定问题，政府部门和司法机关都已各自通过保障破产国企职工生活水平的政策。比如，如上所述，国务院发布公告申明，转让土地使用权的收益，必须首先用于安置破产企业职工，即使该土地使用权之前已经被用于对其他主体的（债务）抵押。[②] 与此类似，深圳破产庭认为，如果可能的话，在破产申请提交后，国企的职工应获得至少相当于其正常薪金 70% 的补偿；在宣告破产后，职工应当按照深圳市政府规定的最低生活保障标准受到补偿。此外，在破产清算中，应按照企业的财务状况，给予职工适当比例的额外生活津贴。[③] 同时，根据国务院的通知，国企职工的安置标准应当为前一年度当地职工平均工资的 3 倍。[④] 但是，这些标准不适用于非国家所有的企业的职工安置，所以非国有企业的职工一直在抱怨这种不公平

---

① 因此，把它放在美国法的背景下，如按照《美国破产法》进行诉讼，国有企业的破产更有可能适用于第 9 章，而不是第 11 章。

② 参见《国务院关于在若干城市试行国有企业兼并破产和职工再就业有关问题补充通知》（1997 年 3 月）第 5 条，载《中华人民共和国国务院公报》。

③ 许亮东：《破产案件审理程序》，人民法院出版社 1997 年版，第 246 页。

④《国务院关于在若干城市试行国有企业兼并破产和职工再就业有关问题补充通知》（1997 年）第 5 条，载《中华人民共和国国务院公报》，1997 年，第 315 页。

的待遇。在一些案件中，法官和清算组不得不利用他们自身的权力和影响力，来对非国企职工和其他相关主体规劝和施压，以使他们达成妥协，从而维持社会稳定。

职工补偿的复杂性进一步在税收冲突中复杂化。破产清算通常按照公司的会计账簿对债权人清偿，但是在很多案件中，这些数据与国家税务部门所记录的数据差别巨大。此外，如果税务部门的税款没有全部缴纳的话，它们将不会批准该破产企业注销登记，这就使破产程序很难终结。这种做法似乎与支持废除破产中税收优先权的现代潮流相冲突。[①]

（三）破产欺诈和犯罪

关于破产欺诈和犯罪的问题，是由法官、清算人和破产律师提出的，这也是访谈中所提出的最严重的问题之一。大家一致认为，无论是《破产法（试行）》，还是《深圳破产条例》及相关规定和程序，在处理破产欺诈和犯罪问题上，有效性都日益降低。债务人在实施精心策划的欺诈行为方面，变得越来越聪明，从而浪费公司资产，以损害债权人的利益。他们成功实施欺诈行为，源于各种各样的原因，包括司法机关和政府部门之间缺乏合作、破产法规自身的局限性、破产庭缺乏对欺诈行为的调查权。

律师们指出，在越来越多的案件中，破产程序本身的启动，成为欺诈债权人这一整体计划的一部分。一个通用的操作手法是，公司在申请破产之前处置自己的资产，从而只给债权人留下一个空壳。在此类个案中，当公司提交破产申请时，企

---

① 此举摆脱了税务机关的优先权，迫使当局加强了收债的措施。澳大利亚的证据表明，澳大利亚的税务机关在破产公司丧失其优先权之后，他们实际上从债务人拖欠税款中增加了征收的数额。

业就已经成为“三无企业”。[①] 在某些有此情形的案例中，深圳破产庭拒绝受理。当申请破产时，实施这些欺诈行为的人逃离，已经是一个越来越普遍的现象。律师们指出，在一些涉及香港特别行政区与内地主体之间合资经营的案件中，大陆一方不得不最终承担以合资企业名义所欠下的债务，因为港方已经携带资金消失。由于欺诈者常常在破产案件开始时已逃走，而在任的公司管理者（如董事、总经理或经理）通常对破产公司的经营历史不甚了解。如此，许多这样的管理者被戏称为“末代皇帝”或“破产老板”。

不幸的是，深圳的法官们经常无力处理这些侵权行为。尽管中国 1997 年《刑法》确实对破产相关的犯罪行为予以规定，但这些条款并不能适用于违反信息披露义务、浪费或者抛弃（企业）资产和破产欺诈行为。[②] 不同国家机关之间的分权，导致深圳法院的破产庭无法有效应对破产欺诈行为。最重要的是，由于破产庭属于人民法院内部商法方面的审判组织，它没有职权或人力资源去展开刑事调查。所以，法院如果缺乏与公安局和人民检察院的通力合作，即使在犯罪行为被发现的情况下，一个破产案件的主审法官也很难有所作为。在很多情形下，清算组已经提出欺诈诉讼请求，但是破产庭发现很难获取证据，并且由于缺乏直接证据，其将案件移交其他法庭处理的请求也会被拒绝。当然，也有部分成功的案例，比如在一个案件中，国有企业在提出破产申请后，任命清算组之前，开始处置本公司的资产，并向一个债权人清偿 100 万元人民币。后来，清算组收回这 100 万元，并对破产企业的法人代表处以

---

① 根据最近对深圳市地方税务局的调查显示，约有一半企业拖欠税款，当税务局催缴时，这些欠款也从来未被发现。参见报告 Min Pao（Hong Kong），Nov. 23，2000，at B16。

② Li Yongjun，“Major Issues in the Drafting of the New Chinese Bankruptcy Law”，*China L.*，Aug. 2000，pp. 74 – 76.

500 元人民币的罚款。

当前的破产实践和程序加剧了这些问题。正如王福祥律师所指出的，目前只对涉案企业的资产和会计账簿等方面审计，而没有将审计范围扩展到（企业）管理者的支出或个人交易领域。但如果缺乏这一扩大范围的调查，通常不可能发现管理者的腐败和不正当交易。此外，在清算过程中，有限的资源和低效率不允许清算组去验证每一个账目或票据。[①] 因此，账目的数量越多，就越难发现个人账户中的违规行为。

一些地方法规已经开始尝试解决这些问题，但是未获得很大成效。比如，《深圳破产条例》第 91 条规定，如果一个企业的法人代表对企业的破产负有责任，那么他在 3 年内不能出任其他企业的法人代表。但是法官们指出，一些债务人通过以其家庭成员的名义，来获得新设立企业的控制权，从而规避上述规定的适用。律师们也注意到，许多法人代表通常不能配合清算组的工作。另一个普遍问题是，企业的管理层没有保留完整的公司账簿，在一些案件中，甚至没有任何账簿。但有趣的是，律师们发现，国有企业的账簿通常比外商投资企业的账簿更为规范。

法官和律师们的一致共识是，在《深圳破产条例》中应加入新《刑法》的规定，从而使破产庭和清算组能够有效地打击犯罪和欺诈行为。在处理欺诈性破产计划的问题方面，许亮东法官在其 1997 年的专著中指出现行破产法律制度存在的缺陷，并主张在未来的立法中对这一制度进行改进。他特别强调，现有的缺陷导致人民法院在许多案件中，无法有效地惩治破产欺诈行为人。[②]国内其他破产法专家也提出此问题，并建

---

① 王福祥：《破产清算与律师实务》，吉林人民出版社 1998 年版，第 41—45 页。

② 许亮东：《破产案件审理程序》，人民法院出版社 1997 年版，第 38—41 页。

议将《刑法》中转移财产以逃税的规定，扩大适用到破产欺诈中来，从而使相关财产的取回不受6个月的法定限制。[①] 另外也有学者认为，必须通过破产犯罪的具体规则来严厉打击欺诈骗局。[②]

另一项建议是，将强制规定法人代表与清算组进行合作的条款写入法律。实际上，在2000年新“破产法”草案中，已经有条款建议，应当允许破产法庭拘留违反自身责任的法人代表，并对其处以5000元罚款。

律师们对滥用公司组织形式的行为也表达了越来越强烈的担忧。他们指出，许多公司和附属公司在设立之初资本就严重不足，债务人经常利用公司这一组织形式，作为欺诈的工具。[③]其他的问题则源自复杂的公司集团内部子公司之间的关联交易安排。但是，《公司法》[④] 中缺乏“刺破公司面纱”这一普通法原则，同时《破产法（试行）》[⑤] 缺乏实质性合并的规定，这使债权人要想找到真正对债务负责的主体，即使不是不可能的，通常也是非常困难的。

另一个问题是，一些交易的撤销期限太短，以致不能有效地打击交易欺诈行为，从而使狡猾的债务人积极从事这种损害债权人利益的交易。《破产法（试行）》和《深圳破产条例》

---

① 汤维建:《破产程序与破产立法研究》，人民法院出版社2001年版，第76—77页。

② 李曙光:《中国企业重组操作实务全书》（第一卷），中国法制出版社1997年版，第605—606页。

③ 根据1999年修订的《公司法》，成立公司的法定条件之一就是最低法定资本额必须实际支付，根据不同企业实体的形式和目的确定数额。参见《公司法》第23条、第25条、第26条、第27条、第28条、第78条。

④ 对于这个问题的探讨，see Zhang Xianchu，“Piercing the Company Veil and Regulation of Companies in China”，*Legal Developments in China*：*Market Economy and Law*，1996，pp. 129 – 143（Wang Guiguo & Wei Zhenying eds.）。

⑤ 值得注意的是，新“破产法”最新草案中，并没有解决涉及分支机构的问题。

都授权法院，对在受理破产案件前6个月内的欺诈交易，可以宣告其无效。[①] 但是，正如法官和律师们所提到的，在许多精心策划好的情形下，责任主体通常在相关破产案件开始6个多月以前，就进行欺诈交易处置企业资产，从而逃避法律所规定的6个月撤销期限的适用。

因此，一些律师主张应当允许清算组强制撤销超过法定期限的索赔，而且仅限于在债务人欺诈意图下，使破产企业变为空壳的情形，而不是由于债务人的过失导致的。但是，律师们认为在上述情形下，如果第三人主张法定时效的辩护，那么法院应当在调查债务人和第三人的关系和交易内容之后作出决定。[②] 鉴于中国是一个有着悠久的大陆法系传统的国家，律师们也承认，如果没有明确的法律标准，人民法院可能不能像西方普通法系国家中的法官那样，在公平的基础上发挥作用[③]。

为了支持他们灵活解释法定期限的主张，律师们指出，可以作出类似于《深圳破产条例》第15条的变更，该条是关于处理逾期未申报债权的规定。不同于《破产法（试行）》[④]，《深圳破产条例》为债权人的律师主张逾期未申报债权，提供了更大的空间。该法第15条规定，当债权人在（债务人）破产申请后未申报其债权的，视为放弃债权，但是该规定不适用于如下情形：未申报债权非因债权人的责任造成，而且迟延的申报是在破产财产分配之前作出的。所有律师都认为，这种弹性的规则更为合理。他们举出如下例子来表明其益处：由于破

① 《破产法（试行）》第35条和《深圳破产条例》第18条。

② 王福祥：《破产清算与律师实务》，吉林人民出版社1998年版，第136—137页。

③ 最近的“破产法”草案第186条明显是为了解决这一问题，即通过对发生在破产程序开始前12个月中的特定欺诈行为科处刑事责任。

④ 《破产法（试行）》第9条规定，债权人的登记申请需要在破产程序开始后、破产公告发布之日起的3个月内提出，否则视为债权人放弃该债权。

产程序的公告只在深圳本地报纸上刊载，而香港债权人由此错过了申报的截止日期，仍被允许保留其债权申报的权利。[①]

律师们也注意到立法需要作出改变的其他领域，这些改变是为了有效打击那些濒临破产的公司所采取的骗局中的部分行动。比如，陷入困境的企业迫使其员工在为企业作出“贡献”和被解雇之间选择，这正成为一个普遍做法。法官们讲述了一个在深圳破产庭悬而未决的案件，该案中的企业强制其2000名员工向企业注资超过7000万元人民币，防止企业走向破产。尽管每个注资者都收到一张票据，以证明其所做的“贡献”，但这背后的真正意图是规避未经国家批准而筹集资金的法律限制。应该如何界定员工们所做的“贡献”的法律地位，法院现在面临两难境地：一方面，如果将员工仅仅视为股东或者无担保债权人，将使企业从其强制手段策略和不公正影响中获益，这也将使法院承认非法计划，同时也将使员工们处于具有渺茫回报希望的境地。[②] 另一方面，如果考虑到员工们被胁迫，而将其列为优先受偿的债权人，这对现存的债权人是不公正的，因为这将使法院撤销资本“协议”，同时将剩余资金偿还给员工，从而损害现存的无担保债权人的利益。

企业从事的这些各种各样欺诈和可疑行为，已经引起许多破产律师和破产清算人的注意，尽管破产制度应是同等保护债权人和债务人利益的，但不幸的是，在很大程度上，它已经成为欺诈债权人的工具。他们提出，从1994年起，一些律师就已经开展所谓的“破产计划”业务，在该计划中，律师提供

① 从那时起的趋势是，破产公告需要在《人民法院报》上公告。《人民法院报》由国家发行，为司法公告提供专版。

② 一些国家机关出台相关文件来阻止这一实践做法。比如，国家经济与贸易委员会在其最近的通知中，禁止地方政府或企业强制职工为陷入困境的企业提供资金。参见国家经贸委1998年7月10日公布的《关于停止大量贱卖国有小型企业的意见》，载《人民日报》1998年7月11日。

的建议是，通过使企业利用破产法规的漏洞和政府机构之间的竞争，来帮助企业尽可能多地逃避责任。在一些案例中，律师设计出一系列连锁破产，来阻止债权人回收其债权。比如，以有担保的方式获得贷款，在资产被转移后，债务人及其担保人都提交破产申请，从而使得债权人不能向任何一方主张债权。在此情形下，被任命的清算组发现开展工作非常困难。考虑到这些案件中，破产企业只有少量遗留资产并且偿付率也不高，债权人通常很少有动力去要求对债务人的财政细节进行仔细检查，并彻底调查破产的真正原因。但是，在有的案件中，由于有权机关的深入调查，从而发现并收回了被公司耗散的资产。当然，这显然只是少数情况。

（四）破产制度和法律的不完善

大家一致认为，中国和深圳的破产制度中最严重的问题是缺乏可适用的、详细的、明确的法律规则。目前，《破产法（试行）》只有43条，[①]《深圳破产条例》有93条。尽管《深圳破产条例》及其《破产庭操作规程》，在很多地方弥补了《破产法（试行）》的不足，然而该法仍然不能有效解决深圳破产案件中出现的许多问题。

这种缺乏详细规定的法律将会引起无法预计的结果。例如，极富讽刺意味的是，司法解释竟然会与《破产法（试行）》的根本目的相冲突。比如，《破产法（试行）》第11条规定，人民法院受理破产案件后，对债务人财产的其他民事执行程序必须中止。最高人民法院认为，这条规则所称的中止适用于以下情形：除了其他情形之外，争议已经被法院审结，但

① 这一长度在中国国家特殊立法中已经是最长的了。此外，1993年《公司法》（于1999年被修改）有10条规定是处理公司破产的。《民事诉讼法》（于1991年被修改）有8条规定是关于除国有企业和公司之外的法人破产的。

执行尚未完成。[①] 该意见指出，一旦审判和执行完成后，争议和追偿不得在破产程序中解决。因此，对于一个在大陆多个司法管辖权范围内拥有资产的公司而言，当它陷入经济困境时，最高人民法院的上述解释，将会导致攫取公司资产的竞争；在地方保护主义的影响下，竞争中的债权人和地方法院将会急于完成当地的审判，并执行债务人的资产，有时甚至采取非法措施。这一实践会使救助和整顿，即使有可能，也都非常困难。在一些案件中，同一份财产已经被不同地区的法院主张权利，而且有的法院甚至通过在其文件中倒填日期，来证明其执行命令的合法性。所以，最高人民法院在随后的公告中采取一个新规则，试图阻止实践中的这种做法。该规则规定：在案件的管辖权争议没有解决之前，人民法院不能作出判决，任何仓促的判决将会被上级法院以程序违法为由而宣告无效。[②]

其他的问题则是由于立法空白引起的。法官们举出的一个例证是，根据《破产法（试行)》，清算组应当自宣告企业破产之后才能成立。[③] 但是，在自破产案件受理到宣告破产的这段时间内，《破产法（试行)》和《深圳破产条例》都没有对谁应当管理债务人的资产作出任何规定。[④]为解决这一立法疏漏，深圳破产庭在实践中创造出“监督组”来主持这一阶段的工作。在深圳，当法院受理破产案件后，“监督组”将监督企业的活动，尤其是企业的持续经营和资产处置行为。一旦宣

---

① 《最高人民法院意见》第 12 章，载《中华人民共和国最高人民法院司法解释全集（1949—1993)》(第 1 卷)，人民法院出版社 1994 年版，第 1867 页。

② 具体规定参见《最高人民法院关于在经济审判工作中严格执行〈中华人民共和国民事诉讼法〉的若干规定》(1994 年 12 月 22 日)，载《中华人民共和国最高人民法院司法解释全集（1993—1996)》(第 2 卷)，第 439 页。

③ 《破产法（试行)》第 24 条规定人民法院必须在破产宣告后 15 日内组建破产清算组。

④ 这是一个重要的问题，因为公司在这一阶段内非法处置资产是一个普遍现象。

告破产后，“监督组”将易名为“清算组”，同时将负责处理清算事宜。但是，由于缺乏任何法律依据，在上述阶段中，法院无法清晰界定“监督组”的法律地位及职权范围，因此冲突依然存在。

清算人和法官都认为，在上述的时间间隙内，界定管理债务人资产的“监督组”的法律地位具有困难，并且他们举例证实了这一点。在一些案件中，公安局、检察院和工商管理局都拒绝允许“监督组”拥有自己的公章，因为它们认为“监督组”缺乏法定权限。在另一些案件中，公共事业公司停止其对债务人的服务，并一再忽视“监督组”所提出的，恢复对破产企业的公共服务的要求。

同时，国家立法中也缺乏对清算组报酬标准的规定。所以，法院只能在个案的基础上，就清算人的报酬问题进行自由裁量。为了解决这个问题，根据破产企业的资产额，深圳市法院设置了清算组的报酬标准。在法院的规定中，有以下 5 种报酬标准：

若总资产少于 50 万，报酬为 2—5 万；

若总资产为 50—100 万，报酬为 5—10 万；

若总资产为 100—500 万，报酬为 10—15 万；

若总资产为 500—1000 万，报酬为 15—20 万；

若总资产多于 1000 万，报酬为 20—30 万。

法院会根据具体案件的复杂性进一步调整上述标准。[①] 但是，一些律师声称，在有的案件中他们得不到任何报酬，部分原因在于破产企业欺诈行为的泛滥，或者遵循社会政策向职工提供最大限度的安置费用。所以，法院可能不得不在一些较简

---

① 许亮东：《破产案件审理程序》，人民法院出版社 1997 年版，第 148—149 页。

单的破产案件中，委任特定的律师或律所作为清算人，从而以此方式来补偿他们在之前案件中的损失。

最困难的问题在于，现行法律制度未能充分界定破产中哪些是可证明的债务。最好的例证也许是关于债务的抵销，即因为法律规定太模糊而不具有可操作性。《破产法（试行）》第33条仅仅规定，如果债权人对破产企业负有债务，可以在破产清算前抵销。因为没有任何法律标准可以适用，所以法官们认为，他们不能轻松地解决债务抵销中出现的争议。

其他问题源于立法未明确规定一些特殊的债务应当由谁申报，其中包括工人的工资、社会失业保险金，以及拖欠国家的税款。深圳破产庭将这一义务分配给债务人，因为他处在熟悉这些索赔金额的最佳位置。然而，在实践中，此义务很难被强制执行。因为相比于这些金额庞大的索赔，债务人的管理者本身很少拥有有价值的资产，即使他们未能履行法定义务将这些债权予以申报，他们也无力为此承担个人责任。

此外，《破产法（试行）》和《深圳破产条例》未能界定“破产债务”的含义，这导致远远超出预料的诉讼请求。根据一般理论，债务可能包括金钱求偿，或作出某一特定行为。[①]因此，在一些破产案件中，某些职工甚至主张，由于企业宣告破产而被解散，导致他们失去成为中国共产党党员的机会，于是寻求法院来处理这一诉讼请求。

但是，律师们也强调，深圳的清算实践已经发展出一些对破产债权范围可接受的限制。他们注意到，除了《破产法（试行）》的一些基本规定外，《深圳破产条例》第64条将以

① 中国是一个社会主义国家，并具有大陆法系传统，所以大部分观点认为，责任必须建立在特定的财产权关系上。但是，也有一些学者提出，责任应当扩大到可以覆盖一些非财产权关系（比如人身关系）。参见佘能斌、马俊驹主编：《现代民法学》，武汉大学出版社1995年版，第424页。

下内容排除在可证明的债权之外：破产宣告后的债权利息；债权人参加破产程序所支付的费用；逾期未申报的债权；超过诉讼时效的债权；未执行的滞纳金、罚款、罚金和没收财产。①

法官指出的另一个有趣的法律缺陷，涉及不动产财产的分配问题。在企业破产中一个普遍存在的现象是，破产企业的资产不足以清偿债权人的债权，其仅存的资产就只有营业执照。实践中，这可能是一笔宝贵的财富，因为许多行业的营业执照都受国家配额的限制，所以具有市场价值。但是，根据1996年对外贸易和经济合作部发布的《外商投资企业清算办法》规定，在清算结束后注销登记时，企业营业执照必须上缴国家有关部门。② 因此，不管购买者的资质和能力有多强大，企业的营业执照都不能用来交易。所以，如此严格的法律规定，至少使法院和清算组不能为债权人的利益而使公司资产的价值最大化。在其他的一些案件中，这也妨碍企业整顿（重整）的成功及就业岗位的保留。

清算人亦指出在向债权人分配财产时出现的其他问题，如支付给政府的某些费用无法分类。比如，国有企业债务人需要向国家缴纳土地使用费。但是，直到1988年《宪法》修正后，才正式开启不动产交易市场。③ 因此可以理解，已于1986

---

① CCH Asia Pacific (compilation), *CCH China Laws for Foreign Business (Special Zones and Cities)*, Vol. 1, § 71-055, 1999, pp. 25352-25353.

② 《外商投资企业清算办法》第33条，国务院于1996年6月15日批准，其英文翻译版公布在China L&P RAC，第37—44页（1996年11月）。王福祥进一步阐述他自己关于破产企业的财产中，哪些应该被计入或排除出破产财产的意见。根据其观点，比如，工会的基金不应被纳入破产财产范围，而应该属于工会的每个成员所有；在破产申请前已经宣布的红利，但未能被分配给股东的，不应被纳入破产财产范围；破产企业给予对企业有特殊贡献的职工的奖励，不应被要回。参见王福祥：《破产清算与律师实务》，吉林人民出版社1998年版，第54—55页。

③ 1982年的《中华人民共和国宪法》第10条第4款规定，禁止任何组织和个人处置任何土地权利（包括转让和出租）。这一规定于1988年4月12被修订，它允许土地使用权可以依法转让，参见1988年《宪法修正案》第2条。

年颁行的《破产法（试行）》，未能将此做法包括进来。然而，在许多案例中，清算组需要清晰界定这一给付的法律地位，从而确定债权的优先顺序。如果这些金钱给付，处于与国家税款同等的地位，那么政府就享有优先权；但如果它们被视为合同权利，那么国家将必须与其他无担保债权人处于同等序列受偿。

破产制度的整体性的低效和增加破产财产的有限能力，阻碍了债权人参加破产程序的积极性。比如，尽管深圳破产庭为提高司法的透明度，曾经试图邀请尽可能多的债权人参加破产程序，但实际只有少数债权人前来参加。一些律师注意到，对在破产案件中可能得到的结果，法院和许多参加破产程序的当事人，都早已保持着过于消极的预期，他们认为破产程序几乎经常被用于清算资不抵债企业的资产，而不是对一个陷入财务困境的公司进行整顿（重整）或恢复。他们指出，几乎所有的破产申请，都是在公司几乎不可能被挽救的最后阶段提出的，并且结果通常是债权人的清偿率相当低。① 因此，深圳的破产从业者们认为，破产标准的适用应当予以放宽，以鼓励尽早提出破产申请。他们认为，此类破产案件的受理将不会导致破产案件数量的激增，而在引导不同的主体进行破产和解和企业整顿（重整）方面，发挥重要作用，从而为债权人提供更好的保护。此外，法官和律师们都一致同意，深圳应当以整顿（重整）程序为主制定高效的和具有可操作性的规则。

然而，“公司拯救”文化的最终出现，将要求在深圳的律师和会计师之间，出现更明晰的业务分工。深圳的法官和律师们承认，当地破产从业人员的执业标准还有待提高。更多的培

① 相关内容参见曹思源：《兼并与破产操作实务》，中国工商出版社 1997 年版；吉林省高级人民法院经济审判二庭编：《处理破产案件适用的法律和文书样式》，吉林人民出版社 2000 年版。

训项目的设计必须专注于各种领域，其中包括法律分析、会计准则、调查、索赔评估、资产的集中和清算等。深圳的律所和会计师事务所需要作为主导力量以确保上述设想的实现。拯救文化的兴起，亦会增加债权人在破产程序中发挥积极作用的可能性。

（五）跨境破产

跨境破产在深圳已经成为一个日益重要的关注点，尤其是那些在深圳经济特区和香港特别行政区都有资产的企业破产案件。然而不幸的是，中国内地缺乏可以适用于跨境破产的法律。① 在某些情况下，破产法官会面对来自境外的案件，即香港的清算人或债权人在深圳寻找资产；而其他情况下，则涉及出境的案件，即深圳的清算组成员寻找处于香港的资产。法官和律师们都认为，深圳和香港应该增强在跨境破产案件中的合作。法官们指出，他们曾与香港破产管理署的官员们讨论这一话题，并提出在该领域中建立特定机制的可能性。一个正式的机制，或者更高层次的协议将是必要的。因为在“一国两制”基本原则下，香港特别行政区与内地之间的关系非常敏感，它排除任何地方人民法院，单独与香港特别行政区处理与司法合作有关的事宜的情况。因此，任何跨境破产框架的形式，都必须由最

① 现在中国没有关于可以具体适用于跨境破产的任何国家层面的法律，同时新《破产法》起草小组的成员对如何恰当处理这一问题意见不一。最近关于中国跨境破产实践现状的讨论，参见石静遐：《中国的跨境破产：现状、问题及发展》，载《中国法学》2002 年第 1 期。

高人民法院与香港特别行政区的司法机构或律政司谈判。[①]

在此方面，对比旧时情况和新近发展是很有趣的。1990年，广东省的一个法院对荔湾区建筑公司诉欧美中国地产有限公司案[②]的判决涉及跨境破产的问题。该案是关于内地的一个建筑公司和香港特别行政区的一个地产公司之间的合同纠纷，双方已就广东省的两个新城建设达成协议。但香港一方申请破产，香港特别行政区最高法院委任了清算人。广东法院拒绝承认该清算人在大陆代表香港公司参加涉及合同履行的诉讼，认为其无权这样做。法院也发现，由于香港一方在清算后，丧失了法人资格，导致合营双方所签的协议不能履行。

广东法院采取“属地管辖原则”来解决这一跨境破产问题。“属地管辖”是指地方法院拒绝承认外国法律的域外效力，并且对处于地方法院管辖内的外国公司的财产，拒绝允许外国代表（比如清算人）来主张权利。[③] 尽管广东法院并没有提及《破产法（试行）》中的任何相关规定，[④] 但是该法院的解决办法，与这些规定（的要求）是一致的。

深圳的法官们称自己不了解这个案件，所以对其不做任何

---

① 自从香港回归后，中国最高人民法院已签订两个此类协议，一个是1998年与香港特别行政区高等法院达成的《关于内地与香港特别行政区法院相互委托送达民商事司法文书的安排》，另一个是1999年与香港特别行政区律政司达成的《关于内地与香港特别行政区相互承认和执行仲裁裁决的安排》。这一实践做法表明，虽然《香港特别行政区基本法》第95条规定，允许香港与内地其他地区保持司法联系，但这必须建立在香港和内地这两个司法管辖权中上层机关所构建的合作框架之上。

② 关于此案的摘录和详细讨论，see Liwan District Construction Company v. Euro – America China Property Ltd. , reported and commented on by Donald J. Lewis & Charles D. Booth, Case Comment, 6 China L. & Prac. , 1990, p. 27。

③ 对“地域管辖办法”的进一步讨论，see Charles D. Booth, “Living in Uncertain Times: The Need to Strengthen Hong Kong Transnational Insolvency Law”, 34 *Columbia J. Transnat'l L.* 389, 1996, pp. 393 – 394。

④ 现存的法律不适用于合资企业清算时的香港一方。Lewis & Charles D. Booth, *Case Comment*, 6 *China L. & Prac.* , 1990, p. 32.

评论。尽管这样，关于承认外国破产的司法实践，他们都同意，深圳法院将会与上述做法一致，同时他们也支持属地管辖的做法。法官们还指出，在一个最近的破产案件中，法院实际上也采用这种做法。当国际商业信贷银行（Bank of Credit and Commerce International，BCCI）倒闭的消息传到深圳时，深圳市中级人民法院发布命令，冻结国际商业信贷银行深圳支行的财产，以回应中国大陆债权人的申请。后来，国际商业信贷银行在深圳的资产（总额为 2000 万美元），按照中国破产程序被分配给国内的债权人（人均赔偿 80 美元）。该法院的立场是，只有国内的债权人才可以参加国际商业信贷银行在深圳的破产清算程序。这种方法保证大陆债权人较高的清偿率，但会置外国债权人于不利境地。①

旧的《涉外公司破产条例》（1986 年）支持这种属地管辖方式。比如，该法第 5 条规定，根据域外司法管辖权范围内的法律作出的破产宣告，对该破产公司在深圳经济特区内的财产，将不产生任何效力；但是 1993 年实施的《深圳破产条例》未将该条内容包括进来。②最近，深圳法院的院长向中国国家立法机关提交提案，建议允许法院在特定条件下，适用修改后的“普遍管辖原则”，从而使其在跨境破产中采取更为灵活的办法。与地域管辖权办法相比较，普遍管辖原则是指地方法院承认外国法律的域外效力，并且允许外国代表来主张外国公司处在该地方法院管辖内的财产。③ 更确切地讲，深圳法院的院长主张采取

---

① 许亮东：《破产案件审理程序》，人民法院出版社 1997 年版，第 59—60 页。

② 有趣的是，最近新《破产法》保留一个了类似于原有的《深圳破产条例》第 5 条的规定。参见王福祥：《破产清算与律师实务》，吉林人民出版社 1998 年版。

③ 对于“普遍管辖权办法”的进一步讨论，see Charles D. Booth，“Living in Uncertain Times：The Need to Strengthen Hong Kong Transnational Insolvency Law”，34 *Columbia J. Transnat'l L.* 389，1996，pp. 393－394。

互惠的办法，即如果外国法院承认中国内地人民法院作出的破产司法判决和裁定，那么中国法院也将承认外国法院的破产判决和裁定。① 属地管辖权的方法将被保留，适用于那些涉及不承认中国破产判决效力的外国司法管辖区的破产案件。②

即使深圳法院愿意承认外国代表参加中国内地破产程序，其他法律障碍也经常存在。比如，清算人发现，在中国公司资产的域外收回方面，一些法律规定引发额外的法律障碍。《公司法》第 34 条和第 35 条规定，有限责任公司的股东在公司注册登记后，不能撤回他们的出资，只能在股东内部之间转让股份。③ 此外，《中外合资经营企业实施条例》（1987 年 12 月 21 日）第 36 条规定，合营企业注册资本的转让，必须经董事会的一致决议批准。④

然而，法官们也讨论最近的一个案件，在该案中，广东法院在非破产情况下，采取更为灵活的和“普遍管辖的”方式，既承认也适用香港的法律。在本案中，广州市中级人民法院受理香港债权人的诉讼请求，即寻求对香港公司的内地资产予以执行，以支持他们在香港未履行的判决。令许多内地从业人员惊讶的是，广州中院不仅同意此财产收回，而且直接适用《放债人条例》⑤，尽管当时在对

---

① 最近，香港特别行政区法律委员会也发表了类似的建议，香港同意的条件也是互惠式的，而不是单边的。参见香港特别行政区法律委员会：《关于公司清算规定的报告》，1999 年 7 月。

② 许亮东：《破产案件审理程序》，人民法院出版社 1997 年版，第 196 页。

③ 其英文译本参见全国人民代表大会常委会法制工作委员会编：*The Laws of The People's Republic of China*，1993 年，第 301 页。

④ 其英文译本参见 *China Law Reference Series*（1996 – 2000），Vol. 2，Part II，Economic Law，§ 2310：10 – 25。在外资企业背景下对该问题的讨论，see Xianchu Zhang & Charles D. Booth，“Beijing's Initiative on Cross – Border Insolvency：Reflections on a Recent Visit of Hong Kong Professionals to Beijing”，31 *Hong Kong L. J.* 312，2001，pp. 313 – 314。

⑤ 参见香港特别行政区《放债人条例》。

判决的互相执行方面，中国内地与香港特别行政区之间不存在协议。[①]

没有任何法官和清算人意识到，在一些情况下，香港债权人或清算人可以委托深圳的律师或律所，来收回香港企业在深圳的破产财产，或者对香港债务人在深圳的财产执行清算或破产的命令。

关于《破产法（试行）》的域外效力问题，在中国内地也已经显现。在一个最近的案件中，这些问题与母公司破产对其全资子公司的法律效力问题相重叠。[②] 其案情是，当一个资不抵债公司在深圳进入破产程序时，被发现该公司在中国另一司法管辖区内，拥有一家全资子公司。于是，深圳清算组主张其权利，要将子公司的资产纳入深圳破产程序中来。基于子公司的状况，深圳清算组可以：（1）把子公司的资产纳入深圳破产程序中，或者（2）把子公司单独转让，并把转让收益纳入母公司的破产财产中。该子公司认为，这将会不公正地干预其自主经营权，强烈反对深圳清算组的这些行为。法院最终采纳

---

① 关于该决定的英文报告和评论，see Mary Xu& Wang Tianxi，“Meidaduo Financial Co.，Ltd. v. Ruichang Real Estate Co.，Ltd. et al. Involving a Loan Contract”，*China L.*，Aug. 2008，pp. 102 – 104（Zhang Qing trans.）；Zhang Xianchu，“Foreign Law Applied by the People's Court in China”，*CCH China Law Update* 15，Aug. 2000，p. 24。

② 参见1993年《公司法》（1999年修订）的相关内容。正如前面所提到的，中国的《破产法（试行）》未含有任何关于母公司破产时对其全资子公司的法律影响的规定。

清算人的对子公司行使普遍司法管辖的主张。[①]

关于出境的跨境破产，法官和清算人认为，尽管他们曾经处理过的案件中存在内地的债务人在香港有财产的情况，但是深圳破产庭从未试图取回它们。法官们认为有以下两个主要原因：（1）中国内地与香港特别行政区之间缺乏破产的司法协助协议，清算组作为由人民法院控制和监督下的一个实体，不能与香港的有权机关（包括破产管理署和法院）直接联系；（2）香港的法律费用太过高昂。

清算人指出，最近的一些破产案件中，深圳破产企业的资产已经被转移到香港。在某些情况下是作为故意欺诈企业债权人的计划的一部分，而在其他情况下，有时是债务人正常跨界投资的一部分。在这些案件中，清算组希望尝试取回那些被转移的资产，并向债权人解释了实施这一策略的有利之处，以尽力得到他们的批准来实施资金取回行动。但是，在每种情况下，正是法官们所指出的上述原因，即缺乏司法协助安排和香港法律服务的高昂成本，阻碍清算组实施他们的计划。一些清算人认为，比起诉诸律师和正式的清算或民事诉讼程序，通过追债人在香港追求索赔将更加经济有效，但他们都承认这未曾尝试过。

---

① 在本案中，非常有趣的现象是，尽管其同意对子公司的财产进行处置，深圳法院的态度是比较谨慎的。但该法院认为，对母公司和子公司合并进行破产清算，可能会引发下列问题：忽视子公司的独立人格；因为他们是被强制加入了母公司的破产程序，引发对子公司债权人的不公平对待；造成社会资源浪费和不稳定。因此，该法院提出了其他建议，比如，如果该子公司盈利并运行良好，那么法院应从保护该子公司的竞争力出发，鼓励对该子公司进行兼并或者以市场价将其整体出售。相反，如果该子公司也正处于财务困境中，但有能力偿还其全部或大部分债务，那么它应该被单独宣布破产并进行清算。也可以将决定权交给子公司和其债权人，因为他们可能会选择偿还母公司的投资，并将该子公司转换为一个拥有新的所有权结构的独立企业。参见许亮东：《破产案件审理程序》，人民法院出版社 1997 年版，第 202—204 页。

三、总体观察

深圳破产法官、律师和立法者们的观点表明，在改善中国破产制度方面，深圳已经采取重要的步骤：颁行《深圳破产条例》，在很多重要方面补充国家法律的不足；在人民法院内成立独立的破产庭，这有助于形成一个有经验的机构来考虑破产问题；并有意愿产生创新的立法和司法解决方案。如果立法参与者们仔细考察深圳经验，那么《破产法（试行)》的改革进程，将会受益良多。

然而，深圳受访者所提供的信息，清晰描绘出需要继续关注的一些领域：

1. 在保护破产庭的司法独立与允许政府机关干预并控制之间，持续存在的紧张关系；

2. 破产法律制度长远发展所需要的其他制度的不健全；

3. 在处理破产案件时，破产庭与深圳的其他政府部门，及与内地其他地区之间缺乏合作和协调；

4. 尽管《深圳破产条例》事实上比《破产法（试行)》更为先进和详细，但仍需改进；

5. 深圳仍然没有企业拯救文化；

6. 有必要促进普遍的跨界合作，尤其是与香港。

从访谈可以清晰地发现，一些困难且敏感的问题依然需要处理，正如深圳特区努力寻找如何解决破产庭和国家机关之间的冲突的方法。这种紧张关系源于，许多政府部门希望保留它们对国企的强大控制力，并且仍然受着原有的国家所有制思想支配，试图在这一体系下适用一个以市场导向为主要原则的破产法。受访者反复提到，深圳的许多政府机关依然深入参与破产程序，中国其他地方也存在此种情形。其中，比起法律原因来说，更多的是政治原因，问题就在于在资产保护和社会稳定方面，政府部门需要努力维持国家的直接利益。从国家机关的角度来看，若严格执行《破产法》，将不可避免地导致全民所有制的损失和国有企业的崩溃，而这些正是社会主义国家的基石和中国社会与政治的安全网。[①] 另一方面，破产庭发现，破产制度作为一项改革工具的适用，将与政府的政策目标进一步背道而驰。由于不能妥善解决这互相矛盾的两个方面，导致在个案中，常常出现令人迷惑和沮丧的判决。[②] 当然，中国体制是一个以行政为核心的体制，所以至少在短期内，上述判决将在破产程序中更有利于行政主导，而不是司法独立和司法控制。这反过来会扭曲法院在破产程序中发挥的作用。

许多地方出现过度的行政干预，是因为缺乏先进的社会（保障）制度来支持市场规律发挥作用。比如，据估计，如果所有的国企都开始基于商业判断来进行经营，那么大约3000万人将面临失业。[③] 所以，除非充分的社会福利和保险制度已经到位，否则《破产法（试行)》将不可能大规模适用。与此类似，中国国有银行部门也必须保持稳定。

其他的制度也同样缺位，中国总体的社会和商业环境远远不能承受以市场为基础的破产法的实施。易安·弗兰彻（Ian Fletcher）教授观察到，“破产法实施的深层特征在于，它意图去体现在伦理属性方面的独特理念，而这一属性是从债权人和破产债务人，以及债权人内部之间的关系中表现出来的”[④]。

---

① 比如，江泽民主席重复强调中国是社会主义市场经济国家（如果公有制不是主要的组成部分，那么它就不是社会主义市场经济），而且扩大国有经济是建立有中国特色社会主义的基本保障。参见《人民日报》1995年11月21日。

② Ron W. Harmer, “Comparison of Trends in National Law: The Pacific Rim in Symposium Bankruptcy in the Global Village”, 23 *Brooklyn J. Int'l L.* 139, 1997, pp. 161 – 162.

③ Mark A. Groombridge & Claude E. Barfield, *Tiger by the Tail: China and the World Trade Organization*, Claude E. Barfield, 1999, p. 28.

④ Ian Fletcher, *the Law of Insolvency* 2 (2nd ed.), Letitia Crabb, 1996.

在深圳，这一独特理念很明显是缺乏的，因为基础性的职业水准（以及习惯、传统和商业道德）都没有充分建立。这些因素将很可能与法律和会计职业的总体发展，以及破产实务专家的特殊培训同步形成。目前专业知识的缺乏，已经扩展到了广泛的与破产相关的活动，包括财务和司法会计、索赔的评估及拍卖程序。

深圳破产庭与其他国家和政府机关之间合作的缺乏，及在《破产法》中的许多不协调、空白和缺乏可操作性的定义（比如，关于债权和责任的范围），都造成了进一步的问题。其中最严重的是：管理破产案件的整体低效、无力打击欺诈行为和惩罚管理者的违法行为、对债权人的低清偿率。然而，在这些方面，深圳法院已经采取措施以改善执法。比如，在 1999 年 5 月，因为 12 名债务人拒绝偿还通过欺诈和不正当手段所产生的债务而被拘留；由于其未能履行法院的偿债判决，32 名债务人的姓名被公之于众；法院还推出公共举报平台，鼓励人们向有关部门提供债务人欺诈活动或其财产状况的信息。仅该月的执法行动，法院就成功地收回超过 5600 万元人民币的破产财产，并使大约 30 份法院的判决在执行中取得进展。①

很明显的是，中国现行的破产法律制度几乎完全建立在清算的基础之上，只有少量的内容和规定侧重于企业拯救或整顿（重整）。正如深圳法官和其他破产从业人员所意识到的，这一缺陷不仅使几乎所有企业在进入破产程序时只有非常渺茫的生存希望，而且加剧了中国社会安全和财政体系的连锁反应。破产法在中国要取得长期成功，很大程度上依赖于企业拯救文化的形成。根据王卫国教授的观点，尽管《破产法（试行）》中存在关于整顿（重整）的规定，但在过去 10 年人民法院所

① 参见《香港商报》1999 年 6 月 9 日。

受理的近10，000件破产案件中，援用整顿（重整）规定的案件数量几乎为零！[①] 通过制定更有效的企业拯救条款，并鼓励使用这些新程序，来提升现有的破产制度是一个急迫的任务。若要在中国制定一个试行的新重整法，深圳将成为最理想的地区。

最近，随着深圳和香港区域经济进一步一体化，建立中国内地和香港特别行政区处理跨境破产问题的司法合作框架更为必要。诚然，二者在经济体系、会计准则和政府职能方面都存在着显著的差异。但尽管如此，深圳破产法官和从业人员都认为，双方需要协调差异并构建规则，至少在区域范围内创制一个以“普遍管辖”为方式的合作计划。不幸的是，2000年中国新“破产法”草案未能迈出这一步。[②] 在这里也许可以重新考虑此问题，即先颁布一个适用于深圳和香港之间的跨界破产试行合作计划。

中国破产法律制度在不断发展中面临的挑战是巨大的，并且除非伴随着相关配套制度的改革，否则中国破产法的改革将不可能有所成效。但是，如果承认受访的深圳破产庭的法官及其他破产从业人员的态度具有预示性的话，那么这些问题的解决方案可能首先会在深圳出现，而不是中国其他地方。

---

① 王卫国：《破产法》，人民法院出版社1999年版，第238页。

② 参见新“破产法”草案，2000年12月；《关于内地与香港特别行政区法院相互委托送达民商事司法文书的安排》，1998年；《相互承认和执行仲裁裁决》，1999年。

珠光集团破产案：中国国有企业跨国破产立法案例分析*

文森特·佩斯** 文

张承儿*** 译

简目

---

* Vincent A. Pace，"The Bankruptcy of the Zhu Kuan Group：A Case Study of Cross – Border Insolvency Litigation Against a Chinese State – Owned Enterprise"，27 *U. Pa. J. Int'l Econ. L.* 517，2006. 本文的翻译与出版已获得作者授权。

** 文森特·佩斯，美国乔治·华盛顿大学艺术学学士，清华大学法学硕士，宾夕法尼亚大学法学院 J. D.。曾在东京、纽约及北京的国际律所分支机构执业近八年，精通英文、中文、日语、西班牙语和葡萄牙语。现为巴内特资本（Barnett Capital）经理兼副总法律顾问，专注于通过发起和收购而进行的借贷业务。

*** 张承儿，中国政法大学民商法学硕士，德国汉堡大学 LL. M.，现任职于君合律师事务所。

近年来，中国在亚洲金融领域一直充当着“蟑螂汽车旅馆”的角色。我们定义为盗窃的行为，在中国正在大量上演。

——ADM 资本（ADM Capital）董事罗布·阿普尔比（Rob Appleby）[①]

一、介绍

珠光发展有限公司的瓦解，是中国历史上第二大破产案件。[②] 曾作为珠海市政府窗口企业的珠光集团[③]与其债权

① Chris Leahy, “Asia's Corporate Horrors - Are Lessons from the Crisis Already Forgotten?”, *Asiamoney*, Oct. 1, 2004, p. 18. ［“蟑螂汽车旅馆”（roach motel），原为一种蟑螂诱捕器品牌，其广告语为“roaches check in but they don't check out”（蟑螂进得去出不来）。——译者注］

② Associated Press, “Major Chinese Investment Company Declared Bankrupt”, *China Online*, June 7, 2004.

③ Jane Moir, “‘Riviera’ Turns into Black Hole: Investors Who Bet Zhuhai Would Be Asia's Monte Carlo Have Found That the Odds Were Stacked”, *S. China Morning Post*, Oct. 14, 2004, p. 2. 窗口企业是中国政府部门用来对外借债，并投资于该政府管辖地区企业，随后用投资收益偿还债务而设立的一种企业。See Matthew Miller & Mark L. Clifford, “Losing Millions in Zhuhai”, *Bus. Week* (Int'l Ed.), *Dec.* 1, 2003, *p.* 20.（该文描述，西方债权人由于对珠海的窗口企业投资，而损失数百万。）

人之间的拉锯战，开始于近5年前，即中国第一次致力于清除涉及管理不善[①]、信息披露不全[②]、腐败[③]以及其他非法

---

① See Associated Press，"Major Chinese Investment Company Declared Bankrupt"（该文讨论中国企业的一些非法行为，以及错误建议导致的投资问题）；Jane Moir，"Zhuhai Unit Faces Collapse，Creditor Banks Are Threatening to Liquidate Zhu Kuan Group After Getting an 'Insulting' Debt Restructuring Offer"，*S. China Morning Post*，July 19，2003，p. 1（该文描述在中国的一些投资失误）；see also Matt Miller，"Macau Bid to Unravel Zhu Kuan Debt Tangle"，*The Standard*，May 6，2004（该文认为，许多中国地方政府运营集团公司十分失败）。

② See Jianbo Lou，"China's Bank Non – Performing Loan Problem：Seriousness and Causes"，34 *Int'l Law.* 1147，1173 n. 167（2000）（该文指出在中国内地，包括国有企业在内，普遍存在信息披露不完善问题，债权人因此难以决定在何时申请国有企业破产）；Mark E. Monfort，"Reform of the State – Owned Enterprise and the Bankruptcy Law in the People's Republic of China"，22 *Okla. City U. L. Rev.* 1106 – 07（1997）（该文强调，国企由于缺少可信任的信息公开，而导致企业披露的失败）；Xian Chu Zhang，"The Old Problems，the New Law，and the Developing Market-A Preliminary Examination of the First Securities Law of the People's Republic of China"，33 *Int'l Law.* 983，989 n. 57（1999）（中国内地的公司环境有助于国企不进行信息披露，甚至能诱使公然欺诈的发生，例如在该文中，有一家公司在两年内都没有披露重大利益）。

③ See Stanley Lubman，"Bird in a Cage：Chinese Law Reform after Twenty Years"，20 *Nw. J. Int'l L. & Bus.* 383，404 – 05（2000）.［"腐败的问题似乎愈加严重。他们在中国现代社会无孔不入，但又微小得几乎看不见。票据诈骗、消耗国有投资资本、贿赂以及挪用中央及地方政府基金等，仿佛已经成为一种生活方式……所有官员和公司管理层都会腐败的普遍命题，将会为工人走上街头买单；在中国的大多数非暴力抗议活动，几乎每天都会被国外（非中国）媒体所报道。"］US – China Business Council，"China's Political Developments"，in US – China Business Council Comp.，*China Operations '98 5*（unpublished materials from China Operations '98，a conference held in Beijing，Feb. 17 – 18，1998）（on file with Stanley Lubman）；Moir，"Zhuhai Unit Faces Collapse，Creditor Banks Are Threatening to Liquidate Zhu Kuan Group After Getting an 'Insulting' Debt Restructuring Offer". See also Helena Kolenda，"One Party，Two Systems：Corruption in the People's Republic of China and Attempts to Control It"，4 *J. of Chinese L.* 187（1990）（该文讨论中国的腐败问题）；Conita S. C. Leung，"Chinese Administrative Law Package：Limitations and Prospects"，28 *H. K. L. J.* 104，104 – 105（该文讨论导致腐败的中国结构化问题）；*Corruption Perceptions Index 2005*，Transparency International，http：//www. transparency. org/policy_ andresearch/surveysjindices/cpi/2005（last visited Apr. 1，2006）（该文对中国的腐败程度打3. 2分，10分为最不腐败，0分为最为腐败）。

活动[①]的国营窗口企业时。这些都发生在1999年[②]中国最大的破产案[③]——广东国际信托投资公司（以下简称广东国投）负债47亿美元并破产的事实之后。尽管有这些时隐时现的“红旗”，但窗口企业在贷款时却很少有障碍。[④] 这缘于那些大型国际银行的假定，它们有你所能获取的最好的保险之一，即国

---

① See Associated Press, “Major Chinese Investment Company Declared Bankrupt”（该文讨论了在中国国内上市的一些公司的非法借贷和其他非法活动问题）；“Executions, Crime Reported in China”, *BBC Mornitoring Int'l Rpts.*, Sept. 13, 2002, p. 1, pp. 1 – 3（该文讨论对各种腐败、非法发行债券及相关行为的惩治手段）；Tom Mitchell, “Vice – Governor May Find Ghosts Not His Only Problem”, *S. China Morning Post*, Apr. 10, 2001, p. 6（该文涉及非法吸收存款、非法借贷以及其他金融犯罪问题）；Nhu – Nguyen Ngo, “The Chinese Cycle: Between Overheating and Overcapacities”, *Conjoncture*, May – April, 2004, p. 22, http://economicrsearch.bnpparibas.com/applis/www/RechEco.nsf/ConjonctureDateEN/1730DCC9555CDF2DC1256E8A0046DOE6/$File/C0404 A2.pdf?, Open Element（last visited Apr. 1, 2006）（该文阐述中国类似国营的银行系统的现有优势和权力滥用问题）。See also Michele Lee, “Franchising in China: Legal Challenges When First Entering the Chinese Market”, 19 *Am. U. Int'l L. Rev.*, p. 949, 985（该文阐述由于地方官员能够从非法活动中受益，因此在地区层面法规无法实行）；Leahy, “Asia's Corporate Horrors – Are Lessons from the Crisis Already Forgotten?”（该文认为ITIC是“亚洲公司异端的典型”）；Benjamin L. Liebman, “Watchdog or Demagogue? The Media in the Chinese Legal System”, 105 *Colum. L. Rev.* 1, 30 – 31（2005）（该文指出，大多数非法活动都与政府官员相勾结，就像珠光集团和珠海市政府之间那样）；ibid. p. 73 n. 133（该文讨论了建筑企业的非法活动）。

② Jane Moir, “Standard Bearer Sticks to the Official Script”, *S. China Morning Post*, Dec. 20, 2004, p. 16.

③ See Associated Press, “Major Chinese Investment Company Declared Bankrupt”.（该文指出，广东国投案是中国最大一宗破产案。）

④ See Miller, “Macau Bid to Unravel Zhu Kuan Debt Tangle”, p. 1.（“许多地方政府运营的集团企业……能够诱使国际投资者们向其倾注数百万美元的投资。”）

家后台。[1] 虽中央政府警告说这些假定无效,[2]但地方[3]政府却容易鼓励这样做。

在20世纪90年代中期，中国很多地方政府因资金不足，而不得不暂停他们十分重视的基础设施建设项目。获取资金的唯一方式是通过收取高利息的国内银行，或通过有中央政府为靠山的金融机构，展开烦琐的股本投资。[4] 由于担心自己潜在的偿债能力，以及信用不佳的企业抬高借贷成本，在向境外融资方面，中国向来不会放得很开。为缓和基础设施建设融资困境，并且减轻国内银行业的生存压力,[5] 中国正在逐步变得更为灵活，允许越来越多的企业去国外寻求资金，尽管这样做的成本可能会更高。[6] 在这样的机会面前，地方政府除向国外发放债券之外，也开始向国际银行寻求贷款。[7]

在20世纪90年代，这些银行迫切想要为进入中国市场——这个被许多人认为是世界最大的市场“铺路”,[8] 在中

① See Associated Press, “Major Chinese Investment Company Declared Bankrupt”, p. 1（“广东国投的失败，凸显向政府支持企业进行投资的风险问题，虽然借款人认为国家政府会作担保，但事实并非如此”）; Moir, “Standard Bearer Sticks to the Official Script”, p. 16（该文讨论国营窗口企业瓦解后的资产问题）。

② See Sophie Roell, “Zhuhai Deal May Soften State Stance on Financing”, *Fin. Times*, Aug. 2, 1996, p. 24.（“按中央政府的指导方针，国际贷款用于基础设施建设，要基于项目的经济可行性，而不是国家政府的支持与否。”）

③ 笔者使用“地方”（local）这个词来指代在中国比中央政府级别低的任一下属政府。

④ Lester J. Gesteland, “China's US $ 1. 58 Bond Offering a Smashing Success”, *China Online*, May 18, 2001.

⑤ Leahy, “Asia's Corporate Horrors - Are Lessons from the Crisis Already Forgotten?”, p. 18.

⑥ Roell, “Zhuhai Deal May Soften State Stance on Financing”, p. 24.

⑦ Gesteland, “China's US $ 1. 58 Bond Offering a Smashing Success”.

⑧ Moir, “Standard Bearer Sticks to the Official Script”.

国与他们所能接触的任何人，建立强有力的关系网。[①] 现在看来，这就导致对那些财务状况有问题的国营窗口企业的轻率借贷，当然也包括珠光集团在内。[②] 在20世纪90年代后期，国有窗口企业纷纷倒闭，使许多借款给国企的国内外银行感到焦虑不安。[③]

本文将试图讲述珠光集团破产案的故事，并在中国跨界破产的大框架下，分析该案的债权人所应吸取的教训。本文将在

---

① Guanxi（关系）是一个中国词汇，用来描述在中国进行商业贸易被视为关键的非正式联系或关联。Clyde D. Stoltenberg, *Globalization*, "Asian Values and Economic Reform: The Impact of Tradition and Change on Ethical Values in Chinese Business", 33 *Cornell Int'l L. J.* 711, 720 (2000); but see "New Strategy for Multinationals in China", *Asia Times Online*, Apr. 30, 2005, http://www.atimes.com/atimes/China/GD30Ad06.html（该文主张，仅靠"关系"已经不足以取得以前可能取得的成效）。有关"关系"的更深讨论，see Ji Li & Chalmer E. Labig Jr., "Negotiating with China: Exploratory Study of Relationship - Building", 13 *J. of Managerial Issues* 345 (2001); Patricia Pattison & Daniel Herron, "The Mountains Are High and the Emperor Is Far Away: Sanctity of Contract in China", 40 *Am. Bus. L. J.* 459, 484 - 85 (2003); Randall Peerenboom, "Globalization, Path Dependency and the Limits of Law: Administrative Law Reform and Rule of Law in the People's Republic of China", 19 *Berkeley J. Int'l L.* 161, 222 - 23 (2001).

② Moir, "'Reviera' Turns into Black Hole: Investors Who Bet Zhuhai Would Be Asia's Monte Carlo Have Found That the Odds Were Stacked"; Moir, "Standard Bearer Sticks to the Official Script".

③ Moir, "Standard Bearer Sticks to the Official Script", p. 16. See also Miller, "Macau Bid to Unravel Zhu Kuan Debt Tangle"（"珠光集团的清盘，可谓是描述受诱惑去中国投资，却遭遇19世纪90年代中期企业破产的投资者们的最近篇章"）; Moir, "'Riviera' Turns into Black Hole: Investors Who Bet Zhuhai Would Be Asia's Monte Carlo Have Found That the Odds Were Stacked", p. 1（"大多数在地区层面的银行，对债务人破产已经很熟悉了，因为自亚洲金融危机开始之后，几家国际信托与投资公司或者ITIC在中国内地就蹒跚难行。"广东国投在1999年被中国相关部门宣布破产，负债47亿美元。而广东控股公司通过"一份艰难的和解协议"重组35亿元港币的债务，从而避免1998年公司崩溃之后的破产局面）。Moir, "Standard Bearer Sticks to the Official Script"（同样有质疑之声认为，这样的模式会在私有领域展开）; see Moir, "Standard Bearer Sticks to the Official Script", p. 16 ["有人担忧，类似的问题会在许多内地的私有企业出现。举例来说，渣打银行就是向远东制药集团有限公司（Far East Pharmaceutical Holdings）放款的贷款人之一，而后者的董事长潜逃到国外。远东的账户上有巨大的漏洞"]。

开始部分全面回顾珠光案。首先，本文将讨论珠海市政府雄心勃勃的发展政策下珠光集团的发展状况。珠光集团的财务困境将通过其三个子公司所涉的案件来展现：珠海大道有限公司的债券、珠光发展有限公司的股份，以及涉及珠光贸易有限公司的嘉能可债务丑闻。在这些具体的案件之后，笔者将从广义角度，分析珠光集团陷入财务困境的原因，从而引出珠光集团与其债权人之间从2000年清盘前协商到2005年清盘终结为止的一系列纠纷。其次，笔者将分析该案所反映出的法律问题，并最后总结出一些实践上的教训。

二、事实部分

（一）珠光集团的发展

1. 珠海市政府的发展规划

有着超过120万人口的珠海市[①]位于广东省，毗邻中国澳门，与中国香港仅隔珠江三角洲。1979年，中央政府将珠海列为第一批发展的四个经济特区之一。[②] 珠海入选的优势在于

---

① Population Data in 2002, "Zhuhai China: A City of Romance", http://www.zhuhai.gov.cn/english/360571644189605888/20030625/1036926.html (last visited Apr. 1, 2006).

② Concerning the Establishment of Special Economic Zone in Guangdong Province, promulgated by the Standing Comm. Nat'l People's Congress, effective Aug 26, 1980, available at ISONOLAW 503 - 131795. See John Zhengdong Huang, "An Introduction to Foreign Investment Law in the People's Republic of China", 28 *J. Marshall L. Rev.* 471, 471 - 72 (1995)（该文阐释在经济特区，投资者能够从税收优惠、行政手续减免、工厂基础设施产品进口税减免以及其他各种优惠中受益）; see also "The Rise and Rise of an SEZ", *Hong Kong Imail Emerging Markets Datafile*, Jan. 23, 2002［该文指出，1979年设立的其他几个经济特区分别为：汕头（在广东东部）、深圳（毗邻中国香港）以及厦门（毗邻中国台湾地区）］。

其毗邻澳门，并能通过澳门，为内地带来潜在的投资力量。[①] 与中国政府适用于其他地方的经济体制与政策不同，包括珠海在内的几个经济特区，在它们自己独特的制度下，制定地方性法规。[②] 虽然关于经济特区是否获得极大成功有着强烈争议，[③] 但与中央政府的适度分离，无疑给经济特区创造了成功或失败的广大空间。

珠海市的规划十分宏大。自 1983 年到 1998 年，现任珠海市市委书记的梁广大担任当时的珠海市市长，他雄心勃勃地打算将珠海从只有大型基础设施项目投资支撑，转化为接受任何类型的投资。珠光集团的大部分债务曾用来为这些项目融资，梁广大也因此被称为"路桥市长"（Mayor of Roads and Bridges）。[④] 直至 1998 年梁广大卸任时，有 130 亿美元被用在对基础设施建设的投资上，其中包括中国最广为人知的一

① 在解释相关选择时，邓小平指出，我们在 1979 年决定设立四个经济特区时，主要是按照地理优势来选择的。深圳毗邻中国香港，珠海接近中国澳门，汕头有很多生活在东南亚的潮州人，厦门有很多移民到外国但回国投资的闽南人。Deng Xiaoping, "Remarks Made During an Inspection Tour of Shanghai", Jan. 28 – Feb. 18, 1991, http://english.people-daily.com.cn/dengxp/vol3/text/d1180.html (last visited Apr. 1 2006).

② Bin Xue Sang, "Pudong: Another Special Economic Zone in China? An Analysis of the Special Regulations and Policy for Shanghai's Pudong New Area", 14 *N. W. J. In'l L. & Bus.* 130, 132 (1993).

③ See ibid. pp. 131 – 132（"许多观察者们，将中国经济改革的成功及经济快速发展，归功于经济特区以及沿海城市"）; see also Daniel J. Brink and Xiao Lin Li, "A Legal and Practical Overview of Direct Investment and Joint Ventures in the 'New' China", 28 *J. Marshall L. Rev.* 567, 571 (1995)（"有经济特区的一些省份，经历巨变以及经济的高速发展"）。

④ Miller & Clifford, "Losing Millions in Zhuhai".（该文阐述梁广大的别名来自于在其领导下，由珠光集团筹资援助的一些珠海市基础设施建设项目飞速扩张。）

些投入高、效益低的项目。[①] 但即使如此，梁广大在珠海转型上仍是成功的，珠海如今的GDP已达到50亿美元，并且是跨国公司运营的阵地。[②] 不过在梁广大卸任之时，毫无疑问，珠海“正面临严重的财政问题，并且梁广大的轻率举动是原因之一”。[③]

虽然珠海遭遇财政困难，但它并未放弃自己的雄心壮志。2002年，珠海市政府宣布将斥资人民币100万元，打造“中国的蔚蓝海岸”。[④] 当这个一厢情愿的市场策略仍游走在网上时[⑤]，投资计划本身，随着珠海市政府的财务困境越来越明显，而不得不宣告失败。[⑥] 珠海市当前的发展计划，由一系列

---

① 米勒（Miller）和克利福德（Clifford）指出：梁广大的能力超越他所能达到的极限。他建造一个高性能赛车场，但他所鼓吹的一级方程式赛车却迟迟没有出现。他斥资8亿（美元）修建一个国际机场，但一直没有获得中央批准在该机场停降国际航班。今天，这一没多大用处的设施成为中国背负骂名的高投入、低效益的项目之一，它一年接待的航班数，比中国香港在一星期内接待的航班数还要少。在梁广大的带领下，珠海市甚至开始建造一条30公里长的大桥，横跨珠江并连接珠海和中国香港。但最后桥梁施工止步于离珠海3公里处的一座小岛。Ibid.

② Ibid.

③ Ibid.（quoting Joseph Cheng，Chair Professor of Political Science，City University of Hong Kong）.

④ Moir，“‘Riviera’ Turns into Black Hole：Investors Who Bet Zhuhai Would Be Asia's Monte Carlo Have Found That the Odds Were Stacked”.

⑤ See e. g. ,“At East by the Sea – A Zhuhai Idyll”，*Shanghai Star*，May 24，2003，http：//www. china. org. cn/english/travel/65366. htm（last visited Apr. 1，2006）.（“珠海市的浪漫，可以从遍地开放的鲜花中初现端倪，但当你漫步城市街头并注意到街道名称时，你会发现它们在中文中的意思都是‘情人’。”）

⑥ Moir，“‘Riviera’ Turns into Black Hole：Investors Who Bet Zhuhai Would Be Asia's Monte Carlo Have Found That the Odds Were Stacked”.

党中央支持的宏大却意义模糊的陈词滥调组成。① 但是过去众多的投资计划都惨遭失败，甚至根本没有完成。有着如此的失败记录，并被置于这样危急的财政状况之下，任何趋于远大目标的发展都会受到人们的质疑。

2. 珠光集团的历史与运营

据中国官方媒体一些令人值得怀疑的传奇式报道，珠光集团于1980年设立。刚开始，它仅仅是简陋的茶室，注册资本为2000元港币。② 20世纪80年代中期，当中国开始要求地方政府设立起他们自己的外事代表办公室，直接与外国投资者交往时，珠海市政府开始将珠光集团打造成其现在的样子。③ 在得到中央批准后，1988年2月13日，珠海市政府在澳门设立珠光集团，旨在向珠海引入澳门的投资；④ 而4年后的1992年5月19日，珠海市政府在香港设立珠光集团的子公司，即珠光（香港）有限公司，来扮演其在香港的同一角色。⑤ 在1995年8月19日

① 珠海市委、市政府的“基本发展理念及目标”包括推进新型工业化、优化经济结构以及强化产业基础，采用西翼策略加快城市化进程、促进区域经济统筹发展、加快港口和机场建设、完善城市道路网、促进区域经济合作、实施“科教兴珠海”策略、合理运用大学校园以加强城市核心竞争力、推进改革和对经济结构及管理的创造、完善社会主义市场经济体制，从而通过工业化、科学、教育以及生态环境，来构建活力珠海，构建以信息化技术为领导的高科技工业，构建相对有吸引力的制造业、增加有高附加值的出口产品，将珠海建设成为一座现代、富裕、文明并有着美丽环境、繁荣经济及良好社会秩序的区域中心城市。Zhuhai Service Center for Foreign Investment,“Profile of Zhuhai”, http://www.zhuhai.com.cn/english/index.asp?id=1020（last visited Apr. 1, 2006）.

② Associated Press,“Major Chinese Investment Company Declared Bankrupt”.

③ Teresa Ma,“Programme of Decentralisation Leads to Reorganisation/Profile of the Nam Kwong Trading Group”, *Fin. Times*, Apr. 10, 1985, p. 3.

④ RSM Nelson Wheeler Corporate Asia Group,“Report to Creditors”, Jan. 11, 2005, para. 6 [hereinafter RSM]; Moir,“‘Riviera’ Turns into Black Hole: Investors Who Bet Zhuhai Would Be Asia's Monte Carlo Have Found That the Odds Were Stacked”.

⑤ RSM,“Report to Creditors”, para. 6; Jane Moir,“Zhu Kuan Creditors Seek Action; Bankers' Mistrust Grows as Questions Over Missing Cash Go Unanswered”, *S. China Morning Post*, Aug. 15, 2003, p. 1, available at 2003 WLNR 5851735.

的给渣打银行的一封担保函中，珠海市政府将珠光集团和珠光（香港）有限公司描述为“代表珠海市政府的经济贸易实体”,[①] 但实际上它们却扮演着投资控股公司的角色，主要通过子公司[②]在各行各业展开商业活动。尤其突出的是，珠光集团在珠海基础设施建设项目上融资的关键角色。[③] 但尽管如此，珠光集团却无法获得大量的现金流。[④] 它的核心资产是从房地产交易中获得的土地，价值近 110 亿元人民币，其中 73% 在珠海,[⑤] 23% 在澳门,[⑥] 剩余部分在香港。

多年来，珠光集团的业务不断扩大且范围广泛。它的主要业务有：在珠海和港澳的房地产交易;[⑦] 主要在珠海和中国澳门的贸易业务;[⑧] 在珠海和中国澳门的旅游业,[⑨] 如水上公

---

① In the Matter of Zhu Kuan Group Co. Ltd., HCCW 874/2003 para. 3, (H. K. L. R. D., Dec. 19, 2003) http://legalref.judiciary.gov.hk/lrs/common/search/searchresultdetail-frame.jsp? DIS = 43_ 103&QS = %28zhu%2Bkuan%29&TP = JU [hereinafter Re ZKG 2004]; RSM, “Report to Creditors”, para. 6.

② Ibid. para. 9.

③ Miller & Clifford, “Losing Millions in Zhuhai”.

④ Moir, “Zhuhai Unit Faces Collapse, Creditor Banks Are Threatening to Liquidate Zhu Kuan Group After Getting an ‘Insulting’ Debt Restructuring Offer”.

⑤ Moir, “‘Riviera’ Turns into Black Hole: Investors Who Bet Zhuhai Would Be Asia's Monte Carlo Have Found That the Odds Were Stacked”.

⑥ Jane Moir, “Liquidators to Take PwC to High Court”, *S. China Morning Post*, Sept. 25, 2003.

⑦ Moir, “‘Riviera’ Turns into Black Hole: Investors Who Bet Zhuhai Would Be Asia's Monte Carlo Have Found That the Odds Were Stacked”; RSM, “Report to Creditors”, para. 8. 1.

⑧ Lana Wong, “Zhuhai Arm Seeks $100m Through Listing”, *S. China Morning Post*, May 1, 1998, p. 3; RSM, “Report to Creditors”, para. 8. 2.

⑨ Jane Moir, “Zhu Kuan Creditors Offered $2.5b Cash”, *S. China Morning Post*, Jan. 20, 2005, p. 1.

园、[①] 主题乐园[②]及酒店；[③] 还有主要集中在中国澳门的建筑工程项目。[④] 其他的业务项目有：汽车业以及[⑤]包括制造业、[⑥] 纺织业、[⑦] 建筑材料、[⑧] 电子工业[⑨]在内的轻工业；基础设施建设，[⑩] 如水力发电厂、废品处理厂、[⑪] 桥梁、[⑫] 公路[⑬]以及电信；[⑭] 还有航空、[⑮] 水运及陆运等。[⑯]

---

① Moir, "Riviera' Turns into Black Hole: Investors Who Bet Zhuhai Would Be Asia's Monte Carlo Have Found That the Odds Were Stacked".

② Jonathan Tam, "From Beer to Fashion, Companies Feeling Pinch", The *Standard* (*China*), Apr. 28, 2003.

③ Jane Moir, "$4b Loan to Zhuhai Uncovered; Accounts of the Government's Window Company Zhu Kuan Group Show that $7b is Owed to Banks", *S. China Morning Post*, Aug. 2, 2004, p. 1; RSM, "Report to Creditors", para. 8. 3.

④ Jane Moir, "Zhu Kuan Group Declared Bankrupt: The Decision is the First Liquidation of a Mainland Government Investment Arm by a Hong Kong Court", *S. China Morning Post*, Oct. 5, 2004, p. 1; RSM, "Report to Creditors", para. 8. 4.

⑤ Debbie Chu, "Tax Drives down Orders for Mercedes", *S. China Morning Post*, Mar. 29, 1994, p. 6.

⑥ Wong, "Zhuhai Arm Seeks $100m Through Listing". 制造业包括至少一家与飞利浦公司合伙的制造小型国内器具及个人护理用品的公司。"Philips to Invest in Joint Venture in Zhuhai", *Xinhua General Overseas News Services*, Jan. 23, 1990.

⑦ Associated Press, "Major Chinese Investment Company Declared Bankrupt".

⑧ Ibid.

⑨ Ibid.

⑩ Moir, "Zhu Kuan Creditors Offered $2. 5b Cash".

⑪ Renee Lai, "Rule Change Allows Hunan Firm Easy Path to Listing", *S. China Morning Post*, Dec. 20, 1997, p. 3.

⑫ Moir, "'Riviera' Turns into Black Hole: Investors Who Bet Zhuhai Would Be Asia's Monte Carlo Have Found That the Odds Were Stacked".

⑬ Ibid.

⑭ "Zhu Kuan Plans Bus/Cable TV/Internet Investments in Zhuhai", *AFX* (*AP*), July 6, 1999.

⑮ Jane Moir, "Murky Funds Cloud Bridge Ambitions", *S. China Morning Post*, July 19, 2003, p. 1; see also ibid. (该文引用一名债权人的话，"他们想将珠海变成另一个深圳。唯一的途径就是建造一些先进水平的基础设施项目以及先进水平的机场。这太荒唐了。有谁想要飞去珠海啊？") Moir, "'Riviera' Turns into Black Hole: Investors Who Bet Zhuhai Would Be Asia's Monte Carlo Have Found That the Odds Were Stacked". ("这座城市斥资70亿元建造的机场显得空荡荡的……")

⑯ Moir, "Zhu Kuan Group Declared Bankrupt: The Decision is the First Liquidation of a Mainland Government Investment Arm by a Hong Kong Court".

3. 珠光集团的结构

珠光集团以投资控股公司的身份设立，并通过子公司运营业务，[①] 其在珠海、澳门和香港有约 50 家子公司，[②] 其中 17 家在香港。[③] 珠光公司本身于 1988 年在中国澳门成立，[④] 由珠海市政府 100% 持股。[⑤] 珠光集团最具关键性的子公司——珠光（香港）有限公司拥有30 项经营项目，其中12 项以上在中国香港。[⑥] 旅游业子公司珠光发展有限公司（2004 年11 月更名为“九洲发展有限公司”）[⑦] 于1998 年在中国香港上市。[⑧]

4. 珠海市政府对珠光集团及其子公司的明示扶持

通常来说，政府对窗口企业的扶持是隐性的。[⑨] 而珠海市政府不仅有这样的隐性扶持，在能够满足目的时，甚至愿意将其明确表露出来。珠光发展有限公司“不仅受到珠海市政府的全力支持，并承认其为唯一珠海市政府所支持的在香港证券

---

① Susan Kendall, “Foreign Lenders Welcome More Protection in China”, 24 *Int'l Fin. L. Rev.* 41 (2005); Re ZKG 2004, In the Matter of Zhu Kuan Group Co. Ltd., HCCW 874/2003 para. 3, (H. K. L. R. D., Dec. 19, 2003), para. 3（在渣打银行所作出的证明信中引用了原话）。

② Moir, “Zhu Kuan Creditors Offered $2.5b Cash”.

③ Moir, “Zhu Kuan Group Declared Bankrupt: The Decision is the First Liquidation of a Mainland Government Investment Arm by a Hong Kong Court”.

④ Associated Press, “Major Chinese Investment Company Declared Bankrupt”.

⑤ “HK – Listed Zhu Kuan's Controlling Shareholders Face Winding Up Petitions”, *AFX – Asia*, Aug. 19, 2003 [hereinafter HK – Listed Zhu Kuan].

⑥ Matt Miller, “Stan Chart Wins Time for Zhu Kuan Liquidators”, *The Standard (China)*, Apr. 7, 2004.

⑦ Worldscope, “Jiuzhou Development Company Limited”, Mar. 15, 2005.

⑧ Associated Press, “Major Chinese Investment Company Declared Bankrupt”.

⑨ Adam Luck, “Western Banks Hit by Pounds 500m Corporate Collapse in China”, *The Sunday Times (U. K.)*, June 6, 2004, p. 11; Miller & Clifford, “Losing Millions in Zhuhai”.

交易所上市的集团公司”。[1] 在珠光发展有限公司的创纪录低发行价问题上，蔡光成（珠光集团董事长、珠海市副市长——译者注）反复强调，“珠海市政府支持该公司成为其在境外上市的唯一多元化经营子公司”。[2] 在珠光集团的子公司珠光贸易有限公司嘉能可债务丑闻之后，余华国说道，“我认为股价不会（受丑闻）压力影响，因为我们的公司有优质资产，并且受到珠海市政府的支持”。[3] 然而余华国没有指出的是，珠光集团和珠光贸易有限公司都受到政府的支持。尽管如此，虽然珠光发展有限公司从未清楚地解释过支持的内容，但凭借着将珠海市政府的“支持”极力作为资本，它还是筹集到大笔款项。[4] 甚至在许多情况下，珠海市政府还在实质上给予担保，来明确对珠光发展有限公司的支持。从 1994 年到 1999 年，珠海市政府在给债权人的发函中，再次重申政府对珠光集团发展的支持，并更进一步指出，政府将会在某些情况下，为债权人支付全部损失。[5] 这将占到债务总额中的约 22 亿元港币。[6] 但是珠海市政府最终食言，它只拨出能支付约 10 亿元债务的现金款项。

5. 珠海市政府与珠光发展有限公司领导层之间错综复杂的关系

珠海市政府作为珠光集团的所有人，有着最终决策权。珠海市政府利用这种权力，掌控珠光集团及其全资子公司，如龙

① David Evans, “Zhu Kuan Distances Itself from Debt Case”, *Hong Kong Standard*, May 26, 1988. See also Lana Wong, “Mystery Note Claiming Dishonoured Debts Targets Zhu Kuan Debut”, *S. China Morning Post*, May 26, 1998, p. 3.（该文指出，该企业受到珠海市政府的扶持。）

② Ibid.

③ Evans, “Zhu Kuan Distances Itself from Debt Case”.

④ Wong, “Mystery Note Claiming Dishonoured Debts Targets Zhu Kuan Debut”.

⑤ RSM, “Report to Creditors”, para. 61. 1.

⑥ Ibid. para. 193.

威集团，从而在幕后操纵珠光集团破产的整个过程。[①] 珠海市政府与珠光集团之间关系的暧昧不清，使操作层面更加容易。即使政府官员们在珠光集团中没有任何职位，也能够经常参与到决策过程中，如与王某的债务重组协商之事项，[②] 这便模糊珠海市政府与珠光集团之间本应得到清晰划分的界线。而使两者更加混淆不清的是，珠海市政府的官员经常在珠光集团及其子公司中担任执行董事。[③] 比如，蔡光成就同时兼任珠光发展有限公司的董事长和珠海市政府的副市长。[④] 通过在珠光集团巩固自己的利益，珠海市政府的官员们最终在珠光集团的公司中坐持大量经济权益。[⑤]

（二）案例分析三则

1. 珠海大道有限公司的债券

珠光集团通过中国向海外发行第一支高风险债券，进入国际债务市场，[⑥] 该债券由珠海大道有限公司在 1996 年向美国

---

① RSM，“Report to Creditors”，para. 60.

② See Moir，“Zhuhai Unit Faces Collapse，Creditor Banks Are Threatening to Liquidate Zhu Kuan Group After Getting an ‘Insulting’ Debt Restructuring Offer”.（“也有人担忧企业所说的，将会拿政府所拥有的资产向地方银行作担保，从而偿付债权人欠款。”）

③ Jane Moir，“Zhuhai Government Tries to Grab Big Slice of Zhu Kuan”，*S. China Morning Post*，Sept. 9，2003，p. 1.

④ Lana Wong，“Zhuhai Government's Hotel Arm Sees Profit Jump 35pc”，*S. China Morning Post*，Sept. 23，1998，p. 2. 其他在珠海市政府供职过的前珠光集团董事有：何伟龙（董事长、副主任及珠海市政府办公室主任），梁学兵（珠海市香洲区前山镇党委副书记、珠海市香洲区对外经济贸易委员会副主任），梁才佳（珠海市财政局企业财务管理科科长、行政事业财务管理科科长），欧阳国梁（珠海市政府秘书长、珠海市经济特区管理委员会办公室副主任）。RSM，“Report to Creditors”，para. 62.

⑤ See Interim Report 2003，Zhu Kuan Development Company Limited（Jan. 14，2004），p. 34，http：//www. hkex. com. hk/listedco/listconews/sehk/20040121/00908/EWF101. pdf.（董事名单中的大多数在或曾经在珠海市政府、其他珠光集团公司供职，有最大的股东权。）

⑥ Miller，“Macau Bid to Unravel Zhu Kuan Debt Tangle”.

的金融机构投资者发行。① 债券发行时，中国缺少保护债权人利益的相关法律，并且严重依赖于协议之“法”。② 尽管如此，债券还是得到三倍的超额认购，③ 筹集到共计 2 亿美元④的资金：一部分为年利率 9.125% 的评级为 Baa3 至 BBB 的十年期优先级债券，发行量为 8500 万美元；另一部分为年利率 11.5% 的评级为 Ba1 至 BB 的十二年期次级债券，发行量为 1.15 亿美元。⑤ 该债券为无追索权贷款，即没有政府支持，而是以珠海市的机动车管理费及过路费作为担保。⑥ 包括珠海市政府在内的所有政府机关都与直接担保无关。但是，珠光集团却要求政府在其收入来源中断，或是在寻找外币以偿付债务出现困难时给予支持。⑦ 鉴于珠光集团和珠海市政府之间的暧昧关系，虽然市政府并未明确担保，但珠光集团所给予的承诺，像是暗含政府的支持。

---

① Josephine Ma, “Bond Issue Legal, Says Vice - Mayor”, *S. China Morning Post*, Oct. 9, 1996, p. 4, available at 1996 WLNR 2778546.

② Kevin T. S. Kong, “Prospects for Asset Securitization Within China's Legal-Framework: The Two - Tiered Model”, 32 *Cornell Int'l L. J.* 237, 258 - 60 (1998). 涉及此类融资的《公路法》，直到 1998 年才被颁布。See Highway Law of the People's Republic of China (amended in 2004 by the Standing Comm. People's Cong., effective 1998), available at ISINOLAW 381 - 11653 (last visited Apr. 1, 2006) (P. R. C.) (中国《公路法》条款摘要)。

③ Morag Forrester, “China is the Silver Lining”, *Global Finance*, Aug. 1997, p. 34, http://www.findarticles.com/p/articles/mi - qa3715/is_ 199708/ain8761526 (last visited Apr. 1, 2006).

④ Report, Industry Sector Analysis, Mar. 19, 1998, available at *LEXIS News & Business*, Country & Region (excluding U. S.), Asia/Pacific Rim Archive News.

⑤ “Bond Offer for Zhuhai”, *S. China Morning Post*, Aug. 2, 1996, p. 3. For further details about the ZHC bonds, see Kehong Wen, “China's First Eurobond Portends a New Junk Bond Market”, *TCFA Update*, Aug. 5, 1996, http://www.china - finance.org/update/volume2/v2n41.html.

⑥ “Zhuhai Highway Debt Ratings Cut to CCC by S&P”, *AFX - Asia*, June 29, 2000.

⑦ Roell, “Zhuhai Deal May Soften State Stance on Financing”.

4年之后，标准普尔下调对该高风险债券的信用评级。[①] 除了亚洲金融危机及增速缓慢时期到来的背景之外，珠光集团对银行的债务违约和嘉能可丑闻动摇债权人的信心也是其中原因。尽管如此，一些分析者仍然认为，珠海大道有限公司的债券是一项有利投资。设于香港的金融服务机构 DebtTraders Inc. 评价道：

> 我们相信（珠海大道有限公司的）优先级债券，为那些被问题债券套牢的投资者们，提供了一个诱人的契机，他们可以寻求中国收费公路领域的信息公开……优先级债券的条款为投资者提供了违约之下的有力保护。即使在我们设想的最差情境下，从潜在的通行费收入中也能产生充足的资金，使得优先级债券的持有者得到全部赔偿。[②]

和上述想法相同的分析者们，似乎倾向于忽略已开始出现的政府相关投资问题，而仍建议购买债券。

上钩的投资者们最终还是会发现自己受到损失。珠海大道有限公司在发行债券时，基于20世纪90年代中期“急速”扩大的财政收入，而乐观预测未来的收益，[③] 但一场经济衰退导致机动车登记数量和交通流量都低于预期。[④] 珠海市政府拒绝实施协议要求的按年提高车辆管理费[⑤]的举措，使这一情况更加恶化，而拒绝的原因是政治压力和通货紧缩的环境。[⑥] 珠海

---

① Gesteland，“China's US $1.58 Bond Offering a Smashing Success”.

② Ibid.

③ “S&P Lowers Highway Rtgs; Still on Watch Neg”, *Business Wire*, May 25, 2000 [hereinafter Highway Rtgs].

④ “S&P Lowers Rating on Notes of China S Zhuhai Highway Co”, *Asia Poulse*, May 17, 2001. [Hereinafter S&P Lowers Rating].

⑤ Ibid.

⑥ See S&P Lowers Rating. 如果珠海市政府提高收费，就会使得珠海市的该项费用，比周边城市都高。

市政府甚至挪用部分本该归入协议规定的基金中的过路费款项，这令现实情况更加糟糕。[①] 市政府声称，差额会通过补贴来弥补，但直到2001年为止，都没有人能确定这笔补贴是否已经到款。[②] 通过珠光集团来看珠海市政府的财政状况，不管以往的政府补贴如何，[③] 本次珠海市政府是否有足够资金用于补贴实在值得怀疑。但不管怎样，珠海大道有限公司的财政状况使债券的维持取决于珠海市政府下发补贴的意愿，[④] 考虑到珠海市政府存在大量财政问题，结论不容乐观。而在珠光集团的资金方面，虽然有着合同上的义务，这笔资金也同样没有到位。[⑤] 事实上，珠光集团跨国债务违约的危险正在隐隐增加。[⑥]

2000年7月，珠海大道有限公司先后在次级债券和优先级债券违约。[⑦] 到2001年，珠海大道有限公司的两种债券均被标准普尔下调到最低的信用评级，实质表明该公司即将违约。[⑧] 债券持有者随即开始向珠光集团和珠海市政府施压。2001年4月，债券持有者根据协议约定，向珠海市政府寄送加速清还通知书，要求立即偿付本金和全部利息。托管人大通银行按照通知书，向持券人发放在其账户内的2560万美元。[⑨]

---

① S&P Lowers Rating.

② Gesteland, "China's US $1.58 Bond Offering a Smashing Success".

③ Highway Rtgs.

④ Ibid.

⑤ S&P Lowers Rating.

⑥ Highway Rtgs.

⑦ S&P Lowers Rating.

⑧ Gesteland, "China's US $1.58 Bond Offering a Smashing Success". 标普的最低评级为D。

⑨ S&P Lowers Rating.

但不出所料，通知书上的相关付款并未送达持券人。[①] 虽已提起相关诉讼，[②] 但到现在为止并没有结果。最终，债券持有人不得不按照解决不良债权专业公司的和解协议，廉价出清这些债券。[③]

2. 珠光发展有限公司的股份

通过子公司珠光发展有限公司的公开上市，珠光集团于1998 年在香港进入国际股票市场。[④] 在珠海大道有限公司发行债券的两年后，国际股市以极大的热情迎接这次公开发行：珠光发展有限公司以每股 1. 13 元港币的价格，向战略投资者和专业机构投资者售出 1. 26 亿股，[⑤] 共计约 1. 4238 亿元港币，而另有 420 万股[⑥]以 10. 13 倍的价格在首次公开发行中被超额认购。[⑦] 随着珠光集团的财务困境渐渐显现，以及珠光发展有限公司所遭受的境遇（见下表），珠光发展有限公司的股票价格暴跌，如今只徘徊在发行价的 1/3 左右。[⑧]

---

① S&P Lowers Rating.

② Highway Rtgs; S&P Lowers Rating.

③ Angela Mackay, "Asia's Crisis Has Meant Big Returns on Distressed Debt", *Fin. Times*, Apr. 7, 2003, p. 23.

④ "Zhu Kuan Development Public Offering 10 Times Subscribed", *S. China Morning Post*, May 19, 1998, p. 3.

⑤ Wong, "Mystery Note Claiming Dishonoured Debts Targets Zhu Kuan Debut".

⑥ Wong, "Zhu Kun Backs Law Issue Price".

⑦ Cathy Holcombe, "China Plays Need Rethink on Pricing", *S. China Morning Post*, May 25, 1998, p. 1.

⑧ JZD, as ZKD had been renamed, traded around HKD 0. 43 in March of 2005. *Main Board and Trading Only Stocks Daily Quotations*, The Stock Exchange of Hong Kong Limited, Mar. 15, 2005, http://www.hkex.com.hk/markdata/quot/d050315e.htm (last visited Apr. 1, 2006).

表 1　珠光发展有限公司（九洲发展有限公司）绩效统计

年份	净利润（百万港币）	销售（百万港币）	营业利润（百万港币）	每股收益（港币）
	六个月（到十月份）			
2004①	12. 1	114. 2		
2003②	1. 7	93. 9		
2002③	4. 808	111. 191	0. 533	0. 0060
2001④	23. 952	147. 469	23. 952	0. 0300
2000⑤	30. 173	169. 015	29. 542	0. 0378
1999⑥	13. 077	116. 75	16. 37	0. 0294
	一个财务年度（到四月份）			
2004⑦	0. 9	193. 6		
2003⑧	(6. 4)	208. 6		
2002⑨	20. 204	255. 559	10. 611	0. 0253
2001⑩	37. 436	300. 835	30. 022	0. 0469
2000⑪	6. 793	233. 850	12. 435	0. 0149

① EXTEL, Jiuzhou Development Company Ltd. , Mar. 11, 2005.

② Ibid.

③ "Zhu Kuan Development H1 Net Profit 4. 808 Mln Hkd Vs 23. 952 Mln", *AFX – Asia*, Jan. 24, 2003 [hereinafter H1 Net Profit].

④ Ibid.

⑤ "Zhu Kuan Development H1 Net Profit 23. 952 Mln Hkd Vs 30. 173", *AFX – Asia*, Jan. 28, 2002 [hereinafter HI Net Profit 23. 952]. 从 1999 年到 2000 年间实现的收益飞跃是由于会计调整，而并非由于任何利润增长。Don Gasper, "Tourism Operator's Profit Soars 130pc", *Hong Kong Imail*, Jan. 25, 2001.

⑥ "Zhu Kuan Development H1 to Oct Net Profit 30. 17 Mln Hkd Vs 13. 07", *AFX – Asia*, Jan. 23, 2001.

⑦ EXTEL, Jiuzhou Development Company Ltd. , Mar. 11, 2005.

⑧ Ibid.

⑨ "Zhu Kuan FY Net Profit 20. 204 Mln Hkd Vs 37. 436", *AFX – Asia*, Aug. 28, 2002 [hereinafter FY Net Profit].

⑩ Ibid.

⑪ "Zhu Kuan Development Co. Ltd. : (Newsweb) Final Results for Year to 30 – Apr – 2000 Were Released", *Extel Company News*, Sept. 28, 2000; "Zhu Kuan Development FY Net Profit 37. 43 Mln Hkd Vs 6. 79", *AFX – Asia*, Jan. 29, 2001.

作为临时清盘人，罗申美会计师事务所（以下简称罗申美）坚持要求取得珠光（香港）有限公司和先锋投资公司所持的珠光发展有限公司超过71.7%的股份。[①] 而媒体的负面报道使得珠光发展有限公司延缓其股票交易，[②] 珠光发展有限公司提议用一般授权来买回最多10%的股票[③]，并再次发行或分发最多20%的新股，[④] 而不将有关先锋投资公司清盘请求的事项告诉剩余29.3%的非珠光集团股东。[⑤] 虽然没有得到相关公司明确表态，但发行新股之意似乎在于筹集资金偿付债务，或是稀释罗申美在珠光发展有限公司中可能享有的利益。考虑到珠光发展有限公司削低价格的股票，[⑥] 以及相关提案的文字表述，[⑦] 后者的可能性更大些。虽然在2001年至2002年间，盈利2020万元港币，该项新股发行的提议仍然置2002年至2003

---

① Jane Moir & Christine Chan, "Zhu Kuan Returns to Debt Talks; The Zhuhai Government Raises Its Cash Settlement Offer But Creditor Banks Remain Unimpressed", *S. China Morning Post*, Aug. 30, 2003, p. 1.

② The Stock Exchange of Hong Kong, "Zhu Kuan Dev – Suspension of Trading", Aug. 15, 2003, http://www.hkex.com.hk/listedco/listconews/sehk/20030815/ltn20030815067.htm (last visited Apr. 1, 2006).

③ Notice of Annual General Meeting, Zhu Kuan Development Company Limited (Aug. 26, 2003), p. 4, http://www.hkex.com.hk/listedco/listconews/sehk/20030828/00908/EWF104.pdf (last visited Apr. 1, 2006).

④ Ibid. p. 6.

⑤ Moir, "Zhuhai Government Tries to Grab Big Slice of Zhu Kuan".

⑥ 在被暂停前，珠光发展有限公司的股票交易价格为0.294港元。"HK's Zhu Kuan Development Suspended Pending Clarification of Press Reports", *AFX – Asia*, Aug. 15, 2003. See also Audrey Parwani, "We Will Pay Our Debt, Says Zhu Kuan", *S. China Morning Post*, May 27, 1998, p. 1.（该文指出珠光发展有限公司的股份以每股1.13元港币发行并达到了每股1.42元港币。）

⑦ 该提案赋予董事大量关于新股的期权，并且允许他们将此分配给"公司及其子公司的高管和员工，以及任何合格的受让人"。该提案还提供杠杆，排除在未来发行新股计划中由罗申美所掌控的股份，从而稀释债权人利益。Notice of Annual General Meeting, Zhu Kuan Development Company Limited (Aug. 26, 2003), pp. 5–6.

年间的640万元港币亏损于不顾。[1] 珠光发展有限公司在9月26日召开的股东大会上，希望该提案能获得批准。[2] 该计划似乎是试图从珠光（香港）有限公司为那些罗申美还没来得及明确主张的公司，买回10%股份，再向那些由珠海市政府掌控但并未涉及珠光集团破产的公司，发行新股。倘若其请求的百分点全部能够交易成功，依仗之前所做的一切，珠海市政府便可能将罗申美的股份从最高71.7%减少到57.1%或55.3%。

虽然媒体已经大量报道相关的清盘，珠光发展有限公司依然是在珠光集团在香港宣布破产后，才在对投资者的一份提醒中，公开全部信息：

> 虽然珠光集团和珠光（香港）有限公司的结束，并不能自动导致上述股份抵押的改变或无效，但是该问题附加的不确定性却有所增加……倘若持有先锋投资公司抵押股权的登记股东，或是珠海工业公司抵押给中国银行的股份的受益权人和登记股东有变化，那么公司的董事会组成和集团业务便同样会发生变化。[3]

尽管如此，如果罗申美仍然有方法阻挠的话，珠光发展有限公司便无意让其掌控股份。2003年9月，罗申美宣布对先锋投资公司42.2%的股权享有所有权，之后还试图在珠光发

---

① Results Announcement, Zhu Kuan Development Company Limited (Aug. 26, 2003), http: //www. hkex. com. hk/listedco/listconews/sehk/20030826/ltn20030826 083. htm (last visited Apr. 1, 2006).

② Moir, "Zhuhai Government Tries to Grab Big Slice of Zhu Kuan".

③ Foster Wong, "Zhu Kuan Liquidation May Lead to Unit's Overhaul", *the Standard*, Oct. 9, 2004.

展有限公司的年度股东大会上，任命三个新董事。[1] 但让罗申美意料不到的是，珠光发展有限公司的董事们却禁止其代表先锋投资公司投票，理由是根据珠海市政府和赵不渝马国强律师事务所（Chiu & Partners）的陈锦咏（Grace Chan）的意见，龙威集团作为担保股份的持有者，享有投票权。[2] 显然是出于对大会失控的担心，珠光发展有限公司在整个过程都设置保安和摄像。[3] 但是，关于股份所有权的问题，却从未在最终的处理决定中得到过任何解决。

3. 嘉能可债务丑闻

珠光集团的债务违约是有戏剧性的先兆的，而珠光集团对待不愿和不能偿还的债务将有何举动的问题，在珠光发展有限公司的首次公开发行前，也已经显山露水。媒体曾收到过一封匿名信传真，声称珠光集团对设在瑞士的嘉能可国际公司失信达250万美元，而后者是世界最大的锌交易商之一，双方在1997年签订锌销售合同时，嘉能可正处于多头看涨位置，而“某一内地交易商”则处于空头看跌。[4] 该信写道：

> 珠光贸易有限公司拒绝向嘉能可履行支付，他们不仅关闭办公室，还断开所有电话线……嘉能可向伦敦的国际商会寻求法律保护，主张珠光贸易有限公司返还其钱款……珠光集团的招股说明书中说到，自己有“极佳的信誉”以及可被“高度

① Bei Hu & Jane Moir，“Zhu Kuan Liquidators Denied Vote”，*S. China Morning Post*，Sept. 26，2003，p. 3. 珠光（香港）有限公司拥有3.37亿股中的42.2%，这部分股权已经抵押给了先锋投资公司，不过同时受制于诉讼。珠光集团另外拥有2.352亿股中的29.5%，这部分股权抵押给了中国银行。“HK – Listed Zhu Kuan's Controlling Shareholders Face Winding Up Petitions”.

② Hu & Moir，“Zhu Kuan Liquidators Denied Vote”.

③ “Lai See”，*S. China Morning Post*，Sept. 26，2003，p. 2.

④ Evans，“Zhu Kuan Distances Itself from Debt Case”.

信赖”。然而，嘉能可希望该集团能尊重其交易机构债务的主张，被断然否决了。[①]

余华国表示，珠光集团正在调查，并试图弄清该问题。[②]但是，蔡光成不能或者也不愿意承认，嘉能可为珠光集团“许多进出口客户”中的一位。[③] 余华国又进一步表示，珠光集团还未收到过任何有关偿还债务的主张。[④] 不管怎样，珠光集团算是辟了谣。[⑤] 由于该信的性质，以及其特意提到的所谓嘉能可丑闻，将会“使得另一家计划在中国香港证券交易所进行交易的珠光公司前景堪忧”，珠光集团于是对该匿名信背后的动机提出质疑。[⑥] 蔡光成更进一步谴责这封落款于 1998 年 5 月 25 日[⑦]的信件，试图破坏珠光发展有限公司在第二天的首次公开发行，并威胁说要运用法律手段，“维护名誉并主张对集团诽谤的赔偿”。[⑧] 但不出所料的是，这样的诉讼根本没有被提起。

珠光发展有限公司借与珠光贸易有限公司划清界限的手段，狡猾地回避了关于珠光集团是否会拒绝履行珠光发展有限公司债务的问题。余华国说道，“除都属于珠光集团之外，珠

---

① Wong, “Mystery Note Claiming Dishonoured Debts Targets Zhu Kuan Debut”. 中国于 1995 年，即嘉能可丑闻发生的几年前，加入国际商会。“China Becomes Member of ICC”, *Herald Sun*, Jan. 12, 1995.

② Parwani, “We Will Pay Our Debt, Says Zhu Kuan”; see also “Mystery Note Claiming Dishonoured Debts Targets Zhu Kuan Debut”(余华国否认关于“母公司正试图弄清楚该问题”的说法)。

③ Parwani, “We Will Pay Our Debt, Says Zhu Kuan”.

④ Ibid.

⑤ Wong, “Mystery Note Claiming Dishonoured Debts Targets Zhu Kuan Debut”.

⑥ Ibid.

⑦ Parwani, “We Will Pay Our Debt, Says Zhu Kuan”.

⑧ Ibid.; Wong, “Mystery Note Claiming Dishonoured Debts Targets Zhu Kuan Debut”.

光发展有限公司和珠光贸易有限公司没有任何关联”。[1] 而这正是那封信试图指出的问题。蔡光成说道，“那个所谓的问题，与珠光发展有限公司及其子公司没有关系，因此对本集团没有影响”。[2] 余华国还强调说，丑闻并不会影响像珠光发展有限公司这样的上市公司，因为它“只是一个从事旅游业的公司”，[3] 它“唯一的利益在主题公园和酒店上”，[4] 并且从未涉足任何原料交易，也没有欠嘉能可任何钱款。[5] 珠光发展有限公司还强调，自己一直都对债务很重视。[6] 公司的董事们似乎忘了，珠光贸易有限公司和它们共同的母公司显然在重视债务的问题上一直有一些困难，而这与公司运营业务并无关系。但尽管如此，这个丑闻事件来得快去得也快，似乎是被秘密平息了。但是在该事件之后，珠光集团的其他债务仍迅速成为主要问题。

（三）珠光集团的财务困境

珠光集团是 20 世纪 90 年代中国内地窗口企业的先驱之一。[7] 珠光集团的债券、股票以及银行贷款已然形成一种模式，考虑到政府支持及其对开发中国市场的需求，分析者们纷纷叫好，大型机构投资者也向其注入大量资金。然而，当珠光集团的问题最终暴露出来时，国际机构也终于感觉到痛楚。

珠光集团的财务困境最早出现于 1997 年亚洲金融危机之时，[8] 从那时开始，珠光集团便无法获取额外融资。[9] 后来自

① Evans, “Zhu Kuan Distances Itself from Debt Case”.

② Parwani, “We Will Pay Our Debt, Says Zhu Kuan”.

③ Wong, “Mystery Note Claiming Dishonoured Debts Targets Zhu Kuan Debut”.

④ Evans, “Zhu Kuan Distances Itself from Debt Case”.

⑤ Wong, “Mystery Note Claiming Dishonoured Debts Targets Zhu Kuan Debut”.

⑥ Parwani, “We Will Pay Our Debt, Says Zhu Kuan”.

⑦ “Zhu Kuan Development Public Offering 10 Times subscribed”.

⑧ Miller, “Macau Bid to Unravel Zhu Kuan Debt Tangle”.

⑨ Miller & Clifford, “Losing Millions in Zhuhai”.

广东国投于1998年瓦解之后，设于广东的国企、红筹股以及其他公司的信贷危机纷纷显现，珠光集团的问题也同时加剧。[①] 珠光集团的资产负债率相当高，还背负大量珠海市政府引入的不良投资。自1998年11月开始，珠海集团便拖欠履行银行的贷款。[②]

到1999年为止，珠光集团和珠光（香港）有限公司拖欠国际银行投资机构的几乎全部债务。[③] 在第二年，珠光集团土地资产中的41%都被抵押给银行，[④] 而集团所持有的2.352亿股珠光发展有限公司的股份，[⑤] 也同样抵押给拥有4.06亿元港币债权的中国的各个银行。[⑥] 同样是在2000年，珠光集团停止对本金的支付。[⑦] 历经数年协商谈判的折腾最终失败之后，在2004年10月，珠光集团终于不光彩地在香港法院[⑧]以

---

① Vincent A. Pace, "Guangdong International Trust and Investment Corporation's Collapse and Its Implications for a China in Transition", 1 *the Phoenix* 43, 49 - 50 (2002). 红筹股是由中国政府控制、在中国香港上市的公司，通常都是国企。"Red Chip", http://www.investopedia.com/terms/r/redchip.asp (last visited Apr. 1, 2006).

② Miller & Clifford, "Losing Millions in Zhuhai".

③ RSM, "Report to Creditors", para. 29.

④ Moir, "Liquidators to Take PWC to High Court". 红筹股是已上市的中国国有企业。参见《国务院关于进一步加强在境外发行股票和上市管理的通知》，1997年6月20日发布，1997年6月20日施行。

⑤ Christine Chan & Jane Moir, "BOCHK Among Largest of Zhu Kuan's Creditor Banks", *S. China Morning Post*, July 23, 2003, p. 1.

⑥ "BOC Hong Kong Among Zhu Kuan Group's Biggest Creditors - Report", *AFX - Asia*, July 23, 2003.

⑦ Luck, "Western Banks Hit by Pounds 500m Corporate Collapse in China".

⑧ Moir, "'Riviera' Turns into Black Hole: Investors Who Bet Zhuhai Would Be Asia's Monte Carlo Have Found That the Odds Were Stacked".

负债78亿元港币、[1] 而资产仅40亿元港币[2]的状态，获得清盘批准，成为第一家拿到此资格的中国内地政府所办的海外投资公司。而在中国香港和英属维京群岛，珠光集团早已有类似的结果。[3]

1. 管理不善的迹象

珠光集团的大多数债务都来自于珠海市政府强加于其的基础设施建设项目。[4] 政府优先考虑这些项目，但最终却没有盈利。此外有文章指出，“珠光集团在香港和澳门筹集到的绝大多数资金，都被用于珠海市政府所拥有、掌控或是推广的资产和项目中”[5]。据此，珠光集团管理不善的模式根源于珠海市政府管理不善的大模式：投机性投资，每次能得到乐观的预测，却总是以惨败收尾。正如在珠海市政府和珠光集团之间划分出一条明确的界线很困难一样，要在珠海市政府的不当政策和珠光集团的管理不善之间作出划分，也属不易。珠海市政府大量投入高而效益低的项目，显然预示珠光集团的财务困境。珠光集团通常与珠海市政府的各种项目直接相关，但即使是在不直接相关的情况下，作为珠海市政府的首要融资者，珠光集团也有间接的风险。

有关不当政策的清单很长。以为中央能够批准在珠海降落国际航班，珠海市政府斥资69亿元人民币修建珠海“国际”

---

① Ibid.; see also Moir, “Zhu Kuan Creditors Offered $2.5b Cash”（该文谈到珠光集团的债权人“持有约80亿美元的债权”）。

② Miller & Clifford, “Losing Millions in Zhuhai”; see also Interactive Currency Table, IECOM, http://www.xe.com/ict (last visited Apr. 1, 2006)（据该文，在2003年12月1日，1美元相当于7.7659611244元港币）。

③ 参见本文二（六）4的相关内容。（该部分讨论在香港特别行政区法院破产及公司清盘的程序。）

④ Moir, “‘Riviera’ Turns into Black Hole: Investors Who Bet Zhuhai Would Be Asia's Monte Carlo Have Found That the Odds Were Stacked”.

⑤ RSM, “Report to Creditors”, para. 61.2.

机场，却从未得到过对降落国际航班的批准，现在投入使用的只占其运营能力的5%，① 一年接待的客流量比中国香港一周接待的客流量还要少。② 以为资金能支持连接香港的全长30公里③的伶仃洋大桥，④ 珠海市政府最终斥资170亿元人民币，修建一条两端没有公路衔接的大桥，⑤ 并且大桥在离珠海仅3公里的一座名为淇澳的小岛上被停工。⑥ 以为一级方程式赛车能够在珠海举办赛事，珠海市政府修建当时最先进水平的赛车场，但从未成功引进任何赛事。⑦ 以为房地产市场能够持续繁荣，珠海市政府大量投资房地产，但现在的市场却是供大于求。⑧ 以为会有大量客流，但现在珠海的游客数量却很低并且

---

① Moir "'Riviera' Turns into Black Hole: Investors Who Bet Zhuhai Would Be Asia's Monte Carlo Have Found That the Odds Were Stacked".

② Sunil Jain, "Hotel California, China", *Bus. Standard*, Aug. 23, 2004. 香港机场离珠海有两小时车程，其与在附近的广州机场的竞争，使得珠海国际机场的困境加剧。香港机场提供直达中国内地城市的渡船，甚至考虑在珠江三角洲建立登记服务中心。中央政府拒绝批准，似乎有广州的操纵在其中。广州最近也增开自己的机场，在与香港进行竞争之外，它肯定不希望再多个珠海。

③ Luck, "Western Banks Hit by Pounds 500m Corporate Collapse in China".

④ See Moir, "Zhu Kuan Group Declared Bankrupt: The Decision is the First Liquidation of a Mainland Government Investment Arm by a Hong Kong Court"（在20世纪90年代，政府开始修建伶仃洋大桥，原本的规划是连接珠海与香港，但该项目在淇澳岛被停止）; Moir, "'Riviera' Turns into Black Hole: Investors Who Bet Zhuhai Would Be Asia's Monte Carlo Have Found That the Odds Were Stacked"（"通往香港的预算为170亿元人民币的大桥项目，现在却成废铜烂铁"）。

⑤ Leahy, "Asia's Corporate Horrors - Are Lessons from the Crisis Already Forgotten?".

⑥ Miller & Clifford, "Losing Millions in Zhuhai".

⑦ Ibid.

⑧ Moir, "Western Banks Hit by Pounds 500m Corporate Collapse in China". 在中国内地任何城市有过游历经历的人，都能感受到内地的房地产市场正在急速发展，并且似乎有要到达顶峰的趋势：在上海有1/6的豪华住宅被空置，在北京有1/4，而在深圳也有1/3。银行根据政府强制的利息率，给建筑行业贷款，该利息率比通货膨胀率要低得多。房地产泡沫在一天天增加。专家们预测，在接下来的几年内，写字楼供应量会增长50%，而住宅则会增长更多。Jain, "Hotel California, China".

酒店的入住率也不高。[①] 以为利润会持续激增，珠海大道有限公司的债券发行有珠海市政府的批准和珠光集团的支持，但利润仍未实现。按照这样的形势推测，珠海市政府甚至可能会以为自己在与中国农业银行的官司中赢得资产。

珠海市政府似乎也曾以为能从香港证券交易所筹集到更多资金，但同样因为中央的问题而挫败。珠光发展有限公司在1998年上市时，珠海市政府希望将其基础设施资产，与珠光发展有限公司剥离开来的计划众所周知。[②] 但是国务院在1997年6月发布关于红筹股上市的有关规定，试图控制一切。[③] 珠海市政府的计划最终与中央加强控制上市公司的做法背道而驰。[④] 截至本文发稿时，珠海未能在香港证券交易所上市其他红筹股，这加剧珠海市政府的财政压力。

2001年，当珠光集团聘请普华永道会计师事务所（以下简称普华永道）帮助其重组时，据普华永道估算，即使珠光集团在2002年不履行其任何一笔债务，还将亏损200万美元。[⑤] 到2003年9月为止，珠光集团停止、缩减或是延缓其大部分投资和贸易业务，[⑥] 其中包括关闭其在香港的一些子公司。[⑦] 但更为雪上加霜的是，珠光发展有限公司等仍在运作旅

---

① Moir, "Western Banks Hit by Pounds 500m Corporate Collapse in China".

② Wong, "Zhu Kuan Backs Law Issue Price"; see also Wong, "Zhuhai Arm Seeks $100m Through Listing"（"珠海市政府希望将其基础设施资产与珠光发展有限公司剥离开来的计划，是好理解的"）。

③ Lai, "Rule Change Allows Hunan Firm Easy Path to Listing".

④ 国家外汇管理局、中国证监会《关于进一步完善境外上市外汇管理有关问题的通知》，该通知自2002年9月1日起施行。引自ISINOLAW 278 - 2003107，最后访问日期：2006年4月1日。

⑤ Miller & Clifford, "Losing Millions in Zhuhai".

⑥ Jane Moir, "Zhuhai Government Sets Deadline for Zhu Kuan Creditors: The Banks Have until October 8 to Decide on Restructuring", *S. China Morning Post*, Sept. 29, 2003, p. 1.

⑦ Moir, "'Riviera' Turns into Black Hole: Investors Who Bet Zhuhai Would Be Asia's Monte Carlo Have Found That the Odds Were Stacked".

游业务的公司由于 SARS 爆发而受到重创,[①] 虽然在此之前，其业务就已经显著衰退。[②] 到此为止，珠光集团遭受彻底而全面的资金崩溃的结局，已经是毫无疑问。

2. 涉嫌非法活动的迹象

虽然没有确凿的证据，但有很多迹象表明，珠光集团涉嫌一些非法活动。珠光集团不止一次被认定，有违反中国法规的行为。在中国的一次打击非法外汇交易的行动中,[③] 珠光发展有限公司的 3 家子公司，因违反外汇管理规定，而被罚款共计人民币 775 亿元。[④] 这种情形不止一次发生。但珠海市政府否认关于珠海大道有限公司发行 2 亿美元债券，违反国家计划委员会有关海外融资规定的说法，其反驳说该发行已经国家外汇管理局批准，并上报国家计划委员会，并称国计委也否认该说法。[⑤]

---

① See Tam，“From Beer to Fashion，Companies Feeling Pinch”. 珠光发展有限公司警告说，“SARS 的爆发，可能会影响他们的销售和利润……珠光发展有限公司在中国香港和内地运营娱乐公园与游轮项目，据其称，自从 3 月中旬以来，相关的游轮旅客量、酒店入住率以及主题乐园的游客数量下降了约 50%”。“该公司指出，在中国香港和内地发生的非典，将会对其财政状况造成不良影响。此外，该公司指出，自己已开始采取措施缩减开支，例如对员工重新排班。”

② See e. g.，“Timeline：SARS Outbreak”，*CNN*，Apr. 24，2003，http：//edition . cnn. com/2003/HEALTH/04/24/timeline. sars/（last visited Apr. 1，2006）（该文将非典爆发时间追溯至 2003 年 2 月份）；“Zhu Kuan Development H1 Net Profit 4. 808 Mln Hkd Vs 23. 952 Mln”，*AFX – Asia*（该文指出 2002 年 4 月至 10 月间，珠光发展有限公司的净利润减少 1914. 4 万元港币，销售业绩下降 3627. 8 万元港币，而营业利润减少 1. 8672 亿元港币）；“Zhu Kuan Lower FY Earnings Due to Drop in Hotel Occupancy，Visitors Number”，*AFX – Asia*，Aug. 29，2002 [hereinafter Lower FY Earnings]（该文预测并警告说，由于酒店市场股的降价、过度竞争导致低价以及低入住率、气候不佳导致的旅客数下降等原因，将有一个低收入的财务年度到来）。

③ “Beijing Acts to Stop Foreign Currency Flight”，*Hong Kong Standard*，Sept. 30，1998.

④ “Zhu Kuan Devt 3 Units Face Fines for Non – Compliance with Forex Rule in China”，*AFX – Asia*，Dec. 11，2002.

⑤ Ma，“Bond Issue Legal，Says Vice – Mayor”.

珠光集团还涉嫌逃税走私行为。有报道称，珠光集团走私富士胶卷和照相纸，价值共计人民币100亿元，并且是通过那些为自己牟利的前员工和管理层进行的。虽然报道并未明确指出，但由于这些走私行为有许多是通过珠海海关，在珠海市政府鼻子底下进行的，要说珠海市政府对此事至少是睁一只眼闭一只眼并不牵强。①

至少有一家公司因不实虚假陈述将珠光集团告上法庭。中国农业银行在香港特别行政区高等法院的一场诉讼中称，珠光集团执行房地产发展项目失败，而银行在该项目上有投资。由于不真实的合同描述，致使该银行的珠海市分行有投资，银行寻求5000万元港币的赔偿，“因欺诈或不实虚假陈述造成的损失”。② 据中国农业银行称，其中有一个项目未完成，一个项目仅以500万元港币做成交易，而第三个项目从未由珠光集团所有，因而无法运作。③

3. 珠光集团的债权人们

珠光集团共计拖欠债务78亿元港币，④ 作为债权人的国际银行共42家。⑤ 最大的债权人应该是中国银行，预计享有20亿元港币债权。⑥ 中国银行澳门分行以16亿元港币债权位

---

① “Fuji Distributor Responds to Smuggling Allegations”, *Bus. Daily Update*, Jan. 22, 2003, p. 22; “Smuggling Scandal Hits FujiFilm”, *Bus. Daily Update*, Jan. 14, 2003, p. 14. 不清楚的是为什么会有该报道，亦不清楚谁提供资助。Ma, “Bond Issue Legal, Says Vice – Mayor”.

② Daniel Hilken, “Zhuhai City Unit Hit with $50m Suit”, the *Standard*, Sept. 16, 2004.

③ Ibid.

④ Moir, “‘Riviera’ Turns into Black Hole: Investors Who Bet Zhuhai Would Be Asia's Monte Carlo Have Found That the Odds Were Stacked”; Moir, “Zhu Kuan Creditors Offered $2.5b Cash”.

⑤ Tim LeeMaster, “Zhu Kuan Creditors Accept $3b”, *The Standard*, July 29, 2005; RSM, “Report to Creditors”, para. 29.

⑥ Moir, “Zhu Kuan Creditors Offered $2.5b Cash”.

列第二，*DBL* 以 5.36 亿元港币债权位列第三，[①] 而渣打银行则有 1.81 亿元港币债权。[②] 其他的债权人还包括荷兰 *ABN* 银行、[③] 澳大利亚和新西兰银行集团、[④] 美国银行、[⑤] 中国银行香港分行、[⑥] 东方汇理银行、[⑦] 中国工商银行（亚洲）、[⑧] 雷曼兄弟、摩根士丹利、[⑨] 法国兴业银行[⑩]以及联系紧密的设于中国澳门的大丰银行。[⑪]

这些国际投资者们发现，自己作为债权人，不仅相互之间要竞争，更可怕的是要与那些联系紧密的中国的各个银行竞争。中国的各个银行都有能力拿到担保债权，这也意味着在破产的情形下，将享有更高级别的优先权，而外国银行却只有无担保债权。[⑫] 举例来说，中国银行能够通过珠光（香港）有限公司，为其在珠光发展有限公司 29.5% 的股份拿到抵押权，

---

① Moir, "Zhu Kuan Creditors Offered $2.5b Cash".

② Moir, "Standard Bearer Sticks to the Official Script".

③ Jain, "Hotel California, China".

④ Wong, "Zhu Kuan Backs Law Issue Price".

⑤ Moir, "Zhu Kuan Creditors Seek Action; Bankers' Mistrust Grows as Questions Over Missing Cash Go Unanswered".

⑥ Chan & Moir, "BOCHK Among Largest of Zhu Kuan's Creditor Banks".

⑦ Adam Luck, "Madam Ding's Amazing Takeaway: China Is Not a Place for the Unwary Businessman, as an Electrifying Court Case in Hong Kong Shows", *The Sunday Telegraph*, Apr. 4, 2004, p. 1.

⑧ Moir, "Zhu Kuan Creditors Seek Action; Bankers' Mistrust Grows as Questions Over Missing Cash Go Unanswered".

⑨ Luck, "Madam Ding's Amazing Takeaway: China Is Not a Place for the Unwary Businessman, as an Electrifying Court Case in Hong Kong Shows".

⑩ Moir, "Zhu Kuan Creditors Seek Action; Bankers' Mistrust Grows as Questions Over Missing Cash Go Unanswered".

⑪ See Chan & Moir, "BOCHK Among Largest of Zhu Kuan's Creditor Banks".（该文描述中国澳门特别行政区行政长官何厚铧家族对大丰银行的控制。）

⑫ Leahy, "Asia's Corporate Horrors - Are Lessons from the Crisis Already Forgotten?"; see also Chan & Moir, "BOCHK Among Largest of Zhu Kuan's Creditor Banks"（该文指出，中国银行香港分公司有担保债权）。

从而保住自己的位置。[①] 每次一有新债权人获得担保，剩余无担保的债权人就不得不为那片越来越小的蛋糕而争来抢去。但银行并非珠光集团唯一的债权人。在珠光集团和珠海市政府以及珠海市政府控制的企业之间，也有几项有争议的债务。珠海大道有限公司的债券持有者们，通过债券的发行不断享有债权。中国农业银行仍有一项正在受理的5000万元港币债权主张。[②] 如果将对珠光集团的经济分析扩大到包括珠海市政府，那么珠海市政府在中国范围内对大量机构所负的债务，将使珠光集团的赔付问题更加复杂。

（四）清盘前协商

1. 珠海市政府的2002年的方案

珠海市政府以冼文为代表，大约于2000年9月起，开始与债权人协商。[③] 这些协商的最终结果是承诺支付债权人40%[④]到61%的债务，具体根据贷款分级而不同，[⑤] 付款方式包括珠海市政府人民币15亿元的现金承诺，[⑥] 以及后来引起争议的横琴和唐家地块项目。[⑦] 出于对珠光集团现今处境的通盘考虑，债权人于2002年6月准备好接受这项提案。[⑧]

2003年1月，珠光集团试图争取更多时间，按其说法是

---

① Wong, "Zhu Kuan Liquidation May Lead to Unit's Overhaul".

② Hilken, "Zhuhai City Unit Hit with $50m Suit".

③ Moir, "'Riviera' Turns into Black Hole: Investors Who Bet Zhuhai Would Be Asia's Monte Carlo Have Found That the Odds Were Stacked"; RSM, "Report to Creditors", para. 29.

④ Moir, "Zhuhai Government Sets Deadline for Zhu Kuan Creditors: The Banks Have until October 8 to Decide on Restructuring".

⑤ Moir, "Zhu Kuan Creditors Offered $2.5b Cash".

⑥ Moir, "'Riviera' Turns into Black Hole: Investors Who Bet Zhuhai Would Be Asia's Monte Carlo Have Found That the Odds Were Stacked".

⑦ Miller & Clifford, "Losing Millions in Zhuhai".

⑧ Moir, "'Riviera' Turns into Black Hole: Investors Who Bet Zhuhai Would Be Asia's Monte Carlo Have Found That the Odds Were Stacked".

为获得资金。[①] 债权人对此则要求更多的条件，并且将无担保债权的偿还率定为45%。[②] 2003年4月，当珠海市政府未能按照其提案所述实施重组后，债权人向珠光集团寄送法律通知书主张债权。[③] 但不仅是45%的偿还率，珠海市政府最终分文未出，只是声称这对珠光集团来说，“财务上没任何意义”[④]。

2. 珠海市政府的2003年方案

2003年6月，珠光集团提出一份新方案，[⑤]其中提到将会偿付无担保债权人18%的拖欠债务。[⑥] 该议案被一致否决，[⑦] 18%的偿还率被抨击为“低得可笑”。[⑧] 在一个月毫无进展之后，渣打银行已开始作诉讼准备，它在香港向珠光集团发出法定求偿书（statutory demand），以主张还贷。[⑨] 但款项一直没有得到支付。8月份，在珠海市政府的帮助下，珠光集团从中国内地一家商业银行又取得一笔贷款，并再次修改提案，将偿还率增加到21%，但大多数债权人仍然拒绝接受提议。[⑩] 债权人一方面质疑珠光集团是否连这一提案中的数额都付不起，[⑪] 另

---

① Moir, “‘Riviera’ Turns into Black Hole: Investors Who Bet Zhuhai Would Be Asia's Monte Carlo Have Found That the Odds Were Stacked”.

② Chan & Moir, “BOCHK Among Largest of Zhu Kuan's Creditor Banks”.

③ Miller & Clifford, “Losing Millions in Zhuhai”.

④ Ibid.

⑤ Re ZKG 2004, In the Matter of Zhu Kuan Group Co. Ltd., HCCW 874/2003 para. 3, (H. K. L. R. D., Dec. 19, 2003), para. 6.

⑥ Moir, “Zhu Kuan Creditors Offered $2.5b Cash”; Moir, “‘Riviera’ Turns into Black Hole: Investors Who Bet Zhuhai Would Be Asia's Monte Carlo Have Found That the Odds Were Stacked”.

⑦ Moir, “Zhu Kuan Creditors Offered $2.5b Cash”.

⑧ Ibid.

⑨ Re ZKG 2004, In the Matter of Zhu Kuan Group Co. Ltd., HCCW 874/2003 para. 3, (H. K. L. R. D., Dec. 19, 2003), para. 6.

⑩ Moir, “Zhuhai Government Sets Deadline for Zhu Kuan Creditors: The Banks Have until October 8 to Decide on Restructuring”.

⑪ Miller & Clifford, “Losing Millions in Zhuhai”.

一方面却在思考是否还有可能得到更多。据债权人方一亲近消息来源透露，“没有东西可以证明21个百分点是对我们最好的开价。关键的问题是我们不信任他们”[①]。由于对之前给出的偿还率大幅度降低，并且没有可接受的解释，债权人不得不假设一种最坏的情况。

3. 珠海市政府的压力战术

当债权人拒绝2003年的第二份提案之后，珠海市政府试图以施压的方式，来说服债权人接受偿还率为21%的和解方案。他们先以缓和的方式开场，类似的叙述如“现在的援助议案已是我们能够提供给债权人的最好方案，我们希望他们能全体接受……债权人应当以冷静和理智的方式处理该问题”[②]。但紧接着，珠海市政府发出“最后通牒”，告知债权人如果他们不在2003年10月8日之前接受重组方案，就将撤回在珠光集团的所有资助。[③] 据称，21%的偿还率“反映了珠海市政府能够给出的最大支持”，而王某在给渣打银行的一封函件中称，“如果（这个）最终提案不被接受，珠海市政府将不得不撤回其在公司的全部资助，并且同意进行清盘”。[④] 最后珠光集团变得更为强硬：“珠光集团坚持其最后一次提议……必须被债权人接受，因为这样将会比清盘得到更好的回报。”[⑤] 约有20%的珠光集团债权人接受这一提议，这其中包括担保债权人中国银行香港分行，但珠光（香港）发展有限公司的债

① Jane Moir & Christine Chan, “Zhu Kuan Returns to Debt Talks; The Zhuhai Government Raises its Cash Settlement Offer but Creditor Banks Remain Unimpressed”, *S. China Morning Post*, Aug. 30, 2003, p. 1.

② Ibid.

③ Moir, “Zhuhai Government Sets Deadline for Zhu Kuan Creditors: The Banks Have until October 8 to Decide on Restructuring”.

④ Ibid.

⑤ Miller & Clifford, “Losing Millions in Zhuhai”.

权人中，仅有5%接受这一提议，[①] 这有可能是因为这些债权人认为由于资产位于香港，自己更容易拿到更多偿还。无论在哪种情况下，珠光集团的唬人手段，最终都可能得到胜利。

4. 债权人的策略变化

在一开始，债权人与珠光集团一个个协商谈判，但最终由于效率过低，这种方式被弃。[②] 于是债权人寄希望于政府对珠光集团的援助计划，[③] 但这类希望也只是镜花水月。紧接着债权人寄希望于和解，因为他们推测珠海市政府会想要避免胜负未料的公开战斗，这场恶战如果进行下去，将会对政府造成负面影响，[④] 不仅会削减其将来的融资能力，并有可能使珠光集团的董事承担刑事责任。还有一个广为流传的假设是，如果没有珠海市政府来帮助双方和解，债权人恐怕最终会落得更为不利的结局。[⑤]

债权人试图借助中央政府和广东省来打击珠海市政府，[⑥] 但珠海市政府早已想到这一问题。然而，中央政府告诫广东省政府和珠海市政府，要他们自己解决这些问题，[⑦] 至少从公众的角度来看，高层似乎是在回避这些争议。

---

① Moir, "Zhuhai Government Sets Deadline for Zhu Kuan Creditors: The Banks Have until October 8 to Decide on Restructuring".

② Re ZKG 2004, In the Matter of Zhu Kuan Group Co. Ltd., HCCW 874/2003 para. 3, (H. K. L. R. D., Dec. 19, 2003), para. 6.

③ Moir, " 'Riviera' Turns into Black Hole: Investors Who Bet Zhuhai Would Be Asia's Monte Carlo Have Found That the Odds Were Stacked".

④ Ibid.

⑤ Wong, "Zhu Kuan Backs Law Issue Price".

⑥ See Moir, "Liquidators to Take PwC to High Court".（"临时清盘人将会寻求中央政府的帮助。"）

⑦ Interview with Hubert Lam, Senior Manager, RSM Nelson Wheeler Corporate Advisory Services Limited, Neil E. McDonald, Partner, White and Case LLP, and Kelly Naphtali, Associate, White and Case LLP, in Hong Kong, China (Jan. 11, 2005) (notes on file with author) [hereinafter Interview].

经过冗长的商谈之后，债权人认为，最后的清盘已经不可避免，[①] 但是他们仍然抱一丝希望，期待法律程序能迫使珠海市政府和珠光集团重新回到谈判桌上。[②] 债权人还表露出意愿，希望能够知晓在清盘过程中，将会如何使用资金。[③] 无论如何他们的底线都是拿到尽可能多的钱，而和解协议始终是最好的方案。

（五）珠光集团的资产耗散

在珠光集团在香港被宣布破产之后，罗申美才发现，珠光集团的绝大部分资产都是珠海的土地收益以及公司的应收账款，而珠海市政府占应收账款的将近一半。[④] 有大量土地收益由珠海市政府转给珠光集团，以巩固后者的资产负债表，这是普遍存在的中国地方政府与其国有企业间的操作方式。[⑤] 到2001 年为止，珠光集团资产的 90% 以上都与地产相关，而其中的半数以上都是珠光集团在珠海[⑥]持有商业或工业使用权的未开发土地。[⑦] 从谈判一开始，债权人就担心“集团会转移资产从而给债权人带来损失”。[⑧]

---

① Moir，“‘Riviera’ Turns into Black Hole: Investors Who Bet Zhuhai Would Be Asia's Monte Carlo Have Found That the Odds Were Stacked”.

② Miller，“Macau Bid to Unravel Zhu Kuan Debt Tangle”.

③ Miller & Clifford，“Losing Millions in Zhuhai”.

④ Jane Moir，“Receivers Find $10b Zhu Kuan Assets; Recovery of the Money from the Companies Controlled by the Zhuhai Government is Unclear as it is Tied Up in Land”，*S. China Morning Post*，Oct. 15，2003，p. 3.

⑤ Miller & Clifford，“Losing Millions in Zhuhai”. 1998 年当财政困境开始显现之后，珠海市政府将房地产中价值 4.23 亿美元的资产转移给珠光集团，后来又转移 8950 万美元。

⑥ Ibid.

⑦ Re ZKG 2004，In the Matter of Zhu Kuan Group Co. Ltd.，HCCW 874/2003 para. 3，（H. K. L. R. D.，Dec. 19，2003），para. 5.

⑧ Moir，“Zhuhai Unit Faces Collapse，Creditor Banks Are Threatening to Liquidate Zhu Kuan Group After Getting an ‘Insulting’ Debt Restructuring Offer”.

这些担心并不是多余的。[①] 据债权人称，“珠海市政府想拿走优质资产，”[②] 他们忙于系统性地剥离资产，[③] 并且总是在保护珠光集团的资产上比债权人“先下手为强”。[④] 珠海市政府会轻易使用手段，博雷利（Borrelli）对此的评价是，“对世界上任何地方来说，这样的行为只是不光彩的，但让政府参与到这种行为当中来，却是不可想象的”[⑤]。珠海市政府却直截了当地否认资产剥离。刘某说道，“局外人质疑现在是否有剥离珠光资产的计划……这完全是没有根据的指控，也是不负责任的”。[⑥] 但无论如何，从全部的事实看来，珠光集团和珠海市政府为转移资产所用的借口，都没有正当性可言。

1. 珠光集团对珠海市政府的债务

罗申美指出，珠光集团78亿元港币的债务中，有40亿元被直接转移给珠海市政府，[⑦] 具体目的不明，[⑧] 但所有的债权仍归珠光发展有限公司。[⑨] 贷款用于这家窗口企业名义上拥有的地产发展，但有不少现金直接流向珠海市政府自己的项目，[⑩] 其中包括隶属于政府的一些实业，如珠海市图书馆、市

① Moir, “ $4b Loan to Zhuhai Uncovered; Accounts of the Government's Window Company Zhu Kuan Group Show that $7b is Owed to Banks” .

② Jane Moir & Bei Hu, “Creditors Accuse Zhuhai Government of Asset – Stripping”, *S. China Morning Post*, Aug. 15, 2003, p. 1.

③ Miller, “Macau Bid to Unravel Zhu Kuan Debt Tangle” .

④ Moir, “ ‘Riviera’ Turns into Black Hole: Investors Who Bet Zhuhai Would Be Asia's Monte Carlo Have Found That the Odds Were Stacked” .

⑤ Moir, “ $4b Loan to Zhuhai Uncovered; Accounts of the Government's Window Company Zhu Kuan Group Show that $7b is Owed to Banks” .

⑥ Miller & Clifford, “Losing Millions in Zhuhai” .

⑦ Moir, “Zhu Kuan Creditors Offered $2.5b Cash” .

⑧ Miller & Clifford, “Losing Millions in Zhuhai” .

⑨ Moir, “Zhu Kuan Group Declared Bankrupt: The Decision is the First Liquidation of a Mainland Government Investment Arm by a Hong Kong Court” .

⑩ Moir, “ $4b Loan to Zhuhai Uncovered; Accounts of the Government's Window Company Zhu Kuan Group Show that $7b is Owed to Banks” .

工会以及珠海电视台。[①] 罗申美发现，尽管珠海市政府一直宣称珠光集团对其负有债务，但没有任何证据表明这些债务确实存在。[②] 例如，珠海市政府曾主张过一笔被“忽略”的但后来突然浮出水面的7.41亿元港币的债务。据债权人方的亲近消息来源称，珠光集团为筹集特别基金，将土地权利转移给珠光发展有限公司，但不论是资产还是债务，都从未进入过珠光发展有限公司的账户，最后反而从政府那里借了7.41亿元港币的债。债权人自然要求查看与这次转移相关的文件，并要求就“忽略”的原因作出解释。[③] 但直到最后，都没有人给出任何解释，这个问题也一直未得到解决。

2. 被珠海市政府收回的土地使用权

根据中国的法律，土地所有权属于国家，其他人仅享有国家许可的土地使用权。[④]《土地管理法》对国家征用土地，给出大量操作空间。[⑤] 珠光（香港）有限公司在中国的土地权利只要有包括土地使用证在内的必需性文件，就能得到承认。[⑥] 但鉴于珠海市政府才是最终的土地所有权人，债权人从一开始就对珠光集团的土地使用权很谨慎。[⑦]

---

① RSM, “Report to Creditors”, para. 188.

② Moir, “$4b Loan to Zhuhai Uncovered; Accounts of the Government's Window Company Zhu Kuan Group Show that $7b is Owed to Banks”.

③ Chan & Moir, “BOCHK Among Largest of Zhu Kuan's Creditor Banks”.

④ 参见《土地管理法》，全国人大常委会1999年1月1日颁布。其中规定，“中华人民共和国实行土地的社会主义公有制，即全民所有制和劳动群众集体所有制。全民所有，即国家所有土地的所有权由国务院代表国家行使”。

⑤ Ibid. at art. 2, para. 4（“国家为了公共利益的需要，可以依法对土地实行征收或者征用”）；ibid. at art. 45, para. 3（基本农田以外的耕地少于70公顷的，只需要获得地方政府批准）；ibid. at art. 47, para. 3（耕地以外的土地补偿费用标准由地方政府规定）。

⑥ 参见《土地管理法》第11条，关于要求政府颁发土地使用权证的规定；《土地管理法实施条例》中，列举了土地使用权颁发的方式。

⑦ Moir, “Zhuhai Unit Faces Collapse, Creditor Banks Are Threatening to Liquidate Zhu Kuan Group After Getting an ‘Insulting’ Debt Restructuring Offer”.

他们的保守态度是有意义的。在2002年的重组协商过程中，珠光集团和珠海市政府都一再对债权人强调，根据双方协议，地产中几项有利于债权人的抵押不会有所变动。但是，这些承诺从未落实。[①] 2003年7月，就在冼文召集债权人对收回2002年提议作出解释的前一天，珠海市政府利用法律，将珠光集团用于珠海市两个地块项目的土地使用权收回，[②] 而这些曾被看作珠光集团的优质地产。[③] 他们坚持声称，这些举动都未超出他们的权力范围，并且只是与"地方规章"、[④] "城市规划"[⑤] 和"珠海规划政策中的部分立法变化"有关。[⑥] 地块项目合计超过100公顷，[⑦] 其中包括估值人民币3.2亿元的横琴区域——港珠澳大桥的一端，[⑧] 以及估值人民币6.915亿

① RSM, "Report to Creditors", para. 204.

② Moir, "'Riviera' Turns into Black Hole: Investors Who Bet Zhuhai Would Be Asia's Monte Carlo Have Found That the Odds Were Stacked".

③ Miller & Clifford, "Losing Millions in Zhuhai".

④ Moir, "Receivers Find $10b Zhu Kuan Assets; Recovery of the Money from the Companies Controlled by the Zhuhai Government is Unclear as it is Tied Up in Land" (internal citations omitted).

⑤ Miller, "Stan Chart Wins Time for Zhu Kuan Liquidators".

⑥ Miller & Clifford, "Losing Millions in Zhuhai".

⑦ Ibid.

⑧ Moir, "Zhu Kuan Group Declared Bankrupt: The Decision is the First Liquidation of a Mainland Government Investment Arm by a Hong Kong Court". 到2005年3月，中国政府已经批准该大桥修建项目。然而，虽然珠海市政府看好横琴区域，但最终拱北被选定为大桥在珠海的终端。"Bridge Task Force Site for Inaugural Talks", *News Guangdong*, Aug. 29, 2003, http://www.newsgd.com/specials/gdandcepa/projects/200308290018.htm（"珠海市副市长冼文指出……珠海更希望大桥能延伸到横琴岛……"）; Leu Siew Ying, "HK Landing Picked for Delta Bridge", *Skyline News Update*, Jan. 12, 2005, http://www.skyline-technologies.com/news/0105/120105.htm（该文描述了大桥终端在珠海选址的三个可能地点）;《港珠澳大桥西岸落脚拱北有望》，载"中国窗"（CHINA WINDOW NET），2005年3月4日，http://www.cnwnc.com/20050304/ca1463504.htm（该报道指出，珠海最终附条件接受将拱北作为大桥的终端）。

元[1]的唐家区域。[2] 虽然珠光集团知晓此事，[3] 并且第二天即将召开与债权人的会议，珠光集团和珠海市政府都没有对债权人透露一丝消息，[4] 这似乎有违《土地管理法》。[5] 债权人直到2003 年 8 月的一次例行地产检查之后，才得知此事。[6] 这些土地权利本当出售以为 2002 年的提议提供资金，但政府的权利收回成为该提议最终流产的一个主要原因。[7] 对于这些征用，珠海市政府也从未给予任何补偿。[8]

珠光集团有权提出对此决定的申诉，[9] 也可以要求获得政府补偿，[10] 但最终他们什么都没做，[11] 只是给出“会对该征用提出异议……并且要求实质补偿”的空头承诺。[12] 随即，珠光集团又告知债权人，他们会“要求市政府改变方法”，但可以预见到的是，债权人的利益状况不会有起色。[13] 由于横琴最终

---

① Re ZKG 2004, In the Matter of Zhu Kuan Group Co. Ltd., HCCW 874/2003 para. 3, (H. K. L. R. D., Dec. 19, 2003), para. 8.

② Moir, “‘Riviera’ Turns into Black Hole: Investors Who Bet Zhuhai Would Be Asia’s Monte Carlo Have Found That the Odds Were Stacked”.

③ Wong, “Zhu Kuan Backs Law Issue Price”.

④ Moir & Hu, “Creditors Accuse Zhuhai Government of Asset - Stripping”.

⑤ 参见《土地管理法》第 46 条。(“征用土地的……人民政府予以公告……”)

⑥ Moir & Hu, “Creditors Accuse Zhuhai Government of Asset - Stripping”.

⑦ Moir, “‘Riviera’ Turns into Black Hole: Investors Who Bet Zhuhai Would Be Asia’s Monte Carlo Have Found That the Odds Were Stacked”.

⑧ RSM, “Report to Creditors”, para. 206.

⑨ 参见《行政诉讼法》，全国人大常委会 1990 年 10 月 10 日颁布。参见第 195 页注释①（该文阐述在中国法律体制下，该争议属于行政法规制的原因。）

⑩ 参见《土地管理法》第 46 条：“国家征用土地的，依照法定程序批准后，由县级以上地方人民政府予以公告并组织实施。被征用土地的所有权人、使用权人应当在公告规定期限内，持土地权属证书到当地人民政府土地行政主管部门办理征地补偿登记。”

⑪ Moir & Hu, “Creditors Accuse Zhuhai Government of Asset - Stripping”.

⑫ Re ZKG 2004, In the Matter of Zhu Kuan Group Co. Ltd., HCCW 874/2003 para. 3, (H. K. L. R. D., Dec. 19, 2003), para. 8.

⑬ Moir & Hu, “Creditors Accuse Zhuhai Government of Asset - Stripping”.

未被选为港珠澳大桥在珠海的起点,[①] 该部分的土地使用权价值大幅削减。由于“征用土地按照被征用土地的原用途给予补偿”[②],而大桥投入使用的经济效益只能进行推测,[③] 因而有观点称,无论珠光集团之前可能获得多少补偿,到现在都会有所减少。假设珠光集团能够获得征地补偿费,那么珠海市政府也会因横琴项目价值下跌而得益,因为他们给出的征地补偿费会少很多。这看起来是机缘巧合,但综合珠光集团的其他行为来看很有可能是一种策略。

3. 珠海市政府对其他地产的控制

除了征用之外,罗申美还发现,另一笔珠光集团转移给珠海市政府的价值5000万元港币的地产,[④] 其中包括7万平方英尺的东莞综合项目以及一系列住宅项目,[⑤] 这些合在一起构成珠光集团剩余的所有无负担地产。[⑥] 这些资产的转移由珠海市政府财政部门向法院申请并获得许可,[⑦] 尽管珠光集团主张对这些资产的法律所有权,但直到转移完成后很久,清算人才得

① Moir, “Zhu Kuan Group Declared Bankrupt: The Decision is the First Liquidation of a Mainland Government Investment Arm by a Hong Kong Court”.(对港珠澳大桥问题的讨论。)

② 参见《土地管理法》第78条。(依该条规定,如果罗申美能够成功证明征收违法,珠光集团将能够从珠海市政府、珠海中院得到补偿。)

③ Moir, “Zhu Kuan Group Declared Bankrupt: The Decision is the First Liquidation of a Mainland Government Investment Arm by a Hong Kong Court”.(该文提到对大桥项目的规划并不确定。)

④ Moir, “‘Riviera’ Turns into Black Hole: Investors Who Bet Zhuhai Would Be Asia's Monte Carlo Have Found That the Odds Were Stacked”.

⑤ Moir, “$4b Loan to Zhuhai Uncovered; Accounts of the Government's Window Company Zhu Kuan Group Show that $7b is Owed to Banks”.

⑥ RSM, “Report to Creditors”, para. 202.

⑦ Ibid. para. 179.

知这些事项。[①] 与债权人被严重拖延的情形恰恰相反，法院对申请的批准仅仅用了3天。[②] 在事情发生前，珠海市政府甚至连珠光集团都没有告诉。[③] 在给法院的申请文件中，珠海市政府声称，该行为能够抵销珠光集团对其所负的债务，[④] 但这只是蓄意妄言。

4. 先锋投资公司对龙威集团的股权质押

2000年，[⑤] 即珠光集团的财务困境开始严重资不抵债的两年后，珠光集团将一笔2.5亿元港币的债务转移给在英属维京群岛注册的龙威集团。[⑥] 该公司不是珠光集团的一部分，但由珠海市政府通过九州集团间接控制。[⑦] 九州集团同意分享其在珠海游轮上49%及在ZJPPTS上90%的销售收益。[⑧] 当债权人在任命临时清算人之前，发现了这笔质押交易后，[⑨] 怀疑该交易是“违法进行的”，并立即要求公开相关债务的信息。[⑩] 但是珠光集团未提供任何与这笔股权质押交易相关的细节，也未

---

① Moir, “Zhu Kuan Group Declared Bankrupt: The Decision is the First Liquidation of a Mainland Government Investment Arm by a Hong Kong Court”; Moir, “$4b Loan to Zhuhai Uncovered; Accounts of the Government's Window Company Zhu Kuan Group Show that $7b is Owed to Banks”.

② RSM, “Report to Creditors”, para. 180.

③ Moir, “$4b Loan to Zhuhai Uncovered; Accounts of the Government's Window Company Zhu Kuan Group Show that $7b is Owed to Banks”.

④ Ibid.

⑤ Miller, “Stan Chart Wins Time for Zhu Kuan Liquidators”.

⑥ Chan & Moir, “Receivers Find $10b Zhu Kuan Assets; Recovery of the Money from the Companies Controlled by the Zhuhai Government is Unclear as it is Tied Up in Land”.

⑦ RSM, “Report to Creditors”, para. 7.

⑧ Chan & Moir, “Receivers Find $10b Zhu Kuan Assets; Recovery of the Money from the Companies Controlled by the Zhuhai Government is Unclear as it is Tied Up in Land”.

⑨ RSM, “Report to Creditors”, para. 45.

⑩ Hu & Moir, “Zhu Kuan Liquidators Denied Vote”; Moir, “Zhuhai Government Tries to Grab Big Slice of Zhu Kuan”.

论证该交易的合法性,[①] 只是辩驳说质押与珠光集团对英属维京群岛的债务有关。[②]

珠光集团同时向先锋投资公司质押3.37亿股在香港证券交易所上市的珠光发展有限公司股份。先锋投资公司在此之前，还从未参与过债务谈判。[③] 它是珠光集团于2000年4月6日在英属维京群岛注册的国际性全资子公司。[④] 罗申美在香港能够找到的有关先锋投资公司的实质性财产，就是珠光集团质押给他们的珠光发展有限公司股份。而珠光集团也是罗申美能确定的先锋投资公司的唯一债权人。[⑤]

2000年6月9日，先锋投资公司反过来将42%的价值1.18亿元港币的股权，质押给龙威集团,[⑥] 以帮助清偿珠光集团对龙威集团[⑦]的2.5亿元港币的债务。[⑧] 珠光集团随后又通过将质权扩大到先锋投资公司在中国香港之外其他特定资产，将100%的股权完全质押给龙威集团。[⑨] 2003年8月，龙威集团试图实现这些股权质押,[⑩] 并且不通知罗申美和先锋投资公司。[⑪]

2003年9月3日，罗申美成为先锋投资公司的临时清盘人。[⑫] 这就使得罗申美能够阻止这些股权质押的实现，并将其

---

① Hu & Moir, "Zhu Kuan Liquidators Denied Vote"; Moir, "Zhuhai Government Tries to Grab Big Slice of Zhu Kuan".

② Hu & Moir, "Zhu Kuan Liquidators Denied Vote".

③ Ibid. Moir, "Zhuhai Government Tries to Grab Big Slice of Zhu Kuan".

④ RSM, "Report to Creditors", para. 43.

⑤ Ibid.

⑥ Hu & Moir, "Zhu Kuan Liquidators Denied Vote".

⑦ Chan & Moir, "BOCHK Among Largest of Zhu Kuan's Creditor Banks".

⑧ RSM, "Report to Creditors", para. 44.

⑨ Re ZKG 2004, In the Matter of Zhu Kuan Group Co. Ltd., HCCW 874/2003 para. 3, (H. K. L. R. D., Dec. 19, 2003), para. 11.

⑩ Hu & Moir, "Zhu Kuan Liquidators Denied Vote".

⑪ RSM, "Report to Creditors", para. 45.

⑫ Ibid. para. 46.

置于债权人及珠光集团的眼皮底下。[①]

考虑到珠光集团的其他行为，将“天哪，我们真的很想偿还债务”这种借口，作为股权交易的唯一动因，实在让人难以接受。最有可能的原因就是他们要将股份置于珠海市政府的掌控之下，并且（或是）仅仅表示一下会进行资产剥离。随后珠光发展有限公司发布一份可能稀释罗申美试图控制的股权的计划，更加印证这个结论。

5. *落马洲交易的收益转让*

落马洲地产的价值估算在4500万元港币左右，但当香港政府买入其中一部分土地时，支付74,659,860元港币。[②] 罗申美无法计算该价格的形成。[③] 然而，鉴于香港的立法会议员刘皇发是长盈贸易公司（Grand Gain）的大股东，能从这笔地产交易中获得巨大利益，政府所支付的高价不得不令人感到怀疑。[④]

珠光（香港）有限公司从这笔交易中拿到41,234,598元港币。[⑤] 2002年12月4日，顾恺仁律师事务所代表珠光集团通知债权人，交易净利润中的90%，即37,111,138元港币将放入渣打银行，或其指定的第三方账户。剩余利润将由珠光（香港）有限公司获得，并作为营业费用，但预算必须获得珠光（香港）有限公司及其债权人的指导委员会同意方可。[⑥]

---

① Hu & Moir, “Zhu Kuan Liquidators Denied Vote”. See also Announcement, Zhu Kuan Development Co. Ltd. (Sept. 3, 2003), http://notice.singtao.com/ADMA%5C0908%5Cepdf/EZhu%20Kuan0409.pdf（该文指出，先锋投资公司没有想要实现抵押股权的表面意图）；Announcement, Zhu Kuan Development Co. Ltd. (Sept. 9, 2003), http://notice.singtao.com/ADMA%5C0908%5Cepdf/Zhu%20Kuan%201009.pdf（对媒体报道罗申美阻止执行进行回应）。

② RSM, “Report to Creditors”, paras. 117 – 118.

③ Ibid. para. 118.

④ Ibid. para. 117.

⑤ Ibid. para. 118.

⑥ Ibid. para. 119.

但是这个第三方账户从未被开立过,[①] 4100 万元港币也再没被提起。[②] 最终在 2003 年 11 月 11 日，即拿到款项后的第三天，以及顾恺仁律师事务所与债权人谈话后近一个月，珠光（香港）有限公司将款项存入一家在英属维京群岛注册的公司的账户，这家名为温德福创意有限公司（Wonderful Idea Limited）的公司，与珠光（香港）有限公司的一个董事共享同一地址，并且另一个董事于建华是其账户签字人。2003 年 1 月 23 日，经于建华同意，温德福创意有限公司将几乎全部款项转给卡优贸易有限公司（Ka U Trading Limited），而后者在澳门与珠光集团共享一家办公室。[③] 最终，这笔钱被汇到珠海，债权人无法介入。[④]

所谓的理由仍然是为了偿还贷款。[⑤] 这种解释随后还被扩展用于珠光（香港）有限公司对珠光集团和珠光控股有限公司的欠款上。但除此之外，对于债务和通过温德福创意有限公司的转账原因，却从来没有过解释和澄清。[⑥]

6. 其他资产耗散

有关其他一些可疑的资产转移证据大量存在。无规律可循的账务清单，使得珠光发展有限公司的账簿从未记录下这些资产与负债。[⑦] 公司的股份与现金在澳门被偷偷操纵。[⑧] 在珠光

---

① RSM,“Report to Creditors”, para. 120.

② Moir,“‘Riviera’ Turns into Black Hole: Investors Who Bet Zhuhai Would Be Asia's Monte Carlo Have Found That the Odds Were Stacked”.

③ RSM,“Report to Creditors”, paras. 120 – 122.

④ Luck,“Western Banks Hit by Pounds 500m Corporate Collapse in China”.

⑤ RSM,“Report to Creditors”, para. 121.

⑥ Ibid. para. 123.

⑦ See Moir,“ $4b Loan to Zhuhai Uncovered; Accounts of the Government's Window Company Zhu Kuan Group Show that $7b is Owed to Banks”.（该文指出珠光集团没有政府负债。）

⑧ Associated Press,“Major Chinese Investment Company Declared Bankrupt”.

集团与珠海游轮这一性质可疑的公司做成交易之后,[①] 珠光发展有限公司使未作解释的珠海游轮 51% 股权售卖变得更加可疑。[②] 珠光（香港）有限公司声称：其在 2003 年将 3700 万元港币转移给一家由珠海市政府控制的无关联公司。[③] 在 2003 年的第一个提案前不久，珠光集团的账簿上又多了 2000 万元港币债务，尽管这“与会计准则不符”。[④] 此外，珠光集团还将钱花在一条铁路上，但罗申美无法对这条铁路展开调查。[⑤]

在珠光集团的子公司中，也有资产耗散问题，香港特别行政区立法会议员刘皇发牵涉其中不少。珠光（香港）有限公司持有中方财务有限公司（China Point Finances Limited）9% 的股份,[⑥] 后者对前者负有 5000 万元港币的债务但拒绝偿还。[⑦] 在罗申美发出法定求偿书后，中方财务有限公司将其在中国香港的四项资产，转移给其控股 99.9% 的子公司中方证券有限公司（China Point Stockbrokers Limited）。[⑧] 直到被威胁要将罗申美任命为临时清盘人之后，后者才阻止中方财务公司更多的资产耗散。[⑨] 启亿有限公司（Top Ease Limited）由珠光

---

① Associated Press, “Major Chinese Investment Company Declared Bankrupt”, pp. 56 – 59. （该文讨论珠光集团向英属维京群岛注册的龙威集团转移 2.5 亿元港币债务的问题。）

② Moir, “‘Riviera’ Turns into Black Hole: Investors Who Bet Zhuhai Would Be Asia’s Monte Carlo Have Found That the Odds Were Stacked”.

③ Moir, “Receivers Find $ 10b Zhu Kuan Assets; Recovery of the Money from the Companies Controlled by the Zhuhai Government is Unclear as it is Tied Up in Land”.

④ Moir, “Zhuhai Unit Faces Collapse, Creditor Banks Are Threatening to Liquidate Zhu Kuan Group After Getting an ‘Insulting’ Debt Restructuring Offer”.

⑤ Leahy, “Asia’s Corporate Horrors – Are Lessons from the Crisis Already Forgotten?”.

⑥ Re ZKG 2004, In the Matter of Zhu Kuan Group Co. Ltd., HCCW 874/2003 para. 3, (H. K. L. R. D., Dec. 19, 2003), para. 27.

⑦ RSM, “Report to Creditors”, paras. 128 – 129.

⑧ Ibid. para. 130.

⑨ Ibid. paras. 131 – 136.

（香港）有限公司控股60%，长盈贸易公司控股40%，并对珠光（香港）有限公司负有至少6000万元港币的债务。在1997年销声匿迹之后，它还对刘皇发控制的一些公司偿还了570万元港币的债务。[①] 2003年8月，离财务危机爆发已有很长一段时间，珠光（香港）有限公司拿出100万元港币，投资金伟置业有限公司（Goldwell Properties Limited）的建筑权证，后者为珠光集团前董事和刘皇发所有。但该投资没有获得任何回报。[②] 谭西蒙（Simon Tam）掌控的公司从珠光（香港）有限公司获得土地抵押，作为对债务的担保。[③] 这些债务都已被偿还，但罗申美还必须努力争取对担保的解除。[④]

（六）更为肆意的行为

1. 珠光集团的消息隐瞒

获取珠光集团的会计账簿颇有难度，[⑤] 罗申美将信息的大量缺失描述为“惊人的”。[⑥] 对获取信息的一再要求不是被忽略，就是只提供一部分。珠光集团在中国香港、澳门[⑦]以及可能在英属维京群岛的几乎全部记录，都被珠海市政府“为会计目的暂时迁移”至珠海。[⑧] 尤其是在澳门，信息几乎被彻底移除。当中国澳门的清盘人到达珠光集团在珠光大楼的双层楼

---

① RSM, “Report to Creditors”, paras. 140 – 142.

② Ibid. para. 144.

③ Ibid. para. 158.

④ Ibid. paras. 158 – 159.

⑤ Associated Press, “Major Chinese Investment Company Declared Bankrupt”; Moir, “Zhu Kuan Creditors Offered $2. 5b Cash”.

⑥ Jane Moir, “Legislator in Zhuhai Bankruptcy Row; Zhu Kuan Group Liquidators Threaten Action to Get Its Books After Kuk Leader Fails to Hand Them Over”, *S. China Morning Post*, Aug. 28, 2003; “HK – Listed Zhu Kuan Development Meeting Denies Liquidators Vote – Report”, *AFX – Asia*, Sept. 26, 2003.

⑦ Leahy, “Asia's Corporate Horrors – Are Lessons from the Crisis Already Forgotten?”.

⑧ Miller & Clifford, “Losing Millions in Zhuhai”, p. 49.

办公室时，已经没有任何账簿、档案或是电脑硬盘可以查阅。[①] 直到珠光集团的两名董事在澳门被捕后，相关信息才被公开出来，但这些信息并不足够。[②] 先锋投资公司在中国香港的信息数据也极其缺失，[③] 可能是被珠海市政府有意删除。集团的其他子公司也有相同的情况发生。[④]

当罗申美来到珠光（香港）有限公司的办公室时，只找到 3 名员工，而其中最资深的一位立即离开前往珠海。在同一天，可能是受到罗申美到珠光（香港）有限公司办公室调查的影响，珠光集团的其他公司拒绝罗申美查阅公司在香港的账簿和档案，甚至试图将罗申美的工作人员赶出办公室。[⑤] 罗申美的查访最终只换来 15 箱账簿，对一个有着至少 25 家子公司的企业来说是完全不够的，这还没算上珠光集团的 33 家子公司。[⑥] 在珠光发展有限公司，工作人员禁止罗申美查阅保存的信息，后者不得不雇用保安来防止上述事件发生。[⑦] 事实上，罗申美试图获得账簿和档案的努力不算成功，因为大部分资料早已在临时清盘人宣布查访之前，就被从香港转移到了珠海。[⑧]

罗申美向珠光集团管理层寄送法律函，要求珠光集团提交

---

① RSM，“Report to Creditors”，para. 67.

② Ibid. para. 70.

③ Moir，“Zhuhai Government Tries to Grab Big Slice of Zhu Kuan”.

④ 中国农业银行称，其在落马洲本享有土地权益，但在 Tinson International Limited 或 Ocean Time Development Limited 都没有显示相关记录。RSM，“Report to Creditors”，para. 127. 由珠光（香港）有限公司与长盈贸易公司各持股 50% 的 Kong Zhu Freight Piers Limited 的档案资料，据称全部被毁。Ibid. paras. 151，155. 珠光（香港）有限公司与谭西蒙各持股 50% 的 Kuan Tat，在临时清盘人被指定后迅速以 690 万港币卖掉了其地产，并且没有通知罗申美。Ibid. para. 156.

⑤ Ibid. para. 65.

⑥ Ibid. para. 67.

⑦ Ibid. para. 87.

⑧ Ibid. para. 33. 1.

与资产相关的账簿和档案，但对方不仅回应极慢，最后给出的资料也远远不够。[①] 珠光集团有7名董事，珠光（香港）有限公司有4名，但罗申美仅仅联系上其中的2名。[②] 这些在珠海的董事们拒绝提供一切资料，[③] 原因是他们已经被珠海市政府的审计部门调走，从而没有可用信息。[④] 随后，他们又提出，自己在中国香港和澳门的任命并未在中国内地获得承认，因而无法披露任何信息。[⑤]

珠光集团对债权人抗议信息缺失的回应，是要求他们耐心等待，但对于是否会向债权人公布这些信息的问题，一直采取回避态度。[⑥]

2. 珠海市政府对珠光集团相关信息公开的态度

在珠海市政府方面，情况也是一样。政府拒绝公开其掌握的资料，甚至不允许查阅。[⑦] 珠海市政府的审计部门持有一些公司的会计账簿，但拒绝他人查阅。[⑧] 工商管理部门和房屋登记管理中心同样掌握一些信息，但拒绝公开。[⑨]

由于珠光集团的资产中，有许多是在珠海的地产，罗申美发现珠海市土地登记中心是其最大的障碍之一。罗申美刚开始向珠海市土地登记中心寄发两封函件，要求其禁止2003年8

① "Zhuhai Officials Block HK $4b Probe of Assets: Liquidators of Municipal Firm Denied Access to Company Records", *Bus. Times*, Sept. 24, 2003 [hereinafter Block Probe].

② RSM, "Report to Creditors", para. 63.

③ Block Probe.

④ Re ZKG 2004, In the Matter of Zhu Kuan Group Co. Ltd., HCCW 874/2003 para. 3, (H. K. L. R. D., Dec. 19, 2003), para. 10.

⑤ RSM, "Report to Creditors", paras. 64, 73 – 79.

⑥ Miller & Clifford, "Losing Millions in Zhuhai", p. 50.

⑦ Block Probe; Miller, "Stan Chart Wins Time for Zhu Kuan Liquidators".

⑧ Moir, "Zhu Kuan Group Declared Bankrupt: The Decision is the First Liquidation of a Mainland Government Investment Arm by a Hong Kong Court".

⑨ RSM, "Report to Creditors", para. 61. 6.

月13日之后任何珠光（香港）有限公司及珠光集团房地产登记变动，并将任何试图变动的举动通知己方。珠海市土地登记中心没有回应，因此罗申美决定走访珠海市土地登记中心。[①]在罗申美第一次走访时，珠海市土地登记中心的官员先是声称因电脑故障无法查看资料，虽然当时办公室内的其他电脑都在正常运作。最后他们终于承认，是被要求禁止对罗申美提供协助。[②] 这样的情形持续了一年多。[③] 之后，珠海市土地登记中心索性禁止罗申美的工作人员进入办公区域，企图阻止罗申美查访公司的查访[④]及对在珠海的23项地产的调查。[⑤] 珠海市土地登记中心同时拒绝再次制作关于这23项地产的权利证书，[⑥]也不再提供关于被收回的横琴和唐家项目的文书资料。[⑦]

3. 隐瞒信息的第三方

获取和本案相关的第三方信息也是困难重重。罗申美对珠光集团的前任顾问和珠海市政府的现任顾问普华永道提出指控，认为其持有大量珠光集团的信息数据，却根据珠海市政府的指令不予披露。[⑧]

除普华永道之外，关于顾恺仁律师事务所（珠光集团前代理人及珠海市政府当时代理人）、赵不渝马国强律师事务所（珠光发展有限公司代理人）所持有的信息资料，罗申美也不

① RSM，“Report to Creditors”，para. 170.

② Leahy，“Asia's Corporate Horrors – Are Lessons from the Crisis Already Forgotten?”.

③ RSM，“Report to Creditors”，para. 171.

④ Moir，“‘Riviera’ Turns into Black Hole：Investors Who Bet Zhuhai Would Be Asia's Monte Carlo Have Found That the Odds Were Stacked”.

⑤ Moir，“$4b Loan to Zhuhai Uncovered；Accounts of the Government's Window Company Zhu Kuan Group Show that $7b is Owed to Banks”.

⑥ Ibid.

⑦ RSM，“Report to Creditors”，para. 206.

⑧ Moir，“Liquidators to Take PwC to High Court”；RSM，“Report to Creditors”，para. 90.

得不依靠法院才能获得。[①] 虽然有珠海市政府的要求，但顾恺仁律师事务所基于两个法律原则不予合作。[②] 其一，他们认为法院对珠光集团案件没有管辖权，因为珠光集团是一家外国企业。[③] 其二，对于外国企业清算案件的管辖权，受附属清算的限制，因此临时清盘人的权力范围仅限于在中国香港的资产以及与香港有关的企业活动的信息。[④] 罗申美认为顾恺仁律师事务所的主张缺乏法律依据。[⑤]

珠光集团的烂摊子甚至牵涉到香港特别行政区立法会的成员。香港特别行政区立法会议员刘皇发之前曾与长盈贸易公司有过交易，而长盈公司于中国香港设立，持有珠光集团至少11家子公司的股份，刘皇发是其中的大股东[⑥]，并且保管了其中一些公司账簿和档案。[⑦] 罗申美几次要求刘皇发提供信息。[⑧] 刚开始刘皇发同意了，但声称取出档案需要一段时间。后来，他却说只有经过珠光集团董事的同意才能透露信息。[⑨] 由于刘皇发在最后的日期前都没有合作，罗申美不得不再次诉诸法律。[⑩]

4. *罗申美的行动*

珠海市政府在信息提供上毫不让步，使得罗申美最终采取

① RSM, "Report to Creditors", paras. 80 – 86; Miller, "Stan Chart Wins Time for Zhu Kuan Liquidators".

② RSM, "Report to Creditors", para. 83.

③ Ibid. para. 83. 1.

④ RSM, "Report to Greditors", para. 83. 2.

⑤ RSM, "Report to Creditors", para. 84.

⑥ Ibid. para. 90.

⑦ Moir, "Legislator in Zhuhai Bankruptcy Row; Zhu Kuan Group Liquidators Threaten Action to Get Its Books After Kuk Leader Fails to Hand Them Over"; Moir & Chan, "Zhu Kuan Returns to Debt Talks; The Zhuhai Government Raises Its Cash Settlement Offer But Creditor Banks Remain Unimpressed".

⑧ Moir, "Legislator in Zhuhai Bankruptcy Row; Zhu Kuan Group Liquidators Threaten Action to Get Its Books After Kuk Leader Fails to Hand Them Over".

⑨ Ibid.

⑩ Ibid.

法律行动要求披露。罗申美在中国内地、[①] 中国香港、中国澳门和英属维京群岛[②]提起不少法律程序。在中国内地以外的地方,[③] 罗申美都获得成功，但在内地提起的法律程序存在不少困难。这迫使罗申美采取一些法院之外的措施，并且向中央机构申诉。[④] 在律师的帮助下，罗申美接触到贸易、财政以及反腐败部门。[⑤] 然而，中央一直没有公开这个问题。[⑥]

5. 拖延战术

债权人强烈怀疑这场谈判——至少是后期部分——只不过是为了换取时间，让珠海市政府能够轻而易举地获得珠光集团的优质资产。[⑦] 在 2002 年的提案之后，珠海市政府曾提出，要将更多的优质地产注入珠光集团，即便在 2003 年 6 月提案 18%之前，资产正在耗散，政府还是试图说服债权人耐心等待。[⑧] 罗申美将其在信息披露上将要进行的反复战斗看作引起“不利拖延”的因素。[⑨] 而在中国内地法院的诉讼程序也有严重拖延的情况。

6. 珠光（香港）有限公司等的不合作态度

当罗申美被指定为珠光（香港）有限公司的临时清盘人

---

① 参见第 188 页注释⑧至第 191 页注释②，以及相关内容。（讨论罗申美在珠海中院，对珠海市土地登记中心艰难诉讼的问题。）

② 参见第 182 页注释①至第 188 页注释⑦，以及相关内容。（阐述债权人需要在中国香港、中国澳门以及英属维京群岛申请破产的原因。）

③ See ibid.（阐述珠光集团在中国香港、中国澳门及英属维京群岛清盘的成功。）

④ Block Probe.

⑤ Ibid.

⑥ See generally Miller & Clifford, “Losing Millions in Zhuhai”.（该文认为珠光集团没有全局意识。）

⑦ Moir, “‘Riviera’ Turns into Black Hole: Investors Who Bet Zhuhai Would Be Asia's Monte Carlo Have Found That the Odds Were Stacked”.

⑧ Luck, “Western Banks Hit by Pounds 500m Corporate Collapse in China”.

⑨ Moir, “Legislator in Zhuhai Bankruptcy Row; Zhu Kuan Group Liquidators Threaten Action to Get Its Books After Kuk Leader Fails to Hand Them Over”.

时，该公司在大陆的四个子公司中每个都有四位董事，罗申美有权决定替换出每个公司中的两位董事。罗申美一再要求召开董事会，但珠光（香港）有限公司的主席并没有为任何一个子公司召集董事会。正如在提供信息问题上的态度一样，董事们在这些问题上也并不十分合作。① 这最终只能导致在中国内地的法律诉讼。

（七）在中国香港、中国澳门及英属维京群岛的诉讼

尽管在第二天还有协商会议，在发现地产被收回以及珠光集团的信息隐瞒后，债权人对于珠光集团及珠海市政府会善意协商的信心所剩无几，② 而其他更过激的行为更是加强这种想法。③ 有与债权人亲近的消息来源称，“我们认为（他们的行为）很不光彩也很不礼貌。钱到底去哪儿了……这真的是个笑话。他们的协商完全是恶意的”。④ 珠海市政府又不出意料地否认其阻碍和解事宜，⑤ 但这已经不能阻止一场诉讼。对珠海市政府来说，不幸的是，债权人在中国内地之外找到了一些有力的同盟。

1. 中国香港

珠光集团设立于中国澳门。因此，似乎在那里诉讼是合乎逻辑的。澳门法院裁定其对在澳门设立的公司清算案件有唯一管辖权，因此假如债权人决定要提起诉讼，在澳门的法律程序

---

① RSM，“Report to Creditors”，para. 165.

② Re ZKG 2004，In the Matter of Zhu Kuan Group Co. Ltd.，HCCW 874/2003 para. 3，（H. K. L. R. D.，Dec. 19，2003），para. 9.

③ See Moir，“Zhu Kuan Creditors Seek Action; Bankers' Mistrust Grows as Questions Over Missing Cash Go Unanswered”.（“据债权人给银行的一封函件，‘不幸的是，如果双方之间没有透明度，那么显然债权人便不能再信任珠光集团和珠海市政府’。”）

④ Moir，“Zhuhai Unit Faces Collapse，Creditor Banks Are Threatening to Liquidate Zhu Kuan Group After Getting an ‘Insulting’ Debt Restructuring Offer”.

⑤ Miller & Clifford，“Losing Millions in Zhuhai”，p. 20.

将会不可避免。但问题是，澳门没有清算前财产保全措施，而是严重依赖清算后措施。这将会给予珠光集团足够多的时间，来尽可能多地剥离财产。由于公司账簿和档案都在珠海市政府及珠光集团人员手上，澳门的措施可能不会非常有效。①

最有效的替代方案是在中国香港提起诉讼。在那里，法院会在正式宣布破产前，即刻指定临时清盘人以保护财产。②2003 年 8 月 12 日，以渣打银行为首的债权人的确如此行动。他们在中国香港提起对珠光集团、珠光（香港）有限公司及先锋投资公司的破产申请，③ 以掌控和保护财产。④ 债权人主张清算的主要理由是珠光集团不能履行其债务，⑤ 因此不仅要求根据中国香港法律进行清算，⑥ 并且由于珠光集团恶意协商，⑦ 他们请求法院在清算时行使自由裁量权。⑧ 在 2003 年 8 月 13 日，还不到一整天的功夫，由于大量的证据显示珠光集团不能履行其债务，夏正民法官（Hartmann）指定博雷利和肯尼迪（Kennedy），作为珠光集团和珠光（香港）发展有限公司的临时清盘人，以保护资产并开始对珠光集团的调查。⑨ 然而，法院的这项裁定需要在其他司法辖区得到承

---

① Kendall, “Foreign Lenders Welcome More Protection in China”, p. 41.

② 参见 1997 年 6 月 30 日颁布的《香港公司条例》第 32 章“公司（清盘）”。

③ Moir, “‘Riviera’ Turns into Black Hole: Investors Who Bet Zhuhai Would Be Asia's Monte Carlo Have Found That the Odds Were Stacked”.

④ Moir, “Zhu Kuan Creditors Offered $2.5b Cash”; Moir, “$4b Loan to Zhuhai Uncovered; Accounts of the Government's Window Company Zhu Kuan Group Show that $7b is Owed to Banks”; RSM, “Report to Creditors”, para. 32.

⑤ Miller, “Stan Chart Wins Time for Zhu Kuan Liquidators”.

⑥ See Companies Ordinance, Ch. 32, sec. 327 (3), Feb. 13, 2004.

⑦ Miller, “Stan Chart Wins Time for Zhu Kuan Liquidators”.

⑧ See Companies Ordinance, Ch. 32, at sec. 327 (3).

⑨ Re ZKG 2004, In the Matter of Zhu Kuan Group Co. Ltd., HCCW 874/2003 para. 3, (H. K. L. R. D., Dec. 19, 2003), para. 10.

认。[①] 9 月 3 日，在不到一个月的时间里，关法官（Kwan）对于先锋投资公司发布同样的裁定。[②]

在被指定为临时清盘人之后，罗申美终于可以开始保护并要回这些公司及珠光集团其他在香港的子公司的资产，同时也可以调查公司账簿和档案。[③] 这边罗申美正在调查，那边有关珠光集团清算的程序也开始了。司法程序在 2003 年 10 月、11 月和 2004 年 1 月、4 月进行。[④] 在庭审中，罗申美利用了其作为临时清盘人的权力优势，香港高等法院也在不断作出罗申美胜诉的判决。有法院通过的第 221 条申请帮助，[⑤] 罗申美最终迫使普华永道、顾恺仁律师事务所、赵不渝马国强律师事务所、刘皇发及长盈贸易公司交出文件资料。罗申美同时成功掌控了珠光集团仍在中国香港的资产，[⑥] 如在中国香港与内地交界的价值 1.8 亿元港币的落马洲地产，以及在西贡和元朗的地产。[⑦] 鲍晏明法官（Barma）在批准清盘人出售资产的问题上也相当灵活。[⑧] 在最后三项审讯进行过程中，罗申美的调查遇到前所未有的困难，在珠海的诉讼也遭遇瓶颈，[⑨] 因此不得不申请 6 个月延期，以便继续调查并试图与珠海市政府达成和解。[⑩] 芮安牟法官（Reyes）强调说，此种延期属例外情况，并且会使已经严重拖延的珠海诉讼程序更加缓慢，但他最终还

---

① Kendall, “Foreign Lenders Welcome More Protection in China”, p. 41.

② Re ZKG 2004, In the Matter of Zhu Kuan Group Co. Ltd., HCCW 874/2003 para. 3, (H. K. L. R. D., Dec. 19, 2003), para. 11.

③ Moir, “Zhu Kuan Group Declared Bankrupt: The Decision is the First Liquidation of a Mainland Government Investment Arm by a Hong Kong Court”.

④ RSM, “Report to Creditors”, para. 34.

⑤ Ibid. paras. 93 – 100; see also Companies Ordinance, sec. 221.

⑥ Moir, “Zhu Kuan Creditors Offered $2.5b Cash”.

⑦ Ibid.

⑧ Zhu Kuan Co. v. Bridall, HCCL 42/1995 (H. K. H. C.).

⑨ 参见本文二（七）2 的相关内容。

⑩ Miller, “Foreign Lenders Welcome More Protection in China”.

是批准了延期。[①]

2003 年 11 月 17 日,[②] 珠光集团试图提起对债权人清算申请的管辖权异议，并提出不方便法院原则（forum non conve - niens）作为主张。[③] 与此同时，珠光集团还试图限制清算人取得香港资产的途径，理由是香港特别行政区法院对在香港之外的财产没有管辖权。[④] 尽管有关申请的审查程序在 2003 年 12 月 19 日便已结束，鲍晏明法官直到 2004 年 7 月 13 日才宣布结果。[⑤] 法院是否有管辖权的问题，或者更进一步说，罗申美是否有权的问题，一直悬而未决，而这严重影响罗申美在此期间的工作。[⑥] 最后，鲍晏明法官驳回珠光集团的所有异议以及申请。[⑦]

2004 年 10 月 4 日,[⑧] 在经过一系列审讯程序及 6 个月的司法审议,[⑨] 并且在中国澳门法院宣布破产决定之后,[⑩] 珠光集团很不光彩地成为第一家作为内地政府主要投资手段而被香港特别行政区法院宣布破产的公司。[⑪]

---

① Miller, "Foreign Lenders Welcome More Protection in China".

② RSM, "Report to Creditors", para. 36.

③ Re ZKG 2004, para. 1.

④ Ibid.

⑤ RSM, "Report to Creditors", para. 36.

⑥ Ibid. para. 37.

⑦ See Re ZKG 2004, In the Matter of Zhu Kuan Group Co. Ltd., HCCW 874/2003 para. 3, （H. K. L. R. D., Dec. 19, 2003), paras. 16 – 69; Kendall, "Foreign Lenders Welcome More Protection in China", p. 41（讨论司法管辖权问题）。

⑧ RSM, "Report to Creditors", para. 39.

⑨ Kendall, "Foreign Lenders Welcome More Protection in China", p. 41.

⑩ Wong, "Zhu Kuan Backs Law Issue Price".

⑪ Moir, "Zhu Kuan Creditors Offered $2. 5b Cash".

2. 中国澳门

在香港的破产申请比澳门几乎要多三百倍。① 在澳门清停一家公司，手续烦琐而死板，并且耗费时间，因此比起清算来，企业更加愿意通过担保交易来保护自己。② 在中国香港，当一家公司不能履行法定求偿书中的义务时，就会被假定为资不抵债。③ 而在澳门，要证明资不抵债，申请人必须首先证明该公司在至少一项责任上违约，其次要证明该公司不能偿还到期债务。④ 除有特殊情况外，申请人不得在申请之后提出其他信息。⑤ 澳门的法律结构使证据收集过程极为烦琐，而与此同时，债权人便可能面临资产剥离的不利境况。⑥ 澳门法严重依赖收回条款来重新获取资产。不幸的是，这样的措施在资产已经消失，并且账簿和档案都不在澳门的情况下，没有什么用处。⑦

---

① 2002 年和 2003 年，在澳门只有 10 起破产清盘申请；而在同时，香港则有 2853 起申请。Sue Kendall，“Winding Up Macanese Companies in Macau – The Zhu Kuan Experience Brings Positive Development”，Out of Court，Autumn 2004，p. 3.

② Ibid.

③ Companies Ordinance.

④ Código de Processo Civil de Macau［Civil Procedure Law of Macau］(2004)，art. 308 – 10，http：//www. imprensa. macau. gov. mo/bo/i/99/ 40/codprcivpt/codprociv03Ol. asp#13a389（last visited Apr. 1，2006）；see also Kendall，“Foreign Lenders Welcome More Protection in China”（讨论该法效力。）

⑤ Kendall，“Winding Up Macanese Companies in Macau – The Zhu Kuan Experience Brings Positive Development”，p. 4.

⑥ 申请人必须评估公司已知财产及债务。但尽管公共记录部门有详细信息，仅凭公司名称对此调查是不可能的，申请人还必须对公司资产有关的股权（如果有的话）有所了解。这是一个烦琐而耗时的过程，极其依赖债务人向申请人提供的信息。如果没有清算前保护程序，在收集证据时资产就可能被进一步瓜分。Kendall，“Foreign Lenders Welcome More Protection in China”，p. 41；see also Kendall，“Winding Up Macanese Companies in Macau – The Zhu Kuan Experience Brings Positive Development”（该文详细讨论在澳门清盘的繁琐程序，以及可能造成资产剥离的诸多法律漏洞）。

⑦ Kendall，“Winding Up Macanese Companies in Macau – The Zhu Kuan Experience Brings Positive Development”.

由于香港的清算决定在澳门不被承认，并且澳门法院裁定自己对在澳门设立的公司清算案件有唯一的管辖权，[①] 因此以渣打银行为首的债权人只能于2004年3月向澳门一审法院提起对珠光集团的破产申请。[②] 与在香港的申请相比，在澳门的申请延迟是由于对证据要求的不同。除了前期的高额费用之外，澳门的清算程序通常一经批准便能很快进行。[③] 清算申请在2004年3月31日提出，审讯程序在5月进行。仅仅两个月之后，[④] 即2004年6月2日，法院宣布珠光集团破产，[⑤] 同时宣布由胡春生作为中国澳门清盘人。胡春生继而与罗申美合作来保护珠光集团的资产。珠光集团对此提出上诉，但上诉结果要到2004年11月才能获得。[⑥] 以法院对珠光集团一系列不利的裁决，以及大量劣势证据来看，珠光集团想要获得法院支持不太容易。但不管怎样，幸亏有破产宣告，债权人才得以冻结珠光集团在香港的资产，使得这些资产在没有法院指令的情况下，不得随意被处理。[⑦] 与罗申美在香港的情况类似，胡春生得以接触大量地产，并且将一部分其他资产予以售卖。[⑧]

---

① Kendall, "Winding Up Macanese Companies in Macau – The Zhu Kuan Experience Brings Positive Development", p. 5.

② Miller, "Macau Bid to Unravel Zhu Kuan Debt Tangle".

③ See Kendall, "Winding Up Macanese Companies in Macau – The Zhu Kuan Experience Brings Positive Development".（该文描述在各种实质性障碍被清除之后，澳门清盘程序的大致速度。）

④ Ibid.

⑤ Associated Press, "Major Chinese Investment Company Declared Bankrupt".

⑥ Re ZKG 2004, In the Matter of Zhu Kuan Group Co. Ltd., HCCW 874/2003 para. 3, (H. K. L. R. D., Dec. 19, 2003), para. 13.

⑦ Kendall, "Winding Up Macanese Companies in Macau – The Zhu Kuan Experience Brings Positive Development", p. 4. 被保护的资产中包括珠光大厦以及价值2.3亿元港币的位于dos Novos Atemos do Porto Exterior区域的地产。Miller, "Macau Bid to Unravel Zhu Kuan Debt Tangle".

⑧ RSM, "Report to Creditors", para. 105.

面对被收集起来的大量信息，澳门法院同样支持债权人的请求。在法院发现珠光集团办公室里已经没有任何档案之后，便发布对其董事的逮捕令。当其中两位董事在 2004 年 7 月份进入澳门时，澳门入境部门对其逮捕并送至法院。法院要求两名董事从逮捕之日起，两个星期内交出公司账簿与档案。最终有几本账簿被提交，但这样的信息量对于一个有着几十家子公司的企业来说根本不够。①

3. 英属维京群岛

在英属维京群岛，龙威集团持与在中国香港提供的相同文件资料，向岛内高等法院申请承认先锋投资公司的股权质押，以证明该质押的有效性。② 罗申美自然反对这一申请，因而股权质押的有效性问题成为争议焦点。③ 龙威集团从高等法院获得一项决定，以正式将这些诉讼程序通知在澳门的珠光集团，这似乎是为了使珠光集团的董事们同意有利于先锋投资公司的法院裁决。④ 罗申美成功地阻止这一切。龙威集团转而使用拖延战术，一再申请延期，这不仅妨碍罗申美为债权人利益接管资产的努力，最终还惹怒高等法院。⑤

罗申美对龙威集团如此行为的回应是，于 2003 年 9 月 3 日向英属维京群岛高等法院申请先锋投资公司破产。⑥ 此时珠光集团在其设立地中国澳门和中国香港，还未进入破产程序，法院只是指定罗申美作为临时清盘人。在香港，先锋投资公司

---

① RSM，“Report to Creditors”，para. 70.

② Miller，“Stan Chart Wins Time for Zhu Kuan Liquidators”.

③ RSM，“Report to Creditors”，paras. 52 – 59.

④ Ibid. para. 55.

⑤ See ibid. para. 56.（“除非龙威集团在 2004 年 10 月 6 日下午 4 点前申请并提起反诉，否则将不能再提起任何申请。先锋投资公司与珠光集团可以在没有通知的前提下，提起反诉。”）

⑥ Ibid. para. 46.

对龙威集团的股权质押问题不仅仍在争论中，并且成为在香港指定临时清盘人的主要原因之一。①

龙威集团针对罗申美的申请，提出行为无效申请(strike - out petition)。高等法院的法官尚克斯（Shanks）面临着一个难题，即法院是否能承认一个在公司设立地之外发出的清算宣告。他认为这个难题“完全没有在英国法中得到解决”。尚克斯最终裁决，英属维京群岛有权对此清算的承认行使自由裁量权，也有权将受清算公司是否与管辖区域具有紧密联系，以及法院发布命令的必需性和国际礼让原则等作为考量因素。公司设立地对外国管辖权的承认与否很重要，但并不是决定性因素。通过谨慎考量罗申美为保护所有债权人的行为，以及澳门清盘人对此的认可，高等法院认为，比起清算宣告在澳门还未得到承认的事实来说，这些要重要得多。同时，在英属维京群岛，罗申美可以代表珠光集团进行与先锋投资公司有关的活动。尚克斯驳回行为无效申请。②

这一裁定同时使所有有关先锋投资公司关于珠光发展有限公司股权质押有效性决定的程序都中止。③ 然而，这样的结果使得各方最终达成君子协定，将英属维京群岛的争议搁置起来，因为即使是珠海市政府也不相信他们的策略最终能够成功。④

（八）在中国内地的诉讼

除了缺乏有效保护清算中财产的法律条款之外，中国内地

① Neil McDonald, “Cross - Border Currents in Paradise”, *Out of Court*, Autumn 2004, p. 6.

② Ibid.

③ RSM, “Report to Creditors”, para. 52.

④ 参见第165页注释⑦。

的清算程序“耗费时间、复杂，而且要碰运气”。[①] 珠海市政府一直在操纵中级人民法院有关珠光集团的裁定。[②] 正如麦克唐纳（McDonald）描述的那样：

> 珠海市中级人民法院，已同意珠海市政府掌控那些本应用来分配给所有无担保债权人的财产……法院无视临时清盘人的协助要求，并且对其向珠海市政府争取救济进行主动干预。简单来说，法院已经将政府的利益放于无担保债权人利益之上了。[③]

1. 从珠海市政府处获得账簿与档案

在珠海市土地登记中心阻碍罗申美对珠海 23 项地产调查之后，罗申美向珠海中院提起针对该中心的诉讼。[④] 中国内地的法律强制性规定，“重大”涉外案件及涉港、澳案件必须由相关辖区的中级人民法院管辖。[⑤] 然而，珠海中院拒绝受理该案，理由是该案没有实质涉及港、澳利

---

① Kendall, “Foreign Lenders Welcome More Protection in China”.

② See Daniel Hilken, “Rotten System Will Persist, Says Lawyer”, *The Standard*, Feb. 14, 2005. （“中国内地的法律允许国内当事人拿走珠光集团的资产，这会使还持有 10 亿元港币的国外银行失去应有的权益。”）

③ Ibid.

④ Moir, “$4b Loan to Zhuhai Uncovered; Accounts of the Government's Window Company Zhu Kuan Group Show that $7b is Owed to Banks”.

⑤ 《最高人民法院关于执行〈中华人民共和国行政诉讼法〉若干问题的解释》，1999 年 11 月 24 日由最高人民法院审判委员会第 1088 次会议通过，自 2000 年 3 月 10 日起施行。亦见《最高人民法院关于涉外民商事案件诉讼管辖若干问题的规定》，2001 年 12 月 25 日最高人民法院审判委员会第 1203 次会议通过，2002 年 3 月 1 日施行，第 1 条、第 5 条。《最高人民法院关于审理国际贸易行政案件若干问题的规定》，自 2002 年 10 月 1 日起实施，第 5 条、第 11 条。根据这两条规定，第一审国际贸易行政案件由具有管辖权的中级以上人民法院管辖。涉及香港特别行政区、澳门特别行政区当事人的国际贸易行政案件，参照本规定处理。

益。[1] 珠海中院完全无视案中所涉及的外国利益，而是狭隘地解释为“重大港、澳问题”，从而排除对珠光集团破产的管辖。这样的决定引出一个问题，即如果标的额达 80 亿元港币的争议都不是重大涉港、澳问题的话，那么在私有主体之间，哪种类型的问题才是呢？这种解释无疑是不正确的，其有关“重大”的分析聚焦在政治与经济影响上，[2] 而在本案中经济影响无疑十分巨大。

珠海中院将案件下移给香洲区人民法院（以下简称香洲法院）。[3] 香洲法院最终驳回罗申美的主张，理由是债权人“没有证据表明其有任何与财产相关的法律上的利益”。[4] 香洲法院完全无视罗申美关于其对该案是否有适当管辖权的诉讼理由。[5] 其中的逻辑似乎是，由于土地使用权不再属于珠光集团，而债权人又无权对珠海市政府或是其转移土地的目标公司提出主张，因此债权人没有可能与这些财产有法律上的利益。[6] 在该案的上诉中，珠海中院认为该说法错误，并将全案发回香洲法院重审。[7]

2004 年 3 月，罗申美在珠海中院启动另一项法律程序，试图获取由珠光（香港）有限公司及其在中国内地子公司的董事们所保存的数据资料。与之前的磨难相比，这次在内地比较顺利，罗申美说服珠海中院，要求董事们在 2004 年 11 月的庭审程序中交出档案。[8]

---

① RSM，“Report to Creditors”，para. 173.

② Ibid. para. 212.

③ Ibid. para. 173.

④ Jain，“Hotel California，China”.

⑤ RSM，“Report to Creditors”，para. 174.

⑥ Jain，“Hotel California，China”.

⑦ RSM，“Report to Creditors”，para. 176.

⑧ Ibid. paras. 166 – 167.

2. 获取珠光（香港）有限公司及其子公司董事的合作

在同一诉讼程序中，罗申美也试图迫使珠光（香港）有限公司及其在中国内地子公司的董事们，与自己合作。尽管在数据资料问题上获得成功，但法院对于合作问题还是持保留态度。[①]

3. 对珠海市政府收回珠光集团土地使用权的法律行动

罗申美于2003年秋诉诸法律，试图挑战对珠海市政府收回珠光集团关于横琴和唐家湾地产项目土地使用权的举措。[②] 问题立刻就显现了。罗申美的第一个步骤是向珠海中院提起行政审查，[③] 申诉对横琴地产项目的有关决定，以及与珠海市政府有关的其他争议。[④] 该案刚开始被拒绝受理，理由是不管是珠光集团，还是珠光（香港）有限公司，都无法律资格对该使用权收回举措提出异议。[⑤] 但后来由于罗申美支付人民币877万元[⑥]的“诉讼费用”，[⑦] 主张有关交易“案情复杂”后，[⑧] 案件又被受理了。对于阻止诉讼进行来说，“诉讼费用”这一武器很有效。[⑨]

---

① RSM, “Report to Creditors”, paras. 166 – 167.

② Moir, “ ‘Riviera’ Turns into Black Hole: Investors Who Bet Zhuhai Would Be Asia's Monte Carlo Have Found That the Odds Were Stacked” .

③ Block Probe.

④ Miller, “Macau Bid to Unravel Zhu Kuan Debt Tangle”; Jane Moir, “Mainland Sets High Price for Legal Recourse; Liquidators Shelve Bid to Claim Disputed Land After Zhuhai Court Demands Eight Million Yuan in Fees”, *S. China Morning Post*, Nov. 5, 2003.

⑤ RSM, “Report to Creditors”, para. 207.

⑥ Miller, “Macau Bid to Unravel Zhu Kuan Debt Tangle” .

⑦ Moir, “Mainland Sets High Price for Legal Recourse; Liquidators Shelve Bid to Claim Disputed Land After Zhuhai Court Demands Eight Million Yuan in Fees” (internal quotations omitted).

⑧ Miller & Clifford, “Losing Millions in Zhuhai” (internal quotations omitted).

⑨ Moir, “Mainland Sets High Price for Legal Recourse; Liquidators Shelve Bid to Claim Disputed Land After Zhuhai Court Demands Eight Million Yuan in Fees” .

高额的诉讼费一直以来都是中国内地法院的主要经费来源之一，并且是在中国进行诉讼的一大特色，[①] 该费用通常都是过高的。[②] 然而，这些诉讼费用事实上是对法律的误用。《人民法院诉讼收费办法》第 5 条第 8 款以及第 5 条第 4 款规定，破产案件相关破产企业财产总值超过人民币 100 万元的部分，按 0.5% 交纳案件受理费[③]，最多不超过人民币 10 万元。[④] 法院对于诉讼费用的减交和缓交，有较大的自由裁量权，[⑤] 并且若原告赢得诉讼，被告将会最终承担诉讼费用。[⑥] 本案实为行政案件，但法院一开始误将该案作为破产案件受理，因而适用 0.5% 的诉讼费用比例，并且公然无视人民币 10 万元的最高征

---

① 同前。亦见《人民法院诉讼收费办法》，最高人民法院 1989 年 7 月 12 日发布，规定相关民事案件费用。

② See Walter Hutchens, "Private Securities Litigation in China: Material Disclosure About China's Legal System?", 24 *U. Pa. J. Int'l Econ. L.* 599, 652, n. 207 (2003)（讨论在中国内地进行担保案件诉讼时高额费用的负作用）; Note, "Class Action Litigation in China", 111 *Harv. L. Rev.* 1523, 1534 (1998)（讨论中国内地集体诉讼的费用问题）。

③ 参见《人民法院诉讼收费办法》第 5 条第 4 款、第 5 条第 8 款。

④ 参见《〈人民法院诉讼收费办法〉补充规定》，最高人民法院审判委员会 1999 年 6 月 19 日第 1070 次会议通过。其中规定，"破产案件，按照破产企业财产总值依照财产案件收费标准计算，减半交纳，但最高不超过 10 万元"。

⑤ 《民事诉讼法》（1991 年）第 107 条。

⑥ See Wenhai Cai, "Private Securities Litigation in China: Of Prominence and Problems", 13 Colum. *J. Asian L.* 135, 149 (1999).（"败诉方承担除胜诉方律师费之外的诉讼费用，是中国法院普遍承认的规则。"）

收额,[①] 尽管最高人民法院在对全国各法院的严肃整顿中，对此“坚决禁止”。[②] 如果作为行政案件来看，该案所适用的诉

---

① 市政府在中国法律中被认为是行政机构，因此有关横琴地产项目的案件为行政案件。See e. g. , Diantou Longsheng Rock Materials Quarry v. City of Fuding, CHINACOURT. ORG (Fuding People's Court, Apr. 11, 2002), http://www. china - court. org/public/detail. php? id = 17116 (last visited Apr. 1, 2005)（将诉福鼎市的案件作为行政案件处理）。此外，行政诉讼法意在通过司法机构对行政行为进行审查。Conita S. C. Leung, “Chinese Administrative Law Package: Limitations and Prospects”, 28 H. K. L. J. 104, 106 (1998). 因此，即使珠海市政府不是当事人，由于法院关于横琴项目的裁决都是行政性的，该案件仍能被当作行政案件来处理。反过来说，行政诉讼法为诉讼提供了广泛基础，其中几项甚至能够表明罗申美诉珠海市政府和珠海市土地登记中心的案件可以被认为是行政案件。相关法条如下：

人民法院受理公民、法人和其他组织对下列具体行政行为不服提起的诉讼：

（一）对拘留、罚款、吊销许可证和执照、责令停产停业、没收财物等行政处罚不服的；

（二）对限制人身自由或者对财产的查封、扣押、冻结等行政强制措施不服的；

……

（四）认为符合法定条件申请行政机关颁发许可证和执照，行政机关拒绝颁发或者不予答复的；

（五）申请行政机关履行保护人身权、财产权的法定职责，行政机关拒绝履行或者不予答复的；

……

（八）认为行政机关侵犯其他人身权、财产权的。

除前款规定外，人民法院受理法律、法规规定可以提起诉讼的其他行政案件。

以上内容参见《行政诉讼法》（1990 年）第 11 条。虽然相关主张可以基于以上所有条款提起，但第 11 条第 8 项包含了所有债权人认为珠海市政府和珠海市土地登记中心侵犯了其财产权的行为。

② “一、必须严肃执法……

二、必须禁止一切乱收费。人民法院在诉讼中收取费用必须依照法律和规定进行，凡是国家法律和最高人民法院没有明文规定的收费，一律取消。

1. 坚决禁止收取下列费用：

（1）超出《人民法院诉讼收费办法》《关于适用〈中华人民共和国民事诉讼法〉若干问题的意见》《关于贯彻执行〈中华人民共和国行政诉讼法〉若干问题的意见（试行）》《关于贯彻执行〈中华人民共和国企业破产法〉（试行）若干问题的意见》规定的范围、标准收取的不合理费用；”

参见《最高人民法院关于纠正执法不严和乱收费等不正之风的通知》，最高人民法院 1993 年 8 月 31 日发布。

讼费用几乎只需人民币 100 元。[①]

有关对于法律的错误适用，到底只是粗心法官的疏忽，[②] 还是珠海市政府的要求，[③] 值得怀疑。或许是珠海市政府引导一个对法律一无所知的法官来听从自己的指示。罗申美对该诉讼费用的第一反应是暂缓诉讼程序。[④] 他们的抗议使得法院不得不再次审查这一问题。[⑤] 最后，法院改变最初的决定，根据相关法律法规，征收人民币 100 元作为诉讼费用。[⑥]

珠海市政府的花招还没有用完。当珠海中院决定以人民币 100 元作为诉讼费受理案件之后，又立即将案件转移给香洲法院。[⑦] 这样做的结果就是上诉会由珠海中院受理，而珠海中院受市政府的影响极为严重。[⑧] 在经历另一场法律战之后，珠海中院最终决定审理该案件，这意味着上诉将由在广州的广东省高级人民法院（以下简称广东高院）受理。[⑨] 适用的相关法律规则仍然是重大涉外或者重大涉港、澳案件，须由中级人民法院而不是基层人民法院一审审理。但即使案件已经被受理，拖

---

① 参见《人民法院诉讼收费办法》第 5 条第 6 款第 3 项。

② See Moir，“Mainland Sets High Price for Legal Recourse; Liquidators Shelve Bid to Claim Disputed Land After Zhuhai Court Demands Eight Million Yuan in Fees”.（“在过去，法官主要是由当事人指定的、没有或很少有法律经验的官员组成。随着在职培训政策的颁布，现在进入法院系统的都是一些刚毕业的法学专业学生。‘你能看到很年轻的法官……你能信赖一个从医学院刚毕业的学生吗？’”）See also ibid.（该文指出中国非发达地区的法院系统很简单，并且没有意识到开放的需要和实现合同权利的需要。）

③ See e. g. , Chris X. Lin，“A Quiet Revolution: An Overview of China's Judicial Reform”, 4 *ASIAN – PAC. L. &POL'Y J.* 255，298（2003）.（“司法系统受到当地滥用权力干涉法庭事务的党委与政府官员的强烈影响。”）

④ Moir，“Mainland Sets High Price for Legal Recourse; Liquidators Shelve Bid to Claim Disputed Land After Zhuhai Court Demands Eight Million Yuan in Fees”.

⑤ Miller，“Macau Bid to Unravel Zhu Kuan Debt Tangle”.

⑥ Ibid.

⑦ Ibid.

⑧ 参见《行政诉讼法》第 58 条。允许上诉至上一级法院。

⑨ Miller，“Macau Bid to Unravel Zhu Kuan Debt Tangle”.

延程序的问题仍很严重。该案本应于2004年5月开始庭审,[①]但虽然罗申美多次请求,[②]并且法律规定的6个月审理期限早已截止,[③]最后的庭审日期直到2004年9月16日才确定下来。

在庭审中,珠海市政府的唯一辩驳理由似曾相识,即无论是珠光集团还是珠光(香港)有限公司,都没有任何与地产相关的法律利益,也没有权利提起诉讼程序。[④]而面对罗申美提供的大量相反证据,珠海市政府称其"没有意见,也不反对"。[⑤]在11月,珠光集团的两家拥有相关地产,并应受清盘人罗申美控制的子公司,珠光资产发展有限公司和公乐新城有限公司(Gongle New City Company Limited),加入到诉讼程序中来,并称罗申美没有权利进行诉讼,而他们也不想针对珠海市政府提起诉讼程序。[⑥]尽管罗申美多次提出异议,这两家子公司最终还是被允许加入到诉讼中。[⑦]珠海中院则紧紧站在市政府一边,认为罗申美代表的珠光集团和珠光(香港)有限公司没能提供足够证据证明珠海市政府收回土地使用权,因而驳回原告请求。[⑧]

罗申美上诉至广东高院。至于没有足够证据证明土地使用权被收回的问题,他们声称已提交从欧阳(Ouyang)处得到确认的证据,并且珠海市政府从未有异议,或是回应过罗申美的证据。[⑨]再退一步说,罗申美指出是珠海市土地登记中心没能

---

① Jane Moir & Christine Chan, "Zhu Kuan Returns to Debt Talks; The Zhuhai Government Raises its Cash Settlement Offer but Creditor Banks Remain Unimpressed", *S. China Morning Post*, Aug. 30, 2003, p. 1.

② RSM, "Report to Creditors", para. 215.

③ 参见《行政诉讼法》第39条,要求原告在知道作出具体行政行为之日起,三个月内提起诉讼;另见第58条,要求法院在立案之日起,三个月内作出第一审判决。

④ RSM, "Report to Creditors", para. 216.

⑤ Ibid. para. 217 (internal quotations omitted).

⑥ Ibid. para. 219.

⑦ Ibid. para. 220.

⑧ Ibid. para. 221.

⑨ Ibid. paras. 221.1 – 221.2.

让其获得公开信息，来证明收回与否的问题。[①] 最终，子公司们拒绝与在罗申美控制下的母公司合作，而显然珠海市政府也对珠海中院施加了一定压力。[②] 广东高院直到 2005 年 1 月之前，都没有采取任何行动。[③]

从一开始，为债权人利益考虑而放还土地的可能性就不大。在实践中，中国政府收回土地使用权的权力，跟美国政府的土地征用权一样，但在从国企收回土地使用权方面的限制少了很多。然而，债权人对补偿的要求却更加强烈。珠海市政府可以指出，珠光发展有限公司没有在法律规定的时效范围内要求补偿，但有一个事实仍不容忽视，即这种要求相当于珠海市政府自己对自己要求补偿。然而，即使是不容忽视，也没有阻止内地法院无视这一事实，他们的确没有将此考虑在内，尤其是在珠海市政府的权力之下。

4. 对珠海市政府收回其他财产的法律行动

2004 年 8 月 6 日，罗申美在珠海中院提起关于珠海中院同意珠海市政府财政部门申请的异议。2004 年 12 月 25 日，珠海中院不出所料地驳回罗申美的申请，罗申美提起上诉。[④]

（九）清盘前内部协商

2005 年 2 月，在试图将珠光集团拉出清算泥沼的努力中，珠海市政府拨款 25.2 亿元港币，并承诺 21.33% 的还款给无担保债权人。[⑤] 钱从哪里来不得而知，但珠海市政府声称，会找到第三人来提供现金。[⑥] 据推测，珠海市政府与中国工商银

---

① RSM，“Report to Creditors”，para. 221. 4.

② Ibid. paras. 221. 3. ，221. 5.

③ Ibid. para. 222.

④ Ibid. para. 182.

⑤ Moir，“Zhu Kuan Creditors Offered ＄2. 5b Cash”.

⑥ Ibid.

行广东省分行、广东发展银行以及渣打银行的珠海分行，签署了一项人民币35亿元的银团融资协议。[①] 假如债权人接受这笔款项，那么所有针对珠光集团的主张就都被一笔勾销，向银行担保贷款的财产也将会被返还。[②] 然而，债权人不出所料地拒绝这一提案，而选择进一步协商。[③] 他们希望得到至少30%的还款，已经是公开的秘密。[④] 况且，这一提案给无担保债权人的还款，只比2003年8月提供的22.5亿元港币的提案多1%而已。[⑤] 最可悲的是，当这一提案消息出炉的时候，对方的还价议案早已在准备过程中。[⑥]

（十）最终的解决方案

在2005年的提案之后，珠光集团案件从媒体的聚光灯下走出，珠海市政府、珠光集团以及债权人开始平静地协商。债权人仍然希望问题能够得到和解，甚至能有更高级政府出面，因为中国内地法院的法律救济途径花费极高而成功率极低。[⑦] 博雷利甚至曾希望在2004年年底前取得和解，[⑧] 但事实却没有那么顺利。清算的威胁恐惧在债权人当中蔓延，[⑨] 因为假如没有珠海市政府在清算过程中提供资金，那么最终的结果将还不如2005年2月的那次提案。

在2005年，要求获取更多还款的呼声在某种程度上渐渐

---

① Moir，"Zhu Kuan Creditors Offered \$2.5b Cash".

② Ibid.

③ 对该款项的拒绝是默示的，由债权人接受了2005年7月的提案表现出来。LeeMaster，"Zhu Kuan Creditors Accept \$3B".

④ Moir，"Zhu Kuan Creditors Offered \$2.5b Cash".

⑤ Ibid.

⑥ Ibid.

⑦ Moir，"'Riviera' Turns into Black Hole：Investors Who Bet Zhuhai Would Be Asia's Monte Carlo Have Found That the Odds Were Stacked".

⑧ Ibid.

⑨ Block Probe.

弱化，越来越多的债权人将他们的债权出售给其他银行。这给珠海市政府减了压。那些折价收购债权的银行只想通过几个百分点的差价，赚取利润。例如，*DBL* 持有的债权就从 7410 万元港币增长到 2005 年 1 月的 5. 363 亿港币，他们曾认为资产价值会攀升，而这最后被证明是正确的。①

但罗申美还是没有在私下接受任何协议。谈判失败后，博雷利打算实施“一系列实质的法律程序”，② 并向潜在的第三人投资者发布警告，称罗申美“在纷争被解决之前绝不会让任何人接管（横琴地产项目）”，③ 而这一陈述显然也可以被用于其他与珠光集团有关的资产纷争上。他还进一步指出，罗申美接下来的任务中，有部分是要“确保珠海市政府和相关责任人都会对指定临时清盘人之前所发生的一切以及被剥离的资产负责”。④ 有一名债权人甚至特别指出，“最终……政府是要担责的”。⑤ 在中国，这种涉及政府官员的威胁，特别是对可能判处死刑的腐败罪名的控告，对于逼迫对方上谈判桌有很好的效果。

珠海市政府的资产剥离行为、之前所威胁的清算、欠佳的

---

① “Briefly：Korea Steel Maker Posts Jump in Profit”，*Int'l Herald Trib.*，Jan. 26， 2005， http：//www. iht. com/articles/2005/01/25/bloomberg/sxbriefs. php（last visited Apr. 1，2006）.

② Moir，“Riviera' Turns into Black Hole：Investors Who Bet Zhuhai Would Be Asia's Monte Carlo Have Found That the Odds Were Stacked”. See also Interview，参见第 165 页注释⑦. See Vincent A. Pace，“Financing Chinese State－Owned Enterprises：The Lessons of Three Major Chinese Cross－Border Insolvency Cases”，6－12（May 1，2005）（unpublished manuscript，on file with author).

③ Moir，“‘Riviera’ Turns into Black Hole：Investors Who Bet Zhuhai Would Be Asia's Monte Carlo Have Found That the Odds Were Stacked”.

④ Ibid.

⑤ Moir，“Zhu Kuan Group Declared Bankrupt：The Decision is the First Liquidation of a Mainland Government Investment Arm by a Hong Kong Court”.

财政状况，以及广东国投破产案，[1] 都表明珠海市政府最终的策略，可能一直都是在将资产尽量远离债权人之后，再转向清算。但为了做些弥补，有几个因素促使珠海市政府去平息债权人。从经济上来讲，未来的某一天可能珠海市政府还想再借款，现在与银行的关系越好，之后商量条件越容易。不过比珠海市政府未来经济状况更强有力的因素，是潜在的腐败问题。

最终于2005年7月29日，珠光集团的董事签署一份谅解备忘录，接受32亿元港币的和解协议。[2] 一如之前的报道所述，珠光集团作为与珠海市政府“远期融资协议”中的一部分，获得中国工商银行的救助（bailed out）。[3] 罗申美在香港掌控的资产将会返还给珠光集团，并且作为给珠海市政府的贷款抵押，由工商银行持有。此外，清盘程序也将被暂时中止。[4]

最终，经过跨度数年的激烈谈判，债权人终于能够将这段闹剧放于身后。珠光集团继续经营着一些之前就涉及的商业活动。[5] 珠海市政府也得以募集到更多资金，来实施其宏伟的发展计划。[6]

---

① 在广东国投的清盘中，只有2000万元人民币的债务得到确认，相对债权人主张的81亿元港币债务来说极为微小，并且债务的偿还也“像挤牙膏一样用了很长一段时间”。Block Probe. 债权人努力争取，也只得到了15%的贷款偿还。Tom Mitchell，“GITIC HQ Buyer Fails to Seal Deal; Three Large Payments Are Overdue As Banks Refuse to Lend to a Consortium After ‘Unfortunate Events’”，*S. China Morning Post*，Sept. 10，2003，p. 1.

② “China's ICBC Funds 3.2 Bln HKD Bailout of Zhuhai Government Co”，*Xinhua Financial Network News*，Aug. 4，2005 [hereinafter China's ICBC].

③ Ibid.

④ Ibid.

⑤ 九州发展有限公司原为珠光发展有限公司。该集团的主要业务是对中国珠海的旅游胜地、主题公园、游乐园以及港口设施和票务的管理，其他业务还包括轮渡服务、投资控股以及资产控股等。该集团的运营主要在中国内地进行。See “Jiuzhou Development Company Limited – Company Profile Snapshot”，*Wright Reports*，http://wrightreports.ecnext.com/coms2/reportdesc – COMPANYC344G5670（last visited Apr. 1，2006）.

⑥ LeeMaster，“Zhu Kuan Creditors Accept $3b”.

表 2　有关珠光集团 78 亿元港币债务的提案概览

提案	现金总量（百万港币）	债权偿还率(%)	结果
2002 年 3 月①	4 +	45②	于 6 月被修改
2002 年 6 月③	4 +	40 + ④	多数债权人接受；珠海市政府食言⑤
2003 年 7 月⑥	2.05⑦	18⑧	一致拒绝⑨
2003 年 8 月⑩	2.25⑪	21⑫	多数债权人拒绝⑬
2005 年 2 月⑭	2.52⑮	21.33⑯	拒绝⑰

① RSM, "Report to Creditors", para. 227.

② Ibid.

③ Moir, "Report to Creditors", para. 191.

④ Ibid.

⑤ Moir, "Zhu Kuan Creditors Offered $2.5b Cash".

⑥ Moir, "Receivers Find $10b Zhu Kuan Assets; Recovery of the Money from the Companies Controlled by the Zhuhai Government is Unclear as it is Tied Up in Land".

⑦ Moir, "Zhu Kuan Creditors Seek Action; Bankers' Mistrust Grows as Questions Over Missing Cash Go Unanswered".

⑧ Moir, "Zhu Kuan Creditors Offered $2.5b Cash".

⑨ Moir, "Zhuhai Government Sets Deadline for Zhu Kuan Creditors: The Banks Have until October 8 to Decide on Restructuring".

⑩ Moir, "Zhu Kuan Creditors Offered $2.5b Cash".

⑪ Ibid.

⑫ Moir, "Zhuhai Government Sets Deadline for Zhu Kuan Creditors: The Banks Have until October 8 to Decide on Restructuring".

⑬ Ibid.

⑭ Moir, "Zhu Kuan Creditors Offered $2.5b Cash".

⑮ Ibid.

⑯ Ibid.

⑰ 对于该提案的拒绝，由接受 2005 年 7 月的提案体现出来。LeeMaster, "Zhu Kuan Creditors Accept $3b".

（续表）

提案	现金总量（百万港币）	债权偿还率（%）	结果
2005 年 7 月①	3.2②	40③	接受④

三、珠光集团破产案中所显现的问题

（一）公司治理不善

1. 国家引发的公司管理不善问题

在中国共产党里，党员们不再严格按照标榜自己为忠诚的马克思主义者而得到晋升，而是必须募集资金并作出一番贡献——越大越好。[⑤] 要证明这一点，恐怕没有比梁广大更好的例子。

珠海市政府与梁广大有着共同目标，即珠海转型，[⑥] 但政府内部每个人的动机都和梁广大一样。甚至没有什么迹象表明，他们的目标是通过项目活动创造利润，来偿还珠光集团为珠海市的发展所背负的债务。贷款银行无视这些信号，尽管有着巨额抵押附带损失，珠海市政府还是成功将城市转型。无论融资与传统借贷模式有多不一样，都能成功借到款项，珠海市政府甚至还在 2005 年安排到一笔贷款用来帮助珠光集团还债。中国官员们在见过这之后，便没有理由再去担心，是否要偿付

---

① LeeMaster, "Zhu Kuan Creditors Accept ＄3b".

② China's ICBC，参见第 201 页注释②.

③ LeeMaster, "Zhu Kuan Creditors Accept ＄3B".

④ Ibid.

⑤ See e. g., Joseph Kahn, "Investment Bubble Builds New China", *N. Y. Times*, Mar. 23, 2005, at C1.（该文主张，即使在有其他更好的支出途径时，地方政府也倾向于扶持大型基础设施建设。）

⑥ Ibid.

贷款以确保日后能够获得融资。珠光集团等国企的董事们在他们的政治领导的掌控下，几乎没有可能做一个“寻求利润的公司董事”。在中国内地评估风险，债权人们不得不有所警醒，他们的目标（利润）与政府的目标（发展）常常是相互冲突的，而且地方政府一旦通过资金完成他们的目标，便有可能消失。

2. 缺乏透明度

从珠光发展有限公司的要求，到股东买回或者发行新股，再到将档案资料从香港转移、公然无视法院强制披露的命令，在确定珠光集团的财政状况时，透明度缺失一直是一个问题。一位债权人代表指出珠光集团“需要在金融交易中有完全的透明度”。[①] 但不幸的是，既然一项交易已经做成，并且考虑到透明度有可能泄露其中的非法活动，或是令人尴尬的管理不善，公开信息并没有、也可能永远不会发生。

3. 非法活动

在中国内地进行大笔款项的交易，并且涉及工资相对较低的政府管理人员时，贪污腐败是常见问题。虽然在珠光案中，没有确凿的证据表明存在腐败，但中国国企腐败的倾向，以及珠海市政府拒绝提供档案资料的强硬态度表明，这其中可能存在腐败或是其他非法行为。这类行为在中国进行商业交易时在所难免，而要量化其出现的风险也较为困难。但不管怎样，在中国进行任何种类的商业交易，都不能忽视交易双方涉嫌违法行为的潜在可能性。

4. 无法追究董事与员工的责任问题

中国只与17个国家签署了引渡条约，中国内地与中国香

① Miller & Clifford，“Losing Millions in Zhuhai”.

港和中国澳门之间没有相关协议。[①] 一个经常被提到的原因是对中国人权状况记录的担忧，[②] 仅仅是卷入中国法律体系的可能性，即使只是简单的经济过失，也已足够有威慑力。但在另一情况下，中国公民在可能卷入法律诉讼时，有大量机会将自己置身于辖区之外。[③] 珠光集团便充分利用这一点，在1998年广设办公室，并保证其董事在珠海的安全问题，这使中国公民在诉讼中有了主场优势。

（二）在中国内地的无效法律救济途径

1. 司法系统独立性缺失

在中国内地，主场优势是重要问题。法院是他们所在地政府的一部分，这使法院蒙受政府特权之恩，并为其服务。麦克唐纳曾说："当你坐在珠海的法官面前时，他们并不认为这是

① Chau Pak - Kwan & Stephen Lam, Hong Kong Legislative Council Secretariat, *Research Study on the Agreement between Hong Kong and the Mainland Concerning Surrender of Fugitive Offenders* 21 (2001), http://www.legco.gov.hk/yr00 - 01/english/library/erp05.pdf (last visited Apr. 1, 2006)（该文指出，中国在与白俄罗斯、保加利亚、柬埔寨、哈萨克斯坦、吉尔吉斯斯坦、蒙古、罗马尼亚、俄罗斯、泰国以及乌克兰签订引渡条约时，总会附有保留条款）。"China - South Africa Leaders Launch Bilateral Commission", *BBC Worldwide Monitoring*, Dec. 10, 2001; "China to Strengthen Co - operation with Laos: Premier Zhu", *Xinhua Gen. News Serv.*, Feb. 4, 2002; "Chinese Foreign Minister, Tunisian Counterpart Discuss Sino - Arab Ties, Terrorism", *BBC Worldwide Monitoring*, Nov. 9, 2001; "Extradition Treaty Between South Korea, China to Take Effect in April", *BBC Monitoring Reports*, Mar. 13, 2002; "Lithuania Ratifies Extradition Treaty with China", *Global News Wire*, Oct. 31, 2002; "Pakistan, China Agree to Sign Extradition Treaty", *The Pak. News Wire*, Mar. 2, 2003; Norman P. Aquino, "RP, China Sign 18 Agreements", *Business World*, Nov. 1, 2001, p. 1; "U. A. E: UAE and China Sign Extradition Treaty", *The Emirates*, May 14, 2002.

② Leahy, "Asia's Corporate Horrors - Are Lessons from the Crisis Already Forgotten?".

③ 关闭营业场所、离开辖区，似乎是中国内地企业的常规策略：并非只有贷款人才做关于中国的敛财梦。在过去的数十年里，几家在中国香港上市的中国私营企业纷纷失败，由于办公室位于香港，而管理层又能在中国内地安全保身，投资者和有关机构都无计可施。Ibid.

他们的问题。法院被认为是党的组成部分！”① 此外，“人民法院一直以来都在保护和实现‘国家’利益”②。凯恩斯（Cairns）描述道，“他们不是一个独立的司法系统……他们要服从党的政策。如果政策说我们从外国人约翰尼那里借钱并且不用还钱，那么他们就会这么做”。③ 失去司法独立性，在中国的诉讼若是与国家利益冲突，便很难有获胜的可能，除非一方到该国家行为实施者影响较小的管辖区去诉讼，正如罗申美在珠光案中所做的一样。

2. 专业性法官的缺失

除了法院要维护政府利益之外，法官缺少专业知识并有效裁判也是普遍现象，特别是在大城市以外的其他地区。麦克唐纳说道，“要试图补偿贷款差额，但你却在与对清盘没有什么了解的法院打交道”。④ 法官们接受了一些对中国法律完全错误的解释，这些无疑会在上诉时被完全推翻。即使是在珠海市政府的压力之下，法官似乎也没能说出最终的结果到底会怎样。除非是他们已经对珠海市政府和盘托出，而后者只是将诉讼作为拖延的手段，否则，事实就是珠海中院对法律欠缺了解。当诉讼在大城市进行时，情况可能会有所好转，但唯一能保证得到一名合格法官的方法，就是尽可能在一个更加成熟的法律体系下进行诉讼。

3. 可适用法律的缺失

在珠光案所显现的主要问题中，可适用法律的缺失是最需

---

① Leahy, “Asia's Corporate Horrors – Are Lessons from the Crisis Already Forgotten?”.

② Hilken, “Rotten System Will Persist, Says Lawyer”.

③ Leahy, “Asia's Corporate Horrors – Are Lessons from the Crisis Already Forgotten?”.

④ Ibid.

要得到改进的问题。《破产法》在经过10年多的酝酿后，将在几年内颁布。这部新法被认为是一个卓越的进步，并且广受国内外好评。该法与国际规范大体一致。它赋予清算管理人职权，去审查在破产前几个月内的可疑交易。即使那些保守派也认为，《破产法》是迈向正确道路的一步。[①]

但不幸的是，所拟定的《破产法》似乎不能在短期内达到其所写的全部目标，因为对于麦克唐纳所谓的“腐化的体制”，它没有解决途径。[②] 更甚者，无论在中国的法律有多精良，执行一直都是极度困难的事，若是遇到与政府部门权力紧密相关的案件，执行更是难于登天。由于法院保护国家利益的角色已被写入新《破产法》中，该法的有效性便值得再推敲。[③] 法院里专业型人才的缺乏，同样是一个不容小觑的问题。“破产法草案将大量自由裁量权与相关职责赋予法院。因此法律的有效性在很大程度上，依赖于法院的技术设施、判案经验甚至是可用性。”[④]

麦克唐纳对《破产法》的效力有所质疑，并拿不准是否能为珠光集团的债权人所用。《破产法》第5条明确规定对外国清算判决的承认，但是该承认必须不损害国家利益及国内债权人合法权益。这似乎就保证政府与国内债权人的权益优先于外国相关人员的合法权益，因而珠光集团的许多资产交易都可以以此为辩护。“如果《破产法》草案是为了保护债权人和投资者的利益”，麦克唐纳解释说，“那么人民法院就必须找到一种方式，来限制国家干预破产程序的权力，以便确保国家或是国内债权人能够获得优待”[⑤]。但正如珠光案所呈现出来的那样，如果没有重大系统的改革，上述这一切就不可能发生。

---

① Hilken，“Rotten System Will Persist，Says Lawyer”.

② Ibid.

③ Ibid.

④ Ibid.

⑤ Ibid.

四、从珠光集团破产案中学到的教训

（一）资信评估

1. 无凭据的乐观预测所导致的风险增加

当债权人在中国分析企业和交易信誉时，必须要有足够的注意。珠光集团和珠海市政府几乎将所有美妙的预测，都展现在潜在借款人与投资者面前，但对影响风险的因素最小化，甚至只字未提。债权人对此最好的应对方式，就是用非中国企业的标准来衡量中国企业。但考虑到中国体制的性质，这也并非每次都可行。在债权人和投资者被说服之前所浮现出来的障碍，能够更好地保护他们免受如珠光集团那样的冒险。

2. 国家对国有企业的需求所导致的风险增加

债权人若是能够谨慎衡量与国企有关的风险，则是明智的。珠光集团的牌便出得很好。当时机合适时，珠光集团便将自己混装成政府的一部分，并享有所有相关的利益，尤其是在违约后的保护方面。当问题显现时，珠光集团又摇身一变，成为与政府毫不相关的私营企业，而后者成为在取回欠款方面具有优先权的主体。借款人现在不得不注意一个事实，即在要回借给国企的贷款时，不能想当然地依赖国家。

国家在国有企业中的利益并非只有一个流向，债权人在与国企进行交易时，必须清楚地认识到潜在的利益冲突。[①] 在一般商业交易的情形下，贷款被直接或间接用来提高企业获取利润的能力。然而，在涉及国企的情况下，营利的目的就可能被官员们希望获得党内晋升的欲望所削弱。

---

① See Simon Cartledge, "Big Price, Big Risk, Big Hope for Hang Seng", *S. China Morning Post*, Dec. 20, 2003. （"广东国投和珠光集团的案件都表明，中国的地方政府可能会与提供贷款的银行有利益冲突。"）

3. 缺乏问责制所导致的风险增加

当问责制缺失时，中国的地方政府只会在自己认为合适的时候，按照合同或是法律规则行事。珠光集团就曾多次无视法庭规则，并公然违抗法律法规。在珠海大道有限公司的债券发行上，对契约责任的违背就已经很明显：珠海市政府发现按照合同条款行事太过麻烦，便拒绝按约定执行，而珠光集团由于缺少资金支持，违反了其合同责任。珠光发展有限公司甚至弃自己的公司章程于不顾，拒绝罗申美选举董事会成员。为自己的利益考虑，珠海市政府将市内大批土地的使用权交给珠光集团。[①] 但是当事情的发展与他们的利益不符时，珠海市政府又收回该权利，而没有给予任何补偿。[②] 标准普尔在 2001 年的报告中指出，“毁约表明中国企业实体在合同义务实施方面的声誉”[③]。债权人若想依靠合同责任来约束国家行为者，就必须谨慎行事。珠光案即表明他们远远不可信。

问责制度的缺失，同样表现在经济层面上。国际投资者们对进入中国市场的热切期望，导致这样一种道德危机，即那些作出糟糕经济决定的高管们都能募集到资本。此外，中国的银行在风险评估方面的低水准，导致融资渠道更为广阔。[④] 只要融资一直这么容易，经济操作者们就会不太愿意改变他们的行为。

4. 对待债务的文化态度所导致的风险增加

政府官员对待偿还贷款的态度也是一个问题。据凯恩斯所

① See Miller & Clifford, “Losing Millions in Zhuhai”；参见第 166 页注释④至第 167 页注释①，以及相关内容。（阐述珠光集团与珠海市政府间的土地交易）。

② 参见本文二（四）1 及二（四）2 的相关内容。（该部分讨论珠光集团与珠海市政府间的土地交易。）

③ Gesteland, “China's US $ 1. 58 Bond Offering a Smashing Success”.

④ “Bank Regulator in China Issues Directive on Risk”, *N. Y. Times*, Mar. 28, 2005, at C6.

称：“（在国际银行和亚洲的贷款人之间）有巨大的文化断层……通常来说，银行有着西化的心态，但是这不管用。银行向外借出款项后自然而然地要求偿还，但企业却回答说‘你已经借给我了！’”[①] 在珠光案中，由于涉及国企，这一现象更为夸张。麦克唐纳说道，“所有的钱都用于政府基础设施建设……在他们的观念里这些钱根本不需要偿还”[②]。凯恩斯对此提出一些可靠的建议：“指责中国‘为什么你不像美国那样’是没有意义的，他们本来就不是美国：他们的制度就是那样。没有人是被迫借钱给他们的。批评中国不像我们那样是不公平的，也不现实。”[③] 而关于这点的教训是，债权人必须在文化框架下分析这笔贷款，并在评估风险时根据贷款人的态度，将其可能永远不会还款的可能性考虑在内。

5. 当国企资产在所有政府辖区内时所导致的风险增加

当国企的资产在控股该国企的政府辖区内时，相关资产对于债权人的最终有效值，就十分值得怀疑。在清盘的情况下，这类资产不应作为能够缓和风险的因素，因为在现有的法律体制下，国家行为者轻则损害，重则可能完全阻碍债权人获得资产。

6. 当国企资产不在所有政府辖区内时所导致的风险降低

从另一方面来说，国企所持有的资产越是在自己的辖区范围外，不容易转移到本辖区，对债权人而言的风险就越小。在中国，只要不是政府所在辖区，就可能对债权人有利。在珠光案中，这一点表现得很明显。珠海市政府试图将关于收回土地使用权的诉讼转移到香洲法院，从而使相关上诉能够落到珠海

---

① Leahy, “Asia's Corporate Horrors – Are Lessons from the Crisis Already Forgotten?”.（internal quotations omitted）.

② Ibid.（internal quotations omitted）.

③ Ibid.（internal quotations omitted）.

中院。而债权人的努力最终使得该案上诉到广东高院，这样就能避免司法系统直接受诉讼另一方的控制，并且至少在一定程度上脱离地方保护主义。因此，虽然在中国起诉国有企业法律是最好的武器，但债权人也要注意，将在相关政府辖区内进行诉讼的可能性最小化。

当选择的另一辖区在中国内地之外，并具有更可依赖的法律体制时，优势将更为明显。由于中国的国有企业经常进行商业活动的地方，比如中国香港或者澳门，也符合上述条件，因此这对债权人来说，就是一件有力的武器。除此之外，这类诉讼由于将相关政府所建立的与其直接辖区外的其他政府的关系进一步移除，因此对债权人更有利。另外，债权人在中国内地的法律体制下，可能遭遇的审判能力不足、腐败等难以避免的系统性问题，在这种途径下，都可降低可能性或完全被避免。中国香港、澳门以及英属维京群岛的法院一再判决支持债权人。只有在这两者所属的辖区，他们才能舒适地享受倾向于己方的法院裁判。而即使诉讼一方是中国国有企业，那些法官也勇于在跨国破产的判决中，合理支持债权人一方。

作为大多数中国内地窗口企业选择的管辖地，① 在中国香港的案件，被誉为转折点。因为之前内地的法院在处理政府投资机构破产案件，或是制作债务偿还和解协议时，都致力于阻止清盘的发生。② 珠光集团破产案不仅将管辖地选在中国香港，并且由于相关公司在中国香港有资产，该案通过避免在中国内地的诉讼，增加了债权人获得偿还的可能性。③

---

① Moir，"Zhu Kuan Group Declared Bankrupt：The Decision is the First Liquidation of a Mainland Government Investment Arm by a Hong Kong Court".

② Ibid.

③ Kendall，"Foreign Lenders Welcome More Protection in China"，p. 41.

7. 与珠海市打交道所导致的风险增加

最后可能并不需要提示的是，珠海市政府和相关国企，实际上应该被列入黑名单。博雷利在2003年说，“基于我们到今天为止的所见……任何人若想在类似的情况下向珠海提供实质贷款，都应该慎重考虑”。[①] 2001年，标准普尔在报告中称，珠海大道有限公司在债券偿付上的违约行为，将会“对珠海市政府及其部门未来的相关交易有所影响”[②]。在珠光集团彻底瓦解之后，所能得出的结论十分明显：向珠海市政府及任何服务于他们的企业提供贷款，就如同让债权人自生自灭。珠光集团的债权人似乎对此颇有心得。正如一位债权人所说：“没有人在精神正常时会想要借钱（给珠海市政府）……我真不知道他们能怎样自救。”[③] 尽管如此，珠海市政府还是成功为2005年的提案借到资金，虽然需要提供的抵押也特别多。

（二）筹措贷款

1. 担保贷款

当风险极高时，债权人需要采取措施保护他们的贷款。珠光集团的担保贷款表明，在与其他中国企业商洽时，容易获得更好的交易，但境外机构投资者处于优势谈判地位，比如还没有实质提供贷款时，也应该有选择的余地。以资产为担保的救助贷款就是一个好的例子。无须赘言的是，如果贷款利率很低，高风险的国企就不需要再考虑了，除非有大量财产作为担保。

---

① Miller & Clifford, “Losing Millions in Zhuhai”.

② Gesteland, “China's US $1.58 Bond Offering a Smashing Success”. (internal quotations omitted).

③ Moir, “Zhu Kuan Creditors Seek Action; Bankers'Mistrust Grows as Questions Over Missing Cash Go Unanswered”.

2. 对信息披露的要求

债权人可以向贷款人要求常规信息披露。更进一步说，如果债权人认为有些企业有极高风险，比如那些与政府紧密相关的，甚至可以要求企业董事进行陈述。① 虽然这两条途径都不容易，但信息披露不充分的早期信号，至少可以让债权人有更多时间来为保护其利益做准备。

（三）诉讼

1. 优先在中国之外进行诉讼

对珠光集团破产案最宽泛的一个总结是：这是债权人为保护其利益，而在中国境内与国有企业的战斗，尽管这些国有企业在大陆外设立。② 全球风险管理公司国际风险（International Risk）的主席史蒂文·维克斯（Steven Vickers）曾指出，“你们的市场在经济温床之下，监管欠佳……由于监管实施的变数存在，债权人可以发现，他们被自己所不能控制的力量所玩弄”③。虽然在其他辖区内有救济途径，但也只限于辖区能够提供的那些，④ 并且法院可能会在是否采取进一步措施上，犹

① See Angela Wang, Partner, Angela Wang & Co. , *Inter - Chambers Breakfast Presentation: Managing Legal Risk When Doing Business and Taking Security in China* (Jan. 12, 2005) (PowerPoint presentation and notes on file with author). （该文指出，唯一能有效阻止类似于珠光集团案件中资产剥离行为的途径，是坚持要求董事会提供陈述和信息披露。）

② See Miller, “Macau Bid to Unravel Zhu Kuan Debt Tangle”. （“珠光集团的曲折故事，提醒人们关于投资者保护自己权利的不易。”）

③ Luck, “Madam Ding's Amazing Takeaway: China Is Not a Place for the Unwary Businessman, as an Electrifying Court Case in Hong Kong Shows”.

④ See e. g. , Prosperfield Ventures v. Tripole Trading, [2004] HCA5370D/1993 (H. C.) at 15 [hereinafter Prosper field Ventures] （讨论管辖权问题）; see also Luck, “Madam Ding's Amazing Takeaway: China Is Not a Place for the Unwary Businessman, as an Electrifying Court Case in Hong Kong Shows”（讨论判决的低效）。

豫不决。[①] 中国的两个特别行政区只能管辖自己内部的案件，而中国内地的法院，并不需要承认他们所作出的判决。[②]

事实尽管如此，选择中国内地之外的其他管辖地，通常都更为可取。法律实务工作者们一直都建议，把在中国内地诉讼作为最后的选项，并一直提倡用其他方法取而代之，如在离岸地区仲裁中心解决问题。[③] 罗申美在中国内地诉讼的行为并非是对此建议的背离，而是因为珠海市政府的资产剥离行为使其不得不这样做。[④] 中国司法体系的顽疾无数，包括诉讼费用过高、[⑤] 法官[⑥]以及律师职业素养差、[⑦] 司法独立缺失、[⑧] 法制观念缺失、[⑨] 地方保护主义（包括对国企的保护）、[⑩] 将法外因素加入判决考量因素内[⑪]以及执行难[⑫]等。在关于偿付债务的案

---

① Prosperfield Ventures, p. 98.（由于害怕可能影响到香港和内地的证券市场，法院拒绝对败诉方发布罚款、逮捕，甚至是拘留的命令。）

② Luck, "Madam Ding's Amazing Takeaway: China Is Not a Place for the Unwary Businessman, as an Electrifying Court Case in Hong Kong Shows".

③ Moir, "Mainland Sets High Price for Legal Recourse; Liquidators Shelve Bid to Claim Disputed Land After Zhuhai Court Demands Eight Million Yuan in Fees".

④ But see ibid.（"正如珠光案中表现的那样，事实是在香港的清盘人甚至开始考虑在内地法院提起诉讼。另外，还有一种可能性就是，涉案当事人可能会对有关的风险控制更为了解。"）

⑤ 参见第 194 页注释①和注释②及相关内容（讨论高额诉讼费用）。

⑥ See Moir, "Mainland Sets High Price for Legal Recourse; Liquidators Shelve Bid to Claim Disputed Land After Zhuhai Court Demands Eight Million Yuan in Fees".（"在过去，法官主要是由当事人指定的、没有或很少有法律经验的官员组成。"）

⑦ Ibid.（该文认为律师的质量很重要，因为律师能够帮助法官——通常是缺乏专业训练的法官——来了解案情。该文同时指出许多律师没有很好地完成这一任务。）

⑧ Ibid.

⑨ Ibid.

⑩ Ibid.

⑪ Ibid.（"如果是一家不在中国进行商业活动的企业，那么结论就得不到支持。"）

⑫ Ibid.

件中，尤其突出的问题是偿还机制有效性的缺失。①

肯德尔（Kendall）对在中国香港法院诉讼，提出过一些策略上的建议："国外投资者们若想向中国内地企业提供贷款，应该尽早考虑在香港建立有关联系。这可以通过将贷款的相关文件，依据香港法，在香港协商与执行而完成；也可以设立条款，规定贷款的清偿在香港进行。"②

虽然这些可能不足以成为与香港有相关联系的决定性因素，但至少在公司清盘不可避免的情况下，增加法院管辖的可能性。③ 在其他管辖区也采取类似的措施，同样是明智的选择。

2. 在中国内地择地进行诉讼

当只能在中国内地进行诉讼时，选择最佳的法院地是必不可少的措施。在珠光集团破产案中，珠海市政府的法院地选择策略，就是安排一个他们最能施加影响的终审法院。这个行为对债权人来说相当危险，因为在中国内地诉讼，如果相对方与法院地有紧密联系，那么"地方永不败"的规则就能适用。④

3. 对关系的需求

关系的重要性当然也不可忽视。虽然珠光案表面上并没有明显痕迹表露，但私下不论是债权人，还是珠光集团和珠海市政府，都将关系利用到极致。债权人在此案中应吸取的教训是，不仅仅要会动用关系，更应该学会在第一时间就采取行动。

---

① V. Anantha Nageswaran, "China Can't Fill Economic Void Left by America", *Bus. Times Singapore*, Aug. 17, 2004.

② Kendall, "Foreign Lenders Welcome More Protection in China", p. 42.

③ Ibid.

④ Luck, "Madam Ding's Amazing Takeaway: China Is Not a Place for the Unwary Businessman, as an Electrifying Court Case in Hong Kong Shows".

五、结语

虽然中国内地没有破产相关法律、透明度低、法制观念也淡薄，[①] 但金融机构这几年来，一直在向中国提供贷款。债权人断言，在这个与国企交易案件中，至少他们花钱买了个教训。沙利文（Sullivan）宣称这些事情都已过去："我们学到了些东西……信用评估程序正在严格化，而且我们变得更加聪明，我真希望现在是（十）年之前。在一天将要结束时，我们正在进行银行业务并且冒些风险。不过我认为我们在尽己所能。"[②] 另一位债权人说道，"将不再与中国政府的企业交易……我们再也不会将钱投资到以政府作为使用人的运营资本中。我们已经吸取教训"。[③]

尽管如此，即使有很多国际金融机构，因中国内地的企业倒台而受到损失，但获得成功的可能性，甚至仅仅是想在这个地球上人口最稠密的国家建立企业的想法，都会使痛苦的记忆淡去并让投资者和借款人再次受伤。[④] 对于那些不能承受中国企业负债倒台而造成的后果的金融机构来说，最好的建议就是避免接触所有中国内地企业。然而对于大多数大型国际金融机构来说，问题不是是否应该进入中国内地市场，而是怎样在早已身处内地市场时将风险最小化。

在亚洲金融危机所带来的各种经济崩溃之后，"亚洲的商

---

① See Leahy, "Asia's Corporate Horrors – Are Lessons from the Crisis Already Forgotten?".（该文指出在中国借贷的危险性。）

② Moir, "Standard Bearer Sticks to the Official Script", p. 16.

③ Moir, "'Riviera' Turns into Black Hole: Investors Who Bet Zhuhai Would Be Asia's Monte Carlo Have Found That the Odds Were Stacked", p. 2.

④ See Leahy, "Asia's Corporate Horrors – Are Lessons from the Crisis Already Forgotten?".（"'你无法承受不在中国的情况'，凯恩斯说，'银行都知道：中国太大了，不容忽视。中国总会是下一个事件的焦点'。"）

人似乎在变得更为保守”[1]。然而，未来经济崩溃的隐患似乎也早已埋下。就像凯恩斯所说的，“你有一大笔钱用来购置住房……你看到一点收益就趋利而上。许多信贷过程，就是这样在半途中被瓦解的。一场亚洲金融危机将会再次发生”[2]。阿普尔比也有类似悲观看法，“亚洲还没有吸取教训。每一个公司治理获得改善的光鲜例子之后，就伴随着九个公司的衰落”[3]。中国经济的任何程度减速，都会引发珠光集团这样的破产案件，[4] 而这些破产又会导致跟珠光集团一样涉及国外金融机构的混乱局面。

仍在酝酿的《破产法》确实会为改善中国内地破产的混乱局面，带来一线希望。但整个体制的改善也需要时间。[5] 即使在最好的情况下，国际金融机构也需要至少几年的时间，来继续与他们最熟悉的企业瓦解打交道。即使法官对中国的新《破产法》有足够了解，阻碍法治有效实施的体制性问题，仍然可能成为法律有效的障碍。

珠光案中所展现出来的有关中国内地转型经济的矛盾问题很明显。珠海市政府大量的公司活动与广泛的利益，使其看起来不像是一个市政府，而更像是一家母公司，只是公司目标与营利无关。这一现象，无论是在中国的省级层面还是市级层面上，都大量存在。如果中国内地有有效的法律途径，将破产的市政府视为破产的母公司的话，将股权转移到英属维京群岛，这样的问题就能得到解决了。因为这样一来，英属维京群岛的

---

① See Leahy, “Asia's Corporate Horrors - Are Lessons from the Crisis Already Forgotten?” (quoting Dr. Marc Faber, Managing Director of Marc Faber Ltd.).

② Ibid.

③ Ibid.

④ Miller & Clifford, “Losing Millions in Zhuhai”.

⑤ See Leahy, “Asia's Corporate Horrors - Are Lessons from the Crisis Already Forgotten?”（“麦克唐纳解释说，‘中国在明年将会出台新《破产法》是一件事，但是你必须明白，法律的实施是通过省级单位进行的。了解新法需要一些时间’。”）

公司就会成为珠海市政府的子公司。即使债权人有能够适用的法律救济途径，他们还是不得不面对中国内地的法院。除典型的体制性问题之外，在法院与破产相关的法庭上诉讼，无异于在破产公司内部的另一个部门内诉讼。但至少从现在来说，债权人和投资者别无选择，只能继续去面对中国内地变革体制中的内在矛盾，以及所伴生的风险与机遇。

中国的持续性经济改革：破产立法引路*

卓雪莉** 文

张承儿*** 译

简目

---

* Shirley S. Cho，"Continuing Economic Reform in the People's Republic of China：Bankruptcy Legislation Leads the Way"，19 *Hastings Int'l & Comp. L. R.* 739，1995 - 1996. 本文的翻译与出版已获得作者授权。

** 卓雪莉，女，韩国人，1994年美国加州大学伯克利分校毕业，获文学学士学位，加州大学哈斯汀法学院J. D.。卓雪莉现供职于Pachulski Stang Ziehl & Jones LLP，为纽约州及加利福尼亚州执业律师。她已在美国执业近17年，擅长代理困境公司、担保及无担保债权人、债券持有人以及包括假马竞拍者（stalking - horse bidders）在内的破产外资产收购人，熟悉《美国破产法》第11章程序并擅长庭外谈判。卓女士曾代理过包括住宅建筑、零售、制造、批发分销、按揭、金融、医疗保健等行业在内的美国大公司的重组案件，并为这些公司处理大规模侵权责任担任顾问，其代理过最重要的案件包括美国铃木汽车公司的重整。此外，她还就破产相关话题发表文章与演讲。

*** 张承儿，中国政法大学民商法学硕士，德国汉堡大学LL. M.，现任职于君合律师事务所。

一、介绍

有评论认为，中国 1986 年的《破产法（试行）》是一部失灵的法律。这部法律获得通过的意义，更多是作为象征性的结点，而不是去处理困扰中国的系统性经济问题。① 但尽管如此，《破产法（试行）》仍成为中国当代史上最关键的立法之一。

《破产法（试行）》是中国经济体制全面改革过程中的主

① See Jane Macartney, "Chinese Can Now Go Bankrupt, Legally", *UPI*, Nov. 6, 1988. See also Nicholas D. Kristof, "Socialism Grabs a Stick: Bankruptcy in China", *N. Y. Times*, Mar. 7, 1989, at D6.

要动力之一。[①] 新的法规全面覆盖从全国社会失业保险体系[②]到劳动合同体系[③]的所有领域，从而从根本上改变中国的劳工关系结构。此外，政府还修订现有法律，以此对关于《破产法（试行）》的批评作出回应。新的破产立法在本质上与国际破产规则相符，并将于近期被通过。[④]

本文将围绕有关《破产法（试行）》的一些争论，包括立法的启动、实质条款的争议、实施的失败，以及其如期通过后将会给破产立法和劳动体制改革带来的强烈积极效应等，对《破产法（试行）》做一个整体的解读。

二、1986 年《破产法（试行）》

（一）中国《破产法（试行）》的立法动机

国有企业是中国“政治、经济以及社会生活”的“支柱”。[⑤] 国企的工业产出量占全国比重的 40%，[⑥] 不仅为非国营领域提供产品，还解决了至少一亿劳动力的就业问题。[⑦] 然而，据一份政府官方报告调查显示，在中国存在的大概 10 万

---

① See Henry R. Zheng, “Bankruptcy Law of the People's Republic of China: Principle, Procedure & Practice”, 19 *Vand. J. Transnat'l L.* 683, 685 (1986).

② Anne Stevenson – Yang, “Re-vamping the Welfare State China Aims to Weaken the Link Between Employers and Benefits”, *China Bus. Rev.*, Jan. 1, 1996.

③ Hillary K. Josephs, “Labor Reform in the Workers' State: The Chinese Experience”, 21. *Chinese L.* 201, 204 (1988).

④ Josephine Ma, “Revised Bankruptcy Law Closer to Reality”, *S. China Morning Post*, Nov. 2, 1995, p. 12.

⑤ Deborah K. Johns, “Reforming the State – Enterprise Property Relationship in the People's Republic of China: The Corporatization of State – Owned Enterprises”, 16 *Mich. J. Int'l L.* 911, 914 (1995).

⑥ Ibid.

⑦ Zheng, “Bankruptcy Law of the People's Republic of China: Principle, Procedure & Practice”, p. 685.

家国企中，[1] 有20%—25%在20世纪80年代早期亏损严重。[2]

国企的低效给中国的现状带来严重威胁，因为政府对陷入经济困难的国企补贴成为国家预算中的很大一笔开支。[3] 1993年，国家对国企的补贴达到国内生产总值的3%，[4] 同时占到预算赤字的60%。[5]

20世纪80年代早期，在致力于提升滞后经济的努力中，中国政府施行一系列经济改革以期提高国家整体水平。[6] 改革的目标在于经济市场化，以及相应地减少一些国家计划。[7] 由于部分企业能够在这些改革中提升其利润率，因而成功企业与持续游走在危机边缘的企业之间的差距，使得用一种更好的方法来淘汰失败企业的需求更加凸显。[8]

有着“中国破产法之父”之称的曹思源[9]在发表《关于争

① “China Stirs Its Sleeping Giants”, *Economist*, Aug. 27, 1994, p. 53.

② Zheng, “Bankruptcy Law of the People's Republic of China: Principle, Procedure & Practice”, p. 385.

③ Johns, “Reforming the State - Enterprise Property Relationship in the People's Republic of China: The Corporatization of State - Owned Enterprises”, pp. 916 - 918.

④ Foo Choy Peng, “State Sector Holds Key to Future”, *S. China Morning Post*, July 7, 1994, p. 1.

⑤ Lincoln Kaye, “Fire When Ready”, *Far E. Econ. Rev.*, Feb. 23, 1995, p. 50, 51.

⑥ Zheng, “Bankruptcy Law of the People's Republic of China: Principle, Procedure & Practice”, p. 685.

⑦ See generally Donald C. Clarke, “Regulation and Its Discontents: Understanding Economic Law in China”, 28 *Stan. J. Int'l L.* 283 (1992).

⑧ Zheng, “Bankruptcy Law of the People's Republic of China: Principle, Procedure & Practice”, p. 685.

⑨ Nicholas C. Howson, “Cao Siyuan: A ‘Responsible Reformer’ Silenced”, 8 *UCLA Pac. Basin L. J.* 267, 269 (1990).

取科技进步促进经济发展若干问题的建议》[①] 一文后，破产制作为一种解决方式，进入到国内讨论的前沿。根据该文章，制定一部破产法将是削减低效国企的最有效手段。[②]

为了更进一步支持将破产作为解决问题的方式，赞成派声称，破产立法将会遏制那些境况不佳的国企在政府救助方面对“铁饭碗”的依赖。[③] 由于在社会主义制度下，大家对自主经营和自担经济损失的概念相对缺失，[④] 因而关于市场力的考量因素，即企业收益与企业生命力息息相关这一事实，对于国企来说并不是一个问题。[⑤] 国企一直在“软预算约束”下运行。[⑥] 从实际角度来说，它们并不需要担心高成本的问题，因为不论是个体员工，还是管理层都从来没有吃到过低效的营业资产配置的苦头。破产法被视为改革的必需驱动力，是因为它能将企业的最终收益与生产力及产品质量[⑦]联系起来，这样一来，国企也会被市场所影响。[⑧]

---

① 曹思源：《关于争取科技进步促进经济发展若干问题的建议》，载《工业经济管理》1984 年第 3 期，引自 Ta - kuang Chang，“The Making of the Chinese Bankruptcy Law：A Study in the Chinese Legislative Process”，28 *Harv. Int'l L. J.* 333，336（1987）。该项研究由国务院经济技术社会发展研究中心组织，该中心为中国政治智库。

② 同上。

③ Steven L. Toronto，*Note*，“Bankruptcy of Foreign Enterprises in the PRC：An Interpretation of the ‘Rules Concerning Bankruptcy of Foreign Related Companies in the Shenzhen Special Economic Zone’”，4 *J. Chinese L.* 277，291（1990）.

④ Zheng，“Bankruptcy Law of the People's Republic of China：Principle，Procedure & Practice”，pp. 685 – 686.

⑤ Clarke，“Regulation and Its Discontents：Understanding Economic Law in China”，p. 295.

⑥ Ibid.

⑦ Toronto，*Note*，“Bankruptcy of Foreign Enterprises in the PRC：An Interpretation of the ‘Rules Concerning Bankruptcy of Foreign Related Companies in the Shenzhen Special Economic Zone’”，p. 292.

⑧ Clarke，“Regulation and Its Discontents：Understanding Economic Law in China”，p. 284.

（二）颁布《破产法（试行）》的障碍

《破产法（试行）》是中国立法史上被讨论并宣扬得最广泛的法律之一。① 不管是自由辩论的次数，还是公众能接触立法辩论的方式与途径，都是史无前例的。② 在全国人民代表大会上的辩论通过电视向中国群众转播，③ 而立法草案也在一本大众期刊上发表出来。④ 除了公众意见投票之外，国外的专家学者及立法者也受邀参加到专门举办的破产论坛中来。⑤

值得回味的是，辩论的焦点大部分都带有政治与经济的色彩，与立法草案本身的法律性质却无多大关系。⑥ 最热的辩题涉及要在社会主义经济制度下施行破产法的一些基本问题。⑦

1. 宏观经济因素

中国经济有几个特点，看起来与破产法格格不入。由于国家实行的固定价格制度，常常不能精确地反映出市场价格，宏观层面的经济问题便从中浮现出来。⑧ 举例来说，煤炭行业经常被指亏损，原因是在原料价格稳步增长的同时，中国煤炭价

---

① Toronto, *Note*, "Bankruptcy of Foreign Enterprises in the PRC: An Interpretation of the 'Rules Concerning Bankruptcy of Foreign Related Companies in the Shenzhen Special Economic Zone'", p. 290.

② Ibid. p. 290; Chang, "The Making of the Chinese Bankruptcy Law: A Study in the Chinese Legislative Process", p. 334.

③ Chang, "The Making of the Chinese Bankruptcy Law: A Study in the Chinese Legislative Process", p. 333.

④ Ibid. p. 338.

⑤ Ibid. pp. 342 – 344.

⑥ Toronto, *Note*, "Bankruptcy of Foreign Enterprises in the PRC: An Interpretation of the 'Rules Concerning Bankruptcy of Foreign Related Companies in the Shenzhen Special Economic Zone'", p. 291.

⑦ Zheng, "Bankruptcy Law of the People's Republic of China: Principle, Procedure & Practice", pp. 689 – 697.

⑧ Peng Xiaohua, "Characteristics of China's First Bankruptcy Law", 28 *Harv. Int'l L. J.* 373, 374 (1987).

格却在人为控制下保持着低水平。① 因而有人认为，国企的损益率其实是由国家决定的，并不能真正地衡量企业的营利能力。② 另外，政府会介入到国企从生产到管理的每个决策制定阶段。③ 反对者们认为，要让国企个体或其管理层为亏损负责，其实是不公平的，因为在那些与商业损益相关的重大事项方面，他们并没有实际地掌控权力。④

正是由于上述问题的存在，破产法成为一个折中的产物。它承认在中国真实市场指标的缺失，是破产制度施行需要解决的燃眉之急。⑤ 而政府也承诺，会通过辅助式的改革给国企及其管理者们更多的自治权，⑥ 并且对固定价格体制进行重组，以此来平息反对者之声。⑦

2. 与社会主义规范不相协调的破产制度

社会主义意识形态一直都将破产制度描述成资本主义的内在特点。⑧ 从理论上讲，国企不会破产这一说法，是社会主义声称优越于资本主义的方面之一。⑨ 因此，要接纳一部破产

---

① Donald C. Clarke, "What's Law Got to do With it? Legal Institutions and Economic Reform in China", 10 *UCLA Pac. Basin L. J.* 1, 64 (1991).

② Peng, "Characteristics of China's First Bankruptcy Law", p. 374.

③ Chang, "The Making of the Chinese Bankruptcy Law: A Study in the Chinese Legislative Process", pp. 355 –356.

④ Peng, "Characteristics of China's First Bankruptcy Law", p. 375.

⑤ Ibid. pp. 376 –377.

⑥ Chang, "The Making of the Chinese Bankruptcy Law: A Study in the Chinese Legislative Process", p. 356.

⑦ Zheng, "Bankruptcy Law of the People's Republic of China: Principle, Procedure & Practice", p. 691.

⑧ Toronto, *Note*, "Bankruptcy of Foreign Enterprises in the PRC: An Interpretation of the 'Rules Concerning Bankruptcy of Foreign Related Companies in the Shenzhen Special Economic Zone'", p. 290.

⑨ Zheng, "Bankruptcy Law of the People's Republic of China: Principle, Procedure & Practice", p. 689.

法，被一些人认为是对社会主义制度瑕疵的默认。[①]

学者则最先对破产制度和社会主义这两者间意识形态的不一致做最小化论述。[②] 有一位学者论述道，由于社会主义鼓励健康竞争，因而破产制度只是在国企中培育一种竞争性氛围的手段。[③] 另一位支持者论述道，为了使社会主义有所进步，消除病态的国企是必要的。[④] 还有第三位学者则指出，社会主义制度应该能够利用资本主义的某些方面，并将其运用到实现社会主义目标中去。[⑤] 这些学者与立法者的意愿是一致的，即希望将企业的失败与个人而不是社会主义制度整体联系在一起。[⑥]

3. 对“铁饭碗”的威胁

“铁饭碗”政策被政府认为是社会主义的基石。[⑦] 劳动者的就业权白纸黑字写在中国的《宪法》上。[⑧] 国家的目标是为全体劳动者提供“全职就业”。[⑨] 失业从理论上讲是不存在的。[⑩] 如果一个人没有工作，他便会被归入“待业”类人群，而不是失业。[⑪]

---

① Jonathan L. Flaxer, “Bankruptcy in China”, *Am. Bankr. Inst. J.*, June 13, 1994, p. 24.

② Zheng, “Bankruptcy Law of the People's Republic of China: Principle, Procedure & Practice”, pp. 689 – 690.

③ Ibid.

④ Ibid. p. 690.

⑤ Ibid.

⑥ Richard J. Goosen, “China's Bankruptcy Law: Taking Legal Reform to the Next Level”, *E. Asian Exec. Rep.*, July 15, 1987, p. 8.

⑦ Toronto, *Note*, “Bankruptcy of Foreign Enterprises in the PRC: An Interpretation of the ‘Rules Concerning Bankruptcy of Foreign Related Companies in the Shenzhen Special Economic Zone’”, p. 291.

⑧ Ibid.

⑨ Lucy A. Williams & Margaret Y. K. Woo, “The ‘Worthy’ Unemployed: Societal Stratification and Unemployment Insurance Programs in China and the United States”, 33 *Colum. J. Transnat'l L.* 457, 489 – 490 (1995).

⑩ Ibid. p. 490.

⑪ Ibid.

“铁饭碗”政策的前提是劳动者和国家之间有相互联系的纽带：政府为劳动者提供其生活的一切必需品，以换取劳动者为国家服务。① 通常来说，每个国企都像一个小小的企业生活区，因为劳动者生活的各方面都被安置好了。② 不仅仅是住宿、饮食、教育、日托以及医疗等基本设施得到提供，就连娱乐、理发店以及休闲设施都一应俱全。③

工作能够得到保障是社会主义制度的标志性特点，④ 因而通过一部破产立法，就被认为是打破这种经济保障的基本许诺。⑤ 正如本文第五节第一部分将会讨论的那样，《破产法（试行）》的支持者们都十分明白，维持社会均衡，需要为待业的劳动者提供更多保障。因此，不仅仅是在法律中添加对待业劳动者有所规定的法条，相应的社会保障措施也在全国人民代表大会上不断被通过。

（三）立法目标

《破产法（试行）》在1986年12月2日通过，⑥ 它的出台经过全国人大的热烈讨论，以及三次重大的修订。⑦《破产法（试行）》在其文字中明确表示是为适应中国独特的转型经济

---

① Stevenson－Yang，“Re-vamping the Welfare State China Aims to Weaken the Link Between Employers and Benefits”.

② Ibid.

③ Ibid.

④ Josephs，“Labor Reform in the Workers' State：The Chinese Experience”，p. 204.

⑤ Toronto，*Note*，“Bankruptcy of Foreign Enterprises in the PRC：An Interpretation of the ‘Rules Concerning Bankruptcy of Foreign Related Companies in the Shenzhen Special Economic Zone’”，p. 291.

⑥《中华人民共和国企业破产法（试行）》由第六届全国人大常委会第十八次会议于1986年12月2日通过。原文作者参引译文 Henry R. Zheng，“The Enterprise Bankruptcy Law of the People's Republic of China（for Trial Use）：A Translation”，19 *Vand. J. Transnat'l L.* 733，733（1986）。

⑦ Ron Alpe，“Bankruptcy Law Passed”，*E. Asian Executive Rep.*，July 15，1987，p. 9.

而制定的。[①]

从总体上说，中国法律的一项典型功能是作为道德规范而存在。[②] 法律的效力体现为其所传达出的道德要求，以及它能使行为符合法律目标的能力。[③] 因此，虽然《破产法（试行）》也是法制工作的重要部分，但它其实更多地被认为是一种政治宣言。[④]《破产法（试行）》试图作为一条指挥棒，来激励国企变得更有效率，从而帮助经济获得整体性复苏。[⑤] 因而，该部《破产法（试行）》的效力也被认为是对破产制度的一种挑战。[⑥]

（四）1986 年《破产法（试行）》中的重要条款

1. *序言*

《破产法（试行）》的前言明确显示该法具有社会主义的特性。前言的文字带有激励性，与美国法律相较而言，前者在法律与道德方面承载更多意义。[⑦]《破产法（试行）》的前言部分如下："为了适应社会主义有计划的商品经济发展和经济体制改革的需要，促进全民所有制企业自主经营，加强经济责任制和民主管理，改善经营状况，提高经济效益，保护债权人、

---

① Ron Alpe, "Bankruptcy Law Passed", p. 360. 对该法立法过程的详细介绍, see Chang, "The Making of the Chinese Bankruptcy Law: A Study in the Chinese Legislative Process", p. 366。

② Goosen, "China's Bankruptcy Law: Taking Legal Reform to the Next Level", p. 8.

③ Ibid.

④ Toronto, *Note*, "Bankruptcy of Foreign Enterprises in the PRC: An Interpretation of the 'Rules Concerning Bankruptcy of Foreign Related Companies in the Shenzhen Special Economic Zone'", p. 291.

⑤ Ibid. p. 292.

⑥ Ibid.

⑦ Chang, "The Making of the Chinese Bankruptcy Law: A Study in the Chinese Legislative Process", p. 365.

债务人的合法权益，特制定本法。”[1]

《破产法（试行）》的目的以重要性递减的顺序排列。[2] 虽然在美国破产法中，债务人财产的有效重组以及债权人和债务人的权利保护，是最重要的目的之一，中国的《破产法（试行）》却没有对此给予太多重视。[3]

2. 适用范围

《破产法（试行）》所指的企业是否包含外国企业，经过了一番长时间辩论。[4] 最终的结论是，该法只适用于国有企业，而不适用于外资企业。[5] 由于外资企业与国有企业受不同的法律规制，《破产法（试行）》的许多草拟条款，如对管理层的惩治，在适用时将很难与其他法律法规相统一。[6]

在很大程度上，中国的外资企业在正常的市场环境下运行，因而它们的破产没有意识形态方面的障碍。[7] 由于对外资企业的破产，早已有一系列具备更多市场基础的条款规制，[8] 因而若是将它们再归入《破产法（试行）》，就显得有些多余。

3. 破产企业的定义

大众普遍接受的对破产的市场化定义，在中国的语境下完

---

① 1986年《破产法》第1条，译自 Zheng，“The Enterprise Bankruptcy Law of the People's Republic of China (for Trial Use): A Translation”，p. 733。

② Chang，“The Making of the Chinese Bankruptcy Law: A Study in the Chinese Legislative Process”，p. 365.

③ See Debra L. Baker，“Bankruptcy – The Last Environmental Loophole?”，34*S. Tex. L. Rev.* 379，381 (1993).

④ Chang，“The Making of the Chinese Bankruptcy Law: A Study in the Chinese Legislative Process”，p. 361.

⑤ 《破产法（试行）》第2条规定，“本法适用于全民所有制企业”。“全民”指国有企业。

⑥ Chang，“The Making of the Chinese Bankruptcy Law: A Study in the Chinese Legislative Process”，pp. 361 – 362.

⑦ Zheng，“Bankruptcy Law of the People's Republic of China: Principle，Procedure & Practice”，p. 697.

⑧ Ibid.

全行不通。[①] 按照那些定义，至少1/4的国企会破产。[②] 因此，破产的标准不能取决于企业的资产负债率，而是取决于一个更加含糊的概念。[③]《破产法（试行）》第3条规定，“企业因经营管理不善造成严重亏损，不能清偿到期债务的，依照本法规定宣告破产”。[④] 因此在中国，破产的标准是否能及时偿债。[⑤]

然而，在破产的一般定义中，也有两个重要的例外，这是对反对派的担忧加以协调。[⑥] 首先，对于非因自身失误，而是由外在因素导致失败的企业，不予宣告破产。[⑦] 其次，如果企业能够获得担保，并自破产申请之日起6个月内清偿债务；或是该企业对国家经济有重要意义，如公用企业，则不予宣告破产。[⑧] 在这样的例外条件下，政府部门就能继续给予国企援助，以使国企有充足的运营成本来避免破产。[⑨]

4. *破产申请以及政府保留的控制权*

政府部门通过保留对破产申请程序的直接控制，来从实质上决定是否宣告企业破产。[⑩] 自愿申请人必须在经其上级主管

---

① Chang, “The Making of the Chinese Bankruptcy Law: A Study in the Chinese Legislative Process”, p. 359. 沈阳市规定将国企破产界定为当“亏损额超过资产总额（包括固定资产、营运资本、货币或所欠物品等）”。

② Ibid.

③ Ibid. pp. 359 – 360.

④ 《破产法（试行）》第3条。

⑤ Chang, “The Making of the Chinese Bankruptcy Law: A Study in the Chinese Legislative Process”, pp. 359 – 360.

⑥ Ibid.

⑦ Ibid.

⑧ 《破产法（试行）》第3条。

⑨ Chang, “The Making of the Chinese Bankruptcy Law: A Study in the Chinese Legislative Process”, p. 360.

⑩ Douglas Boshkoff & Yongxin Song, “China's New Bankruptcy Law: A Translation and Brief Introduction”, 61 *Am. Bankr. L. J.* 359, 361 (1987).

部门同意后，才可以申请宣告破产。[①] 债务人的上级主管部门也可以自己名义，向法院申请企业破产。[②] 如同前面所述，政府也可以通过其他途径，来阻止企业破产，比如向企业提供补贴或者为企业损失提供担保。[③]

5. 整顿、和解和清算

尽管债务人和债权人都可以申请清算，但对于整顿，却只有在债务人的上级主管部门提出申请，并且债权人和法院都同意的情况下才能发生。[④] 由于整顿必须要由政府申请，自愿的债务人自己是不能要求整顿的。[⑤] 值得注意的是，《破产法（试行）》并没有说明在何种情况下，债权人可以反对政府部门对整顿的申请，也没有特别授予人民法院驳回国家政府整顿申请的权力。[⑥]

同时，《破产法（试行）》鼓励债务人在整顿申请提出后提出“和解”协议。[⑦] 如果经过债权人同意，并且得到法院认可，和解协议便能终止破产程序。[⑧] 然而如果双方不能达成和解协议，《破产法（试行）》对于法院应当如何应对却没有规定。[⑨]

从总体上说，双方和解是得到法律的积极鼓励的，司法系

① 同前，《破产法（试行）》第 8 条。

② 《破产法（试行）》第 17 条。

③ Boshkoff & Song, “China's New Bankruptcy Law: A Translation and Brief Introduction”, p. 361.

④ 《破产法（试行）》第 17—19 条。

⑤ 《破产法（试行）》第 17 条。See also Henry R. Zheng, “China's Civil and Commercial Law”, 178 (1988).

⑥ Zheng, “The Enterprise Bankruptcy Law of the People's Republic of China (for Trial Use): A Translation”, p. 178.

⑦ 《破产法（试行）》第 18 条。

⑧ 《破产法（试行）》第 19 条。

⑨ Zheng, “The Enterprise Bankruptcy Law of the People's Republic of China (for Trial Use): A Translation”, p. 178.

统的角色也被大大强化。[①] 如果在2年的期限内，债务人不能按照和解协议进行整顿，就会被宣告破产，法院将在15天内指定一个集合了各种政府人员的清算组来分配破产财产。[②]

6. 对公司治理失败的惩治

令1986年《破产法（试行）》的起草者们失望的是，西方的破产立法中，没有对管理失误的典型惩治条款。[③] 但其实，这在资本主义制度下是不必要的，因为管理者受市场因素影响，破产会使他们被董事会开除，银行也有可能拒绝提供对企业未来资本的贷款。[④] 而在中国，管理者可以依赖政府救助，而不需要考虑市场因素。因此，对公司治理的问责制度被看作经济改革的重要因素。[⑤]《破产法（试行）》的一个重要目标就是促使管理者为商业失败担负起更大的责任。[⑥]

在《破产法（试行）》的第五章"破产宣告和破产清算"中，第42条规定，在政府监察部门和审计部门认定管理者对企业破产负有责任的情况下，管理者和上级主管人员要负"行政责任"。[⑦] 此外，如果管理者由于玩忽职守造成国家财产的重大损失，他们需要负刑事责任。[⑧] 但实施该法条的重要意义，仍然并非是要惩治管理者，而是要为发展国有企业提供足

① Toronto, *Note*, "Bankruptcy of Foreign Enterprises in the PRC: An Interpretation of the 'Rules Concerning Bankruptcy of Foreign Related Companies in the Shenzhen Special Economic Zone'", p. 289.

② 《破产法（试行）》第22条、第24条。

③ Chang, "The Making of the Chinese Bankruptcy Law: A Study in the Chinese Legislative Process", p. 366.

④ Ibid.

⑤ Ibid. See also Alpe, "Bankruptcy Law Passed".

⑥ Chang, "The Making of the Chinese Bankruptcy Law: A Study in the Chinese Legislative Process", p. 366. See also Alpe, "Bankruptcy Law Passed", p. 9.

⑦ 《破产法（试行）》第42条。

⑧ 同上。

够的推动力。[①]

7. 国家对待安置职工的保护

最后，为了使《破产法（试行）》也能更加契合职工的需要，[②] 该法添加一条保护职工的条款，使其免受失业的困扰。[③]《破产法（试行）》第 4 条规定，政府会为破产企业的待安置职工重新安排就业，并且会“保障”他们在重新就业前的“基本生活需要”。[④] 除此之外，普遍的劳动体制改革措施，在 1986 年 7 月 12 日国务院颁布《破产法（试行）》之前就已经开始了。

（五）实施

正如对待中国的其他新法律一样，政府在全国范围内实施《破产法（试行）》之前极为谨慎。[⑤] 在颁布之前，《破产法（试行）》先在几个地点开始试行。[⑥] 此外，该法于颁布之日起 3 个月内生效。[⑦] 作为实施的前奏，《破产法（试行）》在对国企的要求方面给予了更多自治权。因此，《破产法（试行）》直到 1988 年 11 月 1 日《全民所有制工业企业法》（以下简称《工业企业法》）通过之后才正式生效。[⑧]

---

① Alpe, “Bankruptcy Law Passed”, p. 9.

② Chang, “The Making of the Chinese Bankruptcy Law: A Study in the Chinese Legislative Process”, pp. 368 – 370.

③ 《破产法（试行）》第 4 条。

④ 同上。

⑤ Goosen, “China's Bankruptcy Law: Taking Legal Reform to the Next Level”, p. 8.

⑥ Ibid.

⑦ Ibid.

⑧ Ibid. [原文为 1988 年 11 月 1 日《工业企业法》得到通过，而实际情况为：《工业企业法》自 1988 年 8 月 1 日起施行，按《破产法（试行）》的规定，《破产法（试行）》的施行自《工业企业法》实施满三个月后，即 1988 年 11 月 1 日起开始。——译者注]

三、颁布之后：饱受争议

（一）对《破产法（试行）》条款的批评

《破产法（试行）》的批评派认为，其在某些方面过于模棱两可。这首先表现在破产的标准太过模糊。[①] 例如，对于“严重亏损”没有评判标准。[②] 其次，《破产法（试行）》没有规定债权人之间优先权的条款，[③] 因为事实上大多数财产均为国有，而不能转让给债权人。[④] 此外，担保财产被排除在破产财产之外。[⑤] 虽然这样对担保债权人有利，但通常也会使无担保债权人丧失对债务人财产的权利。[⑥]

另外，对于债务人和债权人的破产申请有着截然不同的双重标准。债权人在债务人不能偿还到期债务时可以申请破产，[⑦] 但债务人只能在因经营管理不善造成严重亏损时，才能申请破产。[⑧] 而且，对于企业必须在 2 年限期内整顿的要求过分严苛，这会致使债务人仅仅是因为不能在期限内完成整顿，而被迫进入清算程序。[⑨]

对于《破产法（试行）》本身的实施环节也存在一些批评。破产宣告和整顿、清算之间的时间差，让一些虚假转让有机可乘。[⑩] 另外还有一些报道涉及在重新安置职工方面的困

---

① Pan Qi, “Bankruptcy Law: A Newborn in China”, 4 *China L. Rep.* 41, 44 (1988).

② Ibid. 《工业企业法》为国企提供相对于国家的自治权。

③ Ibid.

④ Ibid.

⑤ Ibid.

⑥ Ibid.

⑦ 《破产法（试行）》第 7 条。

⑧ 《破产法（试行）》第 3 条、第 8 条。

⑨ Qi, “Bankruptcy Law: A Newborn in China”, p. 44.

⑩ Rowena Tsang, “State – run Companies Fake Bankruptcy to Avoid Debt”, *S. China Morning Post*, Nov. 14, 1994, p. 10.

难、清算财产权利人之间的利益冲突，以及债务人和政府部门之间相互串通，在宣告破产前转移财产。[①]

（二）在适用《破产法（试行）》上的犹疑不决

不过，大部分的批评之声并非针对《破产法（试行）》的实体本身，而是政府在适用法律时的犹疑不决。有多达45%的国有企业还在严重亏损中。[②] 1991年是自中国在1949年成立以来亏损最多的一年，亏损量估计达到了310亿元人民币（57亿美元）。[③] 据中国的经济学家们推测，10%的国企是没有产出的。[④]

政府对国企的补贴被认为是中国经济在世界市场竞争力的最大障碍，同时也是政府预算的最大消耗。[⑤] 仅1992年，国家对国企的补贴便达到900亿美元。[⑥] 1988年，对国企的补贴占到国家预算的13%—15%。[⑦] 有评论估计，现在还在运营的国企中只有1/3可以在没有政府补贴援助的情况下存活。[⑧] 此外，政府对国企债务的救助，[⑨] 被认为是中国高达两位数的通

---

① Daniel Kwan，"Move to Help Firms Go Bust"，*S. China Morning Post*，Dec. 11，1995，p. 9.

② "China Will Soon Let Failing Public Firms Go Bankrupt"，*Agence Fr. – Presse*，Oct. 19，1994. 据国家经济贸易委员会统计，41%的中国国企为负债经营。Catherine Bolgar，"Blackouts in Ukraine"，*Wall St. J. Int'l World Wire*，Dec. 30，1994，at A4.

③ "Chinese State Sector Posts Record Loss"，*Agence Fr. – Presse*，Mar. 24，1992.

④ Rajiv Chandra，"Real Estate Deals to Save Sick State Units"，*Inter – Press Serv.*，Sept. 13，1994. 停滞的领域主要是重工业领域，如煤炭、纺织及国防领域。恰恰相反的是，非国有企业领域的经济正在蓬勃发展。

⑤ "China Pledges New Legislation on Bankruptcy"，*Asian Wall St. J.*，Jan. 9，1995，p. 3.

⑥ "China Stirs Its Sleeping Giants"，p. 53.

⑦ Macartney，"Chinese Can Now Go Bankrupt，Legally".

⑧ Chandra，"Real Estate Deals to Save Sick State Units".

⑨ "China's Ailing State Firms Need Dose of Bankruptcy"，*Asian Wall St. J.*，Sept. 15，1994，p. 5.

货膨胀率的缘由。①

尽管中国政府官方承认，有至少 1/3 的国企（约 3 万家）处于破产状态，自《破产法（试行）》通过以来，却仅有 2 万家企业被批准提出破产申请。② 这使得对于中国破产立法“雷声大雨点小”的批评之声四起,③《破产法（试行）》被认为是政府对国企及其职工的无效警告。④ 因此，即使《破产法（试行）》在 1986 年就已通过，破产在中国还是一个相对较新的概念。⑤

这就可以理解为什么国有银行（这个国有企业现存的主要债权人）也是《破产法（试行）》的反对者了。⑥ 曹思源甚至将银行比作是“破产的最大阻碍”。⑦ 国有银行的贷款占据一些国企运营资本的比重较大，甚至达到了 95% 。⑧ 国企及其所严重依赖的国家银行常被卷入“三角债”危机中，即国有企业、国家银行和国家的借贷循环关系交错复杂。⑨ 据一位经济学家估计，如果所有陷入困难的国企都宣告破产，那么中国银行所有资产中的 20% 将会不复存在。⑩ 另外，银行也会担心他们在清算程序中不能实现全部的债权。⑪

---

① “China Will Soon Let Failing Public Firms Go Bankrupt”.

② Bolgar, “Blackouts in Ukraine”, at A4.

③ Macartney, “Chinese Can Now Go Bankrupt, Legally”.

④ Ibid. See also Kristof, “Socialism Grabs a Stick: Bankruptcy in China”, at D6.

⑤ “Bankruptcy Law Still New Concept to State Firms”, *China Daily*, Dec. 18, 1993, p. 41.

⑥ Ibid.

⑦ “Bankruptcies Soar as China Faces up to Reality”, *Lloyds List*, Mar. 14, 1995.

⑧ Vivien Pik - Kwan Chan et al., “State - firm Bosses Press for Reforms”, *S. China Morning Post*, Jan. 28, 1996, p. 1.

⑨ Joseph Kahn, “Officialdom May Thwart China's Bankruptcy Law”, *Asian Wall St. J.*, Sept. 15, 1994, p. 1.

⑩ “China's Ailing State Firms Need Dose of Bankruptcy”, p. 5.

⑪ “Bankruptcies Soar as China Faces up to Reality”.

破产案件获得成功的数量之少，也源于政府部门的过多干涉;[①] 然而，作为政府也有其谨慎适用《破产法（试行）》的理由，政府需要防止由企业裁员可能引起的潜在社会动荡。[②] 为了防止这一点，国家为那些效益较好的、同意合并濒危国企的企业提供一定的贷款利息费用宽限期，以此作为经济激励来降低企业破产率。[③] 但还有另一种情况，就是国家在没有经济激励的情况下简单地将濒危的国企与成功的国企合并。[④] 不消说，这样的实践只是遮掩了濒危国企的严重低效，并且加重了健康国企的负担。[⑤]

四、中国新《破产法（试行）》

（一）意识形态上对破产思想的接纳

众多的评论并没有对政府修订《破产法（试行）》的举动感到吃惊。此番修订体现中国政府在意识形态方面的标志性改变，即政府开始意识到并且尝试着将中国经济与国际商业和破产标准接轨。[⑥] 另外，国企被批准提出破产申请的数量大大上升了。[⑦]

然而，政府改革的首要努力方向仍然是国有领域的复苏，

---

① Kwan, "Move to Help Firms Go Bust", p. 9.

② "Bankruptcies Soar as China Faces up to Reality"; "City of Beijing to Let State - Owned Firms Fail", *Asian Wall St. J.*, Mar. 30, 1995, p. 8.

③ "China Plans to Submit New Bankruptcy Law", *Asian Wall St. J.*, Nov. 9, 1995, p. 3.

④ Kristof, "Socialism Grabs a Stick: Bankruptcy in China", at D6.

⑤ Ibid.

⑥ Judge Sid Brooks, "China's New Bankruptcy Law", 27 No. 20 *Bankr. Ct. Decisions* (LRP) 5, Oct. 3, 1995.

⑦ "Bankruptcies Soar as China Faces up to Reality".

而非对国有领域的消除。[1] 现在有一种新出现的思想，即为了国家经济从整体上更好地发展，牺牲一些没有效益的国企是可以接受的。[2]

在公众的普遍认知方面，同样兴起一些变化。破产作为解决政治与经济不景气的方案，已被认为是“政治正确的方案”。[3] 曹思源就指出：“尽管还夹杂着一些复杂的情绪，但是人们现在可以接受破产了……这没有其他的选择。即使是左翼批评家们，也没有其他的解决方法。”[4]

（二）在人大会议上的延迟

新《破产法》的全称是《中华人民共和国破产法》[5]，它被认为是“中国多年来立法最重要的杰作之一”。[6] 新法被安排在1996年人大会议议程的前列。[7] 法律制定者们认为，旧的破产法已经不能适应转型中的中国经济了。[8] 与旧的《破产法（试行）》有所不同的是，新法将以中国的市场经济状态为前提，而不再是一部为计划经济作补充的法律。[9]

全国人大财政经济委员会于1994年3月开始修订新法。[10] 虽然新法原本预期在今年早些时候颁布，但是全国人大激烈的

---

① Susan Noakes, “Looking for Treasures in Changing China: Bankruptcy, Inflation and Unemployment Were Once Unheard of in China. Then Again, So Were Profit and Stunning Economic Growth”, *Fin. Post*, Aug. 19, 1995, p. 12.

② “City of Beijing to Let State - Owned Firms Fail”, p. 8.

③ Sheila Tefft, “In China It's Politically Correct to Go Broke, Communist Party Plans to Let Ailing State Firms Go Bankrupt and to Help Idled Workers”, *Christian Science Monitor*, Nov. 1, 1994, p. 7.

④ “Bankruptcies Soar as China Faces up to Reality”.

⑤ “Drafting of New Bankruptcy Law Almost Finished”, *Xinhua Eng. Newswire*, Nov. 7, 1995.

⑥ Brooks, “China's New Bankruptcy Law”, p. 5.

⑦ “China to Revise Bankruptcy Law”, *Asian Wall St. J.*, Jan. 9, 1996, p. 22.

⑧ “China Drafts New Bankruptcy Law”, *Xinhua News Agency*, Aug. 3, 1994.

⑨ “Drafting of New Bankruptcy Law Almost Finished”.

⑩ Ma, “Revised Bankruptcy Law Closer to Reality”, p. 12.

争论，使其出台被延迟。[①] 今年早期的报道曾说，立法草案有望在1996年3月被提请批准，但最近的报道却在纷纷质疑新法是否能在1995年年底前被通过。[②] 全国人大所争论的一点是，新法是否应该等到一部更具实质价值的社会保险法出台后，再得到通过。[③]

包括1986年《破产法（试行）》在内的许多中国的新法律，都会遇到同一种状况，新《破产法》也一样。新法修订案必须在破产法草案成功试行之后，才能得到批准。[④] 新法首先在18个主要工业城市得到试行。[⑤] 如果市政府能使一系列工厂进行实时破产的话，将会得到财政奖励。[⑥] 政府投入了8.13亿美元，用来补偿破产企业职工以及弥补银行的损失。[⑦]

（三）新法的实质性变化

旧《破产法（试行）》将会得到根本性改变。[⑧] 据说为了使中国破产法与国际标准保持一致，修订条款是从包括美国破产法在内的外国破产法中，直接引用过来的。[⑨] 参与破产法国际论坛讨论新法第三草案的成员们认为，修订后的法律"十分彻底、全面，并且与其他国家现有的破产体制相契合"[⑩]。

---

① Josephine Ma，"Fierce Debate Over Draft Forces Delay"，*S. China Morning Post*，Feb. 12，1996，p. 3.

② Ibid. See also "Solvency Law Falters on Bankrupt Ideas"，*S. China Morning Post*，May 5，1996，p. 5.

③ Ma，"Fierce Debate Over Draft Forces Delay"，p. 3.

④ Tefft，"In China It's Politically Correct to Go Broke，Communist Party Plans to Let Ailing State Firms Go Bankrupt and to Help Idled Workers"，p. 7.

⑤ Kahn，"Officialdom May Thwart China's Bankruptcy Law"，p. 1.

⑥ Ibid.

⑦ Ibid. 试行的详细内容，see "Chinese Bankruptcy Sends Shock Waves"，*Calgary Herald*，Sept. 7，1994，at D8。

⑧ "China to Revise Bankruptcy Law"，p. 22.

⑨ Vivien Pik - Kwan Chan，"NPC Date for Bankruptcy Legislation"，*S. China Morning Post*，Oct. 11，1995，p. 10.

⑩ Brooks，"China's New Bankruptcy Law"，p. 5.

新法涉及的范围更加广泛。不仅仅国企适用该法，其他所有的企业，包括国家的、私人的和其他外国企业都能适用新法。[①] 包括私有公司和合伙企业在内的“非法人企业”，如今已占到了国家工商行政管理部门注册机构登记量的50%以上。[②] 因此，新法更加广泛的适用范围与政府根据变化的市场需求来改革的承诺是相一致的。

一位立法起草者评述道，新法规定政府“不得介入”破产案件。[③] 债务人从而能够直接向法院申请破产，而不再需要通过它们的上级主管部门。[④] 这样就为国企个体和它们的债权人提供了更大的灵活性，使其能够免受政府介入而自己解决问题。[⑤]

新法在重组和清算程序上，同样规定了更为详细的条款。[⑥] 在公司重整方面，有整整一章被纳入到新法中。[⑦] 关于债权人主张的顺序，也有了更清晰的条款规定。[⑧] 而债权人的财产权利也有了保障。[⑨] 此外，提出破产申请和重组、清算之间的时间差将会被最小化，以防止虚假转让的产生。[⑩]

但是尽管新法有以上这些先进的标准，旧法的前提还不会被全部舍弃。新法会继续通过鼓励与宣告企业破产相反的调解

---

① Rowena Tsang, “New Bankruptcy Law by Year - End”, *S. China Morning Post*, Mar. 10, 1995, p. 4.

② Chan, “NPC Date for Bankruptcy Legislation”, p. 10.

③ Ibid.

④ Ibid.

⑤ Ibid.

⑥ Ibid.

⑦ Ma, “Fierce Debate Over Draft Forces Delay”, p. 12.

⑧ See Chan, “NPC Date for Bankruptcy Legislation”, p. 10. 债务人必须先清偿未偿债务和税款，然后清偿银行及其他欠款。

⑨ “China Mulls Law Change”, *Vancouver Sun*, Nov. 8, 1995, at D3.

⑩ Tsang, “New Bankruptcy Law by Year - End”, p. 4.

和企业重整，来减少“破产的消极效果”。[①] 此外，新法还为国企制定一条独立的条款使其适应中国的“特殊需求”。[②] 在实践中，由于工厂过多并且都被鼓励联合运营，因而企业合并仍然是一种常见的救济方法。[③]

（四）国家对国企的态度改变

《破产法（试行）》的重大改革在很大程度上可能源于政府认为，其不能再容忍那些有严重亏损的国企了。[④] 时任总理李鹏甚至预言，将有整整 1/3 的国企会被转换[⑤]成私有企业，或是被迫进入破产程序，以便加速偿还债务，这样同时还能使中国经济与世界的竞争性经济接轨。[⑥]

时任副总理吴邦国指出，在 1000 家需要改革的目标国企中，有 300 家将会被允许进行独立经营而不受政府干预。[⑦] 与此同时，政府将继续促进提升及表扬效益高的国企，严惩效益低的国企。[⑧] 举例来说，最近政府发布一项公共性极强的计划，通过公开拍卖的方式，对 156 家目标国企清盘，主要意在公众面前对其进行惩戒。[⑨]

---

① “China to Pass New Bankruptcy Law Next Year”, *Agence Fr. -Presse*, Aug. 21, 1995.

② Ibid.

③ Tony Walker, “Heavy Brigade Under Assault: The Greatest Test of China’s Commitment to Reform Lies in Rationalizing Loss – making State Enterprises”, *Fin. Times*, Apr. 26, 1994, p. 21.

④ David Ibison, “Trials for Money – Losing Firms, China Firms Face Public ‘Trials’”, *S. China Morning Post*, Jan. 15, 1995, p. 12.

⑤ 1994 年通过的《公司法》，同样规定破产与合并一起为国企转换成私有企业，提供法律基础。

⑥ Tefft, “In China It’s Politically Correct to Go Broke, Communist Party Plans to Let Ailing State Firms Go Bankrupt and to Help Idled Workers”, p. 7.

⑦ Kwan, “Move to Help Firms Go Bust”, p. 9.

⑧ “China Pledges New Legislation on Bankruptcy”, p. 3.

⑨ Ibison, “Trials for Money – Losing Firms, China Firms Face Public ‘Trials’”, p. 12.

随着政府监管的放松，国企能够用其他方式寻求援助。例如，国企的管理层已经开始尝试着用一些小型利益去吸引国外的投资者。[①] 此外，还有其他更具前景的方法，包括从公开市场募集资金，或是与外国企业组成合伙制企业等。[②]

五、劳动保障法的实施：一个必要的先导

（一）对工人的担忧

在“铁饭碗”的劳动体制下，国企承担着为其职工提供福利的巨大责任，这就大大增加了国企的运营成本。[③] “第22条军规困境”（“catch－22”situation）下的情形是，职工们因害怕失去福利，而不会跳槽到更好的工作岗位上；但同时对于企业来说，由于受到社会责任的约束，即使不需要员工，也不会裁员。[④] 事实上，雇主和雇员被绑在了一起。

这样的结果就是国企解决了大量富余的劳动力。[⑤] 据估算，国企雇用的职工中有2000万或是17%的劳动力是富余的、过剩的。[⑥] 由于对工作和福利的保障，削减了职工对产品数量和质量的动力，低效便由此产生了。[⑦]

中国的劳动者对于终结“铁饭碗”制度的事实，并不感

---

① Chandra，“Real Estate Deals to Save Sick State Units”.

② “China Stirs Its Sleeping Giants”，p. 53.

③ Stevenson－Yang，“Re-vamping the Welfare State China Aims to Weaken the Link Between Employers and Benefits”.

④ Ibid.

⑤ Ibid.

⑥ Chan，“NPC Date for Bankruptcy Legislation”，p. 10.

⑦ Henry R. Zheng，“An Introduction to the Labor Law of the People's Republic of China”，28 *Harv. Int'l L. J.* 385，391（1987）.

到愉悦。[①] 社会保障体制需要在新修订的法律发生效力[②]之前得到改善，这一点已经得到了社会普遍承认，而实施《破产法（试行）》的主要问题，就是“统一社会福利体系的缺失”。[③] 没有辅助性系统的保护，破产制度的实施可能会造成社会的不稳定。[④] 再就业分配的服务必须要得到提升，[⑤] 否则就会像时任副总理朱镕基所指出的那样，“后果不可设想”[⑥]。全国人大常委会指出，在市场化的同时，保持社会均衡是20世纪90年代的首要目标。[⑦] 官方对城市动乱的恐惧使得他们的一举一动都小心谨慎，因此在破产领域所作出的任何发展都会比较缓慢。[⑧]

（二）国有化的努力

对出现待安置职工反抗浪潮的担忧，使得一些国企在宣告破产之前，就向其员工提出了补偿协议，以此作为将失业影响降到最低的一种手段。[⑨] 尽管这种办法在某些情况下也是有用的，但很明显，我们需要的是一种更加普遍适用的解决方案。

为此，政府开始改革，将社会福利的负担从国企个体转移

① James Mann，“Echoes of Iran，China Optimists Ignore More Pessimistic Parallels”，*Rocky Mtn. News*，July 3，1994，at 83A.

② Tefft，“In China It's Politically Correct to Go Broke，Communist Party Plans to Let Ailing State Firms Go Bankrupt and to Help Idled Workers”，p. 7.

③ “Bankruptcy Law Still New Concept to State Firms”，p. 141.

④ Ibid.

⑤ Bruce Shu，“Reformist Vice Premier Sets Out a Vision for China”，*Agence Fr. – Presse*，Mar. 25，1992.

⑥ Ibid.

⑦ Williams & Woo，“The ‘Worthy’ Unemployed：Societal Stratification and Unemployment Insurance Programs in China and the United States”，p. 491.

⑧ Chandra，“Real Estate Deals to Save Sick State Units”. See also “Viewpoint：Great Leaps Forward”，*Banker*，Sept. 9，1994，p. 10.

⑨ Tsang，“New Bankruptcy Law by Year – End”，p. 4.

到国家层面。[①] 改革的第一阶段需要将学校、住房、医院等破产国企曾经运营过的设施的操作权利，转移到地方政府上。[②] 这样，国企就不必再负责其职工“从摇篮到坟墓”的福利了。[③]

（三）社会安全网

1. 新《破产法》中对职工的保障

按照新法的要求，清算程序中对国有土地的售卖所得必须以一次性直接补偿的形式分配给职工，或作为再培训和安置职工的基金。[④] 美国破产法法官锡德·布鲁克斯（Sid Brooks）认为这样的制度有两个好处：（1）有利于减轻政府因国企破产而产生的财政负担；（2）有利于减轻对破产的恐惧并减少法院在宣告破产时的犹豫不决。[⑤]

在现有体制下，职工基本上没有足够的失业补助来维持生活，这就使寻找新工作更加困难。[⑥] 因此，失业基金这一概念，更多地像是一种帮助职工渡过困难期，直到他们找到新工作的处理方式。[⑦]

2. 1986 年 7 月 12 日的劳动体制改革规定

1986 年 7 月 12 日，中国发布劳动改革领域最为有意义的

---

① Stevenson - Yang, “Re-vamping the Welfare State China Aims to Weaken the Link Between Employers and Benefits”; see also “China Stirs Its Sleeping Giants”, p. 53.

② Chan, “NPC Date for Bankruptcy Legislation”, p. 10.

③ “China Stirs Its Sleeping Giants”, p. 53.

④ Chan, “NPC Date for Bankruptcy Legislation”, p. 10.

⑤ Brooks, “China's New Bankruptcy Law”, p. 5.

⑥ Huang Zhiling, “Set Up a Fund to Help Unemployed Workers”, *China Daily*, Dec. 3, 1994, p. 43.

⑦ Ibid.

规定。[①] 这些规定包含四个方面：劳动合同、招用工人、辞退职工以及待业保险。[②] 这四个规定将六年来在许多地方城市有试验基础的经验法规化了。[③] 至于其他问题，政府希望能够借助劳动改革，提出有关劳动力供给的无效分配、劳动培训不足以及对员工身份的偏袒等问题。[④]

3. 劳动合同体制简介

政府对劳动改革所作出的第一步努力，是通过强制劳动合同制度，[⑤] 改变职工和企业间的关系结构。[⑥] 在中国的外资企业早已受劳动合同制度所规制，[⑦] 政府这次采用劳动合同制度，也是为了将中国经济全面与现代市场经济接轨，并使进一步打破“铁饭碗”禁锢的努力更有成效。[⑧]

在几个城市进行试验后，政府得出的结论是，劳动合同能够提高员工产量、降低旷工率，由此劳动合同制度的强制实施才得到批准。[⑨] 学术界对劳动合同制度和作为资本主义社会标志的“劳工制度”之间所做的区分，也促进了前者的实施。[⑩]

---

① Josephs, “Labor Reform in the Workers' State: The Chinese Experience”, p. 229.

② Ibid. 1986 年 7 月 12 日发布的四个规定分别为：《国营企业实行劳动合同制暂行规定》《国营企业招用工人暂行规定》《国营企业辞退违纪职工暂行规定》《国营企业职工待业保险暂行规定》。

③ Ibid. p. 229.

④ Ibid. pp. 209 – 219.

⑤ Josephs, “Labor Reform in the Workers' State: The Chinese Experience”. 关于劳动合同制度的文字，参见该文第 264—270 页。

⑥ Zheng, “An Introduction to the Labor Law of the People's Republic of China”, p. 393. 国务院颁布对劳动合同制度的规定，官方名为《国营企业实行劳动合同制暂行规定》。

⑦ Ibid. p. 385.

⑧ Ibid. p. 391.

⑨ Zheng, “An Introduction to the Labor Law of the People's Republic of China”, pp. 391 – 392.

⑩ Ibid. p. 393.

劳动合同被认为是只是为了与社会主义劳动体系相一致，而对已经存在的企业和职工之间劳动关系的固定化。[①]

劳动合同制度的目标之一，是创造劳动力的流动性，以使其更好地满足工业需要。[②] 在 1986 年的这些规定下，企业与职工双方都有更多的自由权利，来开始和结束一段劳动关系。[③] 职工得益于他们被鼓励与企业进行交涉或是辞职，而企业则有动力对待遇进行协商，而不是通过行政手段强制执行。[④] 职工在合同期满时可以离开企业，去寻求其他有用人需要的工作岗位，[⑤] 劳动力富余的问题从而有期望得到解决。[⑥]

4. 失业保险

1995 年的《劳动法》是劳动体制改革的另一标志。[⑦] 新《劳动法》建立了五种企业和职工都必须承担的强制性保险基金，[⑧] 其中一项就是失业保险基金。[⑨] 如同劳动合同制度一样，失业保险带有双重目的。[⑩] 它不仅能够安抚待安置职工从而保障社会稳定，同时也鼓励企业裁减多余劳动力。[⑪] 此外，1995

---

① Zheng, “An Introduction to the Labor Law of the People's Republic of China”, pp. 391 – 392.

② Ibid. p. 391.

③ Josephs, “Labor Reform in the Workers' State: The Chinese Experience”, pp. 220 – 221, 231 – 254.

④ Zheng, “An Introduction to the Labor Law of the People's Republic of China”, p. 430.

⑤ Josephs, “Labor Reform in the Workers' State: The Chinese Experience”, p. 209.

⑥ Ibid.

⑦ Stevenson – Yang, “Re-vamping the Welfare State China Aims to Weaken the Link Between Employers and Benefits”.

⑧ Ibid.

⑨ Ibid. 其他强制基金包括养老、医疗、事故或残疾，以及生育保险基金。

⑩ Williams & Woo, “The ‘Worthy’ Unemployed: Societal Stratification and Unemployment Insurance Programs in China and the United States”, p. 493.

⑪ Ibid.

年《劳动法》对外国企业和国有企业均适用。[1]

在中国，社会保险和社会福利是社会保障体系的两种不同的分类，注意到这一点很重要。[2] 在1995年《劳动法》规定下，社会保险包括五种强制基金，而社会福利包括政府补贴和紧急救助。[3] 中国的社会福利制度从1954年开始完善，并且有国企“铁饭碗”制度作为普遍支持。[4]

虽然强制基金的实施仍在初级阶段，失业保险基金却给职工带来最有意义的保障。[5] 在失业保险基金制度下，不论失业人员的状况或失业理由是什么，他们都有权得到无差别的补偿。[6] 职工有权得到为期2年的以他们的工资为基数的固定比例补偿金。[7] 在企业工作5年以下的职工，只能得到为期1年的补偿金。[8] 职工所承担的基金份额，以他们的年工资为基数，再乘以一定比例。[9] 虽然现在政府承担比例只有2%，但是政府计划将其承担的总份额，在接下来的6年内增加到8%。[10] 企业作为雇主，最少必须承担本单位工资总额的14%。[11]

---

① Chan Wai－Fong，“Social Security Bill Nears Completion”，*S. China Morning Post*，Nov. 26，1994，p. 9. 但是，《劳动法》并不适用于中国广大的农村劳动力、个体经营者或个体工商户。个体经营者和个体工商户可以自愿参与该体制。

② Stevenson－Yang，“Re-vamping the Welfare State China Aims to Weaken the Link Between Employers and Benefits”.

③ Ibid.

④ Ibid.

⑤ Ibid.

⑥ Josephs，“Labor Reform in the Workers' State：The Chinese Experience”，p. 248.

⑦ Ibid. pp. 248－249.

⑧ Ibid. p. 249.

⑨ Stevenson－Yang，“Re-vamping the Welfare State China Aims to Weaken the Link Between Employers and Benefits”.

⑩ Ibid.

⑪ Ibid.

六、结论

破产在以前的中国比较稀有。从很大程度上来说，破产立法反映出中国转型到市场经济的政治困境。最初的时候，政府因害怕政治和社会异议而行动保守，只批准为数不多的破产申请。然而，随着政府使中国经济在国际范围内更具竞争力的决心不断加强，其改革低效率国有领域的努力也不断增加。

1986 年的《破产法（试行）》和新《破产法》都是政府改革的工具。如果严格适用的话，新法将会淘汰低效的国企，减少剩余劳动力，并且更好地分配劳动力供给。而在这些之前，中国政府早已准确地预测到，有一些方面的法律规定将要改动。虽然本文着重于劳动改革的进程，但政府在财产所有权和国企治理等其他领域，同样倾注了不少努力。

新《破产法》中的许多条款都以市场原则为基础，该法也表达了政府进行市场改革的坚定决心。随着中国经济改革和市场化道路的继续，社会主义制度的基本规则仍会遭遇一些挑战，而破产立法将会站在改革的最前沿。

1986 年《破产法（试行）》

《破产法（试行）》立法史话：基于立法过程的研究*

张大光** 文

涂晟*** 译

* Ta－kuang Chang，"The Making of the Chinese Bankruptcy Law：A Study in the Chinese Legislative Process"，28 *Harv. Int'l. L. J.* 333 1987. 本文的翻译与出版已获得作者授权，译文已经作者审订；在审订过程中，作者结合参引文献，对中译稿做了一定程度的删改。

** 张大光律师是中伦律师事务所纽约办事处的管理合伙人。拥有哈佛大学的法律博士、商业硕士和历史学学士学位，以及耶鲁大学文学硕士学位。在纽约、北京、格林威治和香港等地从事法律工作已经超过30余年。1982年，他曾给当时深圳经济特区的官员们讲授美国法律，并在1986年与《破产法（试行）》起草者们共同举行研讨会。张大光律师在企业破产和重组领域有着丰富的实践经验，参与包括美国AmeriServe食品分销公司、美国联合百货公司以及广东国际信托投资公司等破产案件，其中广东国际信托投资公司破产案是中国有史以来最大的破产案件。他在《国际纽约时报》《亚洲华尔街日报》《中国日报》《上海经济导报》《哈佛国际法杂志》等各类媒体，发表60余篇法律文章。他还为哈佛大学、哥伦比亚大学、福特汉姆大学和杜克大学研究生院做过法律相关演讲，其观点曾70多次被《纽约时报》《华尔街日报》《福布斯》《经济学人》等杂志引用。张大光律师也是有线电视新闻网、彭博电视和CNBC商业频道的采访嘉宾。

由于中国新闻媒体对立法过程的报道是本文关注的重点之一，许多被引用的资料来源于在中国普遍发行的中文报纸和期刊。为了确保准确性，本文将使用中文原文资料而不用译文。来自香港的资料将标有（HK），英文资料将被标记为（E）。

*** 涂晟，对外经济贸易大学国际法学博士，中国政法大学资本金融研究院研究员。

简目

一、立法进程

（一）国务院之研究

（二）全国人民代表大会之提案

（三）1984 年中央委员会之决定

（四）立法建议草案之发表

（五）起草工作小组

（六）试点城市之试行

（七）征求意见之程序

（八）国务院之批准

（九）民意调查

（十）学者和官员之讨论会

（十一）全国人大常委会之六月会议

（十二）沈阳工厂之破产

（十三）与外国律师会谈

（十四）全国人大常委会之八月会议

（十五）全国人大各委员会会议

（十六）全国人大常委会之十一月会议

（十七）三月会议

（十八）全国人大之 1987 年会议

二、破产法辩论中的主要议题

（一）破产的条件

（二）《破产法（试行）》的适用范围

（三）对管理者的惩罚

（四）对职工的保护

三、民主化改革

去年（1986）夏季，当中国的观众打开电视机时都会感到非常惊讶，因为他们见证了全国人民代表大会常务委员会（NPC-SC）的委员们，对“破产法草案”展开如此真切而激烈的争论。[①] 在此之前，全国人民代表大会（NPC）及其常务委员会，曾经被蔑视为只不过是一个履行程序的“橡皮图章”而已。于是，《北京周报》（*Beijing Review*）[②] 已经提前报道说，《中华人民共和国破产法》[③] 预期将被通过并颁布。但全国人大常委会不仅推迟这部新《破产法（试行）》的通过，还对其做了许多实质性的修订。因此，随后的国内新闻评论指出，“此举展示了全国人大常委会在功能和影响力上的加强，这具有着重要及深远的意义”。[④]

全国人大常委会中的热烈争论，其实是这一为期两年的并引人注目的立法进程的最后阶段，最终，《中华人民共和国企业破产法（试行）》于1986年12月2日得以通过（以下简称《破产法（试行）》）[⑤]。然而，这个过程依然没有结束，因为根据人大常委会所达成的妥协，直至《中华人民共和国全民所有制工业企业法》（以下简称《国营企业法》）[⑥] 实施满3个月之后，《破产法（试行）》才能开始施行。全国人大常委会已于1987年3月搁置《国营企业法》，所以其最早也只能在

① 此处指1986年9月26日中央电视台《特别节目》：《六届人大常委会17次会议采访纪实》。参见曹思源：《破产风云》，中央编译出版社1996年版，第74页。——译者注

② “Bankruptcy Law to Come Out”, *Beijing Review*, Sept. 8, 1986, p. 4 (E).

③ 在1949年中华人民共和国成立之前，清王朝于1906年通过了一部破产法令（《破产律》），国民政府也于1935年通过了《破产法》（摘自1985年《法学词典（增订本）》），本文中的“中国”指中华人民共和国。

④ 李亚虹、扈纪华：《对〈破产法〉暂不附表决的议论之议论》，载《中国法制报》1986年10月27日。

⑤ 《破产法（试行）》，载《人民日报》1986年12月3日，一个概括性的英文译本刊登在*Summary Of World Broadcasts*, FE/8435/CII, 1986年12月6日。

⑥ 《全民所有制工业企业法》的立法过程的概要见下文脚注及附注文字。本文中“国营企业”将被视为“全民所有制企业”的代名词，但只有“全民所有制企业”这个词在《中华人民共和国民法通则》中有定义。

1988 年的全国人大会议上，由全体人大代表审议通过。因此，《破产法（试行）》如今还处于不确定状态之下，即已经通过，但还未施行。[①] 中国媒体对《破产法（试行）》背后的立法进程，做了前所未有的公开报道，与此前在秘密氛围笼罩下的法律法规的起草工作，形成鲜明的对比。

本文第一部分，将按时间先后顺序叙述《破产法（试行）》立法进程的各个阶段，我们从最早关于破产法概念的公共建议，以及在 1984 年的流行刊物上，前所未有地刊登“破产法草案”初稿开始[②]。这一立法过程的某些阶段，可能对那些习惯西方政治制度中宪法制定立法程序的人们来说，不很熟悉。例如，征求意见的程序、地方破产规定的试行，以及学者和官员的研讨会。但是，这些都是在中国体制下，可以将不同利益集团聚集并参与立法的机制，这些机制有可能会发展为中国独特的立法制度。

就像在过去，中国的立法程序，有时候会像一个宣传活动。什么是宣传，什么是真正地参与立法过程，这是一个如何评定中国民主制度的永恒的问题。这两个问题成为分析立法过程各个阶段的基础，包括破产法的民意调查，以及破产制度在试点城市的试行。另一个有趣的创新是，中国的起草者决定与外国律师一起讨论他们关于中国破产法的看法。在 1986 年 8

---

① 《破产法》的立法过程，比起之前的其他立法来说，并不算冗长，例如《刑法》与《刑事诉讼法》在 1956 年首次起草，直到 1963 年经历了 33 次修改，在“文化大革命”之后的 1979 年最终得到通过。从起草到最终通过，《民法通则》历经 7 年时间（1979 年至 1986 年），《专利法》历经 5 年（1979 年至 1984 年），《兵役法》历经 4 年（1980 年至 1984 年），《民族区域自治法》历经 4 年（1980 年至 1984 年），《文物保护法》历经 3 年（1979 年至 1982 年）。郭道晖：《论我国立法的条件、步骤与方式（上）》，载《法学》1986 年第 6 期。

② 此处指 1984 年 11 月 20 日刊登在《民主与法制》第 11 期的文章《增强企业活力的法律措施》，文后附有作者（曹思源）拟的破产法草案个人建议稿。参见曹思源：《破产风云》，中央编译出版社 1996 年版，第 17 页。——译者注

月的几场会议上，某些在北京居住或来访的外国律师，获得难得的机会，与破产法起草者讨论了该法律。另外，本文将叙述《破产法（试行）》通过人大常委会和人大的立法过程，通过这一案例的研习，深入了解立法框架，因为类似的真实立法研究非常之少。

本文的第二部分，将专注于《破产法（试行）》制定过程中的某些重大问题，这些问题在第六届全国人大会议中第十六次、第十七次和第十八次常委会会议上，引起了争议与辩论。本文并非用西方的法律观点和偏见，来看待中国的立法过程，而是将重点放在对中国立法者本身极为重要的问题之上。因此，本文将探讨破产的成立条件、破产法的管辖范围、管理者的惩罚措施和职工的保护等问题。这些问题都是在人大常委会会议期间经过重大修改的，同样也是中国的起草者与国外律师共同探讨过的。本文不会对《破产法（试行）》规则进行全面的法律分析，而是集中于人大常委会会议上对上述问题进行争论的形式与方式。同时，本文也将探讨在这些争论中反复涌现出来的一种辩论模式，它们代表了当代中国经济体制改革以及法律体系的特征。

一、立法进程

（一）国务院之研究

追溯《破产法（试行）》立法过程的合理起点[①]，是 1983

① 运用法律途径去处理倒闭和破产的企业这一概念在过去曾被建议过。例如，参见曹思源：《在竞争中发挥保险公司作用的设想》，载《财贸经济丛刊》1980 年第 5 期（建议设立强制待业保险制度）。转引自曹思源：《谈谈企业破产法》，中国经济出版社 1986 年版。

年由国务院技术经济研究中心主持的关于中国技术发展的研究。[①] 这一研究得出的结论是，加快中国技术进步的唯一途径是制定破产法，这样将有助于淘汰低效率和技术落后的企业。[②]

1983年，这项研究报告被提交给“全国科技工作会议”，其中一部分在国内具有影响力的《瞭望》杂志上刊登。[③] 虽然这不算是正式立法进程的一部分，但由于这些中国破产法的概念是首次公开提出，因此在官方和公众中激发了极大的兴趣和讨论。[④]

（二）全国人民代表大会之提案

根据1982年《中华人民共和国宪法》，中国所有的“基本法律”[⑤] 都必须由全国人民代表大会通过，所有的“其他法

① 《关于争取科技进步，促进经济发展若干问题的建议》，载《工业经济管理》1984年第3期。转引自曹思源：《谈谈企业破产法》，中国经济出版社1986年版，第14页。

② 国务院技术经济研究中心起草的《关于争取科技进步，促进经济发展若干问题的建议》，其中第26条是有关起草破产法的建议。（参见曹思源：《破产风云》，中央编译出版社1996年版，第12—13页。——译者注）

③ 曹思源：《试论长期亏损企业的破产处理问题》，载《瞭望》1984年2月27日第9期。

④ 例如，参见曹思源：《谈谈企业破产法》，中国经济出版社1986年版，第15页（描述沈阳的中国共产党常务委员会之委员对该法律有兴趣）。

⑤ 全国人大及其常委会立法权力的确切范围并没有明晰界定，而且实际做法也前后不相一致。例如，有些人指出《经济合同法》由全国人大审议通过，但《涉外经济合同法》却由人大常委会审议通过。王长斌：《中华人民共和国的立法程序》（尚未发表）。有关“基本法律”的定义，参见吴大英、刘瀚等：《中国社会主义立法问题》，群众出版社1984年版。

律”，除全国人大通过的以外，都必须由全国人大常委会通过。[①]《全国人民代表大会组织法》规定了法案通过所需的人大代表或常委会委员的人数要求，以及有权向全国人大或全国人大常委会提交议案的个别政府机构。[②] 在实践中，全国人大代表们通常只建议全国人大应该制定某一法律，但真正的法律起草和提交审议的工作，则交由国务院等其他政府机构来完成。[③]

《破产法（试行）》立法过程正式迈出的第一步，是于 1984 年 5 月在第六届全国人民代表大会第二次会议上，由一群人大代表联名提出的提案，[④] 其要求制定《破产法（试行）》。[⑤] 该提案随后被发送给国务院经济法规研究中心。该中

① 另外，在全国人大休会期间，人大常委会有权对全国人大制定的法律进行部分补充和修改，但是不得同法律的基本原则相抵触。《中华人民共和国宪法》第 62 条第 3 款、第 67 条第 2 款，印在《中华人民共和国法律汇编（1979—1984）》第 18 页、第 20 页（人大常委会法律工作委员会编，1984 年）。《宪法》的一个概括翻译版本由新华社刊登，1982 年 12 月 6 日（特刊）。相比之下，根据 1954 年《中华人民共和国宪法》的规定，全国人民代表大会是“唯一的立法机关”。但该种安排被认为是不切合实际的，考虑到人大委员的人数和人大每年只开一次会议的事实。参见姚登魁、郑全成：《浅论我国立法体制的特点》，载《现代法学》1985 年第 2 期。全国人大常委会定期出版《中华人民共和国全国人民代表大会常务委员会公报》。

② 全国人大的专门委员会、国务院、中央军事委员会、最高人民法院和最高人民检察院，以及全国人大常委会组成人员联名 10 人以上，有权向全国人民代表大会提出议案。《中华人民共和国全国人民代表大会组织法》第 32 条（以下简称《全国人大组织法》），收录在《中华人民共和国法律汇编 1979—1984》中，第 375 页。30 名以上人大代表、一个全国人大省代表团、全国人大主席团、全国人大常委会、全国人大常委会各专门委员会及特别授权的国家机关，有权向全国人民代表大会提出议案，参见《全国人大组织法》第 9 条、第 10 条。

③ 参见吴大英、任允正：《比较立法学》，法律出版社 1985 年版，第 305—307 页。

④ 参见李思：《企业破产法正在孕育中》，载《民主与法制》1985 年 12 月 22 日，第 6 页。

⑤ 该提案指由温元凯先生等联名正式提出的《关于制定〈企业破产整顿法〉的提案》。参见曹思源：《破产风云》，中央编译出版社 1996 年版，第 33 页。——译者注

心在1984年5月到10月之间共举行了六次专题座谈会。虽然据报道，经济法规研究中心的职责在随后的改革中，被归并进国务院法制局①，但它曾经在法律法规的规划和起草方面，发挥了重要的作用②。

（三）1984年中央委员会之决定

如果不讨论中国共产党的核心作用，对中国立法进程的分析都将是不完整的。1984年10月20日，在中共中央十二届三中全会上，通过关于经济结构改革这一具有深远影响的决定（以下简称1984年中央委员会决定）③。

尽管1984年中央委员会决定并没有明确提及破产法，但许多支撑中国破产法理念的理论基础被首次合法化，如国营企业中所有权和经营权的权利分离。④ 此后，1984年中央委员会决定中的措辞，经常被讨论《破产法（试行）》和《国营企业法》的相关新闻报道和学术文章所使用，同时也被许多人引用来论证其观点。

---

① 1981年7月，为了加强国务院的法制工作，适应国家经济立法工作的需要，国务院又成立了国务院经济法规研究中心。它是国务院领导下的一个研究咨询机构，同时负责对国务院各经济部门起草、修订经济法规的工作进行规划、指导、组织和协调。国务院办公厅法制局和国务院经济法规研究中心为政府法制做了大量工作，但随着改革和现代化建设事业的发展，两机构并存已不适应国务院加强政府法制工作的需要。因此，1986年4月，国务院决定将两机构合并，成立国务院法制局。——译者注

② 经济法规研究中心在1982年起草了《1982—1986经济立法规划（草案）》，这是提案并实施中国法律法规的5年期计划。《谈立法预测与立法规划》，载《法制建设》1987年第1期。第七个国家五年计划之下也有类似经济立法规划，由国务院法制局起草完成。此类五年期经济立法规划意味着全国人大及其常委会的立法议程也许不是自发性的。

③ 《关于经济体制改革的决定》，载《国务院公报》1984年第26卷，第899页。

④ 孙亚明：《浅谈我国国营企业的破产问题》，载《经济法制》1986年第5期。

（四）立法建议草案之发表

一个前所未有的创新是，一部完整的《企业破产整顿法草案（个人建议稿）》（以下简称《个人建议稿》），[1] 于1984年发表于当时非常流行的期刊——《民主与法制》[2]。该建议稿源自曹思源先生一篇文章中的部分内容，后来曹先生被任命为破产法起草工作小组组长。[3] 这14条详细的建议草案，包含之后“破产法草案”中所有的基本要素。之前，中国正式的立法程序并没有要求“破产法草案”需要在其最终通过之前的两年内公布，因此，此次提前公布，成为早期中国立法程序民主化的一个重要先例。

（五）起草工作小组

国务院已经起草过许多法律草案，并将它们交由全国人民代表大会及其常委会表决。[4] 此外，国务院本身有权规定行政措施、制定行政法规与发布决定和命令，[5] 全国人大还特别授

---

① 《企业破产整顿法草案（个人建议稿）》附在下文之后，曹思源：《增强企业活力的法律措施》，载《民主与法制》1984年11月，第7页。（本书未收录该建议稿。——译者注）

② 《民主与法制》杂志通常刊登犯罪案件和许多漫画故事，甚至曾经赞助过电视法律竞猜节目。据全国人民代表大会常委会委员长彭真发来的贺电，称该杂志的任务是“普及和宣传”。参见《民主与法制》1985年1月，第2页。许多重要的关于《破产法》的文章刊登在该杂志上，虽然可以被认为是支持政府立法议程的宣传品，但这些文章也能对广大公众的辩论产生激发效果。

③ 曹思源先生是技术和经济研究中心的一员，并领导了1983年的起草活动。他在破产法的立法过程中起到了异常突出的作用，在中国媒体上发表了多篇文章及出版一本200多页的书，以支持立法，同时也在香港新闻界取得了支持。例如，参见《内地版企业破产法，曹思源称时机成熟》，载《文汇报》1986年1月14日（HK）。

④ 然而，若干重要的法律已由全国人大常委会或全国人大法律委员会提交全国人民代表大会审议，如《刑法》《民法通则》《刑事诉讼法》。王长斌：《中华人民共和国的立法程序》（尚未发表）。

⑤ 《宪法》第89条1款。也可参见李文：《国务院行政立法的宪法依据》，载《法制建设》1985年第6期。国务院大约每10天发布一个公共公报，虽然仅涉及重大法规和法令，仍然是最快和最全面的关于中国政府文件的唯一出版物。

权其制定有关经济改革和对外贸易与投资，[①] 以及若干税务和职工的退休事宜的规定。[②] 由国务院提交的法律草案或其颁行的行政法规，通常主要都是国务院下属的负责此类事宜的委员会或者行政部门起草完成。[③] 国务院法制局在法律法规的起草工作中，同样也起着重要的作用。[④]

国务院负责协调“破产法”的起草工作，并将草案提交给全国人大常委会。国务院于1984年12月29日批准组建的破产法起草工作小组[⑤]，由曹思源担任组长，并在经济法规研究中心、国家经委[⑥]和国家工商行政管理局[⑦]的共同领导下开展工作。起草小组内，不仅包括来自国务院各部委的政府官员，还有来自最高人民法院和全国人大常委会法制工作委员会的成员。[⑧] 1985年年初，为了调研破产立法事宜并广泛征求意

---

① 第六届全国人民代表大会第三次会议《关于授权国务院在经济体制改革的对外开放方面可以制定暂行的规定或者条例的决定》，全国人大代表大会，1985年4月10日，载《全国人大常委会公报》第3期，1986年5月20日。

② 参见袁建国：《改革时期经济立法的特点、现状及对策》，载《法学研究》1987年第1期。

③ 例如，《渔业法》最初由渔业部起草，《环境保护法》最初由城市建设与环境保护部起草。参见王长斌：《中华人民共和国的立法程序》（尚未发表）。

④ 法制局起草“行政法律法规”的地位已经被制定，参见《行政法规制定程序暂行条例》，载《中国法制报》1987年5月11日。

⑤ 《制定企业破产法有利于促进企业改善经营管理》，载《人民日报》1986年6月17日。

⑥ 据报道，国家经委将负责起草《破产法》的实施细则，经国务院批准后实施。参见张彦宁：《关于〈中华人民共和国企业破产法（草案）〉的说明》，载《全国人大常委会公报》1986年12月20日，第7期，1986年6月16日会议，第16页（总第419页）。

⑦ 国家工商行政管理总局和商务部负责颁发企业营业执照，并且根据《破产法》早期草案的意图，要在企业破产程序中发挥重要作用，因为比起那些管理亏损企业的政府部门来说，它被认为是一个更为公正的第三方，并更愿意使其破产。参见王河：《建立符合我国国情的破产制度》，载《现代法学》1985年4月第3期。

⑧ 破产法草案起草小组还包括财政部、劳动人事部、对外经济关系和贸易部以及中国人民银行的官员。参见《我国正在抓紧制定企业破产法》，载《中国法制报》1986年1月20日。

见，起草小组走访了中国主要城市和省份[①]；6 月，曹先生发表一篇文章，列举出起草过程中的 35 个主要问题。[②]

（六）试点城市之试行

在过去的几年里，中国已经成功发展出一套完善新法的程序，即在颁行一个最终普遍适用于全国范围内的法律之前，先在经济特区内施行地方性的规则。例如，《涉外经济合同法》[③]和《技术引进合同管理条例》[④] 的出台，都采取这一做法。它们都是以事先颁行于深圳经济特区的地方性法律文件为基础的。但与以上做法不同的是，《破产法（试行）》的试点并非是在新开发的经济特区，而选定在四个众多老企业云集的工业化城市。[⑤] 在现阶段，改革措施需要在试点城市试验，新法在地方试行，只是这一国家政策的一个方面。[⑥]

1985 年 2 月 9 日，沈阳市政府出台沈阳市的 24 条试行规定（以下简称《沈阳规定》）[⑦]，来处理城市集体所有制工业企

---

① 起草工作小组成员赴北京、沈阳、吉林、重庆、武汉、青岛、广州、深圳和其他城市进行调查。参见《我国正在抓紧制定企业破产法》，载《中国法制报》1986 年 1 月 20 日。

② 曹思源：《起草企业破产法需要研究的若干问题》，载《法学杂志》1985 年 6 月第 3 期。

③ 《涉外经济合同法》1985 年 3 月 21 日；《深圳经济特区涉外经济合同规定》1984 年 2 月 7 日。

④ 《技术引进合同管理条例》1985 年 5 月 24 日；《深圳经济特区技术引进暂行规定》1984 年 2 月 8 日。

⑤ 这四个城市是沈阳，武汉，重庆和太原。参见曹思源：《四市十一厂试行企业破产制度》，载《人民日报》1986 年 8 月 28 日。

⑥ 例如，中国政府在沈阳和上海一直尝试着股票和债券的交易，在沈阳和其他地方租赁企业给个人，并在深圳和厦门经济特区把企业改制为股份公司。

⑦ 沈阳市于 1985 年 2 月 9 日出台了《关于城市集体所有制工业企业破产倒闭处理试行规定》。参见曹思源：《破产风云》，中央编译出版社 1996 年版，第 23 页。——译者注

业的破产和倒闭问题。[①] 虽然这一规定只适用于沈阳的集体工业企业，但却构成中华人民共和国历史上第一部“破产法”。但另一方面，这项立法中存在着大量的宪法性问题。作为辽宁省的省会城市，沈阳市人民政府有权颁发“规章”，[②] 当然也有颁发“规定”的权力。然而，在起草《沈阳规定》的过程中，地方人民法院却拒绝承认这些规定的司法效力。[③] 最终的妥协办法是，在《沈阳规定》中指定破产申请向当地的工商行政管理局提出，并由其执行破产程序。[④] 只有在债务人或债权人拒绝合作的时候，作为最后的救济途径，才能向法院提起诉讼。[⑤]

1985 年 8 月 3 日，根据《沈阳规定》第 6 条的规定，沈阳市三个集体企业被予以即将破产的警告[⑥]，警告称，除非他

---

① 《沈阳市关于城市集体所有制工业企业破产倒闭处理试行规定》，载《中国企业家》1986 年第 1 期。《沈阳规定》的翻译版，see D. Clarke，“It Don't Mean A Thing If It Ain't Got That Sting：The Theory and Law of Bankruptcy in China”（尚未发表）(E)。亦可参见韩耀先、韩松：《论沈阳市企业破产试验》，载《法学杂志》1987 年第 2 期。

② 《地方各级人民代表大会和地方各级人民政府组织法》第 35 条 1 款，收录在《中华人民共和国法律汇编（1979—1984)》中，第 415 页。该条款在 1986 年修正案中成为第 51 条第 1 款。国务院已批准辽宁省政府指定沈阳为一个进行综合经济改革的试验城市，参见《国务院公报》1984 年第 16 卷，第 558 页。

③ 曹思源：《谈谈企业破产法》，中国经济出版社 1986 年版，第 17 页。地方性法规的司法效力问题一直是在中国学者中产生较大争议的话题。对比庄金锋：《关于我国地方性立法的法理探讨》，载《政治与法律》1987 年第 1 期（支持地方性法规的司法效力）；徐功勋：《地方性法规若干问题的探讨》，载《法学研究》1986 年第 5 期。

④ 《沈阳规定》第 6 条。

⑤ 《沈阳规定》第 23 条。

⑥ 1985 年 8 月 3 日，沈阳市政府向三家企业发出“破产警戒通告”，俗称“黄牌”警告。参见曹思源：《破产风云》，中央编译出版社 1996 年版，第 24 页。——译者注

们能在一年内“复苏”，否则将正式被宣告破产。[①] 在《破产法（试行）》通过之前，在四个官方的试点城市中，共有 11 家国营和集体企业，分别被给予即将破产的警告，[②] 而它们中的大多数都被媒体列为负面宣传案例，予以详尽报道。

（七）征求意见之程序

1985 年 9 月，起草小组拟定《中华人民共和国企业破产法（征求意见稿）》（以下简称《征求意见稿》）。[③] 虽然这 61 条《征求意见稿》是在《个人建议稿》的基础上精炼而成，但与最终的《破产法（试行）》依然存在巨大的差异。《征求意见稿》被送交到中央政府相关部门，以及省级、市级政府中的许多官员们手中，传阅以征集意见，据称共修订 20 余次。[④]因为

---

① 沈阳一家企业的“破产警戒通告”的文本出版在：凌河：《出路只有一条》，载《民主与法制》1986 年 6 月，第 22 页。这三家企业分别是：沈阳市防爆器械厂、市五金铸造厂、市第三农机厂。黄文禄：《对亏损企业要拉一把》，载《人民日报》1986 年 6 月 14 日。参见《沈阳三家工厂破产记》，载《明报》1986 年 5 月 20 日（HK）。

② 其他九家企业分别是：武汉市无线电三厂、武汉测量和切割工具厂、武汉实验纺织厂、重庆洗衣机厂、重庆江北石船县制衣厂、刘泾砖瓦厂（重庆）、大湾针织厂（重庆）和太原摩托车厂。参见曹思源：《四市十一厂试行企业破产制度》，载《人民日报》1986 年 8 月 28 日。亦参见“China Issues Warning To State – Owned Firms”, *Asian Wall Street Journal Weekly*, Aug. 8, 1986（HK & E）。广东省宣布还将关闭 10 家破产国营企业，“Guangdong to Close Down Factories in Debt”, *Ta Kung Pao*（Weekly Supp.）, Oct. 9, 1986（HK & E）。

③ 《中华人民共和国企业破产法（征求意见稿）》1985 年 9 月 20 日。

④ 曹思源：《谈谈企业破产法》，中国经济出版社 1986 年版，第 16 页。破产法起草小组到不同城市去征集意见，包括由上海市政府和《民主与法制》杂志赞助的上海市关于征求意见稿的会议。《征求关于企业破产法（草案）的意见》，载《民主与法制》1985 年 12 月，第 6 页。沈阳市政府召集许多企业、政府、司法机关和学校的代表讨论《征求意见稿》，参见曹思源：《经济改革急需企业破产法》，载《民主与法制》1985 年 12 月，第 7 页、第 9 页。

1985 年 9 月，起草小组拟出《征求意见稿》，送国务院各有关部门和各省、自治区、直辖市征求意见，同时派调研组去沈阳、武汉、上海、天津、青岛、广州等地进行调查研究。参见《关于〈中华人民共和国企业破产法（草案）〉的说明》，载中国人大网，http://www.npc.gov.cn/wxzl/gongbao/2000-12/26/content_5001838.htm。——译者注

这种征求意见的程序，收集到了不同政府部门的反馈信息，使得它也许会成为当今中国立法过程中最为重要的一项制度。

（八）国务院之批准

破产法起草工作小组对《征求意见稿》的各方意见整合后，形成一部法律草案。1986年1月31日，国务院第九十九次常务会议[①]原则通过《中华人民共和国企业破产法（草案）》（以下简称《草案》）[②]。

（九）民意调查

1986年1月进行一个新实验，当时四个城市[③]中超过500名政府干部和企业经理及职工接受调查。该实验主要询问他们对"破产法草案"和对当前经济改革的意见。调查结果在1986年夏季被媒体广泛报道，包括中共中央党校理论部研究生们的详细报告。[④] 党内理论学者的关注可能表明了党内高层赞成这一实验。[⑤]

令人毫不惊讶的是，民调结果显示，大多数的受访者一致认为应该颁布破产法。然而，非常明显的是，民调结果的数据被有意扭曲。结果突出地显示，有超过91%的受访者认为，

---

① 《国务院组织法》，1982年12月10日，参见《中华人民共和国年法律汇编（1979—1984）》，第30页。这部法律很短，没有包括立法程序的详细规定。在实践中，通常由国务院常务会议审议通过国务院提交的法律草案。

② 《中华人民共和国企业破产法（草案）》的内容总结在王燕东：《孕育中的企业破产法》，载《经济法制》1986年第5期；也可参见《我国正在制定企业破产法》，载《人民日报（海外版）》1986年2月5日；《中国拟定破产法》，载《明报》1986年2月5日。（HK）

③ 这四个城市分别是：哈尔滨、合肥、长沙和桂林。调查对象为，40%是工业企业主管部门的干部，17%是企业经理，43%是企业职工。

④ 参见胡戈、阳国亮、孙云凌和汪贵胜：《人们如何看待企业破产法》，载《民主与法制》1986年7月22日，第25页。

⑤ 党校学员于1986年7月8日在《经济参考》上发表的文章，题为《破产法民意调查》。参见曹思源：《破产风云》，中央编译出版社1996年版，第396页。——译者注

实施破产制度是非常必要的，或是可以考虑的。[①] 而结果的真实情况，却埋没在另一篇文章的统计数据之中：有 47% 的受访者认为，实施破产制度是可以考虑的；并且仅 44% 的人认为，实施破产制度非常必要。[②] 即便这些数据存在疑问，更有甚者，在一篇揭露中国概念下所谓“民意调查”的评论性文章中指出，在一群没有参加破产法宣传讨论会的人中，81% 的人认为颁布和实施破产法是不可能的，而在一群曾参加过破产法宣传讨论会的人中，91% 认为应尽快颁布破产法。[③] 根据此文，这一数据显示出宣传作用的重要性。

（十）学者和官员之讨论会

1986 年 6 月 15 日，破产法起草小组、沈阳市人民政府和辽宁省社会科学院，在试点城市沈阳联合举办了关于“企业破产倒闭理论与实践”的政策讨论会。[④] 来自全国各地的 230 余名学者和政府官员，参加此次政策性的“对话”。会议举办的时间特别有趣，因为它在《草案》正式提交给全国人大常委会审议之前一天召开，并恰逢全国人大常委会对《草案》辩论期间。因此，《草案》的支持者们精心策划会议时机，希望为《草案》的推广，创造最大的影响力，正如《民主与法制》后来所详述，破产法辩论中提及的很多问题，都出现在

---

① 党校学员于 1986 年 7 月 8 日在《经济参考》上发表的文章，题为《破产法民意调查》。参见曹思源：《破产风云》，中央编译出版社 1996 年版，第 396 页。——译者注

② 胡戈、阳国亮、孙云凌和汪贵胜：《对〈企业破产法〉的社会心理反映》，载《北京日报》1986 年 8 月 18 日。

③ 《推动经济体制改革的必要法律措施》，载《民主与法制》1986 年 7 月，第 20 页。1986 年 5 月曹思源在重庆和上海进行的相关民意调查，参见曹思源：《谈谈企业破产法》，中国经济出版社 1986 年版，第 192—197 页。

④ 参见《推动经济体制改革的必要法律措施》；亦可参见“Bankruptcy Law Proves Successful”，*China Daily*，June 24，1986，p. 3（E）。

这次会议上。[①]第二次破产法会议，计划将于 1987 年秋在试点城市武汉和重庆举行。

在中国的立法进程中，这种类型的会议为培育创新思维和汇集分歧意见，提供了重要的专门论坛。此类会议是征求专家意见的主要方式之一。利用这种方式，法制工作委员会能为其向人大常委会提交的法律草案的报告，收集信息。[②]

（十一）全国人大常委会之六月会议

全国人大下属的两个主要机构实际担当了新法的起草和修订工作，它们分别是全国人大法律委员会和人大常委会下设的法制工作委员会。根据《宪法》的规定，全国人大法律委员会是全国人大的六个专门委员会之一[③]，其成员由人大代表组成，并且根据《全国人大组织法》，其统一审议和讨论向全国人大及其常委会提交的所有法律草案。而其他专门委员会仅能向法律委员会提出建议[④]，但也负责审议和讨论在各自管辖领域内的法律草案。

在立法过程中，另一个主要的机构是全国人大常委会法制工作委员会，它由全国人大常委会和全国人大法律委员会中的法律人员组成。根据《全国人大组织法》，全国人大常委会可以设立必要的工作委员会，并任命委员会中的成员及工作人员。[⑤]全国人大法工委在立法过程的每一阶段，都起着非常积极的作用，包括组建起草工作小组，在不同城市和省份调研，向政府

---

① 参见《推动经济体制改革的必要法律措施》。

② 王长斌：《中华人民共和国的立法程序》（尚未发表）；相关内容亦可参见杜飞进：《在经济体制改革中加强经济立法》，载《政治与法律》1985 年第 6 期。

③ 《中华人民共和国宪法》第 70 条关于法律委员会的相关规定。

④ 《全国人大组织法》第 37 条第 5 款。

⑤ 《全国人大组织法》第 28 条，法制工作委员会的大多数成员不是全国人大代表。也可参见《中国名录》，广播电视出版社 1987 年版，第 39 条。

官员征求意见，以及与学者及官员举办会议。[①] 法制工作委员会向全国人大法律委员会，提交一份关于拟议的立法草案的正式调研报告，并评价该草案通过审议的可行性，以便法律委员会能向人大常委会委员长会议建议，是否应该将此法律草案提上人大常委会会议议程。法制工作委员会负责法律草案，须与现行法律保持一致，并在全国人大法律委员会的指导下，起草修正案。

1986 年 6 月，国家经济委员会副主任受国务院的委托[②]，向第六届全国人民代表大会常务委员会第十六次会议提交“破产法草案”（以下简称六月会议）。[③] 正如人大常委会的现行做法，对法律草案只需要作出一个说明，并且直到两个月之后的下一次常委会会议，才能付诸表决。但未曾料到的是，全国人大常委会成员[④]的初步意见，就表达了对“破产法草案”的强烈反对。在六月会议结束后，下次常委会会议召开前的这段时间内，“破产法草案”的倡导者们为了获得支持，在报刊上发动了一场轰轰烈烈的运动。[⑤]

---

① 王长斌：《中华人民共和国的立法程序》（尚未发表）；杜飞进：《在经济体制改革中加强经济立法》，载《政治与法律》1985 年第 6 期，第 1 页、第 4 页。

② 1986 年 6 月 16 日在第六届全国人民代表大会常务委员会第十六次会议上国家经济委员会张彦宁副主任受国务院的委托，就《中华人民共和国企业破产法（草案)》作出说明。参见《关于〈中华人民共和国企业破产法（草案)〉的说明》，载中国人大网，http：//www. npc. gov. cn/wxzl/gongbao/2000 – 12/26/content_ 5001838. htm。——译者注

③ 参见《制定企业破产法有利于促进企业改善经营管理》，载《人民日报》1986 年 6 月 17 日；张彦宁：《关于〈中华人民共和国企业破产法（草案)〉的说明》，载《全国人大常委会公报》1986 年 12 月 20 日，第 7 期，1986 年 6 月 16 日会议，第 16 页（总第 419 页）。全国人大常委会会议的议事安排由委员长会议提出，由全体委员决定。

④ 比如六月会议上对“破产法草案”的反对意见，参见《制定企业破产法是改革开放的需要》，载《光明日报》1986 年 6 月 22 日。（这些是人大常委会委员杨立功、古耕虞、胡克实和钱敏的意见。）

⑤ 在这期间有很多关于破产法民意调查的报道，比如，胡戈、阳国亮、孙云凌和汪贵胜：《对〈企业破产法〉的社会心理反映》，载《北京日报》1986 年 8 月 18 日；《人们如何看待企业破产法》，载《民主与法制》1986 年 7 月 22 日。破产法起草小组组长曹思源还发表了很多文章及一本书来支持破产法。

（十二）沈阳工厂之破产

在全国人民代表大会常委会第十七次会议开始的前一个月左右，沈阳防爆器械厂于 1986 年 8 月 3 日正式宣告破产，也正是在其被给予即将破产警告的一年以后。① 共和国历史上第一个正式破产案的消息，被国内新闻媒体竞相关注，并向全世界作出报道。② 各种文章在国内媒体和香港媒体中涌现，事无巨细地报道了这家拥有 70 多名职工的小集体企业破产案。③ 这些文章将使中国公众了解与"破产"有关的陌生概念，同时也给众多处于长期亏损中的中国企业以警告。

（十三）与外国律师会谈

1986 年 8 月下旬，根据对外贸易经济合作部的安排，全国人大常委会的一些工作人员与在北京居住或访问的西方律师举行会谈。工作人员就某些问题询问国外破产法的类似情况，这些都涉及随后的常委会会议中制定修正案的议题。中国的评论家和立法者也都对其他国家的破产法非常熟悉，其中包括波

---

① "Shenyang Tries Bankruptcy Law", *Beijing Review*, Mar. 3, 1986, p. 6 (E); "Shenyang Factory 'Doomed'", *South China Morning Post*, Mar. 3, 1986, p. 5 (HK & E).

② 尚齐新：《沈阳防爆机械厂破产倒闭后引起的国内外反响》，载《法学杂志》1987 年第 2 期；Li, " First Bankruptcy Shocks China", *Beijing Review*, Sept. 8, 1986, p. 25; News from Xinhua News Agency, Aug. 4, 1986, p. 14 (E); "First Factory Goes Bankrupt", *China Daily*, Aug. 5, 1986 (E); Fung, "China's First Bankruptcy Tests Reforms", *Asian Wall Street Journal Weekly*, July 30, 1986 (HK&E); "Shenyang Factory Declared Bankrupt", *South China Morning Post*, July 18, 1986, p. 2 (HK&E)。

③ 参见周保华：《沈阳防爆器械厂为什么破产?》，载《北京日报》1986 年 8 月 7 日；"Bankruptcy Factory Up For Auction", *News from Xinhua News Agency*, Aug. 29, 1986 (E)；周保华等：《原沈阳防爆器械厂债权单位可收回一半债款》，载《人民日报》1986 年 10 月 18 日；"Bankrupt Factory Auctioned Off", *News from Xinhua News Agency*, Sept. 26, 1986 (E)。

兰[1]、苏联[2]、南斯拉夫[3]和匈牙利[4]。

（十四）全国人大常委会之八月会议

“破产法草案”按计划将在 1986 年 8 月下旬和 9 月初举行的第十七次全国人民代表大会常委会会议上获得通过（以下简称八月会议）。[5] 据权威的英文政府刊物——《北京周报》报道，在八月会议上“法律草案预期将被通过并颁布”[6]。过早地公布证明了，在全国人大常委会上关于“破产法草案”的持久争论，并非排演好后的宣传，而是真正激辩实质性问题。

全国人大法律委员会的一个主要职责就是，在法制工作委员会的协助下，审议、草拟和提议修改法律草案。因此在八月会议召开之前，法律委员会举行四次会议，讨论“破产法草案”的相关意见，这些意见来自常委会委员们、中央和地方政府官员们和财政经济委员会人员。[7] 随后，全国人大法律委员会提出一些折中的修改稿，这是对破产法起草工作小组收到

① 关于国营企业改善经营管理和破产的法律，被引用在孙亚明：《制定企业破产法是优胜劣汰规律的客观要求》，载《法制建设》1986 年第 6 期。

② 参见杨荣新：《论破产法》，载《政法论坛》1986 年第 6 期。

③ “Law on the Rehabilitation and Termination of Organizations of Associated Labor”, Official Gazette, 41/80；也可参见《强制清算和破产法（1962）》，被引用在孙亚明：《制定企业破产法是优胜劣汰规律的客观要求》，载《法制建设》1986 年第 6 期。

④ “New Rules of Winding - Up and Economic Rehabilitation of Enterprises”, *Ministry of Finance*, Law Decree 11 of 1986 of the Presidential Council. 参见 Hungaropress - Economic Information，17 号，1986。中国的破产法起草者也熟悉南斯拉夫和匈牙利的破产法。参见《人大常委审议破产法草案》，载《人民日报》1986 年 8 月 30 日。

⑤ 全国人大常委会会议一般每两个月举行一次，每次持续大约两周，参见《全国人大组织法》第 29 条。

⑥ “Bankruptcy Law to Come Out”, *Beijing Review*, Sept. 8，1986，p. 4（E）.

⑦ 宋汝棼：《全国人大法律委员会对〈中华人民共和国企业破产法（草案）〉审议结果的报告》，载《全国人大常委会公报》1986 年 12 月 20 日，第 7 期，1986 年 8 月 27 日会议，第 18 页（总第 421 页）。

的各政府机关所提出的意见研究后的结果，并详细登载在报刊上。①

人大常委会委员们对这一修改后的“破产法草案”展开激烈辩论，并且辩论的部分内容，在中国中央电视台的节目中广泛播出。根据全国人民代表大会的一般做法，常委会审议和讨论法律草案，通常是以小组会议的形式进行的。常委会在事先通知秘书处后，也举行委员间非正式讨论的联组会议，会上他们可以在常委会委员长分配的时间内，表达自己的观点。②八月会议的联组会议刚刚开完，新闻媒体便立即广泛地报道支持者们和反对者们发表的③关于“破产法草案”的观点。④尽管全国人大法律委员会提议进一步修改，全国人大常委会依然无法达成一致决定，“破产法草案”并未付诸表决，只能被搁置到下届会议，继续提交审议。

随后，有人批评全国人大常委会“滥用立法权并阻碍经

---

① 比如，国务院法制局、国家经济委员会和最高人民法院在研究之后提出对破产条件的修正建议，参见本文二（一）2部分，“可操作的破产标准”。国务院法制局和国家经济委员会做完研究之后提出了职工保护的修正建议，相关内容参见《企业破产法有利于国营企业改善经营管理》，《经济日报》1986年8月28。随后与此相同的文章出现在《光明日报》《工人日报》《北京日报》《中国法制报》《人民日报》。See also Xu，“Bankruptcy Draft Law Revised at NPC Session”，*China Daily*，Aug. 28，1986，col. 1(E)；Schiffman，“China Moves a Step Closer to a Bankruptcy Law”，*Asian Wall Street Journal Weekly*，Sept. 1，1986，p. 16，col. 1 (HK & E)；“Beijing Amends Bankruptcy Law”，*South China Morning Post*，Aug. 29，1986 (HK & E).

② 王长斌：《中华人民共和国的立法程序》(尚未发表)。

③ 本文把《破产法》的支持者总括地称为“支持者们”，《破产法》的反对者即称之为“反对者们”。

④ 八月会议上的两篇重要文章出现在《人民日报》上，两篇均标题为《破产法实施条件尚不具备，建议改为试行或暂行条例》，载《人民日报》1986年9月5日。第一篇报道全国人大法律委员会委员们对《破产法》修改的建议过程，第二篇是记者詹湘和何平，对全国人大常委会个别委员在八月会议上所发表意见的详细报道。亦参见阎军：《建议破产法先试行或改为暂行条例》，载《中国法制报》1986年9月5日。

济结构的改革”[①]。但是其他的评论员为人大常委会辩护道：“这一次，全国人大常委们能广泛听取各方意见，畅所欲言，反复讨论，甚至激烈辩论，如此前所未有的民主氛围出现在全国人大常委会中。这是一件可喜可贺的好事情，怎么能称为滥用职权呢?”[②]《人民日报》还表彰，八月会议是一次“充满着热情活跃的民主氛围”的会议。[③]

（十五）全国人大各委员会会议

在八月会议上，“破产法草案”被意想不到地搁置之后，全国人大各委员会和其他政治团体举行一系列的会议。媒体对这些会议的报道，描述了中国现有的关于推动被搁置法案的立法程序。

1986 年 10 月，全国人大常委会委员们和“破产法调查组”的成员们，在几个城市和省份展开调查。[④] 法制工作委员会还向各地方人大和中央政府各部委征求意见。此外，中国人民政治协商会议（作为重要的政治协商机构通常都与全国人大每次会议同期召开）的法制组和经济建设组，也举行了一些关于“破产法草案”的“民主”和“自由”的讨论。[⑤]

随后，全国人民代表大会当时六个专门委员会中的两个委员会（法律委员会和财政经济委员会）邀请相关政府部门的

---

① 李亚虹、扈纪华：《对〈破产法〉暂不附表决的议论之议论》，载《中国法制报》1986 年 10 月 27 日。

② 同上。

③ 《破产法实施条件尚不具备，建议改为试行或暂行条例》，载《人民日报》1986 年 9 月 5 日。

④ 《法律委员认为破产法草案基本可行》，载《人民日报》1986 年 11 月 16 日。

⑤ 《部分政协委员讨论国营企业破产法草案》，载《中国法制报》1986 年 10 月 16 日。

官员，在北京召开一次为期八天的破产法座谈会[①]。此后两个委员会又分别举行进一步的研讨会。最终，法律委员会对“破产法草案”提出修改稿，并断言该法律草案是“基本可行”的。

很难确切地说，这些研讨会和座谈会对《破产法（试行)》的最终版本真正产生了实质性的影响。但是，仅从表面程序上看，该版本的确努力容纳反对意见，以便达成一个普遍的共识。[②] 各方所作出的重要的妥协与让步，似乎反映出一个真实的政治过程中的互相博弈。

此外，相比立法进程中的任何其他阶段，这段时间内新闻报道的评论，在描述反对者的意见时也更为公正。[③] 除了有表达支持者和反对者争论的文章，也有对读者书面表达他们支持或反对《破产法（试行)》的观点进行总结的文章。[④]

（十六）全国人大常委会之十一月会议

全国人民代表大会常务委员会第十八次会议于 1986 年 11 月和 12 月举行（以下简称十一月会议）。会上，全国人大法律委员会副委员长将该委员会拟议的折中修改稿，提交给了全国人大常委会。随后，新闻媒体详细报道了这一情况。[⑤] 经过近两个星期的激烈辩论和反复修改，辩论的双方最终达成妥

---

① 《进一步征求对企业破产法草案意见》，载《人民日报》1986 年 11 月 6 日。这次讨论会包括 53 名全国人大代表、13 名中央政府领导和 26 名地方政府领导。

② “Differences Narrow on Bankruptcy Law”, *Ta Kung Pao*, Nov. 20, 1986, p. 1, col. 1 (HK& E).

③ 汪永清：《实施国营企业破产法是破国家的“产”》，载《工人日报》1986 年 10 月 11 日；亦参见《关于制定国营企业破产法问题的讨论》，载《工人日报》1986 年 10 月 25 日。

④ 《关于制定国营企业破产法问题的总结》，载《工人日报》1986 年 11 月 15 日。

⑤ 《法律委员认为破产法草案基本可行》，《人民日报》1986 年 11 月 16 日；亦参见《再次审议破产法等法律草案》，载《人民日报》1986 年 11 月 16 日。

协。据此规定，在《国营企业法》实施的同时或者不久之后，《破产法（试行）》才能被投入试行。[①] 试点城市中的试行部署将有所扩大，之后，也许还将对“破产法草案”进行修订。[②] 与此同时，还将加强《破产法（试行）》相关的宣传和解释工作。[③] 全国人民代表大会常委会于 1986 年 12 月 2 日通过《破产法（试行）》[④]，并且根据《宪法》，中华人民共和国国家主席在同一天宣布该法的实施，[⑤] 法律全文完整地出现在第二天的报刊上。根据《破产法（试行）》的最后一条和主席的宣布，《破产法（试行）》将自《国营企业法》实施满三个月之日起试行。[⑥]

由于《选举法》的修改草案也在全国人大常委会十一月会议上得到通过[⑦]，其对全国人民代表大会和地方各级人民

---

① 《破产法可与工业企业法同步或稍后施行》，载《北京日报》1986 年 11 月 28 日。

② 许多全国人大常委会委员认为《破产法》在全国范围内的施行，应延期至在试点城市获取更多经验之后，参见《人大常委审议破产法草案》，载《人民日报》1986 年 8 月 30 日。（人大常委段苏权和宋一平的观点）

③ 《破产法》以 101 票支持和 9 票弃权表决通过。Salem，“Insolvency and the State”，*Far Eastern Economic Review*，Jan. 15，1987，p. 46（HK & E）. 根据《全国人大组织法》，全国人大常委会的决定需得到全体委员的多数赞成票得以通过，参见《全国人大组织法》第 31 条。

④ 《宪法》第 80 条。《宪法》未规定如何处理法律已被全国人大或其常委会通过，但中华人民共和国主席拒绝宣布该法律的情况。

⑤ 《全国人民代表大会和地方各级人民代表大会选举法》（1986 年 12 月修订并公布），载《人民日报》1986 年 12 月 5 日；亦参见《全国人大常委会关于修改〈中华人民共和国人民代表大会和地方各级人民代表大会选举法〉的决定》，于十一月会议通过，1986 年 12 月 2 日。

⑥ 参见 1986 年《破产法（试行）》第 43 条，“本法自全民所有制工业企业法实施满三个月之日起试行，试行的具体部署和步骤由国务院规定”。——译者注

⑦ 第六届全国人民代表大会常务委员会第十八次会议审议《关于修改〈中华人民共和国全国人民代表大会和地方各级人民代表大会选举法〉的决定（草案）》和《关于修改〈中华人民共和国地方各级人民代表大会和地方各级人民政府组织法〉的决定（草案）》。参见《第六届全国人民代表大会常务委员会第十八次会议简况》，载人民网，http：//www. people. com. cn/GB/14576/28320/35607/35626/2669060. html。——译者注

代表大会进行了大范围修改，全国人大作为立法机关的影响力越来越显著。[1] 1986 年 12 月，北京市政府宣布，为实施《选举法》而出台一些配套的地方性法规。[2] 具有讽刺意义的是，世界媒体聚焦于北京基层人民代表大会选举中将实行的差额选举问题，这一问题虽然在 1979 年和 1982 年的《选举法》中已有规定[3]，但根据 1986 年《修正案》和《北京实施细则》，实际上候选人数应当超过应选人数的比例有所下降了。[4] 总而言之，1986 年《修正案》和《北京实施细则》阐明并公布了选举程序中每一阶段的具体细节，所以会增加中国政府今后将真正按照其规定的程序和要求操作的可能性。[5]

从民主改革的角度看，同样重要的是在十一月会议上，作出的关于《地方各级人民代表大会和地方各级人民政府组织

---

① 《北京市区、县、乡、镇人民代表大会代表选举实施细则》(以下简称《北京实施细则》)，北京市第八届人民代表大会常务委员会在第三十三次会议上修改并通过，1986 年 12 月 26 日，《北京日报》1986 年 12 月 27 日。

② See e. g. , Gargan, "Beijing to Offer Voters a Choice in City Election", *New York Times*, Dec. 28, 1986, p. 1.

③ 第五届全国人民代表大会第二次会议通过，并于 7 月 4 日公布，1980 年 1 月 1 日实施。该法于 1982 年进行了细微修改，参见第五届全国人民代表大会第五次会议《关于修改〈中华人民共和国全国人民代表大会和地方各级人民代表大会选举法〉的若干规定》，于 1982 年 12 月 19 日被全国人大通过，载《中华人民共和国法律汇编（1979—1884)》，第 419 页。

④ 根据 1979 年和 1982 年《选举法》第 27 条，地方各级人民代表大会直接选举时候选人的人数，应为应选人数的 1.5 到 2 倍。但是，1986 年的修改版本（第 27 条）和《北京实施细则》（第 35 条），降低要求，规定候选人数只需要超过应选人数的 1/3 即可。

⑤ 比如，在新疆的某些选举被宣布为无效，就是因为它们没有符合候选人数超过应选人数的要求。"Elections Declared Illegal", *China Daily*, 1987（E）. 乡镇一级的人民代表大会，于 1986 年年末和 1987 年年初举行选举，参见《我国民主选举制度更加完善》，载《人民日报》1987 年 3 月 24 日。亦参见余绪新、徐来琴：《关于直接选举中若干问题的探讨》，载《法学研究》1987 年第 1 期。

法》的广泛修正,[①] 这些修正进一步明确并加强了地方人大的权力。中国立法程序改革将来下一步骤，按逻辑应该是对1982 年《全国人大组织法》全面修订，使之法典化、清晰化，并且加强本文中所提及的那些立法程序。[②]

（十七）三月会议

《国营企业法》早在 1979 年就已被提议[③]，其被认为是必须由全体人民代表大会代表表决通过的“基本法律”。人大常委会在十一月会议上，就《国营企业法（草案)》展开辩论，并计划将法案提交于 1987 年 3 月和 4 月举行的第六届全国人

---

① 修正后的《地方各级人民代表大会和地方各级人民政府组织法》，于 1986 年 12 月 2 日公布，参见《人民日报》1986 年 12 月 5 日；亦参见《地方各级人民代表大会和地方各级人民政府组织法》，收录在《中华人民共和国法律汇编（1979—1984)》中。

② 这个建议已经被包括人大代表张丽在内的 53 名全国人大代表和安徽省代表团，以“对全国人民代表大会运作和全国人大代表职责的法律规定”为议题所提出。1986 年 4 月 11 日，在第六届全国人民代表大会第四次会议主席团第三次会议上，此建议被全国人大主席团提交全国人大法律委员会审议和讨论。《全国人民代表大会常委会公报》1986 年 5 月 30 日，第 4 期，第 86 页（总第 268 页)。在同一次主席团会议上，包括李建生在内的 50 名全国人大代表，提交关于提高全国人大常委会工作质量的提议，并被转交给相关部门征求意见和讨论。《全国人民代表大会常委会公报》1986 年 5 月 30 日，第 4 期，第 8 页。

③ 在 1979 年已经有《工厂法》被提出，参见郭道晖：《论我国立法的条件、步骤与方式（上)》，载《法学》1986 年第 6 期。国家经济委员会从相关部门中，抽调超过 400 名工作人员调研，调查结果显示出工业企业领导结构中未解决的重要问题，即是应当保留以前体制中的“共产党领导下的厂长负责制”，还是应当转变为“厂长领导负责制”，抑或转变为“职工代表会议决策制”？此后国务院对这些问题的规定参见本文第二节。《国营企业法》的草案于 1985 年 1 月提交全国人大常委会审议，但很快被搁置了。参见《企业法草案经七次修改逐步成熟》，载《人民日报》1987 年 3 月 14 日。国务院也在一些试点城市实施《国营企业法》。包括张楚然在内的 30 名全国人大代表，建议将“企业法草案”提上全国人民代表大会的议事日程；同时第六届全国人大第三次会议的主席团会议，也将此提请全国人大法律委员会审议讨论。全国人大法律委员会于 1986 年建议，将草案提上全国人民代表大会的议事日程。《关于第六届全国人大第三次会议主席团交付法律委员会审议的代表提出的议案审议结果的报告》在 1986 年 1 月 20 日的第六届全国人民代表大会常务委员会十四次会议上通过。参见《全国人大常委会公报》1986 年 2 月 20 日，第 1 期。

民代表大会第五次会议（以下简称1987年人大会议）审议。同年3月19日，正是人大常委会第二十次会议（以下简称三月会议）的最后一天，由于在常委会委员之间依然存在意见分歧，人大常委会决定不将法案提交给全国人民代表大会审议。①

与此同时，根据在十一月会议上达成的折中决定，即继续在试点城市进行《破产法（试行）》之试行，并加强舆论宣传工作，沈阳市再有四家企业被给予破产警告②，还有南昌市的一家企业被宣告破产。③《破产法（试行）》被广泛发表，并有不同的注释版本④，并且有大量的支持或解释《破产法（试行）》的文章发表在报刊上⑤，包括《工人日报》刊登的由十部分组成的系列讲座⑥。

（十八）全国人大之1987年会议

紧接着三月会议之后，1987年全国人民代表大会随之举行，一名人大代表称："这次大会比以往任何一届都更加民主，

---

① "Law on Industry Not Ripe for NPC", *China Daily*, Mar. 20, 1987 (E). 一个没有解决的争议是，尽管1984年的中央委员会决议已经强调企业的领导结构应当转变为"厂长责任制"，但党组织是否或怎样在国有企业法中予以规定，引起激烈的争议。《第六届人大常委会连续举行联组会议》，载《人民日报》1987年3月19日。

② 《四家集体企业受到破产警戒通告》，载《中国法制报》1987年3月7日。

③ 《南昌地下商场破产》，载《北京日报》1987年3月8日。河北其他两家企业于1986年10月宣告破产。"Bankruptcy A Signal of Reform", *South China Morning Post*, Mar. 19, 1987 (HK & E).

④ 比如，参见法律出版社的版本，1987年1月，以及注释版本由中国政法大学出版社出版。

⑤ 参见《关于制定企业破产法的几点认识》，载《人民日报》1986年12月6日；《实行破产制度促进企业自主经营》，载《人民日报》1986年12月7日（法律工作委员会领导问答）；阳国亮：《试论试行企业破产制度的作用》，载《光明日报》1986年12月13日。

⑥ 钱风元、高成、陈重：《企业破产法讲话》（十讲），载《工人日报》1987年1月3日至3月28日。

更加充满活力。”[①] 一方面，有此前的全国人大常委会会议作为先例；另一方面，时任全国人大常委会委员长彭真的政治影响力日益增长。

与前几届全国人大例行公事地通过议事日程上所有项目的情况相比，1987 年的这次会议详尽地讨论《村民委员会组织条例》草案，而审议这部草案，则是议事日程中的主要事项。全国人大最终仅在原则上批准这部条例，并将其移交回全国人大常委会修订，[②] 而未采取以往一致投票通过的做法。[③] 一些投票则反对全国人大的决议，据报道，有 40 票反对当时的政府工作报告。[④] 全国人大还在其报告审定后的文本中，加上了一些关键性的语句。[⑤]

二、破产法辩论中的主要议题

在《破产法（试行）》辩论中，人们对争议议题的选择和争论的方式，为我们提供一个途径，据此可以洞悉中国人对于《破产法（试行）》的观念以及中国法律用词的模式。在讨论这些议题之前，先说明一下这个辩论模式——在《破产法（试行）》辩论中所涌现出来的，也将会体现在目前关于经济改革的辩论中。

---

① “National People's Congress：A Democratic Session”，*Beijing Review*，Apr. 20，1987，p. 5（E）.

② 《六届全国人大五次会议决议决定》，载《人民日报》1987 年 4 月 12 日。

③ 李祖兴批评实践中一致表决通过的做法，参见李祖兴：《人大表决制及其改革的设想》，载《法学》1986 年第 11 期。在 1986 年的全国人民代表大会上，已经出现对最高人民法院和最高人民检察院工作报告及其他个人提案的否决票，并对某些人员变动也有否决票。

④ “Three Axed in China Purge”，*South China Morning Post*，Apr. 12，1987（HK & E）. 据报道，在 11 个投票项目上，共有 130 张反对票，also see “Appointment of Ministers Ends NPC Session”，*China Daily*，Apr. 13，1987（E）。

⑤ Delfs，“Stamp of Authority”，*Far Eastern Econ. Review*，Apr. 23，1987，p. 18（HK & E）.

该辩论模式可以简单总结为转换模式。让我们以企业自主权这一议题为例，它在《破产法（试行）》的立法中经常引起争论。《破产法（试行）》的反对者们认为，中国企业在产品的定价方面，仅拥有很小的自主权，他们不能控制用工、能源及其他投入的成本。[①] 此外，由于政府（尤其是那些对企业进行直接监管的主管部门）的严重干预，企业经理在管理上也没有自主权。[②] 所以，反对者们认为，在企业自主权如此少的情况下，用破产的措施来惩罚企业是不公平的。

《破产法（试行）》的支持者们，将这一理由转化为支持自己观点的推论的起点："是的，让缺乏自主权的企业走向破产的确不公平。那么，为什么不给企业更多的自主权呢？"[③] 简而言之，这就是目前中国经济改革中，随处可见到的转换辩论模式。[④] 反对者们认为，因为其他的同步的改革尚未实施，所以某一改革（比如《破产法（试行）》）的配套条件亦不存在。[⑤] 支持者将此理由转为自己所用，并指出，因此配套条件

---

① 参见《破产法实施条件尚不具备，建议改为试行或暂行条例》，载《人民日报》1986 年 9 月 5 日。（全国人大常委侯学煜的观点）

② "Differences Narrow on Bankruptcy Law", *Ta Kung Pao*, Nov. 20, 1986, p. 1, col. 1 (HK& E)（全国人大常委成安渝的观点）；亦参见《关于制定国营企业破产法问题的总结》，载《工人日报》1986 年 11 月 15 日（工人日报读者的意见）。

③ 曹思源：《深化经济改革，促进政治改革》，载《工人日报》1986 年 8 月 19 日；《破产法实施条件尚不具备，建议改为试行或暂行条例》，载《人民日报》1986 年 9 月 5 日；阎军：《建议破产法先试行或改为暂行条例》，载《中国法制报》1986 年 9 月 5 日（全国人大常委荣毅仁的观点）。

④ 比如，在辩论《中华人民共和国专利法》时，反对者认为作为配套条件的《著作权法》应该先通过。但是，在《专利法》通过后，改革者用同样的理由来论证《著作权法（草案）》的通过。

⑤ 参见《制定企业破产法是改革开放的需要》，载《光明日报》1986 年 6 月 22 日（反对者们在六月会议上的意见）；《破产法实施条件尚不具备，建议改为试行或暂行条例》，载《人民日报》1986 年 9 月 5 日（全国人大常委耿飚的观点）；阎军：《建议破产法先试行或改为暂行条例》，载《中国法制报》1986 年 9 月 5 日（全国人大常委雷洁琼的意见）。

需要尽快实施。[①] 对于反对者们来说，这是一个进退两难的逻辑——直到其他配套条件成熟才能进行下一步改革，[②] 而在支持者看来，这是一个“先有鸡，还是先有蛋”的谬论，因为先后问题并不重要，重要的是我们从何处开始着手。[③]

支持者的成功促成八月会议前后一系列重要配套制度的加速通过。在那个立法创新成果颇丰的阶段，国务院通过新的劳动法规。它规定，国营企业需要与所有的新招员工订立有期限的劳动合同，允许国营企业公开招聘工人，并且授权其解雇不满意的职工。[④] 国务院还通过新的行政法规，它赋予国营企业管理者更大的自由管理的空间，[⑤] 限制企业内部党组织的权力，[⑥] 并详细规定企业中工会的角色[⑦]。支持者还提到其他已

---

① 曹思源：《当前我国实行破产法的条件是否具备》，载《工人日报》1986 年 8 月 20 日；王志良、张印杰：《如破产法出台，企业目前是否具备实施条件》，载《中国法制报》1986 年 11 月 25 日；Zhang，“Experts Argue for a Bankruptcy Law”，*China Daily*，Sept. 10，1985（邱淑芳的观点）（E）。

② 参见《破产法实施条件尚不具备，建议改为试行或暂行条例》，载《人民日报》1986 年 9 月 5 日；《关于制定国营企业破产法问题的总结》，载《工人日报》1986 年 11 月 15 日（反对者们的观点）。

③ 参见《破产法实施条件尚不具备，建议改为试行或暂行条例》，载《人民日报》1986 年 9 月 5 日；阎军：《建议破产法先试行或改为暂行条例》，载《中国法制报》1986 年 9 月 5 日（全国人大常委许涤新的观点）；《企业破产制度可以先行》，载《人民日报》1986 年 8 月 28 日；《人大常委审议破产法草案》，载《人民日报》1986 年 8 月 30 日（全国人大常委何英的观点）。

④ 这些劳动法规于 1986 年 7 月 12 日由国务院通过，于 1986 年 10 月 1 日实施。See Chang，“Breaking the Iron Rice Bowl：The New Labor Regulations”，*East Asian Executive Report*，Nos. 12，13，Dec. 15，1986（E）.

⑤ 《全民所有制工业企业厂长工作条例》，国务院 1986 年 9 月 15 日通过，载《中国法制报》1986 年 10 月 22 日。

⑥ 《中国共产党全民所有制工业企业基层组织工作条例》，国务院 1986 年 9 月 15 日批准，载《中国法制报》1986 年 10 月 22 日。

⑦ 《全民所有制工业企业职工代表大会条例》（国务院 1986 年 9 月 15 日批准），载《中国法制报》1986 年 10 月 22 日。

经实施的行政规定[①]，比如，扩大国营企业自主权，[②] 加强"工业企业的活力和生命力"。[③] 此外，之前企业全部利润上缴政府的这一制度被废除，代之以企业可以保留其税后利润。[④]

但反对者们也在利用"配套条件"的辩论模式，展开有效地反驳。在全国人大常委会的争论之中，反对者们认为与《破产法（试行）》相配套的法律还没有颁布，这包括"国营企业法"、"公司法"、"集体企业法"、"城乡企业法"、"劳动法和社会保险法"等[⑤]。

支持者们辩称，配套法律已经就位。1986 年颁布的《民法通则》所规定的原则是，国营企业要对自己的债务，以国家委托其管理和运营的财产为限承担责任。[⑥]《民法通则》也明确规定，"根据法律依法宣告破产"是企业终止的一种情形。[⑦] 此外，国务院还为破产企业的下岗工人建立待业救济制

---

① 王志良、张印杰：《如破产法出台，企业目前是否具备实施条件》，载《中国法制报》1986 年 11 月 25 日。

② 《关于进一步扩大国营工业企业自主权的暂行规定》，由国务院通过。

③ 《关于增强大中型国营工业企业活力若干问题的暂行规定》，国务院 1985 年 9 月 11 日通过，载《人民日报》1985 年 9 月 20 日。

④ 企业的税负仍然非常重，正如报道案件所述，企业需负担 55% 的所得税，15% 能源和运输税及 24% 的调节税，参见阳国亮：《企业破产制度的建立及其相关条件》，载《体制改革探索》1986 年第 5 期；亦参见《国营企业第二步利改税试行办法》，载《国务院公报》1984 年 23 期，第 798 页。

⑤ 参见《制定企业破产法是改革开放的需要》，载《光明日报》1986 年 6 月 22 日；《人大常委审议破产法草案》，载《人民日报》1986 年 8 月 30 日（人大常委钱敏的意见及沈淑仁的评论）；《破产法实施条件尚不具备，建议改为试行或暂行条例》，载《人民日报》1986 年 9 月 5 日（全国人大常委耿飚的意见）。

⑥ 《民法通则》第 48 条（全国人民代表大会 1986 年 4 月 12 日通过），载《人民日报》1986 年 4 月 17 日。相关内容亦参见《关于经济体制改革的决定》，载《国务院公报》1984 年第 26 卷。

⑦ 《民法通则》第 45 条。

度，并于 1986 年 6 月得到通过。[①]

此次配套条件是否成熟的争论，最终以通过《破产法（试行）》但推迟其实施为结果，这反映出一个比较特殊但也许非常中国化的妥协。一方面，支持者们挽救了法律原文本，使其免于流产或再次修订；另一方面，反对者也将《破产法（试行）》的实施，拖后至少一年半的时间。

（一）破产的条件

在资本主义经济体制下，无论有没有政府颁布的破产法，亏损企业在耗尽资金后，将自动退出市场。相反，在中国有 20%—25% 的国营企业长期严重亏损，[②] 但却在国家的补贴下继续运营。[③] 所以，和资本主义经济体制下的破产法不同，中国《破产法（试行）》的主要作用在于，为亏损或者低效率的中国企业提供退出市场的触发机制。[④]

1. 即将破产警告

中国《破产法（试行）》最初的概念中，包含一个独创的且非常有趣的理念，这在所有其他国家的破产法中都未曾出现

---

① 《国营企业职工待业保险暂行规定》（1986 年 7 月 12 日由国务院发布），载《中国法制报》1986 年 9 月 10 日。Chang，"Breaking the Iron Rice Bowl：The New Labor Regulations"，8 *East Asian Executive Report*，Nos. 12，13，Dec. 15，1986（E）.

② 企业亏损的具体数据，参见曹思源：《谈谈企业破产法》，中国经济出版社 1986 年版。

③ 应当注意的是，在过去关闭的一些中国企业与经济受挫有关，比如"大跃进"和"大炼钢铁运动"。顾明：《破产法是社会主义计划商品经济的促进法》，载《经济法制》1986 年第 11 期。

④ 媒体的评论者经常提到，通过竞争的"淘汰作用"来关闭低效率的企业是破产法的首要目标之一。参见《制定企业破产法是改革开放的需要》，载《光明日报》1986 年 6 月 22 日（全国人大常委会副委员长薛焰的意见）；曹思源：《经济改革继续企业破产法》，载《经济参考》1986 年 6 月 27 日；曹思源：《企业破产法"制约因素"两议》，载《经济日报》1986 年 8 月 30 日；Yan，"How to Deal with Losing Enterprises"，*Beijing Review*，Mar. 11，1985，p. 25（E）。

过——即将破产的警告，指一个企业已经到达了法律规定的“破产条件”，将会被给予破产警告，通知该企业如果不能在一年内复苏，它将会被正式宣布破产。这一概念最早被描述在《沈阳规定》中：“通常情况下，当企业的负债超过其有形资产，或者亏损超过固定资产的80%时，它将会收到这种即将破产警告。”该企业将会获得一年的时间来“恢复活力”，但没有具体的机制可以被企业用于和债权人达成和解并减免债务。如同很多媒体上关于警告企业奇迹般地扭亏为盈的报道所证实的那样，这个初始理念似乎是，破产警告可以有效地激励企业的工人，从而使企业在一年内扭亏为盈①。

这种过于简单的关于破产产生原因以及解决办法的观念，被随后的数次“破产法草案”所修正。在最终的破产法文本中，破产警告的概念被归入破产重组这一通常的术语中，实现与其他国家破产法的统一。一年的警告期限变为一般不超过两年的重组程序，而“破产条件”这一术语也再未出现在法律规定中。

2. 可操作的破产标准

《破产法（试行)》起草者所面临的首要问题是，如何设定有效的标准，从而界定出启动破产（或者更确切地说，即将破产）的条件。早先的“破产法草案”中，共包括三种一般类型而不同模式的破产标准：资产负债比率、亏损资产比率和及时偿还债务。

最简单地关于资产负债比率标准的模式，出现在《沈阳

① 媒体对试点城市的被警告企业的报道，通常强调警告对管理者和工人带来的巨大影响，从而使企业快速扭亏为盈。“Bankruptcy Warning Saves Radio Factory”，*China Daily* (1986)（E）；亦参见“Bankruptcy Warning Saves Enterprise”，*News from Xinhua News Agency*，Nov. 11，1986（E）；《人大常委审议破产法草案》，载《人民日报》1986年8月30日（全国人大常委裘维蕃的意见）。

规定》中。它规定，当一个企业的负债超过其“所拥有的全部财产（包括固定资产、流动资本、现金或其他企业拖欠的财务等)”，那么它就达到破产条件。[①] 但是，将企业破产的条件设定为资产和负债的比率，在一定程度上具有误导性，因为这一标准其实就是禁止累计亏损，即负资产。《征求意见稿》采用一个比较清楚的标准，即负债超过（未定义的）“注册资本”。[②] 而“破产法草案”将“负债”与企业“实际拥有的资产”进行比较。

除了这些概念界定的问题，人大常委会的委员们还针对此标准，提出实质性的反对意见。他们指出，许多中国企业都有巨额债务，尤其是大企业。因此，他们认为，资产负债比率标准并没有“直接反映出企业的经营状况”，也不能“符合此类企业的实际情况”[③]。最终在八月会议中，资产负债比率标准被从“破产法草案”中删除。

正如上述所提到的，资产负债比率标准是对累积亏损的总量限制的另一种表达方式，这也是早先破产法起草者所关注的。破产法《个人建议稿》规定，破产条件即当“累积净亏损”超过“企业实际拥有的生产性资本（包括流动资本，但排除贷款和固定资产净值)”的 60%（该词的确是令人费解的会计术语混合物)。[④] 破产法在《征求意见稿》中，其规定的

---

① 参见《沈阳规定》第 1 条，这个标准似乎将大部分无形资产（包括商誉）排除在外。因为企业在中国一般不是被互相买卖的，所以这个除外规则是可以被理解的。

② 《征求意见稿》第 5 条。比较破产法草案《个人建议稿》中所提的“有形资产”和债务，和比较《征求意见稿》中所提的“注册资本”和债务，这两个标准有巨大的差别，其表明破产法的起草者似乎普遍欠缺深入的财务会计学问。对此的批评暗含于下文，朱永贻：《实行企业破产法的合理性及其限制》，载《经济研究》1986 年第 9 期。

③ 《企业破产法有利于国营企业改善经营管理》，载《经济日报》1986 年 8 月 28。

④ 《个人建议稿》第 4 条第 2 款。

破产标准变得相对比较简单，但还是很模糊：当企业的“未弥补亏损”超过其注册资本的80%。[①] 但是，此标准亦不具有实用性，因为按照其字面意思理解，它将会使量大至极的中国企业，在定义上被认为破产。因此，在八月会议上，把亏损资产比率标准也从“破产法草案”中删除了。

那么，留在《破产法（试行）》中的就是之前提及的“及时偿还债务”标准，它有在国际实务界成为主流标准的优势。在1986年8月，中国的起草者们和外国律师数次讨论的过程中，美国律师指出，美国的破产法曾经规定过一些模糊的测试标准，如在资产负债表上无力偿还债务和某些“破产行为”，但这些都在1978年被废除，并替换为针对非自愿破产的一般标准，即“通常是企业不能清偿到期债务”。[②] 外国律师解释说，如此类似的普遍标准还可以在其他西方国家的破产法中找到。

在《破产法（试行）》的最终版本中，破产条件被规定为：“企业因经营管理不善造成严重亏损，不能清偿到期债务。”[③] 与其他机械性的财务比率标准不同，其他标准并未考虑中国企业中不同的资本结构和情况，而破产制度中及时清偿债务标准存在更大的弹性。虽然这一标准在一定程度上牺牲某些最初理念，如破产法应该作为淘汰低效企业的工具和明确标准，但是通过建立一个相对有弹性的破产标准，司法机构的权力得到加强，因为最终是由人民法院决定涉诉企业是否宣告破产。[④]

---

① 《征求意见稿》第5条。

② United States Code，第11卷，第303款（1982年和1985年增订版第3章）。

③ 《破产法（试行）》第3条。

④ 根据《破产法（试行）》，对企业破产案件有管辖权的是人民法院，而不是特殊的破产法院。

3. 破产标准的例外

《沈阳规定》已经尝试去处理企业缺乏自主权的事实，从而规定破产标准只适用于“非政策性亏损”的企业。[①] 换句话说，如果一个企业的亏损是由于政府政策造成的，那么它将不应遭到破产法的惩罚。[②] 最终的《破产法（试行）》也体现了这一考虑，并将破产企业的定义仅限定为那些由于经营管理不善造成亏损的企业。

《破产法（试行）》的起草者似乎也已意识到，为避免对财务比率标准的精确措辞争论不休（如 60% 抑或 80%、固定资产抑或注册资本），他们更愿意着力于设计一些破产标准的特定例外情况，以应对反对者们的异议。在八月会议中，全国人大法律委员会建议，如果一个企业的主管部门能提供资金，或者采用其他措施帮助企业偿清债务，或者企业获得其债务将在六个月内偿清的保证，那么该企业就可以免于破产。[③] 但《破产法（试行）》的支持者们极力反对这些侵蚀规则的例外情况，并对该例外情况加以限制，仅适用于“公用企业和与国计民生有重大关系的企业”[④]。

（二）《破产法（试行）》的适用范围

关于《破产法（试行）》的适用范围问题，中国的立法者展开长久的争论，这看似技术性的纷争却隐藏关于中国法律制度结构的重大分歧。同时，它也成为关于其他实质性问题争议的替代物，因为限制适用范围，将使《破产法（试行）》的影

---

① 《沈阳规定》第 2 条。

② D. Clarke，“It Don’t Mean a Thing If It Ain’t Got That Sting: The Theory and Law of Bankruptcy in China”，unpublished，p. 49.

③ 《企业破产法有利于国营企业改善经营管理》，载《经济日报》1986 年 8 月 2 日。

④ 《破产法（试行）》第 3 条 2 款。参见胡泽恩：《现代破产法之变革》，载《中国法制报》1986 年 10 月 24 日。

响力在实际上受到减损。关于适用范围的两个具体争议是：《破产法（试行）》是可以适用于有外资投入的企业，还是仅仅只适用于中国企业；如果是后者，是否它只适用于国营企业，还是也可以适用于集体制企业或者中国其他形式的经济组织。

1. 不适用于外资企业

在早期的“破产法草案”中就已规定，其适用于所有类型的中国企业，包括了中外合资企业、中外合作企业和外商独资企业。[①] 该草案的无所不包的本质，反映出它将中国的法律制度视为一个整体的理念，而不是将其拆分为两个平行的体系，一个用于规制涉外企业的相关事宜，另一个用来规制中国国内企业。《经济合同法》的两个平行体系就是这种拆分的例子，即由《涉外经济合同法》规制涉及外国投资者利益的合同，而《经济合同法》规制其他类型的所有合同[②]。

根据六月会议上提交的“破产法草案”及就草案作出的说明，“破产法草案”的一个主要目的就是，“适应对外开放的需要”和“有利于我们依法在涉外经济活动中处理债权、债务问题”[③]。“破产法草案”激发一些外国投资者的恐慌，因为这意味着他们在中国所投资的亏损企业有可能会被宣告破产。但同时也有一些外国投资者和律师期望《破产法（试行）》将会适用于中外合资企业，因为这会迫使起草者在法律

---

① 参见《个人建议稿》第2条；《征求意见稿》第3条；“破产法草案”第69条。

② See MacNeil, “China Need Only One Legal System”, *Asian Wall Street Journal*, Nov. 25, 1985 (HK& E).

③ 参见《制定企业破产法有利于促进企业改善经营管理》，载《人民日报》1986年6月17日。评论者也引用吸引外国投资作为出台破产法的主要理由。陆向明：《关于制定企业破产法的设想》，载《政法与法律》1985年第6期；叶建新：《尽快制定〈企业破产法〉》，载《经济法制》1985年第5期。

中确认抵押债权人的优先权，如此成为一个适用于合资企业的国家性抵押制度的基础。由于中国缺乏这种抵押担保制度或者其他充分的替代措施，这成为增加外资在中国投资的重要障碍之一。[①]

由于中国对本地企业和涉外投资企业，经常使用不同的规制办法，并且很难同时满足这两类不同企业的需求和特殊性，所以在《破产法（试行)》的起草过程中，存在无数的技术性困难。比如，本文中所讨论的《破产法（试行)》的关键特征之一，即对管理者的惩罚，将很难适用于涉外投资企业。所以，在全国人大常委会的八月会议期间，将法律草案修改为仅仅适用于中国的国营企业。但是中国政府已经开始着手建立针对涉外投资企业的破产法律制度，并且在深圳经济特区已发布了一个此类制度的地方性法规。[②]

2. 适用范围缩限为国营企业

破产法草案《个人建议稿》和《征求意见稿》都规定，破产法既适用于国营企业，也适用于集体企业、个人独资企业和经济组织的其他形式。[③] 与此相反，《沈阳规定》仅适用于

---

① 因为除深圳经济特区外，中国没有“抵押法”，所以合资企业的资产无法设定债权的抵押。因此，这些债权就只能由外国投资者担保（这其中通常有巨大的风险)，或由中国授权的金融机构进行担保，而这些金融机构大多数都已经超过其担保额度了。See Chang, “The East is in the Red”, 14*China Business Review. No.* 2, p. 42, 1987 (E).

② 《深圳经济特区涉外公司破产条例》于1986年11月29日通过，12月7正式颁布，1987年1月1日起实施。(下文简称《深圳条例》)

③ 《个人建议稿》和《征求意见稿》对破产适用范围的界定，都不很精确。《个人建议稿》第2条规定：“破产法适用于所有类型的企业，包括全民所有制企业、合资或合作企业及分包企业。”《征求意见稿》规定：“破产法适用于有独立会计核算、自负盈亏的其他经济组织。”“破产法草案”规定：“全民所有制企业和其他企业适用破产法草案的基本原则。”

集体企业。那么此处的一个根本性问题是，国营企业如何破产？[①]

根据《民法通则》，集体企业拥有并管理自己的资产，但国营企业只能运营和管理由国家所有的资产。[②] 因此，正如杰出的经济学家董辅礽[③]的一篇重要且被多次转载的文章所指出的，国营企业是否可以破产，是一个难以解决的问题。因为没有人（除了国家）能够感受到国营企业破产的直接损失，《破产法（试行）》对国营企业所施加的处分效果，远逊于对其他类型的企业。董辅礽进而得出结论，在国营企业执行破产制度，甚至比其他形式的企业更有必要。这是因为集体企业或个人独资企业的所有者能直接感受到企业破产的“切肤之痛”，但国家通常最终是对亏损国营企业进行长期补贴。

过去常见的做法是“关、停、并、转”，即将亏损的国营企业并入另一个盈利的国营企业中[④]。破产法的支持者们认为，这种做法无异于将钱扔进了“无底洞”[⑤]，而且使“吃大

---

① 这个问题是媒体在破产法理论争议中考虑最多的问题之一。汪永清：《实施国营企业破产法不会破国家的“产”》，载《工人日报》1986 年 10 月 11 日。

② 参见《中华人民共和国民法通则》第 48 条，载《人民日报》1986 年 4 月 17 日。

③ 董辅礽：《谈谈企业破产法》，载《人民日报》1986 年 10 月 10 日，部分文章翻译刊登于 “Bankruptcy Threat Can be Stimulant”, *China Daily*, Od. 1986 (E); “A Case for the Bankruptcy Law”, *Ta Kung Pao*, Nov. 13, 1986 (HK & E); “The Bankruptcy of Enterprises as a Spur to Other Reforms”, *Summary Of World Broadcasts*, FE/8399/BII/13, Oct. 25, 1986 (E)。

④ 参见顾明：《为什么社会主义国家还要立破产法》，载《经济日报》1986 年 11 月 11 日。评论人员认为即使破产法不能被通过，也必须建立一个法律程序来处理关闭企业。李昌麒：《怎样清理关停企业的债权债务》，载《现代法学》1986 年第 3 期。

⑤ 《内定草拟〈公司法〉预料明年内可望成，顾明在港称〈破产法〉料可通过》，载《大公报》1986 年 11 月 25 日。引自顾明，国务院经济法规研究中心主任（HK）。

锅饭”的旧体制延续下去[①]。但另一方面，许多全国人大常委会的委员和媒体评论员认为，兼并仍然是解决无效率企业的更好办法[②]。

为了使《破产法（试行）》对国营企业产生更好的惩戒效果，董辅礽勇敢地指出，我们必须对我国的所有权制度进行改革。秉持着令人惊讶的坦率并抛开意识形态的限制，中国的评论者常常在《破产法（试行）》的背景下，公开讨论如何对我国的所有权制度改革。[③] 这也可被视为是另一种争论中的转换模式，即如许多反对者主张的，若国营企业的破产真的就是国有资产的破产，那么为什么不改变企业的所有权体制呢？比如，一些评论人员建议，可以建立双重所有权体制，其中企业的管理者拥有“相对所有权”，同时国家保留企业的绝对所有权[④]。

3. 法律的名称

接下来的两部分，将关注两个在西方立法程序中通常不是那么重要的问题。但是，透过解读中国法律名称在措辞上的，或者立法序言在激励性用语上的细微演变，常常可以揭示出一些重要的问题。中国《破产法（试行）》立法名称的演变，可以被视为在数次人大常委会会议的过程中反对力量的动态指示

---

① 参见《再次审议破产法等法律草案》，载《人民日报》1986 年 11 月 16 日，全国人大法律委员会副委员长彭冲在十一月会议上的评论。

② 参见《人大常委审议破产法草案》，载《人民日报》1986 年 8 月 30 日，全国人大常委曹龙浩在八月会议上的观点；黄文禄：《对亏损企业要拉一把》，载《人民日报》1986 年 6 月 14 日。

③ See Zhang，“Experts Argue for a Bankruptcy Law”，*China Daily*，Sept. 10，1985（邱淑芳的评论）；《我国所有制体制的改革的概念》，载《人民日报》1986 年 9 月 26 日，译文发表在 *Summary Of World Broadcasts*，FE/8384/BII/8，Oct. 8，1986（E）。

④ 孙亚明：《浅谈我国国营企业的破产问题》，载《经济法制》1986 年第 5 期；亦参见禄正平：《略论全民所有制企业财产所有权的二元性》，载《现代法学》1986 年第 3 期。

器。破产法的《征求意见稿》和《草案》都以《中华人民共和国企业破产法（草案）》命名。由于八月会议中将破产法的适用范围缩小至国营企业，其名称也随之变更为《中华人民共和国国营企业破产法（草案）》①。在对反对者的进一步让步中，全国人大法律委员会在八次会议上建议，将“试行”② 加入到法律名称中来，或者将其由“法”转变为“暂行条例”。③然而，作为支持者的一次小小胜利，最终《破产法（试行）》的名称部分地恢复了，在《征求意见稿》和《草案》中第一次提到的比较宽泛的名称，虽然涵盖了中华人民共和国所有企业形式，但这部法律在条文中规定只适用于国营企业，并且还只是“试行”。

4. 法律的序言

尽管《破产法（试行）》的序言引起过争议，但中国的法律通常会包括很多宣示性的语言，意在使其比西方法律体系，拥有更多的法律内容和超过字面上的意义。④《破产法（试行）》的序言，总结中国《破产法（试行）》主

---

① 参见宋汝棼：《关于〈中华人民共和国国营企业破产法（试行）（草案）〉几点修改意见的说明》，载中国人大网，http：//www. npc. gov. cn/wxzl/gongbao/2000 - 12/26/content_ 5001841. htm。——译者注

② 之前已经有三部试行法律得到了通过，分别是《环境保护法》《民事诉讼法》和《食品卫生法》（1995 年）。宋汝棼：《关于〈中华人民共和国国营企业破产法（草案）〉（修改稿）几点修改意见的说明》，载《全国人大常委会公报》1986 年 12 月 20 日第 7 期，1986 年 9 月 4 日会议，第 21 页（总第 424 页）。

③ 像“试行”和“暂行条例”这样的术语被中国的立法者混乱使用，从而被批判，张兵：《地方性法规名称应规范化》，载《法学杂志》1987 年第 1 期。一个受欢迎的进步是，国务院已对一些令人困惑的术语作出了法律界定，比如条例、规定、办法和暂行规定，参见《行政法规制定程序暂行条例》，载《中国法制报》1987 年 5 月 11 日。

④ 比如，在中国法律实践中，“平等与互惠”被认为是重要的激励语言之一，这可以在《中华人民共和国中外合资经营企业法》中找到。下文为中国立法语言的模糊性做了辩护，郭道晖：《论立法中的原则性与灵活性结合》，载《法学评论》1987 年第 1 期。

要目的，其按照重要性依次为："为了适应社会主义有计划的商品经济发展和经济体制改革的需要，促进全民所有制企业自主经营，加强经济责任制和民主管理，改善经营状况，提高经济效益，保护债权人、债务人的合法权益，特制定本法。"

之前在序言中出现的一个目的是，"维持和保护社会主义经济秩序"①，其在十一月会议上被删除了。② 相反，其他的条款被添加进来，以反映支持者们将《破产法（试行）》等同于"配套改革"的策略，即中国经济正在进行的向"含有市场机制的计划经济"③ 的方向转变，被改革者委婉地称为"社会主义商品经济"④。

（三）对管理者的惩罚

尽管在资本主义经济体制下，低效率的公司会受到股票市场、银行拒绝贷款和投资者害怕投资受损的约束，但中国的国营企业能依靠国家来担负破产的损失结果。所以，如何使得国营企业的管理者也感受到破产给企业所有者所带来的同样痛

---

① "制定企业破产法的指导思想是：维护以公有制为基础的有计划的社会主义商品经济秩序，保护债权人、债务人的合法权益……提高经济效益"。参见《关于〈中华人民共和国企业破产法（草案）〉的说明》，载中国人大网，http：//www. npc. gov. cn/wxzl/gongbao/2000－12/26/content_ 5001838. htm。——译者注

② 参见《法律委员认为破产法草案基本可行》，载《人民日报》1986年11月16日。在资本主义国家中，保护债权人利益是破产法的主要目的，但在中国破产法中它仅是一个附属目的。参见殷国风：《试论建立具有中国特色的破产制度》，载《政法论坛》1985年第5期。

③ 赵人伟：《社会主义经济是含有市场机制的计划经济》，载《财贸经济》1980年第4期。——译者注

④ 参见曹思源：《破产的含义及破产法的基本作用》，载《中国法制报》1986年9月17日；亦参见《法律委员认为破产法草案基本可行》，载《人民日报》1986年11月16日，全国人大法律委员会副主任宋汝棼在十一月会议上的评论；《人大常委审议破产法草案》，载《人民日报》1986年8月30日（人大代表邓家台的意见）。在十一月会议的最后一天，"计划"一词被加入《破产法》中的"社会主义商品经济"短语中。

苦，就成为问题的关键。[①]

早先的“破产法草案”包含非常强烈的理念——《破产法（试行）》作为法律机制，来惩罚破产企业的管理者。在与西方律师的讨论过程中，中国的起草者对此议题表达出强烈的兴趣，但几乎失望地发现，西方的破产法中并没有规定惩罚破产企业管理人的具体条款。在破产法《个人建议稿》中，受到破产警告的亏损企业的管理者，会被立即开除职务。[②] 在《征求意见稿》中，不同类型的欺诈和虚假陈述者，将会被判处2—5年的有期徒刑。同时，如果破产是由于管理者的“失职”所造成的，他也会被处以其他形式的刑罚。[③] 不仅要对那些“对破产负直接责任”的人员处以罚金，同时也适用于那些不对所有债权人公平清偿的管理人。与南斯拉夫破产法中的一些条款类似，[④]《征求意见稿》也禁止那些对企业破产负有责任的领导人员，在3年内又在其他企业担任领导职务或者经营其他企业[⑤]。

正如前面提到过的，对管理者的惩罚，对于涉外投资企业的高层管理者（其中大多数都是外国人）来说，是陌生的，也是具有警示作用的。由于涉外投资企业的注册资本是由外国公司和中方合作人共同出资的，所以破产损失的可能性将会对管理者产生有效的约束，从而排除额外的国家惩罚。[⑥] 因此，

---

① 参见董辅礽：《谈谈企业破产法》，载《人民日报》1986年10月10日。沈阳防爆器械厂的过去和现任管理者都被要求对企业破产负责，同时管理工厂的沈阳市自动化公司也被要求承担责任。韩耀、光韩松：《企业破产的具体处理及其有待改进的问题》，载《法制建设》1986年第6期。

② 《个人建议稿》第7条。

③ 《征求意见稿》第55条。

④ “Law on the Rehabilitation and Termination of Organizations of Associated Labor”, Official Gazette, 41/80; see also 8 Martindale - Hubbell Law Directory, Yugoslavian Law Digest, Bankruptcy (1987) (E).

⑤ 《征求意见稿》第58条。

⑥ 参见董辅礽：《谈谈企业破产法》，载《人民日报》1986年10月10日。

深圳对涉外投资企业破产中管理者的惩罚条款，都只限于其伪证、欺诈和不配合破产程序等特定行为①。

在惩罚管理者的背后存在着一个根本性的问题，即当管理者在经营上，仅拥有有限的自主权时，惩罚破产企业的管理者是否公平？在八月会议初期，全国人大法律委员会建议将早期的“破产法草案”中“罚则”一章，替换为一个普通条款。②但在人大常委会中，关于企业自主权的争论，强调主管企业的政府部门在企业经营管理中发挥的突出作用。③ 在许多案例中，政府主管部门也许实际上应对企业的破产负有大部分责任。所以许多人大常委会委员反对《破产法（试行）》最初的草案，因为它似乎只是不公平地挑出企业的管理者作为惩罚对象④。

与其他的争议相比，《破产法（试行）》的支持者们这次没有在他们的反驳中，使用转换模式的方法，即督促配套法律的实施，来阻止政府主管部门对企业管理的干预。而是在最终的《破产法（试行）》中规定，如果破产企业的上级主管部门对企业破产负有主要责任，那么对该上级主管部门的领导人给

---

① 《深圳条例》第7条。

② 这种删减，被一些想要削弱破产法效力的反对者们所支持，也被一些破产法支持者们所赞同，他们希望为破产法的通过减少阻力而延期相关的争论。有些起草者也许也被西方破产法律所影响。

③ See also Lichtenstein, “Legal Implications of China's Economic Reforms”, *International Centre for Settlement of International Disputes Review*, 1*I. C. S. I. D. Rev.* 2, p. 289, 299 (1986).

④ 参见《破产法实施条件尚不具备，建议改为试行或暂行条例》，载《人民日报》1986年9月5日；阎军：《建议破产法先试行或改为暂行条例》，载《中国法制报》1986年9月5日（全国人大常委宋劭文的观点）；《人大常委审议破产法草案》，载《人民日报》1986年8月30日（全国人大常委曹龙浩的观点）；“Differences Narrow on Bankruptcy Law”, *Ta Kung Pao*, Nov. 20, 1986, p. 1, clo. 1（全国人大常委成安渝的观点）。

予“行政处分”。[①] 尽管这似乎是中国现行体制下，约束对企业破产负有责任的上级主管部门的最有逻辑性的处理方式，但它其实是对中国经济改革大潮的逆行。因为处罚对破产企业负有责任的主管部门的领导，实际上会促使主管部门更多地干预企业的经营管理。所以，具有讽刺意味的是，这种措施有可能会更加强政府之前的管理权力。

尽管支持者们对政企分开的必要性大力宣扬，[②] 但在人大常委会对“破产法草案”的修订过程中，政府部门在执行破产程序中的权力，似乎在事实上被加强了。因为根据《破产法（试行）》，主管部门不仅有权申请对破产企业进行整顿，而且也负责协调和主持企业的整顿工作[③]。

主管部门的主导地位，也许是中国社会主义制度的不可避免的特征。从某种观点，严格把政府主管部门和私营企业管理者分开，对于中国社会主义制度来说，是套用不完全合适的资本主义框架的一种苛求。如果能建立有效的激励措施，刺激企业的主管部门有效管理企业，那么主管部门虽然是政府机关，但也可以被认为是类似于董事会，其代表持企业所有权的国家的利益。

（四）对职工的保护

《破产法（试行）》立法中遇到的最顽固的对抗，来自于那些认为正是中国《破产法（试行）》的理念，破坏社会主义

---

① 1986年《破产法（试行）》第42条第3款。——译者注

② 参见曹思源：《深化经济改革，促进政治改革》，载《工人日报》1986年8月19日。

③ 《破产法（试行）》第3条2款、第17条、第20条。

关于职工福利和社会充分就业的基本原则的一群人。[①] 确实，在社会主义体系下的企业永不破产，常常被认为是社会主义优越性的有力证据。从职工观点看，这部法律将会毁灭中国职工的长期就业保证。

但是破产法的支持者们，在一开始就预料到这些担忧，并且早已准备好辩护词和立法策略。在《沈阳规定》《个人建议稿》和《征求意见稿》中，都包含关于破产企业职工的待业救济的具体条款。[②]《征求意见稿》甚至包括名为《破产救济办法》的单独方案,[③] 详细描述了破产企业职工的待业救济支付事宜。[④]

改革者们也意识到，单靠破产法并不能在中国创设一个前所未有的全国性待业救济体系，因此在《破产法（试行）》起草和修订的同时，国务院通过建立全国待业保险体系的行政法规（以下简称《待业规定》）。[⑤] 通过为待业职工提供安全网，《待业规定》使得破产法在政策上更能被接受。但一般来讲，《待业规定》减少职工根据之前“破产法草案”可以获得的失

---

① 参见《关于制定国营企业破产法问题的总结》，载《工人日报》（1986 年 11 月 15 日）（工人日报的读者观点）；胡戈：《破产失业与宪法的精神没有矛盾》，载《工人日报》1986 年 11 月 1 日，译文在 *Summary Of World Broadcasts*，FE/8413/BII/5；钱原：《企业破产工人会丧失劳动权利吗?》，载《工人日报》1986 年 11 月 1 日，译文在 *Summary Of World Broadcasts*，FE/8418/BII/1；《关于制定国营企业破产法问题的讨论》；王长斌：《中华人民共和国的立法程序》（尚未发表）；《破产法实施条件尚不具备，建议改为试行或暂行条例》，载《人民日报》1986 年 9 月 5 日（人大常委顾大椿发表的观点）。

② 《沈阳规定》第 5 条、第 6 条、第 7 条；《个人建议稿》第 11 条、第 12 条；《征集意见稿》第 6 条。

③ 1985 年 9 月 20 日，国务院经济法规研究中心将《中华人民共和国企业破产法（草案）》（征求意见稿）及《破产救济办法》的方案设想印发以及征求意见。参见曹思源：《破产风云》，中央编译出版社 1996 年版，第 381 页。——译者注

④ 《破产救济办法》（方案设想，供起草工作参考）。

⑤ 参见《中国共产党全民所有制工业企业基层组织工作条例》（国务院 1986 年 9 月 15 日批准），载《中国法制报》1986 年 10 月 22 日。

业福利。破产企业的下岗工人将会获得之前标准工资的50%—75%（在《个人建议稿》中是90%），发放期间为2年（在《征求意见稿》中是3年）的待业救济金。另外，企业将要每月按其全部职工工资总额的1%，缴纳待业保险基金（而《征求意见稿》中所规定的比例为2%）。

在八月会议上，支持者以国务院已经通过《待业规定》为理由，反驳“配套条件还不具备”的异议。因此，除在法律总则中的一般条款外，《破产法（试行)》中关于失业福利的这整章规定都应被删除①。通过运用这一立法手段，支持者们及时阻止关于《破产法（试行)》上也许是最具煽动性的争论。

当然，反对者们并不打算通过沉默来放弃此议题。全国人大法律委员会向八月会议建议，将关于待业救济的那一章浓缩为一句话，写入《破产法（试行)》总则之中：“国家妥善处理破产企业职工重新就业前的生活救济，具体办法由国务院另行规定。”② 在八月会议中，反对者们又促使上述条款修改为：“国家也将保障待业工人的基本生活费用。”③ 在十一月会议中，反对者们进一步加强措辞：“国家通过各种途径妥善安排破产企业职工重新就业，并保障他们重新就业前的基本生活需要，具体办法由国务院另行规定。”④但是，因为之前“破产法草案”中待业救济的具体条款被删除，代之以《待业规定》中相对低标准的条款，由此不难看出，反对者所主张的修订也

① 参见《企业破产法有利于国营企业改善经营管理》，载《经济日报》1986年8月28日；亦参见曹思源：《当前我国实行破产法的条件是否具备》，载《工人日报》1986年8月20日。

② 参见《企业破产法有利于国营企业改善经营管理》，载《经济日报》1986年8月28日。

③ 参见《破产法实施条件尚不具备，建议改为试行或暂行条例》，载《人民日报》1986年9月5日。

④ 《破产法（试行)》第4条。

许只是一个得不偿失的胜利。

三、民主化改革

“民主”和“新闻自由”等这些字眼，在社会主义国家的宪法、法律和报刊社论中随处可见，这着实会常让西方人感到惊讶。① 如何解释这个现象只有两个可能性：要么是西方人赋予这些词的含义，既有文化的约束又有地域的界限，要么是社会主义国家中宪法、法律及报刊社论中使用的这些词句，是词不达意的。

我们只敢说，虽然以西方的标准来看，媒体对《破产法（试行）》立法过程报道的广泛程度还相当的不足，但至少在中国这已经是前所未有的了。一篇如本文这样主要基于当时公开资料而撰写出的文章，在以前的任何立法中是不可能成文的。如今，在立法过程中，用来沟通公众意见的各种方式，正在被惯例化，并有可能被及时上升为立法程序，这种方法在某些方面类似于准民主机制。也许最重要的是，正如在《破产法（试行）》立法过程中，和 1987 年全国人大会议中所显现出来的，全国人大及其常委会在立法过程中新展现出的“权威和影响力”，将很可能发展成为一种切实可行的多元化力量，并形成初步的监督与平衡体制的基础。

中国近年来大部分城市经济体制改革的政治合法性和理论基础，也包括《破产法（试行）》在内，其来源都建立在 1984 年中央委员会的决定之上。② 该决定的出台先于《破产法（试

① 例如，《宪法》第 3 条规定：“中华人民共和国的国家机构实行民主集中制的原则。全国人民代表大会和地方各级人民代表大会都由民主选举产生。”第 35 条规定：“中华人民共和国公民有言论、出版、集会、结社、游行、示威的自由。”

② 参见《关于经济体制改革的决定》，载《国务院公报》1984 年第 26 卷。

行)》起草工作小组的成立，并且无疑成为其组建的巨大推动力。①

彭真在人大常委会上支持《破产法（试行)》通过的讲话被中国媒体详细报道,② 同时他也是主张在中国实行法治的坚定支持者之一。中国正在进行的对政治经济改革的争论，是对泛化或简单划分保守派与激进派之间区别的一次有力反击。

然而，像中国这样的新兴国家，政治机构的不断发展，不可避免地部分反映出各机构领导者之间的冲突。例如，马伯里诉麦迪逊案和美国总统制度的发展，只有放在美国早期领导者们的个性，及他们之间关系的背景下，才能被充分理解。然而，机构及它们之间的相互关系是长期存续的，远长于其领导人的寿命。当一切尘埃落定之时，也许《破产法（试行)》的立法过程，将为中国未来的民主化改革将留下一个可供参考的范例。

① 参见曹思源:《谈谈企业破产法》，中国经济出版社1986年版，第16页。

②《破产法也是个“促进法”》，载《人民日报》1986年11月30日；亦参见孙亚明:《论企业破产法的积极意义和作用》，载《法学杂志》1987年第1期(彭真的评论，被引用来支持破产法支持者们)。

历史与文化

大清破产律：一部法案史*

托马斯·米特拉诺** 文

陈夏红*** 译

简目

一、概要

1906年4月25日，摇摇欲坠的大清帝国颁布《大清破产

---

* Thomas Mitrano, "The Chinese Bankrutptcy Law of 1906 - 1907: A Legislative Case History", first published at *Monumenta Serica*, Vol. 30, (1972 - 1973), pp. 259 - 337. 本文的翻译与出版已获得原出版机构 Institut Monumenta Serica 授权，译文已经 Institut Monumenta Serica 主编 Zbigniew Wesolowski SVD 审订。

** 托马斯·米特拉诺，澳大利亚多伦多大学圣·麦克尔学院（St. Michael's College）中国区域研究学士、哈佛大学法学院 J. D.。米特拉诺自1982年起定居美国夏威夷。他中文熟练，曾在中国台湾地区学习，多次访问中国大陆；曾从事职业培训、商事调解员、律师等工作，现为首席商业顾问。

*** 陈夏红，法学博士，欧洲破产协会（INSOL Europe）会员、国际破产协会（INSOL International）会员。现为《中国政法大学学报》副编审、中国政法大学破产法与企业重组研究中心研究员、"破产法快讯"微信公众号总编辑。

律》。19 个月又 23 天后的 1907 年 12 月 2 日，这部从未被施行的《大清破产律》即被废除。[①] 20 世纪初，中国为改进其法律架构，做了一系列较大规模但却失败的尝试；这次胎死腹中的改革，便是其中之一。导致改革失败的原因不计其数，并不尽是法律问题。这篇有关破产法改革的文章，目的便是从微观的角度，考察阻碍清代法制现代化有效进行的因素。基于范围狭窄、容易分离、解决问题及决策方式在当时比较典型等因素，特别由于其实质上的重要性，中国在破产法领域的经验是一个合适的分析对象。这也是一个有关中国在寻求从西方引进现代法律时，所面临困难的有意思的样本。

正如在中国古代，在欧洲，传统上破产是被当作一种犯罪行为。[②] 英国首部与破产有关的法律，即 1543 年《破产法》（An Act against such Persons as Do Make Bankrupt，34 & 35 Henry 8，c. 4，of 1543）。该法案既适用于商人，亦适用于个人，但将破产视为犯罪行为，用于对破产人的惩罚及对其财产的即判即决（summary execution）。但是 18 世纪以降，实践改变了："考虑到商人们易于遭受不可避免的突发事故，在他们交出所有财产以便在债权人之间分配的条件下，《破产法》已经赋予他们人身自由权和少许经济报酬。但虑及此举会助长挥霍和浪费，这项政策只施惠于真正的商人。"[③]

---

① 这次中国首次尝试破产立法但行之不远的事实，并不会让美国人吃惊。在美国，首部《破产法》于 1800 年 4 月 4 日颁布，1803 年 12 月 19 日即被废除；第二部《破产法》于 1841 年 8 月 19 日约翰 · 昆西 · 亚当斯（John Quincy Adams）政府执政期间颁布，19 个月之后的 1843 年 3 月 3 日即被通过它的同一届国会废除。Orlando Franklin Bump，*The Law and Practice in Bankruptcy*，rev. and adapted to the bankruptcy act of July 1，1898，by Eugene Williams，11th ed.（Washington，D. C.，1898），p. 1.

② Leone Levi，*International Commercial Law*，2nd ed.，London，1863，II，pp. 915 – 917.

③ *A Succinct Digest of Laws Relating to Bankrupts*（Dublin，1791），p. 2.

在18世纪到19世纪之间，英国破产法认可了那些彻底改变处理债务人方式的实践，并将英美法系从欧洲大陆法系的实践中分离出来。按照1706年《破产法》[4 Anne，c. 17 (1706)]，债务人被许可获得一份“合格证”（certification of conformity）；如破产法所规定的那样，该证书豁免他们对债务人财产清算后的剩余部分在债权人之间分配的责任。直到20世纪，这种对未偿债务免责的做法，才成为大陆法系的一部分。

1861年《破产法》（The Bankruptcy Act of 1861，24 & 25 Vict.，c. 134.）使得自然人亦成为破产法的适用对象。特定条款还要求登记官定期访问监狱，找到破产的债务人，免责并将之释放。此外，该法还赋予债务人和债权人在处理债务问题时，不必诉诸法庭的更大自由。19世纪晚期的改革涉及自愿和解、改进破产法院、便利免责、破产接收人和托管人任命并简化小额资产的管理。①正如我们将在下文看到的，这些改革举措中的大部分，都被1906年《大清破产律》直接吸收。

破产法由国家监管的破产处理机制构成。破产是指债务人无力清偿到期债务。②破产法的目标便是对债务人财产在债权人中间的平均分配，然后豁免诚实债务人的责任而惩罚不诚实的债务人。

破产法的实质部分具体包括对破产的检验、对欺诈性活动的界定并予以惩罚。然而，破产法的主体部分却是对破产处理建立如下程序：破产程序始于向法庭提交破产申请，以便获得针对债务人财产的接管令。该申请既可由债务人自己提出，也

① See generally George Young Robson，*A Treatise on the Law of Bankruptcy，with Supplement*，7th ed.，London，1891，pp. 1–22. 关于美国破产法的实践，请参见第302页注释①。鉴于美国的大部分制度都源于或继承英国法，拙文将不再分别论述美国经验。

② James Herbert Thompson，*The Principles of Bankruptcy Law*，London，1967，p. 1. 这是一个对英国破产实践恰如其分而又言简意赅的描述。本段及下段内容直接根据从该书第一章、第二章的资料写成。

可由债权人提出。法庭听审之后，可能驳回申请，也可能发布财产接管令。接管令并不会使债务人破产，但会在破产程序有结果之前，将其财产置于安全的监管之下。接下来将召开第一次债权人会议，该会议将会决定是否接受和解，以及是否向法庭申请裁定债务人破产。在后一种情况下，法庭将会作出破产裁定，债务人将会随之成为一名破产者。接下来，他的财产将会被交给破产管理人；破产管理人将会收集破产者的财产，并将之在能够证明债权的债权人之间分配。此外，破产者还得面对一次公共讯问（public examination），在公共讯问作出结论后，破产者可以在任何时候申请免责。如果法庭发出免责令，破产者将从破产中所有可证明的债务中（有个别例外）解脱，并摆脱因破产而加诸其身的无行为能力状态（亦有一些例外）。①

在中国的邻国中，日本在其1890年《商法典》第七章中规定了一些与破产有关的条款。②但是，由于其复制自法国破产法，③日本的破产实践只适用于商人，④而且没有规定免责。⑤

另一方面，1833年暹罗与美国签署《暹美通商合约》，其中第4条规定：

---

① Thompson，*The Principles of Bankruptcy Law*，p. 3.

② 参见斋藤常三郎：《比较破产法论》（1940）。该章在1893年被首次修订并付诸实施。1899年后，整章内容从《商法典》中移出，经历第二次修订后独立生效。亦见细川龟市：《明治前期的破产法》，载《法学史林》（第38卷），1936年第9期，第60—80页；第38卷，1936年第12期，第60—90页。斋藤常三郎：《本邦破产制度成立史》，载《日本法学》（第4卷），1938年第9期，第1页。

③ 非常奇怪的是，该版本由德国法学家赫尔曼·罗斯勒（Hermann Roesler）起草。

④ 尽管1890年8月20日的《家庭财产分割、分配法》（The Division and Distribution of Family Assets Law of 20 August 1890，Law Number 69）冠以这样的标题，但它只规定个人破产将被公开宣告，并根据《民法典》“执行”一节的规定处理。根据该节，虽然任何债权人获悉破产消息后，都可以加入该破产案件，并在财产分配中与其他债权人一样平等受偿，但该节并未规定对债权人的正式通知。

⑤ 日本的现代破产法发源于1922年，但免责只有在第二次世界大战之后才被许可并规定。

> 如果任何美国公民基于经商目的而来暹罗，可与任何暹罗个人签署债务契约；或如果任何暹罗个人与任何美国公民缔结债务契约，债务人都有义务提交并出售其所有财产以随即偿债。如果这种善意销售的结果不能满足债务，债务人将不再对剩余债务负有偿还义务，债权人将不能为逼迫其偿还剩余账面债务而将之扣留为奴、监禁、鞭笞或以其他方式予以惩罚，而要使其完全自由。[①]

此外，该条约适用于美国和暹罗的所有公民，而不仅仅是商人。1891 年时，暹罗颁布该国自己的破产法。该法以美国破产法为样板。

从 20 世纪初开始，英国的破产实践一直持续增长，并作为一项法律经济制度牢固地建立起来。1904 年，英国法庭发出 4514 个破产案件的接管令。[②]此外，当时有 7752 起关于免责处理的申请，只有 3.51% 被法院驳回。[③]在 1885 年至 1904 年期间，破产和解中资产负债率从 36.3% 上升到 50.32%。[④]这意味着，至少在英国，破产越来越少地完全依赖于一贫如洗的贫民和已经完全倒闭的商人。即便在今天，在某种意义上破产依然是一种有人被淘汰出局的悲剧。[⑤]尽管如此，破产实践的制度，已经同时成为一国经济的润滑剂和国家经济健康的标志。

---

① Percival Ernest Wilfrid Thornely, *The History of a Transition*, Bangkok, 1923, especially pp. 54 – 55.

② *Judicial Statistics*, England and Wales, 1904 30 (1906). [hereafter cited Judicial]

③ Judicial, pp. 52 – 53.

④ Ibid.

⑤ 今天，Penn Central Transportation Co. 案已经表明大规模破产的复杂性。如果需要稍小规模的样本，可以参阅 1971 年 4 月 6 日《华尔街日报》第 36 页第 1 栏（p. 36, col. 1）报道的 *Black Watch Farms Inc.* 破产的故事。日常生活中，对小型个人破产案件的恰当性和公平性的关注也在持续增长。See "Personal Bankruptcies are Rising", *New York Times*, 9 May 1971, "Business and Finance" section, p. 3, col. 1.

在下一节，我们将会看到，1906 年的《大清破产律》以英美法系破产法为蓝本，但是却未能使该法发挥使破产实践成为现代商业生活基本部分的任何功能。

二、背景

传统上，中国在经济责任的清算中，并非毫无经验。但是，中国对待拖欠债务常用刑事制裁的方式。在唐朝、宋朝的法典中，包含了鞭笞那些“违约且不能还钱”的债务人的条款。①

至清时，《户律》第六篇“钱债”中针对高利贷规定如下：“其负欠私债，违约不还者，五两以上，违三月，笞一十，每一月加一等，罪止笞四十；五十两以上，违三月，笞二十，每一月加一等，罪止笞五十；百两以上，违三月，笞三十，每一月加一等，罪止杖六十，并追本利给主。”②

对于债务人进一步的责任，马士（Hosea Ballou Morse）认为：“如果债务人的个人财产不足以偿还所欠债务，缺额必须由其父亲、兄弟或叔伯补足；如果债务人潜逃，立即拘禁其直系亲属；债务人返回后，只要他能够为其日常食物找到钱，他将被投进监狱无限期羁押，直至全额偿还后释放或死亡：这是法律。”③尽管纸面上的法律十分严苛，但间接的和解亦面临着更大压力。④这既是为了避免不体面的冲突，亦是为了一劳永逸地解决问题。

中国的很多地区都独立地形成私人之间处理破产事宜的习惯。尽管这些习惯从未见诸正式法律，但它们偶尔也会得到法

---

① 徐道邻：《宋律佚文辑注》，载《东方杂志》（复刊第 4 卷），1970 年第 3 期，第 18—22 页。

② 《大清律例 · 户律 · 钱债》。

③ Hosea Ballou Morse, *The Trade and Administration of China*, 3rd ed., London, 1920, p. 198. 又见张知本：《破产法论》，商务印书馆 1933 年版，第 21 页。

④ T. Jernigan, *China in Law and Commerce* (New York and London, 1905), 95; and George Jamieson, *Chinese Family and Commercial Law*, Shanghai, 1921, p. 122.

律的承认和接受。[①]比如，民国初期为了有助于司法及行政官员，编纂区域性习惯法手册的努力，一直在系统地进行。[②] 在《中国民事习惯大全》中，“与偿债有关的民事习惯”项下收集了42个条目。[③]尽管很难确定哪个习惯先于1906年的《大清破产律》，但明显这样做的比比皆是。抵押是其中之一，该习惯使债权人可以在债务得以全额偿还之前，占有债务人的土地或家产。兴隆字（或者兴隆票）是现代契单的传统相似物。大部分是为借新账还旧账的技术，但是却未包含现代的免责概念；[④]与此同时，

---

① 比如在民国初期，大理院判决指出，习惯判决先于“裁定或判决”，且只受明文规定约束。参见《大理院判例要旨汇览》（第3卷），1919年，第1页。见附录3所翻译的1914—1918年间判决。（本文翻译时未收录本附录。——译者注）对大理院的整体评述，see M. H. van der Valk, *Interpretations of the Supreme Court at Peking*, Batavia, 1949。

② 《中国民事习惯大全》1927年版，台北1962年重印。原文作者参引为繁体字版本。该书在中国大陆已有简体字版本。参见施沛生编：《中国民事习惯大全》，上海书店出版社2002年版。——译者注

③ 同上，第41—45页。

④ 一个颇让人困惑的例外，出现在《台湾私法商事编》（台湾文献丛刊编，第91卷，台北，台湾银行经济研究办公室1964年编印，第326—327页）。其中重印了一份签发于1909年2月的法律文书，载明：

> 宣统元年旧历己酉二月立折账簿，同立账项收折完账盖印簿。但因泉泰号生理不就，无力维持，进退为难，莫奈，恳向与行郊众债主等公同相议账项。今债主等体念泉泰号生理交关之情，是以众债主等喜悦降心相从，愿收所在账项以五折领收完济账项清楚。所有债主账项无论多寡，应照五折领收完账，抹消债项。此系众债主等喜悦，日后不得争较长短，亦不得再行取讨。此系照簿所行盖印为准，其折限至宣统元年旧历己酉四月终备还清楚，不得拖欠。如领收折项之期，债主要领收证在簿。口恐无凭，今欲有凭，同立账项收折完账盖印簿，付执为照。

接下来是一份不完整的债权人名单、申报债权、实际偿还额及他们在收据上的签名。并没有直接证明表明这类文书被广泛应用，或者说这是中国在被西方影响之前的实践。1911年，台湾的日本占领者发布了一系列行之台湾的中国传统做法述评，长达20多页的第九章专门讲述破产实践，但是并没有资料表明有任何本土的有关债务在全额偿付前完全免责的实践。参见《临时台湾习惯调查会》，第一部调查，第三回报告书，台湾私法，（Tokyo：Rinji Taiwan Kyukan Chosakai，1911）。

上述文书原文采自《台湾私法商事编》，载 http：//wenxian. fanren8. com/06/03/17/4. htm，最后访问日期：2013年10月14日。——译者注

并不存在标准规范。省与省之间、县与县之间，甚至城与城之间的实践都千差万别。记录在该调查报告中的直接从1906年《大清破产律》中复制的习惯，有不同程度的修改，甚至在责任范围、终极性分配以及和解方案等基本问题上互相矛盾。

在商业事务中，最有权力且最传统的机构不是政府，而是行会。①每个行会都有其约束会员的规范，而且行会在行会内部成员之间，或不同行会成员之间的冲突解决中，常常扮演初审法院的角色。有个行会的规范写到，“行会会员之间与金钱事务有关的争议，应提交行会会议仲裁，并尽最大可能达成各方满意的解决方案。如果无法达成协议，可以诉请官方裁决；但如果原告已直接诉诸官方，而非提请行会仲裁，他将会遭到公开谴责，而且未来他可能提交行会裁定的任何案件都会被不经开庭而直接驳回”②。

1904年的《商会简明章程》是官方一次试图扩大对上述行会控制的尝试。正如下文将要讨论的，商会将在《大清破产律》的运作中发挥主要作用。但是，商会系统充其量既未能取代行会的部分功能，也从未成功地使中央政府直接控制行会的财权。

亦正如我们将在下文中所看到的，起草《大清破产律》的商部之所以觉得这样的立法是必要的，是“因为商业凋敝，或因为市场有缺陷”。另一方面，第四节将证明，事实上《大清破产律》对当时的经济状况并无效果，而且很可能压根就没打算有什么效果。尽管如此，简要描述当时中国的经济状况，依然是有意义的。在1890年至1910年间，中国经历了令人难以置信的系列转型。在1894年至1895年中日甲午战争之

① See generally Hosea Ballou Morse, *The Guilds of China*, London, 1949.

② D. G. MacGowan, " Chinese Guilds or Chambers of Commerce and Trades Unions", in *Journal of the North China Branch, Royal Asiatic Society* 4 (1886), 133, 140 - 141, cited in Sybille van der Sprenkel, *Legal Institutions in Manchu China*, London, 1962, p. 94.

前，中国的货币及工业都健康且持续增长；①但是，由于中日战争，以及1900年义和团起义后加诸中国的巨额赔偿，政府财政状况日渐严峻。也正是从那时开始，外国工厂主和生意人受“中国市场”诱惑，开始劲头十足地和大江南北的国内企业展开竞争。②事实证明，中国的商人们无力独自在这些竞争中胜出。作为生意人，当增长和长期投资已成为更健全的目标时，他们却急功近利，热衷于投机买卖。③由于他们囫囵吞枣地采取现代化的西式方法，或者由于西方商人不能教会需要的技巧，他们常常一败涂地。④ 20世纪初期，中国突然需要在公私领域进行经济改革了。

另一方面，作为他们与中国生意人的贸易的担保，外国势力为保护其本国国民“债有所偿”的权利，研发并运用一系列司法技术。在条约体系下，比如下列来自1858年《天津条约》的条文，要求政府长官在伸张正义的过程中通力合作：“第二十二款 中国人有欠英国人债务不偿或潜行逃避者，中国官务须认真严拿追缴。英国人有欠中国人债不偿或潜行逃避者，英国官亦应一体办理。”⑤

---

① Hou Chi - ming, *Foreign Investment and Economic Development in China 1840 - 1947*, Cambridge: Harvard University Press, 1965; Frank H. King, *Money and Monetary Policy in China 1845 - 1895*, Cambridge: Harvard University Press, 1965; Sir Robert Hart, *These from the Land of Sinim*, 2nd impression, London, 1903; Kinn Wei Shaw, *Democracy and Finance in China*, New York: Columbia University Press, 1926, 150 - 152; Charles William de la Poer Beresford, *The Break - up of China*, New York, 1899.

② Albert Feuerwerker, "Economic Conditions in the Late Ch'ing Period", in Albert Feuerwerker ed., *Modern China*, Englewood Cliffs, New Jersey, 1964, p. 105, pp. 124 - 125.

③ King, *Money and Monetary Policy in China*, p. 236.

④ Ibid.

⑤ 该条约英文引自 William Frederick Mayers, *Treaties between the Empire of China and Foreign Powers*, reprinted in Taipei, Ch'eng - wen Pub. Co., 1966, p. 15。中文出自百度百科“中英天津条约”辞条，载 http://baike.baidu.com/view/123354.htm，最后访问日期：2013年10月15日。——译者注

在外国人与中国人之间的诉讼中，通行规则是由被告人所属国法律管辖。[①]在外国人破产的情形下，类似英国领事法庭、美国中国事务法院[②]等机构，援引适用本国的英美法系破产程序。即便如此，很明显，外国人的绝大多数不满都产生于中国商人破产时。在此类案件中，西方商人运用过的最有效的工具是1864年5月1日在上海成立的租界混合法庭。外国法官助理代表西方商人参与诉讼，而且常常能够左右中国法官的判决。[③]但是，正如我们在如下第三节将看到的，这些措施并不能满足外国人对安全的要求。

无论如何，对中国人和在华外国人来说，即将到来的20世纪带来了暴风骤雨般的变化。

“在中国历史上，并没有哪一年，如同1900年那样显而易见地成为分水岭。紧随着义和团起义，八国联军劫掠北京所展示出来的虚弱，最终迫使中国面对两难抉择：要么举国灭亡，

---

① 同前。《望厦条约》第21条，1844年7月3日签署，第80页。《望厦条约》第21条原文为：“嗣后中国民人与合众国民人有争斗、词讼、交涉事件、中国民人由中国地方官捉拿审讯，照中国例治罪；合众国民人由领事等官捉拿审讯，照本国例治罪；但须两得其平，秉公断结，不得各存偏护，致启争端。”《望厦条约》中文原文出自百度百科“望厦条约”辞条，载http：//baike. baidu. com/view/102994. htm，最后访问日期：2013年10月15日。——译者注

② 1918年10月美国颁布的《美国在华领事法院章程》（Regulations for the United States Consular Courts in China）第55条规定：“在颁布进一步章程之前，领事将继续履行其之前对破产事务合法的司法管辖权与行政管理权……非专门为先前裁定提供，根据此合理规则，在不与美国宪法、条约和法律抵触的情况下，他们可尽可能必要与方便地采用。”

1904年英国颁布的《中国及朝鲜枢密院颁令》（The China & Korea Order in Council）[in Orders in Council（British）1904－1905，35（Kennett 1916）] 第99条规定：“关于在中国或朝鲜定居，或者在中国或朝鲜经商（即在英国居住的债权人或债务人）的人的归类，在条件允许的情况下，每个法院在其辖区内，应将其视为英国国民或英国法院有管辖权的外国人；破产事务中的此类管辖暂且归属英国高等法院或郡法院。”

③ Anatol M. Kotenev, *Shanghai: Its Mixed Court and Council*, Shanghai, 1925; reprinted in Taipei: Ch'eng－wen Pub. Co., 1968.

要么文明，而不仅是国家经受巨变。”①

1902年9月2日，中英之间签署《中英续议通商行船条约》。其中第12条规定：“中国深欲整顿本国律例，以期与各西国律例改同一律。英国允愿尽力协助以成此举。一俟查悉中国律例情形及其审断办法，及一切相关事宜皆臻妥善，英国即允弃其治外法权。”②

尽管距离英国和其他国家在事实上废弃其治外法权还有多年时间，但该条以及其他类似条款立竿见影的效果，便是鼓励中国大规模且步调一致地修改旧法、设计新法。早期的改革始于刑法。③但是，最早批准并颁布的却是与采矿和商业有关的法典，以及1906年的《大清破产律》。

三、《大清破产律》的立法史

20世纪初期中国的立法程序新旧杂糅，效率低下。新的部委通过旧的呈递奏章的方式，将法律改革方案提交给皇帝。御批意味着传统官僚们不得不使用过时的方式，来实现革命性的变革。在非官方层面，尤其是银行业和商人阶层处于高压之下，不得不以许多低效的金融工具，来承受经济改革的冲击。1906年《大清破产律》的制定过程，生动地表现了这些要素，并呈现出中国在20世纪头10年，试图改革其法律制度时所经历困难的片段。

---

① Mary Clabaugh Wright, “Introduction”, in Mary Clabaugh Wright, *China in Revolution: the First Phase 1900 – 1913*, New Haven, 1968, p. 1.

② John Van Antwerp MacMurray, comp. & ed., *Treaties and Agreements with and concerning China*, New York: Oxford University Press, 1921, p. 1；此外，类似的条款在《中美续议通商行船条约》（1903—1904）第15条、《中日通商行船条约》（1903—1905）第11条中亦可见到。本条文原文转引自陈亚平：《〈中英续议通商行船条约〉与清末修律辨析》，载《清史研究》2004年第1期。——译者注

③ See M. J. Meijer, *The Introduction of Modern Criminal Law in China*, Batavia, 1949.

正如我们在第二节所看到的，中国在19世纪末期所面临的暴风骤雨般的政治、经济危机，促成了一个改革、发展及现代化的时代。这些危机最直接的结果便是1897年之后一段时间内建成的中国现代银行体系。是年，中国通商银行成立，紧接着是1905年成立的大清户部银行（1910年重组为大清银行）。[①]《中英商约》第2条规定，中国“允愿设法立定国家一律之国币”[②]。外国人组成若干委员会，专司为改革中国每况愈下的经济提供建议。[③]与此同时，雪片般的备忘录亦被发给英国外交部，建议政府向中国施压，制定一部商法典并付诸实施。[④] 对于是什么因素激发英国商人游说一部商法典的解释，可以从如下科伯恩（Cockburn）发来的备忘录片段中看出端倪，其中列举了中国商业景象中，那些促使他和其他英国商人之所以游说他们的官方代表施压改革的因素：

总体来说，我同意中国协会（China Association）希冀中国制定一部商法典，以处理中外商业纠纷的抽象愿望。在目前的情形下，当被告是中国人时，极少有重大案件交给不受拘束的当地法院裁决。外国原告的领事，几乎总是一成不变地被赋予代表其去干预审判的义务，争执常常根本不经过法院就能解决；如果未经庭审，除非领事对其实质正义满意，否则相关判决不会被认为是终局裁定。这并不是那些条约预期的程序；但是接受中国法院判决的变通措施，无异于剥夺外国原告获得正

---

① Frank Tamagna, *Banking and Finance in China*, New York: International Secretariat, Institute of Pacific Relations, 1942, pp. 35 – 36.

② MacMurray, *Treaties and Agreements with and concerning China: 1894 – 1919*. 本条文原文转引自谢振治：《1902年中英商约关于“货币条款”的谈判》，载《文教资料》2008年3月号下旬刊。——译者注

③ Tamagna, *Banking and Finance in China*, p. 37.

④ George Williams Keeton, *Development of Extraterritoriality in China*, 2 vols. London, 1828, II, pp. 364 – 374.

义的机会。不像其中方对手，他既不能贿赂法官，背后也没有像中国被告那样的政治和社会影响支持。这种平衡必须通过其领事的官方影响去矫正；如果不能被矫正，坚持其应有的水平，这是领事的职责所在。[①]

正是这些压力，盖过中国国内对现代化的呐喊，吁求中方即时响应。

结果便是一大批法律诞生。1902 年 3 月 11 日，中国驻外代表们都收到圣旨，要他们将外国法律和条约的文本发回国内。[②]次年，光绪皇帝下旨成立商部："通商惠工，为古今经国之要政。自积习相沿，视工商为末务，国计民生，日益贫弱，未始不因乎此，亟应变通尽利，加意讲求。"[③]

玛丽 · 怀特（Mary Wright）将之称为"帝国政策的大逆转"[④]，并评论说，"即便在 19 世纪末期，对于工业化的抵制依然极其强大"[⑤]。

1903 年 9 月，阐述商部成立的《商部开办章程》得以通过；[⑥]同年 12 月 7 日，一道圣旨宣示了商部的存在。《商部开

---

① George Williams Keeton, *Development of Extraterritoriality in China*, pp. 373 – 374. 备忘录注明日期为 1899 年 5 月 18 日。该备忘录如同其他此类备忘录一样，直言不讳且态度坚决；此外，作为一个至关重要的议题，它非常引人注目，1905 年至 1909 年《字林西报》（前身为《北华捷报》，*North China Herald*——译者注）调查表明，并不仅仅关系到 1906 年的《大清破产律》，甚至也不仅仅关系到《商律》自身。

② *North China Herald*, 2 April 1902, p. 649, col. 1.

③ Translated in Wright, *China in Revolution*, p. 28. 中文原文转引自韦斌：《清末商部（农工商部）研究》，新疆大学硕士学位论文，2006 年，第 15 页。——译者注

④ Ibid.

⑤ Ibid.

⑥ 《商部开办章程》，载《农工商部现行章程》。该汇编无出版者名字，无连续页码，无统一体例，亦无具体日期。这看上去像是一份基于方便参考而形成的官方汇编，出版时间不晚于 1907 年 12 月。该汇编并未收录《大清破产律》（该法律 1907 年即被废除），亦未收录《大清破产律》之后通过的法律。

办章程》第2条呼吁编纂《商务官报》(*Commercial Gazette*),其宗旨为“发表商部之方针,启发商民之智识,提倡商业之前途,调查中外之商务”。[①]该章程同一条文,还成立一个专司商事法律研究的委员会,负责起草法律条文,参酌外国法典,翻译商业条约,修订中国法律。接下来,《商会简明章程》[②]和《公司律》[③] 均于1904年1月通过,《公司注册章程》[④] 亦于1904年6月颁布。

从这一点来说,这些法律背后不是某些运转顺畅的官僚机器,而是一群精力旺盛且聪慧卓绝的个人。理解这个事实很重要。稍后我们将会看到,《大清破产律》的废除源于那些目光短浅地寻求保护投资利益的部委。那么,这些人是谁呢?一份发布于1903年4月22日的圣旨任命载振[⑤]、袁世凯[⑥]及伍廷

---

① 参见原文附录1《商务官报局章程》第3条。(本文翻译时未收录本附录。——译者注)

《商务官报局章程》原文不易找到。本条文中译文参见《商务官报》,载中国新闻人网,http://www.xinwenren.com/baike/201303197216.html,最后访问日期:2013年10月18日。本文末尾附录分别为:附录1:《商务官报局章程》;附录2:《大清刑事民事诉讼法草案》破产部分;附录3:《大理院判例要旨汇览》破产法部分;附录4:《大清破产律》;附录5:《农工商部统计表》“商业诉讼”节。鉴于其原文本身为中文,读者自可查阅,本译文不予收录。——译者注

② 《商会简明章程》,载《农工商部现行章程》。这是些概括条款,多种多样的商会据此运行;但每个地方的商会都有其相应的规章。地方商会的章程样本,可参见上海总商会的章程英译本,载Kotenev,*Shanghai: Its Mixed Court and Council*,p.253。

③ 《公司律》,参见《农工商部现行章程》;亦见《大清光绪新法令》(20 vols.,4th ed.,Shanghai,1909),XVI,第2—11页。该卷亦收录《大清破产律》,第13—18b;《公司注册章程》,第19—30页;《商会简明章程》及其附则,第30—41页。

④ 《公司注册章程》,参见《农工商部现行章程》;亦见前注《大清光绪新法令》。

⑤ Arthur W. Hummel,ed.,*Eminent Chinese of the Ch'ing Period* (1644 - 1912),2 vols.,Washington,D.C.,1943 - 1944,II,p.965.

⑥ Ibid.,II,pp.950 - 954.

芳[①]负责起草《商律》。[②] 另一个颇有影响力的人物是沈家本，他与伍廷芳一道执掌修订法律馆。[③]沈家本主要作为刑事法律领域的学者和革新者而知名，[④] 似乎亦参与《大清破产律》的起草，因为1906年他起草的刑律第一稿已被驳回。[⑤]正如我们稍后将会看到的，当时如日中天的政治人物张之洞，[⑥]直接参与过《大清刑事民事诉讼法草案》中有关破产条款的辩论。

最后，必须要提及的是非中国籍的顾问们。中国早期的商事法律，基本都是以英美法系法典为参照。对于《大清破产律》来说，小艾伦（Young Allen）之子、颇有影响力的《万国公报》的创始人和编辑埃德加·皮尔斯·艾伦（Edgar Pierce Allen）是主要的外籍顾问。[⑦]艾伦生于中国，但是受教于美国。在美国，他主修哲学，计划从教。但是，“因为不看好从那里所能获得的可观利润的前途，所以他转向法律并回到中国”[⑧]。在其于1921年逝世之前，他一直在那里继续其法律实践。艾伦在《大清破产律》起草过程中协作的作用，在拙文下一节中将会更明晰。该法律及其他早期商事法律中清楚的英美法系主旨，与后来受日本顾问强烈影响而形成的法律形成鲜明对比。1906年之后一段时期内，日本人在中国法律现代化中扮演的角色，比任何其他国家的法学家都关键。其中的理由之一，是对于一个中国人来说，较之任何欧洲语言，日文更

① Meijer, *The Introduction of Modern Criminal Law in China*, p. 17, note 13 B.

② 《大清光绪新法令》，XVI，第1页。

③ Meijer, *The Introduction of Modern Criminal Law in China*, p. 17, note 13 A.

④ Ibid., *passim.*

⑤ Meribeth Elliott Cameron, *The Reform Movement in China 1898 – 1912*, New York, 1963, p. 173.

⑥ Hummel, *Eminent Chinese*, I, p. 27.

⑦ Tan Shao – hua et al., “Extraterritoriality in China”, in *The Chinese Students' Monthly* 21, Supplement 9, September, 1925.

⑧ 这句话出自艾伦的讣告通知，其与两份悼词一道出现在 Charles Sumner Lobingier, *Extraterritorial Cases*, 2 vlos., Manila, 1920 – 1928, II。

容易学习，或至少更易阅读。①

《大清破产律》究竟是如何起草的，坊间鲜见记录。例如，起草者们是否专门为破产法的起草召集过一些会议？是否有某个个人或者委员会负责初稿？意见和建议是如何征集且起作用的？起草者中的派系是否抵制引进外国制度？至少在当时，这些乃至其他令人好奇的问题，并没有答案。但是，如下来自向皇帝呈递《大清破产律》奏章的片段，揭示出那些影响起草者们的特定政策考量：

> 窃惟商律之有公司一门，所以使已成之商业咸得有所维护。乃或因经营未善，或因市价不齐，即不能不有破产之事。而狡黠者往往因缘为奸，以致弊端百出，贻害无穷。
>
> 故刑部于光绪二十五年十月间，议复前两江总督刘坤一奏奸商倒骗请照京城钱铺定例分别办理。折内申明治罪专条，自枷仗军流以至永远监禁。盖谓近来商情变幻，倒骗之局愈出愈奇，必如此严惩，庶奸商知所畏服。
>
> 然诈伪倒骗者，出于有心与亏蚀倒闭者之出于无奈，虽皆谓之破产，而情形究有不同。诈伪倒骗洵属可恨，亏蚀倒闭不无可原。若仅以惩罚示警之条预防流弊，而无维持调护之意体察下情，似于保商之道犹未尽也。②

---

① 作为结果，中国将日本视为其法律改革的模型便十分自然：日本先于中国探讨这些问题，并且已经解决了其中大部分难题，即用一种亚洲语言来表达固有的西方概念。See Dan Fenno Henderson, "Japanese Influences on Communist Chinese Legal Language", in Jerome Alan Cohen ed., *Contemporary Chinese Law: Research Problems and Perspectives*, Cambridge: Harvard Studies in East Asian Law, 4, 1970, p. 158.

② 《商部修律大臣会奏议订商律续拟破产律摺》，见《大清光绪新法令》，XVI, 12b－13。本奏折原文采自《大清光绪新法令》第十类"实业"之"商律破产律"节下，见北京书同文数字化有限公司研制"书同文古籍数据库"，标点由译者添加。——译者注

如果诏令上引内容是“引人注目的”，这些起草者的意见至少是颇有胆识的，甚至有点胆大妄为；此外，这也是修正主义的。

不管实际上发生过什么样的辩论，在同一份奏折中，起草的官僚程式至少是被简单地提出来：

> 兹经臣等督饬司员，调查东西各国破产律及各埠商会条陈、商人习惯，参酌考订成商律之破产一门。
>
> 脱稿后，咨送法律大臣。臣家本、臣廷芳会同商定。①

在本文第四节，我们将仔细研究《大清破产律》的实质性内容，以及其体现出来的政策。但是，此第一阶段《大清破产律》的实际起草及上奏，到皇帝的批复下达时，即1906年4月25日，才算全部完成，②《大清破产律》至此被正式批准。

下一步便是实施。《商部修律大臣会奏议订商律续拟破产

---

① 《商部修律大臣会奏议订商律续拟破产律摺》，见《大清光绪新法令》，XVI，13。

此处原文所引英文翻译并不完整，两段间漏掉如下信息：“由举董清理，以迄还债销案，尤注重于倒骗情弊，为之分别详定罚金监禁等项罪名。”另，原文中“会同商定”四字被误译为“who met with the Ministry of Trade”。本奏折原文采自《大清光绪新法令》第十类“实业”之“商律破产律”节下，见北京书同文数字化有限公司研制“书同文古籍数据库”，标点由译者添加。——译者注

② 《大清德宗景（光绪）皇帝实录》（第8卷），见《大清历朝实录》，1964年台湾重印并重新编页，第5117页。Heinrich Dove，“Das Chinesische Konkursgesstz vom. 26，April 1906”，in *Blätter für vergleichende Rechtswissenschaft und Volkswirtschaftslehre* 3，Dec. 1907，p. 161，将该日子标为4月26日。在确定废除日期时，我们将会碰到同一个问题。许多矛盾的说法都是由于马虎，或者是参考的特定文献；但是，去找到某个评论员核对他的日期的地方，常常很困难。比如，克滕诺夫在其 *Shanghai：Its Mixed Court and Council* 中，始终如一地提到1905年《大清破产律》。尽管令人困惑的元素是清朝的立法程序自身，要忽略这些类似于我们西方概念中“通过”法律或者废除之的程序，是极端困难的。一部法律通过的日期，是其被上奏给皇帝的那天，还是根据《实录》收到御批的那天？那些根本没有在《实录》中记下的大量法律是什么？行政法与律或法令的区别是什么？这些以及其他许多问题，令任何确定晚期时期立法程序的尝试都痛苦不堪。

律摺》陈明，“钦定之本由臣部刊刻颁行，各省将军督抚都统府尹一体遵照”。[①] 因此，我们可以期待，从民政到军事，从中国到满州，从督抚到府尹，新法律将会直接通知到各级官僚。但是，苛刻地说，并没有关于这些高级官僚应该告诉“地方官”，该法律的规定产生实际效果的指令。正如我们接下来将会看到，这些地方文职官员和最近新建的商会[②]几乎根本没有必要的员工和法律教育，去执行《大清破产律》。那么，这是一种什么类型的法？该法律确实打算被执行吗？那些立法者对法律运行的方式是否太过无知，以致他们能够认为恰当的立法就会自己准确地生效？

对我来说，答案就是当时的改革者们，对于理解他们即将采取的西方立法形式，尚未从教育、社会以及历史诸方面，受到恰当训练。比如，留意对《大清破产律》的主要反对意见发源于户部财政处的事实。该财政处自 1903 年开展工作后，与商部有紧密的协作。为什么财政处看上去仅在《大清破产律》颁布后才意识到要反对？另一点就是地方商会的反应，许多地方商会也是在《大清破产律》颁布后，向商部派遣了一个联合交流团，请求暂停适用《大清破产律》并不使其生效。[③]这些商会将会是《大清破产律》实施的中枢。为什么他们不在立法过程中提出来呢？

《大清破产律》和《大清刑事民事诉讼法草案》[④] 的重叠也应予以考虑。1906 年 4 月《商部修律大臣会奏议订商律续拟破产律摺》写道：

---

① 《商部修律大臣会奏议订商律续拟破产律摺》，见《大清光绪新法令》，XVI，13。

② 参见第 314 页注释②。

③ 《本部具奏将破产律咨送法律馆统筹编纂片》，载《商务官报》1，30 (1907)，第 4 页。

④ 参见第 319 页注释②。

臣部责在保商，而此项破产之律，本与民人有相关之义。今中国民法尚未订定。其虽有非商人破产之案，除依臣家本、臣廷芳编订之诉讼法办理外，其余未赅载者，应准地方官比照本律办理。[①]

尽管《大清刑事民事诉讼法草案》从未被颁行，但其第三章第九节却冠以“减成偿债及破产”[②]。在其中的23个条文中，大约有一半是直接模仿《大清破产律》的条文，而且其中大部分是逐字逐句地复制。尽管这些条款中大部分都描述了有用的附录在《大清破产律》中的程序性规则，但依然不能不产生一种其重复冗赘、效率低下且言不尽意的感觉。假设这两次尝试都是为了规范中国的破产程序，但问题依然在那里：起草者或立法者确定对他们所要达到的目标有成套的想法吗？另外，他们想如何达到这个目标？整体来说，答案看上去依然是“没有”。

这场戏的最后一幕发生在当户部意识到《大清破产律》第40条规定包括政府在内所有债权人平等的时候。这一点与传统实践大相径庭，结果便是《大清破产律》的废除。

1907年12月初，户部向民刑律编修馆[③]发去一份公报。其中片段载明：

---

① 《商部修律大臣会奏议订商律续拟破产律摺》，见《大清光绪新法令》，XVI，12b。

② 《大清法规大全》38（n. d.），9－10b。本文末附录2为这些条款的英译。

本草案原文参引《大清刑事民事诉讼法》，载《清朝续文献通考》，卷254，刑13，考9991—10002。本文翻译时未收录该附录。——译者注

③ 新近设立并由沈家本领衔的机构，取代更早些时候的修订法律馆。See H. S. Brunnert and V. V. Hagelstrom, *Present Day Political Organization of China* (Foochow, 1911), p. 59, no. 174.

该新机构英文原文记为 Committee for Revising and Compiling Civil and Criminal Code，而原来的修订法律馆常为 Law Revision Committee。唯前者未能在中文文献中查对，权且直接翻译为“民刑律编修馆”。——译者注

经敝部调查，修订法律大臣沈家本已奏请颁布《民事刑事诉讼律》。迄今为止，尚没有哪个省将之付诸实施。事实上，破产法与程序法两者相辅相成，两者统一处理自然而然。宪政编查馆已组建专门机构修改该法。该机构已专门任命官员，来汇编完整的民商事法典。为了避免内部矛盾，《大清破产律》理当从该部门发往修订法律馆，以便重新编排。①

1907 年 12 月 2 日，皇令批准该请求，《大清破产律》因之被废。②

但是，《大清破产律》的影响力并未在 1907 年就终止。即便在清朝覆亡后，看上去依然有人想要援引《大清破产律》。尽管从技术的角度来说，这是不可能的；此外，1914 年中华民国大理院声明，因为《大清破产律》已经被废除，而且从未再次生效，“再次引用自然将困难重重”（1914 年上字

---

① 《商务官报》，4。

鉴于译者翻译本文时，无从查对原文，姑且根据英文直译如上，并附本段英译原文如下，以供读者参考：

Our investigation shows that the President of the Committee for Revising and Compiling Civil and Criminal Codes, Shen Chia – pen, has memorialized concerning the promulgation of both Criminal and Civil Procedure Laws. Not a single province has yet put these into effect. Since, in fact, bankruptcy law and procedure law are mutually complementary, it is natural the two be handled uniformly. The Committee for Drawing up Regulation for Constitutional Government has established a committee to revise the law. It has specially appointed officials to compile complete codes of law for civil and commercial law. The Bankruptcy Law ought to be sent from the Ministry to the Law Revision Committee for cohesive arrangement and editing, in order to avoid internal contraction. ——译者注

② 该敕令并未在《大清历朝实录》中出现。但是，其被大理院于 1914 年引用，作为《大清破产律》“被命令废除”的确切日期。在克滕诺夫的 *Shanghai*：*Its Mixed Court and Council* 中（第 257 页），尽管他也引用大理院的声明，但该日期被确定为 1908 年 11 月。问题是，通常只有光绪皇帝即位后的年份被记录下来，作为法律颁布或者废除的日期。因此，正如《大清破产律》那样，一部法律在光绪三十二年通过，在光绪三十三年被废除，也许可能是通过于 1906 年 2 月 25 日，而废除于 1908 年 2 月 12 日。再次，虽然中国立法程序中日期模糊是个问题，但马虎草率亦概莫能外。克滕诺夫的错误看上去是后一种。

第16号)。[1] 然而，同年稍晚些时候，大理院扩展其关于破产实践有效性的解释：“当事人可能依然会求助于那些处理破产的方法；这些方法可能会被认定与破产法的一般原则一致。鉴于我国目前并无与破产有关的法律条文，这些方法不得绝对被拒绝。(1914 上字第671号)”[2]

1922年，在答复上海总商会时，大理院走得更远，声明有时候，1906年《大清破产律》的原则可以继续适用。[3]

仅需要再交代的是，修改后的破产法草案曾先后于1915年和1926年提交审议，但都未被颁行。[4]最终，1934年《商人债务暂行清理条例》通过，1935年《破产法》亦被正式颁行。[5] 这些法典中看不出模仿1906年《大清破产律》的痕迹。

① 《大理院判例要旨汇览》，1。

② 同上。

鉴于译者翻译本文时，无从查对原文，姑且根据英文直译如上，并附本段英译原文如下，以供读者参考：

Methods for dealing with bankruptcies that may be recognized as consistent with general principles of bankruptcy law may still be had recourse to by parties. Such methods may not be turned down merely because our nation at present has no legal provision for bankruptcy. ——译者注

③ Kotenev, *Shanghai: Its Mixed Court and Council*, p. 261.

④ 司学浩、商维书：《破产法释义》，台北，1962年版，第8页。

1915年，北平法律调查会馆提交一份《破产法草案》。该草案分为三部分：实体法、程序法以及罚则。该草案总计337条，以德国为参照。1926年11月18日，旧的司法行政部许可该草案临时适用。国民政府先是颁布该法，但很短时间后又将之再次废除。

⑤ 司学浩、商维书：《破产法释义》，第8页。《最新六法全书》，台北，1968年版，第499页。Yokou Chang and Lily Yung, tr., *The Bankruptcy Law of the Republic of China*, Shanghai, 1936; Hsia Ching-lin, “The Preliminary Draft of the Law on Bankruptcy”, in *The China Law Review* 8, 1, May, 1935, pp. 1-4; Y. J. Huang, tr., “Bankruptcy Law”, in *The China Law Review* 8, 3, Nov., 1935, pp. 192-208. See also Norwood F. Allman, “Bankruptcy Laws in China”, in *The China Law Review* 2, July, 1925, pp. 218-225.

四、《大清破产律》的实质性内容

实质上，1906 年《大清破产律》是传统中国及英美法系普通法实践的混合物。它非常简略（69 个条文），单纯地忽略了太多即便今天依然困扰破产实践的技术性程序问题。

本节及第五节将证明中国《大清破产律》模仿西方的范围，以及这些模仿的制度有几个能够在 20 世纪初期的中国行得通。

海因里希·多弗（Heinrich Dove）是 1907 年时柏林商会的法律专家。1906 年时，他曾为《比较法律研究暨经济学学刊》[①] 撰文评介 1906 年的中国《大清破产律》。确切地说，这篇文章是在 1907 年 12 月才发表的，其时正当该法律被废除。多弗认为，对于他参与过的数百件涉及其他国家的条约来说，中国国内法的现代化是一种对应物。他宣称，从国内的角度来说，尤其是在“商法领域”，英国“统治世界”的影响力显而易见，1906 年《大清破产律》展示了这种影响力。概括他对《大清破产律》条文的研究后，多弗表示，“在上述概述过的条文中，人们将会发现类似在欧洲国家所践行的破产法的基本概念……这样对现代商业国家法律的效仿，对于促进双边商业关系，是必要的，也是必需的”[②]。

1906 年《大清破产律》共有 9 节、69 条。该法律专门处理商人破产。对于个人破产，亦设有专门程序。[③]

---

① Dove, “Das Chinesische Konkursgesetz vom. 26, April 1906”, p. 161.

该杂志德语名为 *Blätter für vergleichende Rechtswissenschaft und Volkswirtschaftslehre*，而原文括注英文名为 *Journal of Comparative Legal Studies and Economics*，故翻译为《比较法律研究暨经济学学刊》。——译者注

② Dove, “Das Chinesische Konkursgesetz vom. 26, April 1906”, p. 165.

③ 1906 年《大清破产律》第 8 条，参见本文附录 4《大清破产律》英译稿。（本文翻译时未收录该附录。《大清破产律》中文原文参见前述《大清光绪新法令》，译者点校。——译者注）

第一节为“呈报破产”。该节共有8条，涉及谁及哪里可以呈报破产（第1条）；呈报破产时所需文件清单（第2条）；接受文件及破产财产后的官方程序（第3条、第4条）；担保措施（第5条）；债权人呈报破产条款（第6条）；公司及个人呈报破产程序（第7条、第8条）。除此之外，该法律草案中与此有关的条款还有：个人的界定（第167条）；他必须提交的文件（第167条、第169条）；债权人申请破产程序（第172条）；以及一条关于法律选择的一般陈述（第184条）。

根据许多会计账簿和记录，《大清破产律》第2条是该法所规定的程序不具有可行性的一个缩影。鉴于在《公司律》之前，并无成文法要求商家保留这些账簿，除非账簿普遍且标准地使用，极少有商家能够使其自身助益于《大清破产律》。另两个例子是：第7条，即要求商家破产时提交商家的股东姓名、住址；第45条，即要求商家对个人家庭财产登记。①

在1904年6月《公司注册试办章程》颁布后的两年间，实际上只有58家公司注册成立，累计投资金额为6,195,000两白银、8,390,000现洋及4,200现金。②如果不考虑货币问题的复杂性的话，③这只代表着国内中国人的商业世界中很小的一部分。在随后几年中，注册公司数量以及投资额双双增加，但《公司注册试办章程》的低效显而易见。比如，1906至1907年度的数据是有65家公司注册，累计投资金额为

---

① 1925年，修改后的民商法典被提交，但即便在那个时候，准确执行的主要障碍之一依然是缺乏一个有效的登记体系。广为认同的是，在新颁法律预期生效之前，这样的体系属于绝对必需。See Kiang Yung, “The Development of Modern Legal Institutions and Judicial Reform in China”, in *The China Law Review* 2, July 1924, p. 19; 2, October 1924, p. 76; and 2 January, 1925, p. 117, pp. 123 – 124.

② 《农工商部统计表》1，第5册，第1页，第1—10页。

③ See generally King, *Money and Monetary Policy in China*. 附录中第241页以后《标准化建议》向笔者提供了数字单位的翻译。该文作者研究认为，尤其是1872年以后，银价的贬值导致统计表中现洋的增长。

3, 565, 000 两白银以及 3, 353, 500 现洋。[①]在 1907 至 1908 年度，注册公司数量为 55 家，累计投资金额为 3, 400, 000 两白银以及 14, 923, 400 现洋。[②]该年度有一家注册公司的折合注册金额为 200, 000 现洋。最后一个相关的年份是 1908 至 1909 年度，当年有 50 家公司注册，注册金额共计 5, 991, 600 两白银、82, 173, 600 现洋以及 30, 000 现金。[③]在这 5 年期间，总共只有 228 家公司事实上注册，而且其中许多都声称只有少量的资本。为了避税，这些现在要求根据《公司律》提交政府的信息，一度不为官方所知。[④]当一个人为了远离征税者之手，而面临如此多的风险时，他能够期待使自己成为债权人的手中之物吗？

张之洞的文集[⑤]中收录了一篇于 1907 年 9 月 3 日递交的奏折，其中他评论了《大清刑事民事诉讼法草案》的条款。对于第[⑥]167 条，他有如下意见：

> 现在诉讼，亦援商律，但仿外国不动产登记之法，将民间田房一一登记，庶倒欠监追之案，欠户一请破产，即可抵偿。今州县无登记所，官吏无登记法，则事前之寄顿无可追查，预串之债主无从分别，阳托破产之名，阴遂图吞之计，并得幸免远戍囹圄之苦，是适导人以作伪也。[⑦]

---

① 《农工商部统计表》1，第 5 册，第 11 页，第 11—22 页。

② 同上，第 23—32 页。

③ 《农工商部统计表》2，第 5 册，第 3—11 页。

④ 即便今天，中国人在涉及注册这些信息方面依然成问题。See *Far Eastern Economic Review*, LXX1, 11, March 13, 1971, p. 46.

⑤ 许同华编：《张文襄公集》（1919—1921）。

⑥ 见附录 2 对第 167 条的英译。（本文翻译时未收录该附录——译者注）

⑦ 许同华编：《张文襄公集》（第 44 卷），奏告部分，第 19b—20 页。

此处原文参引自张之洞：《遵旨核议新编刑事民事诉讼法折》，载苑书义、孙华峰、李秉新主编：《张之洞全集》（第 3 册），河北人民出版社 1998 年版，第 1772—1988 页。——译者注另一类在讨论该法实质性内容时，亦将会面临的问题是词汇。中国复制的概念已在西方发展很长时间，在那里每个法律术语都有其精确的意义。为了翻译西方法律，中国突然不得不用其古文来表达新意思，不得不从日语中借现成的词汇，亦不得不设计其自己的新文本。[①]第 1 条使用了“破产”（字面意思为：破坏其财产）一词，既作为动词用，即“去破产”（go bankrupt）；又作为名词用，即“破产”（bankruptcy）。这个词亦为该法标题所用。但是，另一个具有更宽泛内涵的词“倒闭”，亦在描述一个人已破产时，被更频繁地使用。大体上，这个词意味着“倒闭”（close down）、“关门大吉”（close up shop）。这个词可能被用来描述一种根本没有法律意义上破产的情形。该法从未区分破产（bankruptcy）和资不抵债（insolvency）。事实上，我们常常可以看到，按照破产的习惯去讨论的，不外乎是简易的债务。

另一个例子是可以被翻译成“董事”的“trustee”。在 20 世纪初的中国，这个词亦意味着公司的董事，这也是该词今天仅有的意思。[②]在《大清破产律》中，第 8 条使用该词来表达“董事”之意。《大清刑事民事诉讼法草案》中，将个人破产中承担托管人职责的人称为“代理人”。此外，《大清刑事民事诉讼法草案》还始终如一地将破产人称为“欠户”。第 5 条规定，具保人（奴隶？保证人？担保人?）必须具结（给予债券？给予担保？取保候审?）。第 23 条和第 58 条使用了同样的语词，但似乎表达的是相反的意思。那么，问题并非中文不是一种“法律语言”，而是当法律改革到了要求中文从语言上扩展其法律遗产的程度，改革自身亦要求或长或短地调整和发展

① See generally Henderson, “Japanese Influences on Communist Chinese Legal Language”.

② 参见萨孟武编:《法律词典》，台北，“国立”编译馆 1963 年版，第 1083 页。

期。《大清破产律》标志着商事法律调整的早期形态。许多与破产实践相关的语言和概念，在其时即便对于西方来说亦是新东西。对于中国《大清破产律》的起草者们来说，这个事实使难度加大。

第二节（共8条）处理董事选举及其义务。《大清刑事民事诉讼法草案》中类似条款是第174—179条。如上已指明的，尽管这个版本的中国破产法是以英美法系模式为样本，但这里更详细地讨论三个国家破产法的异同将会很有益处。

英国1883年《破产法》（British Bankruptcy Act，1883，46 & 47 Vict. C. 52）的第五部分（第72—91款）[①]规定了董事（trustee）的报酬（第72款），花费（第73款），移交接受者、偿付、报告及会计（第74—81款），解除受托人（第82款），受托人法定名称（第83款），受托人任命及免职（第84—87款），受托人投票权（第88款），以及对受托人的控制（第88—91款）。英国1890年《破产法》（British Bankruptcy Act，1890，53 & 54，Vict. C. 71）对1883年《破产法》做了修订，其中亦包括若干进一步规范受托人角色的条款（第15—19款，除此之外）。[②]在美国，1898年《破产法》第五章[③]涉及“管理人（*officers*），其责任及报酬”，而第45—50款专门处理受托人问题。[④]此外，《最高法院破产通则》（the General Orders in Bankruptcy，Supreme Court of the United States，October Term，1898）[⑤] 包含至少7个条文（第13—18条，第35条），进一

① Robson，*A Treatise on the Law of Bankruptcy*，*with Supplement*，pp. 900 - 906.

② Ibid. pp. 1085 - 1086.

③ Sidney Corning Eastman，*The Bankruptcy Law Annotated*，Chicago，1903，pp. 145 - 169.

④ Ibid. pp. 158 - 167.

⑤ Ibid. p. 257.

步解释这些法庭代理人（court representatives）的角色。[①]

整体上来说，《大清破产律》规定了一个具有必要的清算和分配破产财产权力的政府机关，但是却没有试图对会计师（auditor）、受托人（trustee）、接收人（receiver）以及特别经理（special manager）的角色进行区分。事实上，在围绕这点发生的案例中，[②] 那个很可能以受托人的名义存在的“人”，看上去他们所做的，不会比中国法律实践的习惯中，著名的中间人或仲裁员所扮演的传统角色更多。当英美法系的法律，为了处理受托人以及其他类似角色的多重责任，而包含非常多的细节时，中国《大清破产律》的这一节却极其粗略而且仅仅是建议性的。[③]这种情形贴切地象征着通过英美法系与中国破产法比较后得出的结论。

第三节为“债主会议”（第17—24条）。该部分在《大清刑事民事诉讼法草案》中见诸第162条、第163条以及第165条。该节中最关键的角色由商会扮演。《商会简明章程》是一个取代行会类似功能的努力。商会打算在这个非常关键的较低水平活动中，成为“官方存在”。多弗[④]仅仅从字面上阅读该法律，并且从赋予商会全面的司法性主动权的角度做了评论。事实上，《大清破产律》仅赋予地方官员很有限的角色，而通过其办公室的程序常常在商会终结。克滕诺夫[⑤]将其修饰为广

---

① Sidney Corning Eastman, *The Bankruptcy Law Annotated*, pp. 274 – 277. 当时破产法在管理人方面更全面的专著，可参见 Albert Stanton Woodman, *A Treatise on the Law of Trustees in Bankruptcy*, Boston, 1909。

② 《农工商部统计表》1，第6册，第33—42b页；《农工商部统计表》2，第5册，第22—26页。

③ 比较《大清破产律》与民国初期大理院所提供判决可知。见附录2、3、4。有意义的是，大理院的判决中许多问题，不管从哪个角度说，都未为1906年《大清破产律》所规定。

④ Dove, “Das chinesische Konkursgesetz vom . 26, April 1906”, p. 162.

⑤ Kotenev, *Shanghai*: *Its Mixed Court and Council*, p. 255.

泛的权限，尤其是当面临大的商业危机时，控制局势的将会是地方道台或者省级督抚：

在1910年的经济危机中，商会在事实上毫无帮助。由道台所代表的中国政府拯救了形势，压根就没有考虑商会，因为在当时商会对任何事情都无能为力。正如稍后所揭示的，正是道台，而不是商会，作为发起人去采取措施，加速对随之发生的破产公司和银行账户的清算。①

这也是1907年当整个营口、满洲里破产时所采取的模式。②然而，正如1908年和1909年《农工商部统计表》中“商业诉讼”一节中所表明的，在摘要统计的74起案件中，有36起是由地方商会管理或者解决的。在摘要统计中提及的大多数案件（74起案件之外的另外40件）都发生在如下4个地区：京师、直隶、东三省（主要是满洲）以及江苏；在前述由地方商会解决的36起案件中，有21起是由上述4个地区的商会解决的。这些地区是中国工商业中心的事实，与这些地区的商会相应的实力不无联系。就破产事务而言，摘要的案件显示，《大清破产律》中的程序已被应用（比如债主会议与和解），但是并无条文的援引，也没有哪个案件完全符合《大清破产律》。所有的案件中，大部分都是小型商业事务，而且这类权力的实施并未在克滕诺夫的研究中得到认可。

《大清破产律》第四节处理“清算账目”事务（第25条至第41条）。该内容在《大清刑事民事诉讼法草案》中见于

① Kotenev, *Shanghai: Its Mixed Court and Council*, p. 255.

② 附录5（本文翻译时未收录该附录——译者注），第62号案。在罗毅的《东盛和债案报告》（1909）中，我们很可能会看到中国历史上任何单一破产案中最全面的汇编。

第 165 条及第 178 条。

该节所包含的第 40 条最终导致整个《大清破产律》被废除。第 40 条规定如下："帑项公款经手商家倒闭，除归偿成数仍同各债主一律办理外，地方官应查明情节，如果事属有心，应照倒骗律严加治罪。"

该条款受争议的地方在于将政府与普通债权人不加区分。对于清算财产的分配方案，官方政策一直是首先归偿外国公款（赔款），政府帑项公款次之，最后为外商及华商商业债务。[①]当然，赔款事宜从未与破产程序发生联系，外国债权人较之中国债权人，亦有更多的方法寻求还债。因此，新条文的症结在于其对中国政府和普通债权人优先权的重新安排。新法条意味着两个结果：商事债权人现在可以冀望于从清算的蛋糕中分得一块，但是中央政府将因此失去其对财产先前享有的权利。京沪两地的商人和银行家对新的变化十分高兴，亦坚定不移地主张第 40 条应该保留。[②]他们的观点体现在一份上海地方银行业者致商部的联合报告中：

钱业定章遇有往来商号因亏倒闭，所欠洋款、庄款须俟结清后，于欠户还款内，按照成数，华洋各商一律公摊。历经禀办有案。今各省分沪银行官银号，既许各商号脱手往来，与庄等同，兹利益自应与庄等同，则责任设遇倒闭亏欠，亦惟查照定章，于欠户还款内按成均摊。乞咨请财政处立案等情合与。[③]

---

① 张知本：《破产法论》（第 1 卷），第 21 页。

② 同上。

③ 《商部奏破产律第四十条请暂缓实行片》，载《大清光绪新法令》，XVI，18b。

本奏折原文采自《大清光绪新法令》第十类"实业"之"商律破产律"节下，见北京书同文数字化有限公司研制"书同文古籍数据库"，标点由译者添加。——译者注那么，问题便是：当两个主要的利益相关方为官办银行和民营钱庄时，为什么政府机构要在事实上享有优先权？其时（1906 年）与财政部合署办公的财政处，[①] 很快回复如下：

> 查各国银钱行业，皆受成于户部，或且以资本之半存之中央金库，而所用簿籍钞票等，均由公家领取。户部并有随时饬令检查之权，查察极为严密，不患有欺蚀隐匿之弊。是以偶遇亏倒，破产之法可以施行。今中国各项贸易皆任便开设，公家并未加以监察。若遇有倒闭，准其一律折扣，恐存款之受亏必甚。现在户部银行存放，多系部款，关系极重。暂各省银行官银号多系公款，均应暂照旧章办理。所有该商禀请立案之处，碍难照准。[②]

这些交流都发往商部。商部曾起草《大清破产律》并将之呈递皇帝，亦将不得不眼看其被废除。但是，废除并不易辨明。在商部呈请暂缓施行已生效的《大清破产律》第 40 条的奏折中，援引前述两封公函后，商部陈明："臣等查《大清破产律》第 40 条，商家倒闭，帑项公款归偿成数同各债主一律，本系查照各国通例办理。"[③]随之，该奏折无把握地继续道："俾昭平允，兹准财政处复称前因，自应将此条暂缓实行。"[④]

那么，最终成问题的是"平允"的问题——那是对政府的平允。对于政府来说，在那些经常破产的公司投资，但却因为掌握一部将政府与普通债权人区分开来的破产法，而不承担"更大的损失"，确实很冒险。

---

① Brunnert and Hagelstrom, *Present Day Political Organization of China*, p. 486.

② 《商部奏破产律第四十条请暂缓实行片》，载《大清光绪新法令》，XVI，18b—19。

③ 同上，XVI，19。

④ 同上。

对于其他68个条款，张知本简洁地评价道："伴随着双方都不打算让步的争吵，尽管《大清破产律》已经过奏请、通过并颁布，这便是整个《大清破产律》在短期施行后便告废止的原因。"①

第五节很简短（7个条文），涉及破产财产处分。第45条豁免破产人的兄弟、伯叔、子侄及妻子承担责任。这个对西方观察家而言貌似很自然的条款，与《大清破产律》诞生之前的破产实践相比较，并不是十分保守。②另一个有意思的条款是第48条。该条规定，如果债务人在财产处分后一无所有，且无欺诈藏匿等罪过，债权人可以决定在分配待处分财产之前，先拿出一份，"酌提该商赡家之费，约敷二年用度，以示体恤"③。对"体恤"明确提及，为中国法所独有，而不见于英美法律。

第六节涉及故意的破产欺诈，为《大清破产律》最长的一节（14个条文），亦是该法真正的核心（《大清刑事民事诉讼法草案》第181—183条）。当时中国法律制定者从根本上来说，最关注的是刑事问题，而非民事或商事问题。该节所展示的刑罚，以及被视为犯罪、起诉、优先和延迟的情形，这些事务在西方的实践中都是在民事诉讼中处理的。

在张之洞对《大清刑事民事诉讼法草案》的评论中，即便在讨论债权人会议时，我们也能感觉到其对指出刑事诈骗漏洞时的克制：

---

① 张知本：《破产法论》（第1卷），第21页。

译者未能查对中文原著。英文原文如下："Following a quarrel where neither side was willing to give, what was the entire Bankruptcy Law, though it had been memorialized, approved and promulgated, was shortly after being put into effect repealed."——译者注

② See Morse, *The Trade and Administration of China*, p. 198.

③ 参见原文附录5，案例第9及第19。（本文翻译时未收录该附录。——译者注）

偿债减成，近今常事，各处市面贸易较大店铺，时有倒闭，非尽由懋迁之难，亦半于人情之险。倘或有心倒账，统报四万金欠债，内三万金串嘱多人，假充债主，一万金则实欠在人，所有索讨三万金之假债主人数固多，已占四分之三，又有议决之权，自然概书允拒，而一万金之真债主，势必不允，偏责以不能异议。该欠户即可具立书券，将不甚值钱之货物家具产业交出变卖，按照各债数目平均偿还，即作了结，是适遂奸商倒骗之计矣。[①]

中国的传统做法，是将债务人投入监狱直至其还清债务。《大清刑事民事诉讼法草案》第173条授权法院颁发“护照”，保护债务人在和解及财产分配期间免于被逮捕。张之洞评论该条款道：

索欠理偿大率央缓，其实处窘乡者，情固可原，而有心倒骗者，狡诈百出，特以国家法所在令尚知畏惧，不敢公然为非。若竟发护照，则是公堂之权限，适为破产之护符，既免拘提，又免监禁，奸商自无所畏惧，而呈请破产之案日见其多，不特与民间市面大有关系，即公堂亦不胜其烦也。[②]

---

① 许同华编：《张文襄公集》（第20卷）。

② 同上。与张之洞一样有趣而类似的评论，see “Mr. Warburton's Bill to Restore Arrest”, *The Law Review* n. p., November, 1846, p. 15：

什么！读者可能会尖叫，在中间程序中恢复逮捕，恢复法律中最著名的滥用！这个巨大的滥用，在令人不安的众怒影响下，已不复存在！是的！我们明确地回答，是的。逮捕而非冷静的推理，已成为众怒的牺牲品，这是真的……

废弃逮捕，也就是废除迫使债务人正当面对债权人的根本动机。为什么他愿意考虑他们的观点，而且尽力使他们得到正义？因为如果他不这么做的话，他们可能会逮之入狱。（p. 20）

这并不意味着1906年《大清破产律》未规定破产人的复权。第7节和第8节通过富于同情且熟悉法律的方式，处理“清偿展限”和“呈请销案”。比如，第66条是一个事实上允许免责的条款，“倒闭之商如查明情节实有可原，且变产之数足敷各债至少十分之五，可准其免还余债，由商会移请地方官销案”①。第67条甚至提供一种程序，按照这种程序，一个“倒骗之商”可以获得免责，甚至允许“自信”，以便规避治罪。《大清刑事民事诉讼法草案》第180条对个人破产提供了类似的机会。附件5中的案例第28由于其是由商会主导，尤其引人注目。一家本地钱庄，因欠其他三家本地钱庄共计7000两白银而破产。尽管该案件完全根据《大清破产律》的规定而处理，但至少根据简短的摘要能作出推断，该案件并没有最终免责或者最终分配。恰恰相反，“商会主导了一份协议，相关各方均签字同意，要求债务人立即偿还1000两，另立字据偿还其余欠款”。

职是之故，证据表明立法者在当时最关心的是在商人施行倒骗时保护官府。这可以与1935年《破产法》相比较。在该法律全部159个条文中，只有最后8条涉及刑事惩罚。另一方面，前56条全部涉及破产“和解”的处理。这里没必要再次回到清代立法者曾工作的“社会—经济—政治”环境，但我们依然有必要理解那些立法者认为1906年《大清破产律》应该扮演的角色，以及他们用来判断其功过的标准。

最终，第9节宣告了《大清破产律》何时生效。

结论

评估任何法律的“效果”都不容易。原因之一，评判效

① 英美法系最初的条款，see Bankruptcy Act，1890，53 & 54 Vict. c. 71，s. 8，s－sec. 4，Great Britian；and，United States Bankruptcy Act，1898，c. 3，4. 14。

果的标准是什么：存续时间，批评的数量，还是目的与成果的一致性？从另一个基准说，在发展与变动的社会里，是否可能说，立法活动自有其价值？如果是的话，是否可以说1906年的《大清破产律》，作为一部未能达到其宣告目标的法律，或者作为一个通过立法来改革的系统性实验（尽管很幼稚），更有意义？当然，评估法律有其自己的范围，本文的这部分不会试图去建立标准，或者提出一种评估理论。作为替代，《大清破产律》将会在两个方面受到评估：其一，它是否在中国实现那些作为一般破产实践理据的经济目标？其二，尽管《大清破产律》由当时最重要的法律改革家起草，尽管该法律由皇帝直接颁布，《大清破产律》确实施行过吗？

立法者起草《大清破产律》时波及甚广的经济危机，在该法被废除时，较之颁布时更加恶化。《北华捷报》当时一篇很典型的报道如下：

> 北平、天津、奉天以及华北其他大型商业中心，以及东三省，目前形势都很严峻。随着中国春节的临近，在这两个月将会有更多的当地银行倒闭。芝罘的当地商人亦表示，他们的财政状况正面临着不小的困难；从目前不尽如人意的中国商业条件判断，1908年的商业前景并不明朗。①

1907年11月11日，在《大清破产律》废除一个月之前，东北地区营口市的五家当地银行于同一个晚上宣告破产。《北华捷报》宣称，这是因为日本已“垄断”了大豆贸易。②无论如何，整个辽河河谷的命运已被置于危险境地。最后，由于当

① *North China Herald*, 20 December 1907, p. 721, col. 1.

② Ibid. 6 December 1907, p. 593, col. 2.

地道台和户部的努力，形势得以挽回。不管从哪个角度说，《大清破产律》都丝毫未发生作用。

正如上文所指出的，《大清破产律》的起草者宣称，将关注该法律对当时商业形势可能发生的正面结果。毋庸置疑，他们甚至没有将《大清破产律》视为中国商业问题的最终解决方案。尽管如此，虽然破产法在那些商业和个人问题中得以发展，但证据表明，《大清破产律》并未作为一项解决那些商业问题的技术，而被有效使用。

尽管《大清破产律》并未带来或许曾预期的经济上的变化，但下面需要考虑的是：该法律从根本上是否施行过。克滕诺夫是最为直截了当地宣称该法律从未被应用的学者之一："作为事实，尽管《大清破产律》在 1905 年（原文如此——译者注）就已颁布，但中国破产案件的程序依然未曾改变，尤其是破产案件由当地官员直接提交行会裁定，而丝毫未留意新的法律。只有混合法庭曾试图援引新的法律，但功效亦甚微。"①

但毫无疑问，当涉及外国债权人时，或当大规模危机发生时，《大清破产律》在中国法庭上从未施行。执行该法律至财产有必要事先注册的范围，亦毫无可能。但是，正如上文所指出的，当考虑到《大清破产律》第 3 节时，摘要统计中有证据表明，《大清破产律》至少曾作为较小事务的参考而被援引，尽管这不是决定性的。简而言之，有证据表明，《大清破产律》颁布后，中国政府曾积极寻求在各方面完全且有效地执行该法律。

① Kotenov, *Shanghai: Its Mixed Court and Council*, pp. 256 – 257. 由于《大清破产律》效果极微，以致很多人都不知道该法律曾被废除过。1910 年时，激进且有影响力的《东方杂志》发表社论，要求政府最终执行其以前颁布的 1906 年《大清破产律》。见《东方杂志》1910 年 4 月，第 87—88 页。

那么，结论是 1906 年《大清破产律》在技术上没有效果，在法律上未被施行。此外，在其被废除后，距离治外法权退出中国，尚有一些年头。至少从这个角度说，《大清破产律》是失败的。但是，更难以评估的是该立法经验在中国最终现代化和精密的程序中，作为必要阶段的价值。

鉴于多方面原因，不管从哪一点说，中国在 20 世纪初期毫无疑问地需要一部破产法；但当这样一部法律颁布后，却基本上未能发挥作用，未能得以应用。1906 年《大清破产律》遭废除的表面原因，是一项政府政策与其中一个条款矛盾。但是，该法律未能付诸实施的真实原因，却是政府官员和商人都未能做好用它的准备。更关键的是，缺乏在商业和法律技术方面训练的准备；正如其在 19 世纪时在英国和美国所发展的那样，这些训练对于成功的破产实践不可或缺。

类似的描述，也许也适用于清末时期其他很多曾尝试但失败的法律创新。虽然现代化的动力曾来自于清朝（强加给它或许并不公平），但尽管如此，多个实例证明，法律改革的失败常常源于中国在理解法律移植能做什么、不能做什么方面的失败。

1906年4月26日的《大清破产律》*

海因里希·多弗** 文

葛平亮*** 译

日本人的崛起，以及其在整个东亚地区的侵略政策所引发的巨大动荡，对我们全部经济生活和文化生活造成的影响，可能需要几代人的时间才能被完整认知。当日本致力于尽可能迅速地将欧洲文明发展的成果引入本国时，至少就当时的主流思想而言，中国却在探寻一条尽可能维持国家现状的融合之路。

---

* Heinrich Dove, " Das Chinesische Konkursgesetz vom. 26, April 1906 ", in *Blätter für Vergleichende Rechtswissenschaft und Volkswirtschaftslehre*, 3, Jg., Nr. 6, 1907, s. 161. 据德国版权法规定，作者逝世70年后，作品即进入公有领域。本文据此翻译与出版。

** 海因里希·多弗，全名海因里希·威廉·多弗（Heinrich Wilhelm Dove）（1853年12月11日—1931年3月3日），出生于德国柏林的书香门第，父亲为与其同名的德国著名物理学家和气象学家海因里希·威廉·多弗（Heinrich Wilhelm Dove）。多弗本人是一名法律学者和政治家。海因里希·多弗在1872年至1875年间分别在德国哥廷根大学、海德堡大学和洪堡大学攻读法律。大学毕业后，他曾担任初级法院法官、州法院法官，并于1899年起担任柏林商会首席法律顾问。在1903年至1918年期间，海因里希·多弗担任德意志帝国议会议员，并自1912年起，担任帝国议会副主席。从1926年到1930年，海因里希·多弗担任普鲁士上议院候补委员。海因里希·多弗作为一名法律学者和政治家，曾发表过许多有关政治和法律的文章，还创建并参编了《德国商法典及其实施法评论》。

*** 葛平亮，德国汉堡大学法学博士，现任中国政法大学民商经济法学院讲师。

马德润（Ma－Do－Yün）[①] 指出，“但是，西洋文明和中华文明的融合”，“并未如西洋所认为的那样迅速；因为一方面我们不能简单地抛弃我们特有的几千年的民族文化，而是为了保持我们的民族性，才不得已探寻其与西洋文明的融合；另一方面，人们往往忽视我们国家的广袤——其面积与整个欧洲相当并且拥有4亿人口——以及因此产生的外部阻力”。这位最近在柏林大学获得法学博士学位的中国人，得出了与他人不同的结论，即中国已经加入国际法上的协会。中国法律现状主要以国际条约为主，以国内法的现代化进程为辅，中国国内法的现代化，则深受占世界统治地位的大不列颠的影响，在商法领域尤甚。于1906年4月26日由皇帝奏准颁行的《大清破产律》也体现了这一影响。本文将对《大清破产律》的规定进行扼要概述。

为了理解管理破产程序的机构，我们必须先对有着不同定位的中国商会进行介绍。大清商部曾颁布章程[②]将过去成立的、旧式的商人同业行会变更为商会，商会的首脑是一名（由政府）任命的公务人员，由商业阶层选出的被称为董事的代表们辅助商会首脑进行工作。立法上赋予了商会以广泛的职权，其中包括部分属于法院的职权。对内国商人之间的纠纷，商会在诉讼中充当裁判机构；对华洋商人之间的纠纷，商会则致力于通过仲裁解决法律争议。在破产程序中，商会在实质上，也担任了与欧洲法律中的破产法院相同的角色。共同债务

① 马德润（1871—1937），又名玉琨，字海饶，湖北枣阳人，清朝及中华民国法学家、官员。1903年，他被官费派赴德国留学，后获柏林大学法学博士学位，回国后历任京师地方审判厅厅长、宪政编查馆行走。中华民国成立后，他历任全国第一届县知事考试主试委员，北京政府司法部参事，平政院评事、庭长，修订法律馆总裁；此后居住在天津，执业律师，并曾任北京律师公会会长。1937年6月，病逝于北平。——译者注

② 大清商部于1904年颁布的《商会简明章程》。——译者注

人以及债权人享有的提起破产的权利，只能在商会或者地方官处行使。申报破产时，共同债务人需提交可以确定其财产状况的账簿，地方官收到各项账簿后，于逐页骑缝处分别盖印，移交商会加盖图记备查。其后便公告（破产），并对除必需的衣服和家具外的全部财产以及货物进行查封，货物的查封由商会进行。如果未提供足额的担保，则须将破产债务人扣留在商会会馆。破产公告5日后，商会聘任破产管理人①，其须与共同债务人属同一行业；破产管理人拆封并清点被扣押财产。地方官发布谕令，要求债权人在商会登记债权并附上所执字据；商会将材料交由破产管理人审查。单个债权人获得的清偿数额由债权人会议决定。当全体债权人出席时，债权人会议才可作出决议；但存在例外，即债权人会议因债权人缺席而延期举行后，仍有债权人缺席，且缺席的债权人的债权总额不足全部债权的1/4时，债权人会议即可作出决议。一般而言，债权人会议作出决议需绝对多数表决同意；当拥有全部债权3/4的债权人一致同意时，也可以作出决议；（破产）分配程序适用债权人平等受偿原则。将财产或者货物交由共同债务人保管的，其对该标的物享有取回权；同样，在破产申报前半个月内交付共同债务人货物，但未获得货物价款的，其在告知管理人并且查明主张的正确性后享有取回尚未开封的货物的权利。未到期的债权和期票在破产申报时视为到期，并按时间顺序进行办理；当货物未交付或者价款未付时，共同债务人的信贷行为无效。破产债权人和共同债务人之间的相互债权可以抵销，债权的利息通常因破产而停止计算。

因抵押而获担保的债权需要登记，抵押在破产两个月之前

① 《大清破产律》并未使用现代的“破产管理人”概念，而是使用“董事”一词。为了便于理解和防止混淆，本文统一使用现代的“破产管理人”一词。——译者注

发生的，被担保的债权人就该抵押物享有优先受偿的权利。抵押物估值高于被担保债权的，多出的部分作为破产财产。为了防止抵押物被贱卖，可推迟三个月出售抵押物；因跌价或者抵押物易于霉坏不能久存，管理人可以书面同意抵押权人立即出售抵押物；如果一标的物上被设定多重抵押，则多个抵押权人按份额从该抵押物变价后的价款中受偿。对于共同债务人签发的见票即付或到期即付的汇票，若承兑银行已经书面签字承认，则在出票人破产的情况下也必须在到期时予以支付；若未经银行书面签字承认，则无须支付。对于共同债务人的未收回的款项，经地方官要求，债务人需在一个月之内向商会报告核对，并协商付款事宜。

《大清破产律》对家庭财产的别除，作了特别的规定，这也符合中国较之于欧洲文明国家更密切的家庭关联。经管理人建议，可以酌情批准支付共同债务人两年的赡养家庭的费用。此外，还对共同债务人因参股其他公司，而享有的可以归入破产财产的请求权，作了特别的规定。公司破产也适用《大清破产律》。众所周知，新的中国公司法[①]既规定了股东的无限责任，也规定了股东的有限责任；股东承担无限责任的，当公司财产不足以清偿全部债务时，破产管理人应与公司总司理一同核算每位股东应补足的数额；若股东不能承担须由其补足的全部数额，则应在其尽可能的范围内支付。

《大清破产律》并未规定真正的破产撤销，但是，如果有确凿的证据，证明共同债务人在破产前两个月之内，故意赠送他人财物、假托抵押或者清偿未到期债务时，这些行为均不被认可。追回的财产被归入破产财产。

在刑法关系上，《大清破产律》并未区分欺诈性破产和简

① 即1903年颁布的大清《商律》中的《公司律》。——译者注

单性破产；在其他条文里，一些符合简单性破产构成要件的情形，也被归入欺诈性破产，此时共同债务人有可能被处以20天以上3年以下监禁，或者处以50元以上1000元以下的罚金。

商家因市场萧条和普遍性停业，或者因放出之账暂时难以收回，而导致不能按期清偿的，可以据实呈报商会，申请延期清偿。延期清偿期限不得超过一年，决定延期清偿的债权人会议适用破产中相关条文的规定。若到期仍不能清偿，则应呈报破产。除此之外，《大清破产律》并未对商人破产和非商人破产作出不同的规定。

破产程序的终结导致未被清偿债务的消灭，并在此范围内达成强制和解；当破产发生情有可原，并且破产财产变价后，至少可以清偿登记债权的1/2时，商会可以申请终结破产程序。商会终结破产程序的申请，经由商会和地方官共同登报布告，债权人在布告后两个月内，可以针对破产程序终结提出异议；若两月内未提异议，则由地方官报总督和巡抚，其再报商部核查。

在上文对《大清破产律》的概略中，人们可以发现欧洲各国家破产法基本原则的影子，即便一些原则并未完全得到贯彻。对于促进双边贸易关系而言，这样一种对现代化商业国家法律的借鉴，尤其显得必要和重要。

历史与文化在破产和破产制度发展中的作用：法律移植的危险*

娜塔莉·马丁** 文

谢琳*** 译

简目

---

* Nathalie Martin，“The Role of History and Culture in Developing Bankruptcy and Insolvency Systems：The Perils of Legal Transplantation”，28 *B. C. Int'l & Comp. L. Rev.* 1，2005. 本文的翻译与出版已获得作者授权。作者感谢卡伦·格罗斯（Karen Gross）、弗雷德里克·哈特（Frederick Hart）、史里斯琴·弗里茨（Christian Fritz）、安托瓦妮特·塞蒂洛·洛佩斯（Antoinette Sedillo - Lopez），他们在本文写作初期提出了非常有帮助的意见；也要感谢迈克尔·普兰特（Michael Plante）、理查德·莫兰（Richard Moran）、珍妮弗·布雷克尔（Jennifer Breakell）、本杰明·克罗斯（Benjamin Cross）、凯特琳·迪·莫塔（Caitlin Di Motta）和斯科特·贾沃斯基（Scott Jaworski），他们为本文研究提供了很好的帮助。作者同样也要感谢新墨西哥州立大学法学院提供的资金支持。

** 娜塔莉·马丁，美国新墨西哥大学法学院法学教授。

*** 谢琳，中国政法大学诉讼法学硕士，德国汉堡大学欧盟国际法学硕士，现任职于北京市环中律师事务所。

引言

到底是文化塑造法律，还是法律塑造文化？历史上，文化起着导向作用，文化会告诉社会需要什么样的法律。① 然而，现在全球经济正在改变着世界，信贷——尤其是消费信贷比以往任何时候都多，在适用的国家的数量与使用的人数方面，都

① See Linz Audain，"Critical Cultural Law and Economics，The Culture of Deindividualization，The Paradox of Blackness"，70 *IND. L. J.* 709，713 – 14（1995）（讨论在一般情形下，文化如何影响法律和经济，反之亦然）；Naomi Mezey，"Law as Culture"，13 *Yale J. L. & Human.* 35，37（2001）（该文将法律视同文化）。

达到了新的历史水平。① 商业信贷同样也在快速发展。这些新产生的债务所带来的一个问题是，是否有足够的安全网络，来帮助不能清偿这些新债务的个人与实体？

许多发展中国家的政府，意识到需要设立更加宽容的破产制度，并且正在实施这样的制度。② 但是，在大多数情形下，这些计划中的新制度并不是产生于其自身文化土壤，而是从其他地方移植而来。随着其他地区法律的引进，本地文化观念非常需要改变。许多新制定的破产法是从美国引进的，但是与美国有着非常不同宽恕债务的文化观念。③ 即使这些移植进来的制度，在其他社会中非常不合适，但是法律移植还是继续着。④ 这些国家的最初目的，是刺激市场经济发展、促进经济

---

① See generally European Credit Research Institute, Consumer Credit in the European Union 16 – 18, http://www.ecri.be/pubs/ECR1en.pdf (Feb. 2000), last visited Oct. 22, 2004（提到欧洲信用卡债务的大量增长）; Paul Mizen, "Consumer Credit and Outstanding Debt in Europe 1", http://www.nottingham.ac.uk/economics/ExCEM/issues/issues4.pdf, last visited Oct. 22, 2004（探讨了欧洲未清偿债务的地区性差异）; Jason Booth, "KIS Investors Bet on South Korea's Rising Debt", *Wall St. J.*, May 30, 2002, C14（讨论美国和韩国信用卡债务的等级，并且预测韩国消费者信贷的爆炸式增长可能降低其整体经济的发展）; Ian Fletcher, "Card Fraud Soars to £228M", *Evening Standard*, Oct. 16, 2002, p. 15（提到了在英国、墨西哥和马来西这些国家中，信用卡债务大幅增长，以及出现同样增长的中国、韩国和泰国）; "Growth of Credit Cards in Emerging Markets Leading to Concern Over Mounting Consumer Debt and Card Fraud", *M2 Presswire*, October 15, 2002, at 2002 WL 26804947（介绍在中国、韩国、巴西和泰国这些国家中信用卡债务的飞涨）。

② See Rafeal Efrat, "Global Trends in Personal Bankruptcy", 76 *Am. Bankr. L. J.* 81, 91 – 92 (2002).

③ See Julia M. Metzger & Samuel L. Bufford, "Exporting United States Bankruptcy Law: The Hungarian Experience", 21 *Cal. Bankr. J.* 153, 153 (1993)（提到其他国家如何以美国为模范，建立可行的破产制度）；美国《统一商法典》第9条同样被其他国家所借鉴。See Daniel E. Allen, "Personal Property Security Interests in Australia, A Long, Long Trail A – Winding", 106 *Dick. L. Rev.* 145, 147 (2001). [介绍新西兰、加拿大、澳大利亚甚至英国，如何仿效美国《统一商法典》第9条，利用他们自己国家法律中个人财产担保制度（personal property security systems），解决一些棘手的问题。]

④ 参见第416页注释④至注释⑦，第416页至第420页的注释及其相应文本。

增长与提升公民福利。本文认为他们进行的法律移植能否实现其最初目的是一个问题。

美国现行的破产法律制度，直接产生于美国独特的资本主义制度。[①] 美国非常鼓励创业精神以及高消费支出。[②] 这是很有道理的，一个金钱控制的社会，应当有一个宽容的个人破产制度，以维持高消费水平，还将有一个同样宽容的商业重整制度，以鼓励人们冒险，并促进经济增长。[③] 这些制度都是一个更大的计划中的一部分，即为了让经济参与者在资本主义的游戏中存活下来，并保持活力。美国的破产制度是美国少数几个社会计划之一，它处理了许多社会问题。[④]因此，该制度的范围非常广，在该制度产生的社会之中，它已经成为不可

① 正如一个美国学者最近提到：每个国家都应当拥有破产法。我觉得，我们值得拥有第 11 章。各个国家的破产制度并不独立于其社会制度。美国很少有政府资助的项目，救助因财务失败而陷入困境的人们。所以，我觉得毫不夸张地说，每个经济问题，以及每个经济问题所带来的后果，都被纳入到我们的破产制度中：环境问题、大规模侵权问题、经营失败问题、企业破产以恰当方式资助他们的退休计划。无论导致财务失败的原因是什么，我们都将其放入破产制度中。See Richard F. Broude et al.，"The Judge's Role in Insolvency Proceedings：Views from the Bench：Views from the Bar"，10 *Amer. Bankr. Inst. L. Rev.* 511，522（2002）（*comments of Richard Broude*）.

② See Alan Reder，"The Yoga of Money"，*Yoga J.*，*Mar. - Apr.* 2003，p. 114（讨论美国经济中消费的重要性问题）。的确，在 2001 年 9 月 11 日之后，布什总统经常号召消费者消费，因此有个作者将此称为对抗恐怖主义的"消费直到奥萨马倒下"（shop - till - Osama - drops）计划。See Mark Gongloff，"When Will We Spend Again？"，*Money. Cnn. Com*，http：//money. cnn. com/2001/10/26/economy/economy_ consumer/（Oct. 26，2001）（将消费者消费与美国经济复苏相结合）。

③ 参见第 375 页注释②至第 383 页注释⑨，以及其相应文本。

④ See generally Broude et al.，"The Judge's Role in Insolvency Proceedings：Views from the Bench：Views from the Bar"；see also Karen Gross，*Failure and Forgiveness*：*Rebalancing the Bankruptcy System* 93 -98（1997）（该文介绍破产制度所带来的令人难以置信的感性收益，这又反过来促进经济的发展，以及个人幸福程度的提高）。

缺少的一部分。①

随着全球走向一体化，越来越多的国家认识到，建立一个可行的破产制度，将有助于促进市场经济的发展。② 因此，许多国家试图为面临破产的企业，建立一个像《美国破产法》第 11 章那样的重整制度，在这个制度中，公司原来的管理层仍然留在公司，继续管理重整中的公司。③ 这可能是现在美国输出最多的法律制度。④ 许多国家同样也在让他们的消费者破产制度变得更自由。⑤ 因为消费信贷，在西欧与日本已经变得更加容易获得，在部分发展中国家也是如此，所以都有必要建

---

① See Edward J. Balleisen, *Navigating Failure*: *Bankruptcy and Commercial Society in Antebellum America* 28 (2001). 在美国，我们的"拯救文化"非常宽容，不论其是企业还是自然人，都没有什么区别。理论上来说，每个人都是潜在的企业家。

② See e. g., "Letter from Tarrin Nimmanahaeminda", Minister of Finance, & M. R. Chatu Mongol Sonakul, Governor, Bank of Thailand, to Michel Camdessus, Managing Director, IMF (Aug. 25, 1998), http://www.imf.org/external/np/loi/082598.htm, last visited Oct. 22, 2004.（同意国际货币基金组织的要求，在亚洲银行业危机期间，将重整计划作为向泰国提供救助的前提条件。）

③ See Jeffrey Davis, "Bankruptcy, Banking, Free Trade, and Canada's Refusal to Modernize Its Business Rescue Laws", 26 *Tex. Int'l L. J.* 253, 253 – 54 (1991). 原理即提供救济机会，就为社会创造了额外的收益。这些收益不仅仅在清算中可以获得，比如给予无担保权人更大的回报，给予普通股东在正常运营的公司中保留一些利益的能力，保留岗位，允许供应商继续经营，并且允许顾客继续接受可能出现短缺的商品和服务。

④ 参见第 396 页注释③至注释⑥，第 397 页至第 403 页的注释，以及其相应文本。

⑤ See Jason J. Kilborn, "The Innovative German Approach to Consumer Debt Relief: Revolutionary Changes in the German Law, and Surprising Lessons for the United States", 24 *N. W. J. Int'l L. & Bus.* 257, 257 (2003) [在下文中称为德国途径（German Approach）]; Jason J. Kilborn, "La Responsabilisation de l'Economie: What the U. S. Can Learn from the New French Law on Consumer Overindebtedness", 26 *Mich. J. Int'l L.* (forthcoming) [在下文中称为法国消费者过度负债法（French Law on Consumer Overindebtedness）]; Efrat, "Global Trends in Personal Bankruptcy", pp. 91 – 92. 一些国家，比如意大利和希腊，仍然没有自然人破产制度。参见第 391 页注释⑤至第 396 页注释②，以及其相应文本。

立一个更宽容的破产制度。[①]但是，制度并不能够被大规模批发式地引进。

破产制度深刻地反映着一个国家的法律、历史、政治以及文化背景。因此，即使有着同样法律传统的不同国家，比如美国、英国、加拿大以及澳大利亚，在如何规范商业破产与自然人破产这些具体事情上，还是会有明显的不同。[②] 法律传统不同的国家，比如欧洲大陆的国家和日本，其当前的破产制度区别更大，即使很多国家或地区都已经在向着美国的模式发展。[③]

考虑到世界不同地区文化上有着巨大差异，以及每个国家的经济史以及对待金钱与债务的观念都有很大不同。因此，并不存在一个普遍适用的企业或自然人破产的制度。[④]新的破产制度更应该反映该国本身的市场经济经历过怎样的发展。从价值观上来说，破产制度还要反映该国公民怎样看待债务。破产制度是一种社会工具，破产制度有很多价值，因此要谨慎地让破产制度反映出一国文化中的独特价值。但是，信贷的广泛使用需要建立一个制度，让债务人可以有面子地走出经济破产。随着信贷在新的现代经济中的广泛使用，建立这样的制度，将是许多国家都要面临的挑战。本文

---

① See Rafael Efrat, "The Rise and Fall of Entrepreneurs: An Empirical Study of Individual Bankruptcy Petitioners in Israel", 7 *Stan. J. L. Bus. & Fin.* 163, 165 – 66.（该文讨论信贷去管制化之后，建立宽容破产制度的必要。）

② See Nathalie Martin, "Common – Law Bankruptcy Systems: Similarities and Differences", 11 *Am. Bankr. Inst. L. Rev.* 367, 403 – 10 (2003).

③ 参见第 390 页注释⑤和注释⑥，第 391 页至第 403 页的注释，第 414 页注释⑥至注释⑧，第 415 页至第 420 页的注释，以及其相应文本。

④ 如果社会对职工以及国家债务的重视程度，比私人债权人高，那么该国不能简单地照搬第 11 章。因为第 11 章比较强调企业、股东以及债权人的利益。而且，如果该国社会高度重视个人承诺与名誉，那么也不能期待该国已经可以接受自然人破产豁免制度，即使这么做，可以促进以消费者消费为基础的经济的发展。

通过介绍正在制定与发展的制度中的一些方案，尽力在细节方面为此提供帮助。

本文第二部分解释了资本主义制度与破产法之间的共生关系、这些法律背后的理论，以及产生这些法律的历史和政治环境。① 这个部分同样会介绍现代社会的信贷实践，以及社会对待债务和债务清偿的态度；② 然后简要介绍在美国经济历史环境中发展的破产制度。③

第三部分讨论世界其他地方，对待债务的不同态度，这主要以英国、欧洲大陆部分国家以及东亚的部分地区为例。④ 虽然提到的许多国家或地区，在一定程度上都引入美国风格的破产法律制度，但是都没有像美国那样宽容地对待债务及债务豁免（debt forgiveness）的文化观念。⑤ 基于文化观念上的明显不同，这个部分得出的结论是，单纯引入美国模式的重整制度和自然人破产制度，不大可能取得预期的经济效果。⑥

第四部分介绍债务普遍增长的全球趋势，得出结论认为，

---

① 参见第349页注释⑥和注释⑦，第350页注释①至注释⑤，第364页注释①，以及其相应文本。

② 参见第364页注释②至注释④，第365页至第378页的注释，第379页注释①，以及其相应文本。该部分通过一些实证研究，讨论美国公民的债务类型，还讨论许多自然人债务人在申请破产时，可能面临的情形；同样也简要探讨美国的商业或企业债务文化，得出结论认为，在美国商业经营失败，并不会带来什么耻辱，尤其是考虑到很多美国公民在创业与冒险方面投入巨大。

③ 参见第374页注释②和注释③，第375页至第376页的注释，以及其相应文本。

④ 参见第385页注释④和注释⑤，第386页至第389页注释③，以及其相应文本。该文并没有对不同的制度做实质上的对比，不过最近一本著作讨论许多消费者制度，并且将这些制度做了对比。See Johanna Niemi - Kiesiläinen et al. , eds. , *Consumer Bankruptcy in Global Perspective*, 2003.

⑤ 参见第385页注释④和注释⑤，第386页至第389页注释③，以及其相应文本。

⑥ 参见第434页的注释及其相应文本。

各国在允许信贷脱离其控制之前应该要仔细地考虑其文化观念。[①] 如果为时已晚，信贷已经被广泛使用，破产会带来巨大的社会耻辱，那么就要进行大规模的宣传教育。通过这样的方式，防止人们因为债务的不断增长而走向贫穷，甚至自杀。[②] 本节的最终结论是，尽管引入一个更加宽容的破产制度可能有助于遏制这些问题，但是如果不改变其文化观念的话，这些新法可能产生不了什么作用。[③]

一、美国的破产：历史、态度和法律

本章概述美国经济发展史与独特的创业精神，产生独特的企业和自然人破产制度。[④] 同样讨论消费文化和信贷文化的发展，以及从这些独特的历史“癖好”中产生发展的法律。[⑤]

（一）美国经济的历史：破产法律与资本主义之间的关系

相对而言，美国社会以资本主义和消费主义为特征，虽然美国究竟在多大程度上接受这两种理论，在我们的历史上一直存在很大争议。[⑥] 早期关于破产政策的讨论有很多分歧，这些分歧的部分原因，是早期破产政策有助于塑造美国的经济特色。[⑦] 资本主义和消费的扩张导致了一些破产，之后就产生了

---

① 参见第435、436页的注释，第437页注释①至注释③，以及其相应文本。

② 同上。

③ 同上。

④ 这个部分的目的之一，就是向在学习美国破产制度的外国学者，解释美国制度是如何形成的，以及该制度是怎样促进美国资本主义与企业家主义的发展的。

⑤ 参见第364页注释②至④，第365页至第383页的注释，以及其相应文本。

⑥ See Richard C. Sauer, “Bankruptcy Law and the Maturing of American Capitalism”, 55 *Ohio St. L. J.* 291, 291 - 98 (1994).

⑦ Ibid. p. 298.

美国最早的破产制度。[①]本文回顾了该破产制度产生的经济文化背景。[②]

1. 美国自由市场经济的发展

亚历克西·德·托克维尔（Alex de Tocqueville）的“新模范人物”（new model man），将美国描述成商业革命的孩子，将要迅速走向商业与工业的成熟。[③] 这个模范人物将经济繁荣、技术提升、教育发展以及文化机会扩大，视为社会成功的关键。[④] 但是，农业生产者拒绝接受这些商业化的理念，并将其视为对小生产者和工人的理想国家的威胁。这些小生产者和工人都通过辛勤耕耘与诚实劳动维持生活。[⑤] 在农业生产者眼里，新的商人和金融资本家是这样的：

> 用自己的桶去别人挖的井里面打水的寄生虫……不需要任何诚实的劳动，他们获得的利润就足以打乱微妙的利益平衡。这种利益平衡，原本维持着自由高尚的社会秩序。利益平衡被打乱之后，高尚的社会秩序被他们替代，成了动态的市场交易和利润计算。道德变得空虚，自然人的社会地位得不到尊重，

---

① See Richard C. Sauer, “Bankruptcy Law and the Maturing of American Capitalism ”.

② 这篇文章并没有描述美国破产法的历史轮廓，因为之前已有学者将这项工作做得非常全面到位了。See Charles Jordan Tabb，“The Historical Evolution of the Bankruptcy Discharge ”，65 *Am. Bankr. L. J.* 325，344 – 69（1991）；Charles Jordan Tabb，“The History of the Bankruptcy Laws in the United States”，3 *Am. Bankr. Inst. L. Rev.* 5，7（1995）.

③ Sauer，“Bankruptcy Law and the Maturing of American Capitalism”，pp. 291 – 292.

④ Ibid. p. 292.

⑤ Ibid. pp. 292 – 293. 有杰斐逊派共和党人（the Jeffersonian Republicans）后来成为民主共和党人（Democratic Republicans），最后成为现在的民主党人（Democrats）。See David A. Skeel，Jr.，*Debt's Dominion* 26（2001）.

财产的社会认同也得不到支持。[①]

在这样的背景下，开始发生要制定什么样的破产法才合适的争论。市场资本家认为，以信贷为基础的经济发展是绝对必要的。[②] 相反，农业生产者将信贷视为恶习。[③] 越想建立自由市场资本主义经济的人，就越支持信贷的自由使用，也越支持通过制度化的方式处理经济破产。[④]

在18世纪初，资本家的利益势力开始超过农业生产者的利益势力。而且有越来越多的农业生产者开始以销售为目的生产农产品，而不再仅仅是为了消费。[⑤] 工人们为了更大的市场，从订制式的市场逐渐转向标准化生产商品的市场。越来越多的美国公民经商，其成为一种形式或者另一种形式的商

---

① Sauer, "Bankruptcy Law and the Maturing of American Capitalism", p. 293. 正如该文作者提到的，并不仅仅是南方的农民这么认为。比如，本杰明·富兰克林（Benjamin Franklin）写到，"唯一诚实的路径，就是通过在土地上播种劳作获得收入。这是一种通过上帝之手创造的持续的奇迹……作为对他们纯真生活和高尚事业的奖励"。Benjamin Franklin, "Positions to Be Examined", in 16 *Franklin Papers* 107, 109 (William Willcox ed., 1972). 因此，富兰克林的话，说明在这个国家刚刚成立的时候，有着风险投资精神的资本主义商业并没有立即被接受。

② See Sauer, "Bankruptcy Law and the Maturing of American Capitalism", pp. 293 - 294.

③ Ibid. pp. 294 - 295. 这些人是联邦主义者，后来成为辉格党人（Whigs），再后来即现在的共和党人（Republicans）。See Skeel, Jr., *Debt's Dominion* 26 (2001), p. 26.

④ See Sauer, "Bankruptcy Law and the Maturing of American Capitalism", p. 95. 他的很多观点都以信贷的不确定性为基础。Ibid. 由于经济以农业为主体，贸易与商业作为商品的实质交换而存在。但是信贷允许一方不用支付任何对价，就可以获得商品，这实际上是允许其行骗。Ibid. 在某种意义上，被视为这些农产品补充措施的信贷有着重大意义。因为农产品在商业交易中的时间期限，是非常大的限制。农产品通常非常容易腐烂变质。因此，可以通过信贷赊销的方式，销售不可能被收回的农产品，这可能会影响前述观点。

⑤ See Balleisen, *Navigating Failure: Bankruptcy and Commercial Society in Antebellum America* 28 (2001), p. 26.

人。[1] 一方面，生产以市场价为导向迅速发展，另一方面，人们对食物和消费品的需要也快速增长。这两个方面都大大地促进经济增长。1812 年战争之后的几十年，美国公民生产了更多的棉花、谷物、牲畜、纺织品、煤炭及木材，这是之前难以想象的。[2] 后来，越来越多的美国公民开始拥有可以自由支配的收入，用来购买家用器皿、更好的住宅、更高档的装饰品和服装，还有未开发的土地。

然而，美国市场经济的发展严重依赖于“信贷制度”——有许多义务复杂交织，这些义务贯穿国家的融资、生产、分配以及消费。[3] 美国将其自身看作一块潜力巨大的土地，因此非常乐观。他们非常愿意建造并且消费，远远超过其真实拥有的财富。[4] 因此，内战前在建造河流、道路以及管道的时候，更多是以贷款和赊购（promise to pay）为主。[5]

少数商人不需要贷款，就可开始经营业务。[6] 企业家很少提前支付租金、薪酬、供应品或者运输费用，他们也不要求他们自己的客户支付现金。[7] 一份关于法庭记录的研究显示，信贷的使用在 19 世纪中期之前就已经非常普遍了。这份研究是以债务人提出破产申请的法庭记录为依据的，当时债务人提起

---

① See Balleisen, *Navigating Failure: Bankruptcy and Commercial Society in Antebellum America* 28 (2001), pp. 26 – 27.

② See Balleisen, *Navigating Failure: Bankruptcy and Commercial Society in Antebellum America* 28 (2001), p. 27.

③ Ibid.

④ Ibid.

⑤ Ibid. p. 27.

⑥ Ibid. pp. 26 – 27. 该文作者指出，这种对信贷的依赖部分，是由美国革命后市场资本主义的发展所导致的。

⑦ Ibid. p. 28. （该文介绍社会很少期待商人在货物交付时就付款，不论是买卖农产品，还是买卖其他产品。）

破产的依据是1841年《破产法》（Bankruptcy Act of 1841）。[①] 的确，许多商人不仅好几个月之后才清偿债务，而且允许他们自己的顾客，以更慢的速度向他们付款。[②] 不用说，这并没有带来特别的商业意义，但是自由市场经济是新生事物，很多人想参与进来。[③]

信贷的使用被视为资本主义制度中实现经济潜力的核心因素。[④] 实际上，有学者认为，“系统化的信贷”（systemized credit）是资本主义经济区别于其他经济制度的一个特征。并且，正如奥尔巴尼共和党委员会（the Albany Republican Committee）在1837年提到的，“信贷将我们的商业扩张到全世界，使我们的荒漠被开发，并吸引人们定居在那里。信贷还建设我们的城市和乡村，也为我们的大学打下基础。此外，信贷还建

---

① See Balleisen, *Navigating Failure: Bankruptcy and Commercial Society in Antebellum America* 28（2001），pp. 27 – 28. 该文作者曾在国家档案馆（the National Archives）的东北部分支机构待了几年，其最初位于巴约讷（Bayonne），后来迁到曼哈顿（Manhattan）。研究依据1841年《破产法》而记录的联邦破产数据，其发现，在十九世纪四五十年代，每三个企业中就有一个申请破产。

Ibid. p. 3. 他发现信贷的普遍程度，远远超出最初的预料。Ibid. pp. 27 – 29. 他有一篇很重要的文章指出，国家信贷制度的统一，推动美国资本主义登上新台阶。Ibid. p. 27. 普通美国公民现在可以通过贷款创办企业，以实现他们的梦想。当然，商业周期、经济萎缩以及巨额债务，迫使许多人将申请破产。Ibid. pp. 32 – 41.

② Ibid. pp. 28 – 32.

③ See Balleisen, *Navigating Failure: Bankruptcy and Commercial Society in Antebellum* America 28（2001），p. 53. 作者引用现在已经停止发行的一家杂志上的一篇文章，上面说，“所有阶层的人都强烈渴望暴富……他们不再安于通过劳动，一点一点积累财富，而是希望逃避亚当的诅咒。现在在一天之内就想要获得财富”。*Rural Tales and Sketches of Long Island: The Kushow Property*，12 Knicker – bocker 190（1838）.

④ See Sauer，“Bankruptcy Law and the Maturing of American Capitalism”，pp. 294 – 295（讨论信贷的普及，怎样在资本主义经济发展中起着核心作用）；see also Forest McDonald & Ellen Shapiro McDonald，*Requiem: Variations on Eighteenth – Century Themes* 184（1988）；Adam Smith，*Wealth of Nations* 275 – 77（Knopf 1991）。

造我们的学校。这给我们带来国家的繁荣和个人的富有"①。简单地说，信贷在很大程度上，就是资本主义制度和财富的定义。②

2. 早期美国破产法的基本原理及政治环境

虽然信贷是必要的，但它也有危害。只要有信贷，就会有违约。而且，信贷的使用毫无争议地使早期美国公民容易受到整体经济变化趋势的影响，将他们与公司的经济健康状况复杂地联系在一起。③ 这样既系统化又宽容的破产制度，受到许多美国早期的市场资本家的欢迎。这可能可以解释，为什么早期资本家喜欢用破产来解决违约的问题。④ 讽刺地说，一个系统化分配债务人可用资产，以及免除他剩余债务的制度，最终被视为经济现代化的一个特征，"现代社会的综合发展成果"⑤。

人们冒险，而破产制度则故意鼓励冒险。自己创业以求在

---

① See Balleisen, *Navigatign Failure*: *Bankruptcy and Commercial Society in Antebellum America* 28 (2001), p. 32. 这个引注来自 1837 年 7 月 22 日一份名为"NWR"的杂志上面的一篇文章，"Address of the Albany General Republican Committee"。信贷是市场经济的万能溶剂。它促进财产的流动性，并且允许广泛的投资，甚至可以到达非常偏远的地区。

② "信贷是一种商业融资制度，其使商人通过预估他们企业的赢利，从而扩大他们的资金。" 38 Annals of Congress 1098 (1822) (remarks of Rep. Wood).

③ See Balleisen, *Navigating Failure*: *Bankruptcy and Commercial Society in Antebellum America* 28 (2001), p. 31.

④ See Sauer, "Bankruptcy Law and the Maturing of American Capitalism", pp. 295 – 296. But see Balleisen, *Navigating Failure*: *Bankruptcy and Commercial Society in Antebellum America* 28 (2001), pp. 26 – 27. 因此，农业生产者与资本家之间的划分，以及破产支持者与反对者之间的对立，必须以承认破产的可能性，以及有解决这种破产的需要为前提。

⑤ Sauer, "Bankruptcy Law and the Maturing of American Capitalism", p. 296 & n. 28.

商业上获得成功的欲望，导致19世纪中期出现许多经济破产。[①] 在这种经济中，任何资本主义尝试都是受到欢迎的，因为这种经济的目的，是为了尽快建立一个有活力的市场经济。[②] 年轻人在创业的过程中，有许多人尝到成功的滋味，也有许多人吃到失败的苦果。[③] 有趣的是，早期的破产商人既包括男性也包括女性。这意味着女性早在18世纪就开始参与到市场活动中。[④]

为了鼓励人们不断努力成为企业家，法律文化对待未付款的行为非常宽容，这成为一种发展趋势。[⑤] 相对于欧洲大陆的法律而言，美国破产法相对宽厚。这让一些人感到震惊，比如阿历克西·德·托克维尔，他认为美国对于破产有一种“奇怪的嗜好”。[⑥] 他觉得从这个意义上来说，“美国不仅仅不同于

---

① Balleisen, *Navigating Failure: Bankruptcy and Commercial Society in Antebellum America* 28 (2001), p. 15. 对从事商业的渴望，使很多早期的企业家，非常容易陷入财务困境，因为他们缺乏经验，也缺少资金。

② Ibid.

③ Ibid. p. 18.

④ See Karen Gross et al., “Ladies in Red: Learning from America's First Female Bankrupts”, 40 *Am. J. Legal Hist.* 1, 3 - 4 (1996). 这篇文章中讲到的妇女的故事，证明十八九世纪的妇女的确已经投身于商业市场当中，也进入到债权与债务的世界。有些妇女有孩子，有些则没有，并且大部分是从事某种商业活动。Ibid. pp. 16 - 18. 跟男人一样，有些失败了，但是在某种程度上，这是她们成功的一个证明。Ibid. p. 36. 他们同样也非常愿意冒险。

⑤ See Balleisen, *Navigating Failure: Bankruptcy and Commercial society in Antebellum America* 28 (2001), p. 16. 当然，这仅仅只是这个故事好的一方面。See Bruce H. Mann, *Republic of Debtors: Bankruptcy in the Age of American Independence* 79 (2002). (按照编年体的方式，记录美国债务人监狱的历史、发展，以及最终的废除。债务人监狱最初在每个州都存在。)

⑥ See Balleisen, *Navigating Failure: Bankruptcy and Commercial society in Antebellum America* 28 (2001), p. 13.

欧洲国家，而且不同于我们这个时代的所有商业化国家”。①

美国破产制度的产生还有三个原因：首先是其独特的政治

① See Ballenisen, *Navigating Failure*: *Bankruptcy and Commercial Society in Antebellum America* 28 (2001), p. 13. 对待债务人破产的包容，被认为极大地促进资本主义的发展。因为自由市场是非常不确定的，非常易变的。Ibid. p. 18; see also Sauer, “Bankruptcy Law and the Maturing of American Capitalism”, p. 295. 在金融恐慌与萧条时期，破产有助于问题通过制度缓慢地解决。更加重要的是，地方性的破产以及通过破产可能豁免旧债，“解放了大量的经济能量”。正如下文所解释的：

可能战前破产制度与资本主义经济解放之间的重要联系，在破产之后的职业策略中得到证明。并不是每个破产者，都可以在破产之后获得庇护。旧债豁免制度鼓励大量的雄心勃勃的人更加努力。通过扩大市场交易区域、开发新产品或者发明新分配方式，这些破产已经非常明显地将要突破一般的商业限制。有时，这些努力会带来非常让人震惊的破产之后的成功；当然，更多的只是带来新的无力支付债务的累积。总体来说，商业冒险者之前的破产，有助于巩固一种商业文化，这种商业文化以“创造性毁灭”为基础。在这样一种商业文化中，大量的企业家坚持不断地尝试各种经济活动。他们的目标是马上获得利润，如果不能马上实现，至少可以合理预期社会的不断“改善”。Balleisen, *Navigating Failure*: *Bankruptcy and Commercial Society in Antebellum America* 28 (2001), p. 19. 美国对待债务人的宽容，有助于普通人建立市场经济。这同样也使得一些人反思他们在资本主义经济中的角色，因此，促使他们从事于非常有意义的“资本主义改革”。Ibid. p. 21.

因此，破产在商业领域的历史性流行，要归功于其可以通过几种方式促进商业发展。首先，强制破产制度提高财产回收与分配的效率，并且起到遏制的作用。人们会因为不想失去财产而清偿债务。See Sauer, “Bankruptcy Law and the Maturing of American Capitalism”, p. 299. 不论是强制破产，还是自愿破产，都可以节省债权人为争夺财产而产生的成本。并且可以阻止依据州法，在债务人财产可以被有效分配之前，将其分割。优先权制度要求债权人归还破产前获得的清偿与财产，这就起到阻止债权人在债务人陷入偿付不能的境地时，要求这些东西。See ibid. 最后，只要债务人诚实地配合，就允许豁免债务人大部分旧债。该制度激励债务人诚实合作而不藏匿财产。See ibid. p. 300.

当然发达的破产制度，同样也带来其他的一些重大经济利益。通过限制自然人经济风险鼓励冒险，因而促进经济增长。See ibid. 最后，可能最明显的是，通过自然人债务豁免，他们就可以重新回归经济生活，雇用员工或者被别人雇用，交税，买东西，以及从事其他促进经济增长的活动。债务对于自然人来说，不被豁免就是负担。债务豁免制度可以保证自然人“处于经济活动中”（in play），而不是让他们的经济处于休眠或者囚禁状态，以避免要让国家来扶养其家人。See ibid.

1898 年《美国破产法》（Bankruptcy Act of 1898）是当前美国制度的一个先导，并且是国家第一部系统的破产法。See ibid. 该法起草的历史在一定程度上解释了美国复杂的破产制度，如何比世界上其他地区的同类制度都早。See ibid. pp. 300 – 301.

党派制度。其次，在其政治党派制度中，债务人与债权人的利益，以独特的方式获得平衡。再次，律师在其早期发展中，作为最重要的专业人士，发挥了杰出作用。[①] 破产史学家大卫·斯基尔（David Skeel）在其对于政治在美国破产法发展中作用的叙述中解释，一旦债务人组成组织，努力促进联邦破产法的颁布，那么平民主义者也可联合起来，迫使债务人与债权人达成妥协。这在英国或者其他地方是没有看到过的。[②] 共和党人更倾向于支持债权人的利益，民主党人或者平民党人更倾向于支持债务人的利益。因此，妥协是美国两党制导致的独特结果。[③]

此外，从一开始，私人律师在美国破产案件中以及破产改革过程中，就起到非常重要的作用。[④] 由于法律制度已经基本建立，普通的从业者开始专门从事破产案件，因此使系统制度得以维持。[⑤] 正如斯基尔教授所述，“政府机构倾向于保持自身稳定。一旦国会设立一个新的机构，为新的政府官员创设工作岗位，那么这些官员将来可能成为取消这个机构的最大阻力。在某种意义上，机构成为他自己的政治支持者”[⑥]。正如斯基尔解释的，当破产协会由私人而不是政府组织的时候，它也起到类似自身维持的作用。[⑦] 这就是为什么制度只是变化，却从来不会跳跃式变化的一个原因。

因此，许多独特的因素造就美国的破产制度。这些因素包括社会要求建立商业经济的强烈需要、信贷的广泛使用，还包

① See Skeel, Jr., *Debt's Dominion* 26 (2001), pp. 2 – 4.

② Ibid. p. 2.

③ Ibid. p. 16.

④ See ibid. p. 2.

⑤ See ibid. p. 92.

⑥ Skeel, Jr., *Debt's Dominion* 26 (2001), p. 47.

⑦ See ibid.

括在法律发展过程中，债权人与债务人利益平衡的需要，以及独特的促进债权人与债务人利益平衡的政治上的两党制，还有私人律师在破产过程中的普遍而重要的作用。

3. 美国消费主义的兴起

上面的讨论主要集中于商业的发展，以及由此而带来的商业债务。然而，美国现在对自然人或者消费者破产的观点，是最近发展起来的，此发展的环境也非常独特。美国通过第二次世界大战摆脱大萧条。除军人外，第二次世界大战几乎为其他所有人提供工作机会。[①] 由于绝大部分消费品的定量配给，以及不再为他人生产，大多数人都把工资存了起来。[②] 战争之后，美国经历了一段时期的通货膨胀，在此之后，对各种日常用品和服务的消费需求大幅增长。[③] 有三个事情刺激了需求的增长：战争中被禁锢的物欲、大量的存款及生育高峰。[④]

美国当时的政策促进最大限度的消费。一个顾问在战后不久宣称，“美国商业面临的最大挑战，是让消费者相信快乐主义的生活方式是道德的，而非不道德的”[⑤]。这个策略明显非常有效，因为美国人开始以快乐为目的而采购，而且在采购的过程中，积累社会经验。[⑥]

随着通货膨胀消退，房地产业和汽车业开始扩张，美国开始出口大量商品，包括农产品。这导致很大的贸易顺差，因为

---

① See John Henry Schlegel, “Law and Economic Change in the Short Twentieth Century”, p. 15. （未公开出版的手稿）

② Ibid.

③ See ibid. p. 18.

④ See ibid.

⑤ David Ray Papke, “Discharge as Denouement: Appreciating the Storytelling of Appellate Opinions”, in *Narrative and the Legal Discourse* 206, 214 (Papke ed., 1991) [quoting D. Miller & M. Nowak, *The Fifties: The Way We Really Were* 117 (1977)].

⑥ See ibid.

美国的主要贸易伙伴欧洲和日本出口不多。[①] 20 世纪 50 年代早期，经济强劲稳步增长，[②] 资本充足，数量空前的消费品随处可见。西尔斯（Sears）和蒙哥马利·沃德（Montgomery Ward）这样的连锁企业，以低廉的价格销售商品。家用电器也越来越多。[③]

手里有现款的美国公民也开始觉得他们需要这些器具，并认为这是现代化的标志和繁荣的迹象，而且觉得购买这些器具，可以刺激经济的发展。因此，消费阶层诞生了。

从那以后，虽然美国经济在不同时期会有下降，而且美国的工资使得国内生产在许多行业没有竞争力，因此贸易平衡被打乱。[④] 但是，消费信贷几十年来一直保持稳定增长。[⑤] 一段时间之后，美国人学会过度消费。虽然美国人可以创造足够多的产品和服务用来出口，但是他们贪婪的消费欲望，使得美国人无法生产出足够多的商品供他们自己使用。[⑥] 作为一种文化，美国人喜欢消费，甚至在经济衰退时期也鼓励消费，不论家庭信贷创下怎样的高额纪录，也不管存款率创下怎样的低纪录。

---

① See Schlegel, "Law and Economic Change in the Short Twentieth Century", p. 18.

② Ibid.

③ See ibid. p. 19.

④ See Matthew J. Slaughter, "Multinational Firms and Wages in a Global Economy", http://www.dartmouth.edu/~glm/pdf/SageMJS.pdf, last visited Oct. 15, 2004.（该文指出美国劳动力的低价格，仍然比其他地方的类似劳动力价格高很多，因此刺激公司走向国外，以方便利用国外低成本的劳动力。）

⑤ See "Series Title: Household Sector: Total Credit Market Debt Owed by: Credit Market Debt Outstanding: Billions of Dollars: Amounts Outstanding End of Period", *NSA*, http://www.economagic.com/em-cgi/data.exe/frbz1/fl154102005, last visited Nov. 5, 2004.

⑥ See Bureau of Economic Analysis, "Real Gross Domestic Product and Related Measures: Percent Change from Preceding Period", tbl. 1 (2), http://www.bea.doc.gov/bea/newsrel/2003cr.xls, last visited Nov. 29, 2004.

4. 低首付的住房贷款对消费者消费习惯的影响

罗斯福（Roosevelt）总统新政立法中，引入了居者有其屋计划（the home ownership program）。这是美国另一个彻底改变了债务人—债权人关系的历史事件。[①] 在1930年之前，住房贷款期限短，而且主要适用于富人，因为要支付购房价格的50%作为首付，才能获得住房贷款。[②] 这些条件导致美国只有45%的住房有业主。[③] 在大萧条中，罗斯福想要使普通人能够更加容易购买并持有住宅，以维持社会稳定与安全。[④]

美国通过组建房主贷款公司（HOLC）、联邦住房管理局（FHA）以及退伍军人事务部（VA）实现了这个目标。依据1934年《国家住房法》（the National Housing Act of 1934）设立的联邦住房管理局，并不提供住房贷款而是为其承保。[⑤] 因为联邦住房管理局开始承保这些贷款，出借人更愿意以较低的利率，提供较低首付的贷款。[⑥] 这使得中产阶级比以前任何时

---

① U. S. Housing Act of 1937, ch. 896, 50 Stat. 888 [codified as amended at 42 U. S. C. § 1437 (2000)].

② Thomas W. Hanchett, "The Other 'Subsidized Housing': Federal Aid to Suburbanization 1940 - 1960s", in *From Tenements to Taylor Homes* 165 (John I. Bauman et al. eds., 2000).

③ Ibid.

④ Florence Wagman Roisman, "Teaching about Inequality, Race, and Property", 46 *St. Louis U. L. J.* 665, 676 (2002). 也许我应该说，这部立法给普通白人购买并持有房屋，带来很大方便。许多学者指出，在联邦住房管理局以及退伍军人事务部降低首付的同时，少数人拒绝这些贷款而生活拮据，与大众住房工程背道而驰，起到一定阻碍作用。

⑤ See National Housing Act, Pub. L. No. 73 - 479, 48 Stat. 1246 (1934) [codified as amended at 12 U. S. C. § § 1701 - 1750 (2000)].

⑥ David Dante Troutt, "Ghettos Made Easy: The Metamarket/Antimarket Dicho - tomy and the Legal Challenges of the Inner - City Economic Development", 35 *Harv. C. R. - C. L. Rev.* 427, 439 *n.* 46 (2002). （该文指出联邦住房管理局新的贷款模式，首付更低，利率更低，偿还期限更长，而且可以分期偿还，使得许多的住房所有者，购买房屋比租借房屋更加简单。）

候都更加容易获得抵押贷款。[①] 第二次世界大战后，拥有一栋房子几乎成为美国公民普遍的梦想。[②] 一直到 1940 年，20 到 24 岁之间一半的年轻成年人，与他们的父母居住在一起。[③] 战后 15 年，住房所有权上升到 62%。[④] 没有人比威廉·李维特 (William Levitt)[⑤] 更能对这个变化产生更大的影响。因为他创造新科德角房屋（new Cape Cod houses），并且在 20 世纪 40 年代晚期，以 7990 美元的价格出售。这种出售只需极低的首付，或者根本不需要首付，并且利率为 4.5%。[⑥]

这些事件永远地改变了美国消费主义和消费信贷的面貌，最终也通过三个方式彻底改变了住房金融业：首付 20% 的标

---

① See Troutt, "Ghettos Made Easy: The Metamarket/Antimarket Dichotomy and the Legal Challenges of the Inner – City Economic Development". 该文作者指出，从 1936 年到 1941 年，新的住房所有者从无到 332,000，再升至 619,000。

② See *In the Good Old Days: Fact or Fiction on the Nostalgia Trip*, http://www.agls.uidaho.edu/ccc/CCC%20Families/pdf/coontz.pdf, last visited Dec. 5. 2004.

③ "The Feminine Mystique", http://www.columbia.edu/~rr91/3567_lectures/feminine_mystique.htm, last visited Nov. 8, 2004.

④ Ibid.

⑤ Ibid. 威廉·李维特成为房屋建设业的亨利·福特（Henry Ford）。他主要是通过将大规模生产的方式，运用到房屋建设业。在 1940 年代后期，威廉·李维特投身于美国历史上最大的私人房屋建设工程。他在亨普斯特德（Hempstead）、长岛（Long island）买下 4000 英亩土地，大约在纽约东面 25 英里。他开始投身 17,500 套住房的建设，后来被称为李维特镇（Levittown）。为降低成本，他将这项建设工作细分成 26 个步骤。不同的工人队伍执行不同的具体工作：推土、铺路、打地基、种树、连接墙壁与屋顶、装水管设施和电力设施，以及刷油漆。每个房子都是相同的，一层楼高大概 25 英尺到 32 英尺，两室一厅，一厨一卫……

这些科德角房屋成为美国家庭向上流阶层流动，以及拥有住房的梦想的最强大的标志。不需要支付首付，并且有 30 年的抵押贷款，付息时还可以减税。在李维特镇买个房子，比在纽约租房都要便宜，每个月只要交 56 美元的抵押费用，而在纽约租房，平均下来每个月要 93 美元。

⑥ 参见李维特镇历史协会的主席波利·德怀尔（Polly Dwyer）给新墨西哥大学法学院荣誉教授弗雷德里克·哈特的邮件（2003 年 1 月 11 日，美国山区标准时间 01:20:40）（作者有该文档）。See also John Cassidy, "The Next Crash: Is the Housing Market a Bubble That's About to Burst?", *The New Yorker*, Nov. 11, 2002, p. 123.（讨论李维特镇的发展计划。）

准，而不是之前所要求的50%的首付;[①] 将住房贷款延长到25年以上或者30年以上，与之形成对照的是，之前商业银行贷款期限只有3年；最后，分期偿还贷款，而不是最后大额偿还。[②] 由于这些以及其他近期变化，68.5%的美国公民现在拥有他们自己的住房,[③] 这个比例高于世界大多数其他国家。[④] 毫无疑问是新政立法导致这个结果。而且，随着私人抵押贷款保险的出现，现在允许美国公民零首付购买住房。[⑤] 这导致美国公民一般比世界上其他大多数国家的公民，拥有更多的可支配收入。[⑥]

美国低首付贷款导致另一个独特的美国现象，即房屋净值贷款（the home equity loan）。房屋净值贷款债务在短期内大幅

---

① See Marc A. Weiss, *The Rise of the Community Builders: The American Real Estate Industry and Urban Land Planning* 32 (1987).

② See Kenneth T. Jackson, *Crabgrass Frontier: The Sub - urbanization of the United States* 204 (1985).

③ U. S. Census Bureau, *Housing Vacancy Survey First Quarter of 2004*, http://www.census.gov/hhes/www/housing/hvs/q104tab5.html, last visited Nov. 8, 2004; see Coastal Business, Sun - News (Myrtle Beach, S. C.), Apr. 6, 2002, at D1［报道指出，在2002年4月，房屋所有权比例为67.8%，并且指出在大平原（the Great Plains）与五大湖（the Great Lakes）地区，房屋所有权比例分别达到73.9%与72.2%。但是太平洋沿岸地区，房屋所有权比例只有59.6%。这说明国内各地差异非常大］。

④ 新西兰据说拥有最高的住房所有权率，达到71.2%，澳大利亚居第二，达到70.1%，see "Australia Has World's Second Highest Home Ownership Rate", *Asia Pulse*, Feb. 11, 2002；然后是美国67%，see Coastal Business, at D1；下一个是英国66%，see Roger Bootle, "Not a Common European Home Economic Agenda", *The Sunday Telegraph (London)*, Aug. 18, 2002；欧洲大陆的住房所有权比例，当前是58%，但是这个数字代表的是欧洲众多不同国家的一个平均水平。

⑤ See e. g., "'0' Down", http://www.newloan4you.com/0_down/0d1.html, last visited Nov. 29, 2004.

⑥ 在欧洲的许多地区，买房的人想要从贷款机构获得住房贷款，仍然需要交50%的首付。See e. g., Broich, Bayer, von Rom, "Restructuring & Turnarounds", http://www.broich.de/eng/restructuring - and - turnarounds.htm, last visited Nov. 10, 2004.

度增长，从1981年的600亿美元增长到1991年的3570亿美元。[①] 在美国，媒体不断推动着这些贷款的发展，但是在欧洲几乎没有听说过。[②] 实际上，欧洲的土地所有权概念完全不同于美国。英国的土地所有权和承租人权利有封建制度的根源，这是威廉一世（William I）施加的。许多的土地由国家持有，许多的公民在租赁的土地上拥有住房和业务经营。[③] 因此，跟美国相比，欧洲和世界上其他地区的房屋净值贷款少得多，因此总负债也更少。[④]

信贷在美国真的很多。但是，随着20世纪60年代签账卡（the charge card）的引进，信用卡在20世纪70年代与20世纪

---

① U. S. General Accounting Office, *Tax Policy*: *Many Factors Contributed to the Growth in Home Equity Financing in the* 1980*s* 12 – 14（1993）. 1981年到1991年之间，住房净值贷款以每年20%的速度增长，其他的消费者债务，每年的增长率只有4%。Ibid. p. 1. 如果想进一步了解住房净值贷款所处的困境，see generally Julia Patterson Forrester, "Mortgaging the American Dream: A Critical Evaluation of the Federal Government's Promotion of Home Equity Financing", 69 *Tul. L. Rev.* 373（1994）（该文介绍联邦政府促进房屋净值贷款融资事业）。

② 最近一个电台广告问到，"你知道现在美国不可利用的不动产净值，已经超过300亿美元了吗?"然后劝告听众，不要再浪费自己的钱。让听众拨打800免费电话以获得他们应该获得的现金，而不是又投入房屋当中。

③ Lord Madoc Arundel & Christopher T. C. Miller, *The Governance of Real Property in England from Henry I to the Second Reiteration of Magna Carta*, http: // www. pbm. com/ ~ lindahl/articles/land_ law. html , last visited Nov. 9, 2004.

④ See Nicola Clark, "Frugal Europeans Hold up Recovery: Struggle Is on to Persuade Consumers to Spend Despite Economic Uncertainty", *Int'l Herald Tribune*, July 22, 2004, p. 1.（尽管不是不可能，严格的银行业法使得从住房贷款的抵押中获得额外价值越来越难。在这种背景下，我们可以开始理解，美国破产制度中的债务豁免如何实践。尤其不清楚的是，引入美国破产法部分制度的国家，实际上需要这个制度，或者将需要这个制度。他们也会因为消费主义成为全球化趋势，而接受消费主义么？这已经有点模板化了。一些欧洲人通常用小柜子来装一些贵重衣物，但是美国公司则会选择一个大柜子来装价格适中的物品。这也是对两种不同消费文化的反映。当然，并不是所有的欧洲人都遵循一样的消费模式。意大利人非常喜欢漂亮的东西，而北欧人可能觉得，非常没有必要购买贵重的时尚产品。）

80 年代也被引进了。[①] 自那以后便没有回头路可走。

（二）美国现在的消费文化：花钱买幸福

美国公民在个人生活上，也被认为与在商业上一样挥霍，尤其是与世界上其他地区的公民相比较而言。[②]本文最后一部分会试图解释这些习惯是怎样形成的。这个部分将探讨美国社会现在怎样看待债务，以及当前哪些法律、文化和经济因素导致该国“强迫地”消费主义行为。[③] 同样也会探讨，美国大多数个人破产债务人的经济和其他生活条件，并讨论对于美国企业债务人，是否存在不同于个人消费债务人的破产或者债务文化。

1. 怎样消费以及为什么消费：让我们盘点一下

消费者消费被认为是美国经济健康最重要的指示之一。[④] 尽管信贷行业宣称，消费者滥用信贷，但是信贷行业的广告还是鼓励人们尽可能多地利用他们可以获得的信贷。他们让消费者不要错过任何可能要用到信用卡的情形，甚至根本没有任何具

---

① See Ronald J. Mann, “Credit Cards and Debit Cards in the United States and Japan”, 55 *Vand. L. Rev.* 1055, 1064 (2002). 正如该文作者所解释的，美国运通（American Express），大来卡（Diners Club）以及全权委托（Carte Blanche）首次提供信用卡，正如他们的名字所暗示的，每个月都要还清所欠债务。See ibid. 随着信用卡的发展，利润得到大幅提升，出借人的利率非常高。See ibid. 在美国，直到二十世纪七八十年代才开始繁荣。See ibid. 而世界其他地区还没有出现这样繁荣的现象。See ibid. pp. 1056 – 1057. 该文作者试图通过对比美国与世界其他地区的银行制度与贷款制度，来解释这个现象，尤其是与日本对比。

② See Jacob S. Ziegel, “The Fragile Middle Class: Americans in Debt, Discussed from a Canadian Perspective”, 79 *Tex. L. Rev.* 1241, 1244 (2001).

③ See ibid.

④ 消费者消费是一个主要的指标。通过这个指标，政府和经济学家可以估计我们的经济能力。消费者消费大概占我们国内生产总值的 2/3，这是对经济健康的一个最宽泛的衡量。See Gongloff, “When Will We Spend Again?”. 消费者消费被认为是衡量消费者信心的方式。当一个家庭决定他们能承担什么的时候，他们一般会考虑到当前的收入，以及将可能获得的收入。如果消费者对未来的经济非常乐观，他们就可能倾向于花费可有可无的收入。如果他们对未来的经济没有信心，那么他们可能就会把钱存起来。Thomas Mayer et al., *Money, Banking and the Economy* 273 (1999).

体目的，也可以多多使用。[1] 一些广告商利用怀旧情绪，来诱惑人们借尽可能多的钱。比如，在一个邮寄的房屋净值贷款的广告中，美国泛美抵押贷款公司（United Pan Am Mortgage）写道：

回忆以前爸爸工作妈妈持家的日子，家里有充足的钱买房子、车子、度假……甚至念大学？肯定不是那样了。现在，单亲或者父母都工作也难以做到量入为出，更不用说拥有一些生活奢侈品。我们觉得你应该得到更多，而且我们可以帮助你……一个友好的电话，就可以让你的口袋一次性得到很多钱。就是这样——拥有多余的现金，来完成你推迟了的家庭修缮计划，度你所梦想的假，给自己的儿子或者女儿交学费，让自己获得内心的安宁。[2]

这个广告想要告诉收到它的人，打个电话获得住房净值贷款，以解决生活中的所有问题。他们想要通过这种方式，说服收到广告的人，不用理会主流观念，快乐和心灵的安宁是可以购买到的。[3]

美国流行的关于消费和享乐的文化，传播到了其他地方。在幽默小说《购物狂结婚记》（*Shopaholic Ties the Knot*）中，贝基·布卢姆伍德（Becky Bloomwood）与他的情人在古董店

---

① 一个广告劝美国公民，通过挖掘美国现在可以利用的300，000亿美元不动产净值，来获得自己应该获得的金钱，而不提需要偿还。在一个贷款公司的广告中，一个妇女发现，只要她贷款，她就有钱出去吃晚餐。在另一个广告中，T先生讲述一个负债累累且懒散的债务人，只要他贷款，就可以解决他所有的经济问题。在一个万事达信用卡（Master Card）的广告中，一个只住着小隔间的人欣喜若狂，因为他的仁慈的信用卡公司，奖励他去夏威夷旅游。每个网络的商业广告都提供6至12个月的免费贷款，只要你使用该信用卡花费达到一定数额。去年秋天，甚至政府也鼓励美国公民走出门去消费，而不顾破产率之高以及存款率之低，其目的是为了给疲软的经济带来一些活力。

② 美国泛美抵押贷款公司写给弗雷德里克·哈特教授的信。（2002年9月30日）（作者有文档）

③ See ibid.

发现一个老式鸡尾酒酒柜，她形容了他们拥有这个酒柜之后，生活将发生改变：

可以想象，如果我们家中添置其中的一个，那么我们的生活就会改变。我和卢克（Luke）每天晚上将配好马提尼酒，在古老的歌声中跳舞，还要观看日落。多么有气氛！我们需要购买这样一台有大角的老式电唱机，开始收集七八十年代的音乐，而且我还要穿上华丽的古典茶花连衣裙。①

不停消费以及其他的文化因素，导致美国公民比世界上其他地区的公民，拥有更多的各种类型的债务。② 消费信贷、第二抵押权（second mortgages）、取消抵押品赎回权（foreclosures）③ 以及个人破产都处于历史最高点。④ 平均每个家庭信用卡负债⑤ 8000 美元，而且美国公民的抵押，不止一个的人

① Sophie Kinsella, *Shopaholic Ties the Knot* 8 (2002).

② 我不同意罗纳德·曼（Ronald Mann）教授的结论，他认为，日本和美国消费者都没有被鼓励扩大消费范围。See Mann, "Credit Cards and Debit Cards in the United States and Japan", p. 1084 n. 107 [quoting Robert D. Manning, *Credit Card Nation: The Consequences of America's Addiction to Credit* 3 (2002)]. 曼宁（Manning）建议，人们不要依赖信用卡生活超出其收入。See ibid. 不幸的是，我相信没有人会理睬曼宁的主张，因为就信用卡使用而言，美国媒体已经赢得胜利。

③ Thomas A. Fogarty, "Home Foreclosures at 30 - Year High, USA Today", Sept. 11, 2002, at A1, http://www.usatoday.com/money/perfi/housing/2002-09-09-foreclosure_x.htm, last visited Dec. 4, 2004. 福格蒂（Fogarty）报道，在 2002 年 4 月到 6 月期间，1.23% 的抵押或者说 640,000 个抵押者，都取消抵押品赎回权。See ibid. 这是 30 年来的最高纪录，比上一年增长 1%。

④ See Am. Bankr. Inst., "Quarterly U.S. Bank Statistics", http://abiworld.org/statistics, last visited Oct. 4, 2004. 但是，至少有一个学者很好奇，为什么更多的美国家庭没有申请破产。因为在 1998 年，只有 1% 的家庭申请，但是 15% 的家庭可以从申请中获得好处。See Michelle J. White, "Why Don't More Households File for Bankruptcy?", 14 *J. L. Econ. & Org.* 205 (1998).

⑤ Card FAQs - Frequently Asked Questions, http://www.cardweb.com/cardlearn/faqs/2003/jan/8.xcml, last visited Dec. 4, 2004.

数达到历史新高。[①] 在1979年到1997年之间，个人破产增长超过400%。[②] 20世纪90年代中期的高潮尤其让人震惊，因为这是一个全面的经济复苏时期。[③] 历史解释了这种状况明显有别于世界上其他地区的部分原因。经济和就业市场更加不稳定，但是信贷业还继续贪婪地渴求更多贷款，统计出来的数据也就不会令人奇怪了。[④]

2. 美国的自然人破产与耻辱观

当一些人坚持认为，将破产视为耻辱的观念已经不存在的时候，[⑤] 实证研究显示，事实并不那么简单。[⑥] 在他们的实证

---

① See generally Riva D. Atlas, "Home Equity Borrowing Rises to Worrisome Levels", *N. Y. Times*, Mar. 26, 2003, at C1（该文说明房屋净值贷款水平，已经达到很高水平，让消费者团体担心，许多人可能无法承担并最终无家可归）。一些出借人，包括富国银行（Wells Fargo Bank）提供的贷款，已经相当于住房价值的100%，而不管人们可能根本没有足够的收入清偿这些贷款的事实。

② See Theresa Sullivan et al., *The Fragile Middle Class* 3 (2000). 自从第二次世界大战以来，自然人破产稳步增长很多年。"这些增长在二十世纪八九十年代期间加速，季度纪录、年度纪录都经常被打破。"

③ Ibid. 正如作者所声明的，这些繁荣下的经济崩溃神秘而令人烦恼。

④ See ibid. p. 17. 劳工统计局（Department of Labor Statistics）指出，在1995年到1997年之间，800万美国工人被解雇。1998年，重新被雇用的工人中，50%薪水没变，25%收入减少20%，另外25%仍然处于失业状态。

⑤ 一些破产专家与政策制定者相信，会有越来越多的人愿意申请宣告破产，而破产所带来的社会耻辱会减少。这些都是近来破产申请大量上升的原因。See Michelle Clark Neely, "Personal Bankruptcy: The New American Pastime?", *The Regional Economist* (Oct. 1998), http://www.stlouisfed.org/publications/re/1998/d/re1998d4.html, last visited Dec. 4, 2004. 这并不是破产已不会带来社会耻辱的强有力的证明。See Sherry Qualters, "Once a Stigma, Ch. 11 Seen as Management Tool", *Boston Bus. J.*, July 12, 2002, p. 1; Gregory E. Maggs, "Bankruptcy as a Business Tool", 71 *Tex. L. Rev.* 681, 684 - 87 (1993) [quoting Kevin J. Delaney, *Strategic Bankruptcy: How Corporations and Creditors Use Chapter* 11 *to Their Advantage* (1992)]（描述如何有策略地使用第11章的发展，该书的书名已说明它的内容）; American Financial Services Association, "Explaining the Escalation in Personal Bankruptcies", *Spotlight on Financial Services*, http://www.spotlightonfinance.org/issues/march/stories/story7.htm, last visited Dec. 15, 2004; see also Skeel, Jr., *Debt's Dominion* 26 (2001), p. 1（讨论破产可能带来的社会耻辱的一般问题）。

⑥ See Sullivan et al., *The Fragile Middle Class* 3 (2000), p. 263.

研究《脆弱的中产阶级》(*The Fragile Middle Class*)中，学者沙利文（Sullivan）、沃伦（Warren）和韦斯特布鲁克（Westbrook）得出结论认为，破产是对经济问题的治疗，但是其本身并不是问题。[①] 他们的结论是，在美国，失业或者不充分就业、疾病、离婚是导致破产的主要原因。但是，大量的消费债务，尤其是信用卡债务，导致当经济灾难降临的时候，美国公民的承受能力较低，从而易于破产。[②]

自从信用卡被引入美国，其每年的使用量就稳步增长。[③] 从1980年到1995年的15年间，未偿付的循环贷款猛增7倍。[④] 信用卡债务在4年之内翻了一番，从1993年的2110亿美元，上升到1997年的4220亿美元。银行卡的数量以及余额在这个时期内都大幅增长，自1998年起，还发放35亿信用卡邀请（solicitations），这意味着持续增长。[⑤] 一个历史事件解释了信用卡债务的增长，即对消费信贷利率（consumer interest rates）管制的放松，这使得信用卡贷款，比其他任何形式的贷款更加盈利。[⑥] 一个公司拥有的持卡人越多就越盈利，即使贷

---

① See Sullivan et al., *The Fragile Middle Class* 3 (2000).

② See ibid. p. 22. 在该文作者的实证研究中，只有10%的消费者认为消费者卡或信用卡导致他们破产，在大多数情形下，债务人是可以承受失业、疾病或者家庭分裂的，只要他们没有欠下巨额消费债务。

③ See ibid. p. 123.

④ See ibid. 20世纪90年代，经济学家预测美国公民可能承受不了更多的信用卡债务。但是，自从1993年以来，信用卡的增长速度远远高于其他任何类型的消费者贷款。

⑤ 研究中破产的债务人，比一般的美国公民承担更多的信用卡债务，但是多数人现在承担的债务都已经超过他们的清偿能力。这是因为实际上人们通过信用卡可以获得的贷款是没有限制的。See Sullivan et al., *The Fragile Middle Class* 3 (2000). 如果信用卡行业谨慎发卡，他们不会发展到现在这样的规模。See ibid. p. 135. 其增长是因为他们免费发卡，而且不断地邀请新的客户。1994年每增加一个新信用卡客户，邀请成本都要100美元。

⑥ See ibid. p. 135.

款标准也相应降低。[①]

次级贷款（Sub - prime lending），即专门为生活在社会边缘的人提供的贷款，这是贷款中最有利可图的一个部分。[②] 但是传统银行业盈利能力下降，使贷方很有必要通过其他方式使得收支相抵。一个很流行的长期战略就是通过发放免费 T 恤衫，并且对收入不作要求的方式，让大学生早点迷上信用卡。[③]大约 83% 的大学生拥有至少一张信用卡，自 1998 年以来增长 24%；并且，拥有信用卡的大学生中，有 21% 的人拥有 3000 美元到 7000 美元之间的高信用额度。[④]

这些消费信贷的存在，并不意味着人们在其不能按期偿还贷款的时候不会感到内疚。研究显示，大多数人在他们不能偿还债务的时候，会感觉很糟，[⑤] 对于消费债务有深刻的社会矛盾情绪。[⑥] 经济学家认为，消费增长是经济增长所必需的。[⑦] 在美国主流新闻媒体看来，比如《华尔街日报》（*Wall Street*

---

① See Sullivan et al. , *The Fragile Middle Class* 3（2000），p. 123. 利率创造盈利，利息支付占信用卡公司全部盈利的比例超过 80%。拖欠债务的持卡人，成了公司最有价值的顾客。因为他们每月使用信用卡贷款达到限额，但是偿还最少。

② See ibid. pp. 135 - 136.

③ See ibid. p. 137.

④ Nellie Mae，"Undergraduate Students and Credit Cards：An Analysis of Usage Rates and Trends 1 "，http：//www. nelliemae. com/library/ccstudy _ 2001. pdf (Apr. 2002)，last visited Dec. 4，2004.

⑤ See Sullivan et al. , *The Fragile Middle Class* 3（2000），pp. 139 - 140.

⑥ See ibid. p. 23.

⑦ See President George W. Bush，Speech to Congress，(Sept. 20，2001)，http：//www. whitehouse. gov/news/releases/2001/09/20010920 - 8. html，last visited Nov. 22，2004. 此外，因"9 · 11"事件而受到震惊，布什总统告诉我们，每个人都可以通过消费来对抗恐怖主义。Ibid. 联邦储备委员会（The Federal Reserve）在接下来的几个月也通过降低利率，鼓励消费者消费。See "U. S Economy Shrinks"，*Money. CNN. Com*，http：//money. cnn. com/2001/10/31/economy/economy/(Oct. 31，2001)，last visited Nov. 22，2004. 在 2003 年 1 月 7 日，布什总统再次发表演讲，鼓励美国公民成为好的消费者，而不要理会经济处于停滞状态。See President George W. Bush，Speech to the Economic Club of Chicago (Jan. 7，2003)，http：//www. whitehouse. gov/news/releases/2003/01/20030107 - 5. html，last visited Nov. 22，2004.

Journal)，消费者消费将一直与幸福和健康处于同等地位。[①] 比如，在一篇名为《消费者态度好转》的文章中，作者主张，“消费者的精气神（consumers' spirits）在 12 月初有所好转，这对于零售商来说，是节日季销售旺盛的一个令人鼓舞的预示”。[②] 接着，该文提出“消费者情绪”（consumer sentiment）和“消费态度”（consumer attitudes）好转，导致经济学家得出结论认为，下降的经济可能会上升。[③]

然而，美国经济制度的实质决定一些经济破产的出现是必然的。资本主义的运作方式，以及薄弱的社会安全保障系统，导致一些家庭会面临破产：

> 没有普遍的健康保险，来保护每个家庭防止其受到疾病带来的经济打击，也没有更高水平的失业补助，来缓和失业带来的影响。不论是在好的时候，还是在糟糕的时候，每天都会有一些家庭跌破经济底线。而且在一个消费信贷无限多的市场中，一些人债务的积累，可能导致债务本身获得生命——复利、违约率以及罚款不断膨胀，直到将每一分收入花光还不

---

① See e. g. , Greg Ip, “Consumers' Attitudes Brighten”, *Wall St. J.* , Dec. 16, 2002, at A2.（该文讨论经济复苏的可能。）

② Ibid. 这个顶级的金融媒体，经常花整整两页来公布破产消息，宣传消费者情绪。比如，在 2002 年 12 月 16 日星期一，该报纸不仅报道消费者消费，是否将使销售者在圣诞节购物季大赚一笔的问题，而且报道澳大利亚破产与美国破产的对比。还有一篇文章，涉及美国联合航空公司（United Airlines）请求从协会的公积金计划中，借款 24 亿美元，用来支持其依据第 11 章进行的诉讼。See ibid. ; Sarah McBride, “Australia's Tough – Minded Bankruptcies May Serve as Role Model”, *Wall St. J.* , Dec. 16, 2002, at A2; Susan Carey, “United Lobbies for More Savings from Its Unions”, *Wall St. J.* , Dec. 16, 2002, at A2.

③ See Ip, “Consumers' Attitudes Brighten”, at A2. 这种类型的新故事，将好情绪和好精神，与消费者大量消费相等同。即使节后出现的自然人经济失败，比全年任何其他时候都多。不用为我们拥有这么多债务而感到奇怪，因为我们被告知，消费对于经济健康至关重要。

够，仍然需要更多。正如穷人会一直伴随我们一样，破产的中产阶级也会不断出现。[①]

一个更加具有保护性的消费破产制度，看起来似乎直接与社会保障网络的规模，以及消费信贷的可使用性相关。[②] 一般认为，美国为破产中的家庭提供了更多庇护，但是同时也提供广泛而开放的消费信贷经济，对贷款或者利率比没有限制。而且，对于其他一些问题导致的经济打击，提供的保护很少，比如失业、疾病、意外事故以及家庭破碎。[③] 即使至少这些措施

① See Sullivan et al.，*The Fragile Middle Class* 3（2000），p. 3. 沙利文、沃伦和韦斯特布鲁克在该研究中发现一个关于破产债务人的令人惊讶的事实。例如，破产率在不同的种族之间非常相似，see ibid. pp. 41 – 47；破产债务人来自不同的职业（a cross – section of occupations），see ibid. p. 59；债务人更多是来自中间阶层，而不是底层，see ibid. p. 55；而且破产债务人比一般人，更有可能接受过大学高等教育，see ibid. pp. 51 – 55。这个最后的统计数据，可以多几个不同的方面解读。这个研究表明，破产债务人比一般的人受过高等教育的可能性更高，而不是从高校毕业的可能性低于一般人。因此，进入大学的人很多，但是毕业的很少。可能该研究实际上要表明的是，破产债务人更加愿意尝试新的事物，但是坚持的可能性比较小？作者对于这些问题并没有结论。See ibid. p. 55. 但是他们的确让我得出这些结论。

② See ibid. p. 259.

③ See Sullivan et al.，*The Fragile Middle Class* 3（2000）. 无论自然人的高破产率是否被当作一个社会问题，对于消费者破产是自由市场对不良债务的最后解决方式，这是非常清楚的。这迫使个体债权人自愿作出决定，利用优良贷款的利润，补偿不良贷款带来的损失。通过这种方式，他们在存在违约的情形下，仍然获得最高利润。破产是在市场处理私有化风险的选择，而不是处理社会化的风险。See ibid. pp. 260 – 261. 此外，国会里债权人支持的主张限制消费者破产的活动非常成功，很受欢迎。但是并没有主张限制信贷使用的活动，那样的立法会被认为是反资本主义的，也会被认为是有家长式作风的。许多人可能会觉得，对于信贷的使用，应当允许个人作出他们自己的选择，而且他们要对自己的决定以及由此产生的后果负责。

被适用，但是其没有让破产变得令人愉快，讨人喜欢。① 在美国，虽然申请个人破产的人数比以前增多了，但是“破产还是会尖锐地刺痛公开宣告自己破产的人”②。而且，虽然一些美国公民可能想逆潮流，减少消费；但是巨大的社会压力，还是迫使绝大部分的美国人不断消费。③

3. 美国的商业破产和耻辱观

然而，当提到耻辱的时候，美国的商业破产是一个完全

---

① 美国消费者联盟（the Consumer Federation of America）提供的数据显示，尽管信用卡使用的邀请一直持续不断，但是新信用卡的被接受度还是局限在一定程度。See Consumer Fed'n of Am.，“Credit Card Issuers Expand Marketing and Available Credit While Consumers Increasingly Say No”，http：//www. consumerfed. org/081402bankruptcy_ credit_ card_ report_ 02_ 2. html（Aug. 15，2002），last visited Nov. 22，2004. 到2002年3月31日为止的12个月间，信用卡发行机构发出50亿个邀请，相当于每个家庭收到50封邀请信。现在他们提供超过3万亿美元的没有被使用的贷款，或者说每户家庭30，000万美元。Ibid. 但是消费者越来越反感这些邀请，并且拒绝扩大他们的信贷额度。Ibid. 在2002年的最初3个月，循环消费贷款下降290亿美元，导致贷款率下降到22.1%。Ibid. 英国也有减少贷款的迹象。信用卡研究小组（CCRG）报道，2002年9月，在英国消费的信用卡贷款已经达到168亿，比去年同期增长6.9%。虽然这个增长率算高，但是比起去年同期的10%的增长率来说，还是降低了。See “Credit Card Spending Eases”，*BBC*，http：// news. bbc. co. uk/1/hi/business/2409655. stm（Nov. 6，2002），last visited Nov. 22，2004.

我认为，如果在美国进行支付能力调查，这可能会给信贷业带来不好的影响，并且至少可能导致受到过良好教育的中产阶级消费者，更少地使用信用卡，这样就减少行业的利润空间。如果这样的情形真的发生，信贷业只能通过给受教育较少的穷困的消费者，发放更多的信用卡，扩大贫富差距。毫无疑问，信贷业已经承认，新的法案可能并不利于商业。在一篇文章中，一个银行业的代表这样说：“这个法案中的单方规则，对于消费者来说是一个坏消息，这也是对我们行业的坏消息。顾客是我们的顾客。这个法案通过设立债务监狱，会严重影响世界经济中最重要的参与者——美国消费者。”See Arkadi Kuhlmann，“Bankruptcy Bill Hurts Odds of Second Chance”，*Am. Banker*，Mar. 5，2004，p. 11.

② See Sullivan et al.，*The Fragile Middle Class* 3（2000），p. 260.

③ For help scaling back，see “Bankrate's Guide to Managing Credit”，http：//www. Bank rate. com/brm/news/credit - management/debt - home. asp，last visited Oct. 28，2004.

不同的话题。[①] 在美国，商业破产相对于自然人破产来说，似乎并不会带来那么大的耻辱。这可能是由于在美国的观念中，对于一个健康运行的资本主义经济来说，一定的风险是很好的，也是必要的。美国认为，商业破产是消极的，但并不是道德上的错误。美国人很少因为商业失败而将公司管理人员关进监狱。实际上，在一些行业，比如高技术领域或者网络行业，经历过破产，实际上可以被视为是一种荣誉的标记，证明创业者愿意承担可以促进资本主义发展所必需的各种风险。[②]

在其他行业中，美国倾向于承认，社会中的一次性事件可能导致商业破产。市场状况可能会发生难以预料的变化，如果公司在这种情形下处于危险之中，最好通过第 11 章的程序缓和。无论如何，美国人不喜欢商业破产，但是他们觉得这比起自然人破产来说，相对易于让人接受。[③] 这个区别似乎在全世界大多数地区都存在。然而，不像世界上其他地方，美国同样承认，自然人经济破产可能由企业破产引起，因此建立既救助

---

① See White & Chase LLP，"Bankruptcy and a Fresh Start：Stigma on Failure and Legal Consequences of Bankruptcy 10 "（European Comm.，U. S. Report，2002），http：//europa. eu. int/comm/enterprise/entrepreneurship/support_ measures/failure_ bankruptcy/stigma_ study/report_ usa. pdf，last visited Oct. 28，2004.（声明即使依据第 11 章提出申请带来的社会耻辱会减少很多，"作出开启一个第 11 章案件的决定还是不简单"。）

② See Theresa Forsman，"Failure as a Badge of Honor"，*Bus. Week Online*，http：//www. businessweek. com/magazine/content/01_ 35/b3746632. htm ，last visited Nov. 22，2004.

③ 这可能是由于美国独特的有限责任概念。因为我们倾向于将企业视为独立于他们的所有者与管理者的主体。See Joseph A. McCahery，"Comparative Perspectives on the Evolution of the Unincorporated Firm：An Introduction"，26 *J. Corp. L.* 803，807 (2001).（比如，讨论一些欧洲学者怎样相信，将有限责任适用于小公司会导致道德风险。与之相应，将有限责任适用于这些公司的成本，会大于这样做给社会带来的好处。）

面临破产的企业又救助面临破产的自然人的制度。①

（三）美国制度的简要介绍：对自然人和企业的债务豁免

上文讨论的历史、政治和文化诞生破产制度。破产制度同样非常独特。首先，他们给每个破产债务人一次选择机会，是选择尽力偿还债权人债务，还是选择放弃清偿并脱离债务。②这种选择在世界其他地方一般是没有的。③ 此外，正如上面所讨论的，重整中的企业可以依据第 11 章的重整程序继续营业，

---

① 两党政治在破产法的发展中，仍然起着非常重要的作用。虽然在某些方面，这些政治活动与常理不符。信贷业，尤其是消费者信贷业，最近这些年极力推动更加严格的消费者破产法，要求从旧债中获得更大的回报。See Elizabeth Warren，"The Changing Politics of American Bankruptcy Reform"，37 *Osgoode Hall L. J.* 189，192 –93（1999）. 这些观点虽然不完全属于哪个党派，但是一般认为是共和党派或者保守派的观点。See ibid. p. 194. 在这些观点背后，是坚决支持自然人不负责过度消费的信念。Ibid. p. 195；see Ame Wellman，"Relief for the Poorest of All：How the Proposed Bankruptcy Reform Would Impact Women and Children"，6 *J. L. & Pol'y* 273，274 –75（2002）. 但是共和党人或者大型企业集团，或者那些热衷于推动经济发展的人，一直号召美国公民为所应为，为经济的发展，进一步扩大消费。这似乎与破产的严厉制裁非常不相符。那些号召人们消费的政府官员，作为一个利益团体，非常清楚大多数人现在的负债已经超过他们可以承受的极限，而且美国现在的存款率为负。See Lester C. Thurow & Basler Zeitung，"Surprising 1998 American Economic Strength"，http：//www. com/articles/html/surprising. htm（Dec. 1998），last visited Nov. 22，2004（报道美国存款率为负）。现在已经不可能在不欠债的情形下消费，但是，我们仍然被鼓励消费。此外，当人们为了应对破产的严厉制裁而降低消费的时候，受到严厉谴责的破产制裁，极有可能给消费者贷款利息带来打击而非帮助。

这个政治硬币的另一方面，也有很多讽刺。非常自由的人，即使并不一定都是民主党人，都喜欢债务人导向的破产法，正如现在的破产法一样。See Warren，"The Changing Politics of American Bankruptcy Reform"，p. 194（提到自由派人士习惯于在更大进步的社会立法背景中考虑破产法）。但是，其中的一些人相信，部分美国公民的过度消费，对社会非常有害。最终可能给世界及其资源带来毁灭。See ibid. p. 195. 如果这是真的，那的确是个大问题。但是，不消费的想法，对于美国公民来说还是不可理解的。很明显，美国公民生活在消费文化之中，其消费方式不同于世界上任何其他地区。Kurt Richebächer，"Consumption：Recovery Leader or Potential Profit – Killer?"，*Gold Dig.*（Nov. 3，2003），http：//www. gold – eagle. com/gold_ digest_ 03/richebacher110303. html，last visited Nov. 22，2004.

② Skeel，Jr.，*Debt's Dominion* 26（2001），pp，1 –2.

③ See ibid.

这不用受到法院指定的管理人的监督。[①]

1. 美国的自然人破产：概述

美国的自然人破产一般有两种方式。一种方式可以放弃所有的非豁免财产（non - exempt assets），[②] 以解除大部分的非

---

① Skeel, Jr., *Debt's Dominion* 26 (2001), pp, 1 - 2.

② 依据《破产法》第7章，将设立破产财团，来回收并出售债务人的财产，以偿还其债务。但是，债务人可以主张特定财产的豁免。这些豁免财产，不用为了债权人的利益而出售。“这个豁免制度的历史目的，是为了保护债务人免受债权人的侵害，为其提供生活必需品。因此，即使债权人将债务人所有的非豁免财产扣押，债务人也不会一无所有依靠政府救济。” H. R. Rep. No. 95 - 595, p. 126 (1977), reprinted in 1978 U. S. C. C. A. N. 5963, 6087. 在美国，债务人申请破产，可以在联邦豁免与州豁免之间选择。See 11 U. S. C. § 522 (b)(2000)，前提是债务人申请的州，没有从联邦破产豁免体系中“选择性退出”。联邦豁免制度中包括的内容如下所示：（一）宅地豁免（homestead）的限额为17，425美元的不动产或动产净值，ibid. § 522 (d) (1)；（二）一个机动车辆，价值不超过2，775美元，ibid. § 522 (d) (2)；（三）价值不超过9，300美元的家具，ibid. § 522 (d) (3)；（四）不超过1，150美元的珠宝，ibid. § 522 (d) (4)；（五）不超过925美元的其他任何形式的财产，这经常通过核对账目得知，并且如果债务人没有用足家庭生活豁免限额，那么他可以额外持有不超过8，725美元的财产，ibid. § 522 (d) (5)；（六）不超过1，750美元的商业贸易专业书籍或工具，ibid. § 522 (d) (6)；以及债务人接受特定给付的权利，比如社会保险、退伍军人福利及赡养费，ibid. § 522 (d) (10)。（所有精确数字，都由美国国会定期更新，以反映当前的经济状况；这里是2003年的数据。）州的豁免制度非常发达，不是因为破产，而是因为法律的汇集。因为每个州都有其自己的豁免法，不同的州之间，会有相当多的差异。特拉华州的该项制度，选择性退出联邦的规定。因此，如果在美国特拉华州提出申请，只能选择特拉华州并不怎么大方的豁免制度。比如，债务人只能豁免书籍、衣物、教会的座位、缝纫机、交易工具（在一些镇仅限于特定的数量）以及钢琴，see 10 Del. Code Ann. tit. x, § 4902 (1974 & Supp. 2002)。特拉华州甚至没有任何形式的宅地豁免，See ibid. 德克萨斯州不仅对宅地豁免没有限制，see Tex. Prop. Code Ann. § 41. 001 (1984 & Supp. 2004)，而且还提供限额为每人30，000美元的个人财产豁免，这就包括居家摆设、工具、设备、衣物、珠宝、枪支以及汽车，see ibid. § 42. 002。但是德克萨斯州并不像联邦豁免制度那样允许核对账户，see ibid。与德克萨斯州不同，佛罗里达州对于联邦豁免的绝大部分制度都选择性退出，see Fla. Stat. Ann. § 222. 20 (1999 & Supp. 2002)，但是允许所有依据11 U. S. C. § 522 (d) (10) 所规定的联邦豁免，see Fla. Stat. Ann. § 222. 201 (1999 & Supp. 2002)。佛罗里达州同样对于宅地豁免也没有限制，see Fla. Const. art. VII, § 6 (a) (1)。但是，佛罗里达州有一个比较适中的个人财产豁免制度：只豁免限额为1000美元的个人财产，see Fla. Const. art. X, § 4 (a) (2)，缴纳退休金所需要的费用，see Fla. Stat. Ann. § 222. 21 (1999 & Supp. 2002)，还有高校信托基金（college trust funds），see ibid. § 222. 22。

担保债务，[①] 或者可以选择清偿债权人，在3年到5年的时间内，全部清偿或者部分清偿。在第二种情形下，债务人不用放弃其非豁免财产，只要按照支付计划向债权人清偿债务。支付的价值，至少要相当于非豁免财产的价值。[②] 再次，债务人作出决定，而非债权人。[③] 支付型的破产（the payout - style bankruptcy）同样也允许债务人治疗或者延长担保债权。在某些时候，甚至可以减少已经违约的担保债权，因此向担保权人强加清偿期限，即一旦制定清偿计划，他们就不能取回他们的担保财产。[④] 此外，《美国破产法》第7章几乎不涉及干预，因为假定债权人不会反对债务人豁免（discharge），因此债务人有权自动豁免。[⑤]

美国自然人破产制度，毫无疑问是世界上最宽容的制度，而且特别鼓励破产人回到经济生活中再次努力尝试。[⑥] 在许多国家，债务豁免非常慷慨大方，有时甚至对自然人债务人拥有的房屋净值（equity in a home）没有限制。[⑦] 研究表明，一个国家越是宽容，那么这个国家的创业水平就越高，也因此建立商业行为与冒险动机之间的联系。这里说的宽容是指允许个人债务人不受债权人主张的影响持有财产，越宽容，则债务人可

---

① 这被视为是依据《美国破产法》第7章的连续性破产清算。See 11 U. S. C. § § 701 - 784.

② 这被认为是依据《美国破产法》第13章而进行的债务重整计划。See 11 U. S. C. § § 1301 - 1330.

③ See Skeel, Jr. , *Debt's Dominion* 26 (2001), p. 2.

④ See 11 U. S. C. § 1322 (b) (2)（允许担保权人变更权利主张，但是针对不动产而设定的担保除外）。担保权人权利主张变更的选择，在《破产法》第7章并没有规定。See ibid. § § 701 - 784.

⑤ See ibid. § 727.

⑥ See Jacob Ziegel, "Canada's Phased-in Bankruptcy Reform", 70 *Am. Bankr. L. J.* 383, 404 (1996).

⑦ 例如，Tex. Prop. Code Ann. § 42. 002 (2003); Fla. Stat. Ann. § 222. 201 (2003)（在德克萨斯州与佛罗里达州，都允许没有限额的宅地豁免）。

持有的财产越多。

2. 美国商业重整制度及其原理

美国第 11 章重整案件背后的原理，是一个商业企业[①]对于债权人来说，继续存在总比死了好。[②] 换句话说，企业通过持续经营，可能有能力给债权人带来更多好处。甚至可以超越时间限制，将其未来的利润分配给债权人，而不只是清算财产，从清算程序中向债权人进行支付。或者，债务人可以将其企业作为一个持续经营的企业出售。依据第 11 章，出售财产的时间足够多，从而可以保证商业企业可以卖个好价钱。因此，通过第 11 章所称的清算程序，可以用这些收入来偿还债权人。[③] 不论什么情况，企业都会经营一段时间。但是第 11 章中为了避免可能发生的浪费，商誉良好的企业一旦开始出现经济破产的迹象，就只能清算。[④] 为了股东（比如债权人、普

---

① 第 11 章适用于企业、合伙以及自然人。See 11 U. S. C. § 109（d）. 由于法律费用非常昂贵，自然人一般依据第 13 章提出申请。如果他的债务在限额之内，也就是说，该债务人拥有的非偶然的、已经清算过的、非担保的债务不到 290，525 美元，以及非偶然的、已经清算过的、担保债务不到 871，550 美元。See 11 U. S. C § 109（e）.

② See Davis，“Bankruptcy，Banking，Free Trade，and Canada's Refusal to Modernize Its Business Rescue Laws”，p. 253.

③ See ibid. p. 256. 实际上，依据第 11 章，债务人可以出售其零碎财产，甚至在计划提出之前，就可以出售，而不用理会法典。该章的正式名称为重整。See ibid. 大约 20%—30% 得到批准的计划是清算计划。Ibid. See E. Flynn，*Statistical Analysis of Chapter* 11，p. 12（1989）.

④ 法国商业制度，采纳实质措施，阻止企业陷入过多的经济纠纷。商业法院的法官，有权召唤任何公司的首席执行官，只要该公司出现经济困境的迹象。一旦被召唤，就会举行一个非正式的听证，以讨论法院所掌握的信息。这些信息通过法院办事员（Clerk of the Court）收集。这些办事员一般也是公司监管官。他们整理在辖区内的每个公司的信息，比如留置权、抵押权及优先权。首席执行官可以告诉法官，他们采取什么措施以拯救自己。听证会之后：（1）法官可以接受首席执行官提出的措施；（2）法官可以通过更多渠道收集与公司相关的更多信息；（3）首席执行官可以申请法院派出代表监督自己；（4）法官可以要求首席执行官依据法国法申请保护。See Broude et al.，“The Judge's Role in Insolvency Proceedings：Views from the Bench：Views from the Bar”，pp. 536 – 539.

通股股东或者所有人）和员工的利益，有时候允许企业重新经营自己的事务，效率会更高，浪费也会更少。不论是通过重组其债务，还是获得新的普通股东，或者是同时采取这两种方式都行。[①] 然而，对这个理论并非没有批评之声，[②] 当今压倒性的世界观是，建立“拯救”有问题企业的制度是保持资本

---

① 有时会依据重整计划，将普通股分配给无担保权人。See 11 U. S. C. § 1129 (b) (2) (B).（该文讨论普通股股东为何不能持有该股份，除非无担保权人组已经被完全清偿，或者已经接受该计划。）

② 一些学者担心，第11章并不值得付出那么大的成本，或者担心它会拖累经济发展，尤其是考虑到重整企业成功率相对不高。See Barry E. Adler, “Financial and Political Theories of American Corporate Bankruptcy”, 45 *Stan. L. Rev.* 311, 311 (1993); Douglas G. Baird, “Loss Distribution, Forum Shopping and Bankruptcy: A Reply to Warren”, 54 *U. Chi. L. Rev.* 815, 827–28 (1987)（指出破产为破产企业带来好处，这些好处其他人得不到，并且认为破产申请的激励违反常情，导致一些公司处于不利地位）; Douglas G. Baird, “The Uneasy Case for Chapter 11 Corporate Reorganization”, 15 J. *Legal Stud.* 127, 128 (1986); James W. Bowers, “Wither What Hits the Fan? Murphy's Law, Bankruptcy Theory and the Elementary Economics of Loss Distribution”, 26 *Ga. L. Rev.* 27 (1991)（认为第11章存在的正当性理由，非常薄弱）; Michael Bradley & Michael Rosenzweig, “The Untenable Case for Chapter 11”, 101 *Yale L. J.* 1043, 1049–50 (1992)（认为普通股股东很少能够从第11章的程序中获得什么回报，第11章应当被废除）; Thomas H. Jackson & Robert E. Scott, “On the Nature of Bankruptcy: An Essay on Bankruptcy Sharing and the Creditors' Bargain”, 75 *Va. L. Rev.* 155, 160 (1989)（质疑当前破产制度的激励机制）。But see Gross, *Failure and Forgiveness: Rebalancing the Bankruptcy system* 93–97 (1997), p. 5（对第11章成功率的估计是20%，其认为这是个值得让人尊敬的比例，而且是制度成功的证明）。

的确，第11章的费用非常昂贵。到2003年3月为止，安然（Enron）公司的律师的花费，超过331,000,000万美元。而该公司计划的批准，还需要非常长的时间。See Kristen Hays, “Enron Proposes New Pipeline Business, Associated Press”, Mar. 19, 2002, available at 2003 WL 16151125; see Lucian Ayre Bebchuck, “A New Approach to Corporate Reorganization”, 101 *Harv. L. Rev.* 775, 780–81 (1988)（讨论当前第11章程序的巨额花费以及低效率）。同样，在一个受到高度管制的行业中，有着很多基础设施。有批评人士主张，在一个封闭的行业中，公司依据第11章的计划，对于同行业其他公司来说是不公平的，且是有害的。这甚至可能通过将破产公司之前的债务外部化，或者降低市场价格，而削弱其他公司，从而使之得以恢复很大的市场份额。See Sarah McBride, “Australia's Tough–Minded Bankruptcies May Serve as Role Model”, *Wall St. J.*, Dec. 16, 2002, at A2.

主义经济活力的前提。[①]

美国式的重整，与世界上其他大多数国家或地区的重整的巨大差别，就是破产企业当前的管理者一般仍然留在原位，而不需要管理人直接监督。[②] 这个独特制度的历史源于在铁路业进行的首次重整，对象是美国最大的企业之一。[③] 门罗铁路和银行公司（Munroe Railroad and Banking, Co.）违反其对出借人债务的时候，除了出借人取消抵押品赎回权（foreclose），以及法院指定一个接管人接管债务人财产的衡平权（equitable right）之外，还没有建立处理其违约的机制。[④] 因为债务人财产的逐个出售，可能给大家带来巨大的经济损失，法院将这两个法律概念整合并且规定，出借人要比照持续经营的企业，一次性出售财产，而不能单个出售。[⑤]

令人惊奇的，这个在取消抵押品赎回权实践中的小创新，虽然只产生于美国铁路业破产企业之中，却导致看待重整和价值的新方式。出借人继续威胁取消抵押品赎回权，但不总是坚持到底。此外，法院开始在每个案件中指定接管人，接管人将监视并维护债务人的财产，并且可以请求禁令对抗债权人的回收。[⑥] 这个过程被称为管理人制度，在当事人对最佳的债务清偿方案进行谈判的时候，允许企业继续经营。[⑦] 最终，在经历了许多曲折之后，现在的第 11 章于这样一个卑微的开始诞

---

① See Metzger & Bufford, "Exporting United States Bankruptcy Law: The Hungarian Experience", pp. 153 – 154.

② Legal & Business Forms – Chapter 11 Reorganization, http: //www. legal – formskit. com/freelegaladvice/bankruptcy/8. html, last visited Jan. 11, 2005. 学者们经常提到，随着案件的进行，旧的管理者经常会取代新的管理者。通常这是因为旧的管理者想要辞去职务。

③ Skeel, Jr. , *Debt's Dominion* 26 (2001), p. 57.

④ See ibid.

⑤ Ibid.

⑥ Ibid. p. 58.

⑦ Ibid.

生了。

3. 第 11 章企业重整机制[①]

第 11 章只是破产案件中的一种类型，由专门的破产法院主持。破产法院是联邦司法系统中的一个部分。[②] 适用的法律是《联邦破产法典》（the Federal Bankruptcy Code），[③] 即使破产案件中使用的一些原则，从州法中发展而来。[④] 依据第 11 章重整的企业，通常通过预先申请管理（pre - filing management）的方式，经营其自己的业务。[⑤] 一般不指定托管人。只要债务人自愿申请第 11 章案件，[⑥] 自动冻结程序就会生效，这能够有效地停止所有指向债务人或者其任何财产的债务催收。[⑦] 冻结程序范围非常广泛而且力度非常强大，甚至有些人可能觉得，不需要被冻结的东西也要被冻结。[⑧] 例如，担保权

---

① 第 11 章同样也可以被自然人使用。See 11 U. S. C. § 109（d）.

② See 28 U. S. C. § 157（a）（2000）（建立破产法院制度）。

③ 11 U. S. C. § § 101 - 1330.

④ See e. g. , Butner v. United States, 440 U. S. 48, 55（1979）（声明“除非基于联邦的特别利益，需要一个不同的结果，否则就由州法来设立与确定财产利益”）。

⑤ But see 11 U. S. C. § 1104（a）. 即使这并不寻常，利益相关方可能请求任命一个管理人替换债务人。这需要说明理由，比如欺诈或者管理不善。See ibid. 这是为保护债权人以及普通股股东的利益。See ibid; see In re Sharon Steel Corp. , 871 F. 2d 1217（3rd Cir. 1989）（不情愿地支持法院作出的任命管理人的决定。因为债务人占有企业无法让其好转，以及债务人从事非常有争议的财产转移行为，这实际上已经违反其诚信义务。而且债务人没有主张恢复已经转移的财产，且被证明是不诚实的）。

⑥ 在美国，依据《破产法》任何一章提起的案件，绝大部分都是自愿提起的。See generally Nathalie Martin, “Qué Es La Diferencia?: A Comparison of the First Days of a Business Reorganization Case in Mexico and the United States”, 10 *U. S. - Mex. L. J.* 73, 75（2002）.

⑦ See 11 U. S. C. § 362（a）.

⑧ See Martin, “Qué Es La Diferencia?: A Comparison of the First Days of a Business Reorganization Case in Mexico and the United States”, p. 75. （“自动中止的范围非常广泛，非常有利于债务人的利益。其几乎中止所有主张行使债权的行为，包括……职工债权、劳动债权以及其他任何类型的诉讼。”）

人被禁止采取任何行动，取回其在非破产情形下可以取回的担保物。[①] 即使是政府也被阻止依据其主张索债。[②] 实际上所有企业,[③] 甚至个人,[④] 都符合第11章的要求；而且也不要求债务人已经偿付能力不足。[⑤] 第11章可以被用作一个策略性手段，以停止诉讼，停止取消抵押品取回权，或者债务人选择的其他任何目的。[⑥] 实际上，第11章的一个最重要的优点就是

---

① See 11 U. S. C. § 362（a）（3）. 对于担保权人来说，任何利益相关方都必须申请法院的同意，才能解除中止程序以行使取回权。See 11 U. S. C. § 362（d）; see Martin,“Qué Es La Diferencia?: A Comparison of the First Days of a Business Reorganization Case in Mexico and the United States”, p. 81.

② See Martin,“Qué Es La Diferencia?: A Comparison of the First Days of a Business Reorganization Case in Mexico and the United States”, p. 79（引用 11 U. S. C. § 362）（声明即使政府，也要中止所有主张债权的行为，并且只能在特定情形下，才能继续对破产人的诉讼；特定情况一般是指影响到了健康与公共安全，对此的解释非常窄）。See In re Universal Life Church, Inc. , 128 F. 3d 1294, 1297（9th Cir. 1997）[发现 § 362（b）（4）自动中止中，适用于治安与监管的豁免，是指“有着健康、社会福利、道德和安全的法律的执行，并且没有监管规则直接与破产法院对财产的控制相冲突”]。政府的行为，本质上是不是治安的与监管的豁免，这主要通过两个方面来检测，“以金钱为目的”（pecuniary purpose）的检测以及“公共政策”（public policy）检测。Ibid. [citing NLRB v. Continental Hagen Corp. , 932 F. 2d 828, 833（9th Cir. 1991）].“在以金钱为目的的检测中，法院决定政府的行为，主要依据其是否为了保护政府在债务人财产中的金钱利益，或者是为保护公共安全和社会福利。如果政府行为只是为获得政府方面的金钱利益，那么中止仍然会继续。”Ibid.（引注被省去了——原注）

③ See 11 U. S. C. § 109（d）(界定谁可以成为第11章中规定的债务人)。第11章不包括的债务人包括保险公司、银行、储蓄银行、合作银行、储蓄与贷款合作协会（savings and loan associations）、建筑与贷款协会（building and loan associations）以及住宅协会（homestead associations）。Ibid. § 109（b）. 这些排除适用于国内与国外的相关实体。

④ See 11 U. S. C. § 109（d）.

⑤ See Martin,“Qué Es La Diferencia?: A Comparison of the First Days of a Business Reorganization Case in Mexico and the United States”, p. 77.

⑥ See Maggs,“Bankruptcy as Business Tool”, pp. 685 - 686. [该文讨论德士古公司（Texaco）如何通过提起破产诉讼，通过第11章获得保护，以延迟宾州公司（Pennzoil）105. 3 亿美元判决的索赔。最终通过一些手段，只花费 300 万美元了结此案。]

控制债务人（debtor - in - possession，DIP）依靠其破产法官，而迫使其他人不得不接受。破产法官可以及时听取任何可能影响债务人恢复的紧急情况。①

案件中债务人的目的是要通过债务重组，以从第 11 章中摆脱出来。当然，在大多数案件中，也需要减少债务。这个计划通过获得第 11 章重整方案的批准，而得以实现。重整方案要说明清偿债务的方式、程度、期限。② 债权人被允许就债务重组计划进行表决，因此允许他们选择是否同意债务人的计划，是否提出他们自己的计划，或者是否清算债务人的企业。③ 如果债务人可以赢得大部分债权人投票同意该计划，那么持不同意见的债权人，也同样要受到该计划的约束。④ 在少数情形下，即使大部分债权人投票反对该计划，债务人也可以同意该计划。⑤

担保权人一般会获得附带利息的全额清偿，不过不能超过贷款的额度，或者担保物的价值。如果债务没有被全额担保，

---

① 比如，最近全美航空公司（US Airways）试图申请破产法院，干涉一起劳工纠纷，其理由是情况紧急。See Susan Carey，"UAL Says It Must Cut Expenses by More Than ＄1. 1 Billion a Year"，*Wall St. J.*，Sept. 20，2004，at A8.（该文讨论破产法院可能怎样干预以对公司实施紧急救援。）

② See 11 U. S. C. § 1121（c）（2）（声明债务人在 120 天之内，有提出计划专用权）。

③ See ibid § 1129（a）（8）（讨论债权人接受或者拒绝计划的权利）；ibid. § 1126（2000）（讨论怎样通过计划）；see also id. § 1121（c）（声明任何利益相关人都可以提出计划，只要满足一定标准）。

④ See ibid § 1129（b）（2）（介绍针对担保权人组与无担保权人组强制通过重整计划的程序）；see also 11 U. S. C. § 1126（介绍在什么情形下一个表决权组被视为已经接受第 11 章的重整计划）。

⑤ See ibid § 1129（a）（10）（介绍第 11 章的重整计划，怎样才能适用于持反对意见的债权人，当然，至少要有一个债权人组已经同意）。

那么所有的损失索赔都成为无担保索赔。[①] 一些债权人享有特别优先权,[②] 比如税务机关与职工债权人。这些债权人在计划中必须要获得全额清偿。[③] 无担保权人经常要在一段时间之后，才能获得一些分配，而且很少能够获得全额清偿。没有被清偿的部分将被免除，不会再清偿。[④]（法律）并没有规定无担保权人能够获得多少分配，但是债务人需要无担保权人的表决，因此一般也会尽其最大能力提供清偿。

当前净资产的所有权，可以保留在债务人公司手中，但是前提是无担保权人同意，或者无担保权人被全额清偿。[⑤] 在某种意义上，债权人通过他们的投票权[⑥]自己选择，要么同意重整计划，要么清算债务人的企业。然而，实际上，债务人一般保留对案件以及贯穿案件的关于计划的程序的控制权，而且拥有在案件前 4 个月或更长期间内，提出方案的专门性权利。[⑦] 这样一个对债务人友好的程序，使得很多债权人感觉像人质。但是不可能一直这样。[⑧] 由此可以清楚地看到，企业亏损可能被立即清算，因为在这样的情形下重整不大可能成功，而且拖延会损害债权人的利益。[⑨]

---

① See 11 U. S. C. § 506（a）. 在有特定利益的财产上设定担保权的债权人的主张……就是一个担保权，其价值相当于这个债权人在该财产上所享有的利益，或者是相应价值的抵销权。如果该债权人在此财产上的利益价值，或者债权人可以用来行使抵销权的价值，低于该主张时，则无担保权。

② See 11 U. S. C. § 507（a）.

③ See ibid § 1129（a）（9）.

④ See ibid § 1141（d）.

⑤ See ibid § 1129（b）（2）（B）（i）. 但是，如果在重整计划中，无担保权人的利益受到损害，法院仍然可以批准该计划。只要其证明无担保权人即使依据第 7 章的清算计划，也只能获得这么多。See ibid § 1129（a）（7）（A）（ii）.

⑥ But See ibid § 1129（a）（8）（声明如果重整计划没有损害债权人的利益，但是债权人还是反对该计划，那么法院仍然可以批准该计划）。

⑦ See 11 U. S. C. § 1121（b）.

⑧ See ibid § 1129（a）（11）.

⑨ Ibid.

（四）美国体制及其社会角色的总结

美国的破产制度并不是任意出现或者是凭空出现的，而是通过现代和历史对债务和金钱在美国社会中的角色，有意识地选择而形成的。这些观点与条件都非常特别，而且在其他国家中没有出现过，包括最近接受美国模式的国家。这可能会对这些被引入的制度的有效性造成影响，而且应该会引导那些引进新制度的国家，也要学习其他制度。同时，在制定新法的时候，也要考虑到当地的文化。

二、不同文化对待债务的观点：移植环境不成熟

世界上其他地方的人，都没有像美国人这样宽容地对待债务。① 在有些地区，不偿还债务是最可耻的事情。② 在世界上其他一些地区，没有个人破产制度，③ 而且公司重整制度也非常少。④ 尽管如此，许多国家开始朝着美国式的公司破产重整模式发展，有些国家同样也移植宽容的自然人破产制度。⑤ 然而，考虑到美国独特的文化、经济和历史发展因素，这可能是不切实际的。这个部分将介绍少数几个正在移植美国式破产法律的国家或地区对待债务的文化观点。美国的破产制度最初来

---

① 参见第 390 页注释⑤和注释⑥，第 391 页至第 402 页的注释，第 403 页注释①至注释③，以及其相应文本。

② 参见第 421 页注释①至第 422 页注释⑤，以及其相应文本。

③ 参见第 390 页注释⑤和注释⑥，第 391 页至第 395 页的注释，第 396 页注释①和注释②，以及其相应文本。

④ 参见第 396 页注释③至注释⑥，第 397 页至第 405 页的注释，第 406 页注释①和注释②，以及其相应文本。

⑤ 参见第 396 页注释③至注释⑥，第 397 页至第 403 页的注释，以及其相应文本。

源于英国。通过介绍英国的不同制度和观念,[①] 作者想要说明，历史并不是决定国家建立哪种破产制度，和形成哪种观念的唯一因素。通过进一步举例，本文将介绍欧洲大陆部分国家和日本对待债务与破产的观念，这与之前讨论的美国的观念形成鲜明对照。同样，也会简要介绍一下这些国家的法律制度以讨论移植的作用，还有制定这些法律时当地的文化。[②]

（一）除了美国之外的其他国家历史上的破产观：以英国为例

由于商业历史悠久，英国不需要为追上或者建立市场经济制度，而快速冲刺。[③] 然而一开始，美国和英国的破产法律是非常相似的。到 19 世纪时，英国法相对于美国早期破产法来说，对待债务人待遇的态度差别非常大。[④] 英国最早的破产法，制定于 1543 年。[⑤] 这部法律的序言，将破产债

---

① Martin, “Common - Law Bankruptcy Systems: Similarities and Differences”, p. 367. 从世界范围来看，英国与加拿大和澳大利亚一样，有相对宽容的自然人破产制度。Ibid. p. 367 n. 1; see Efrat, “Global Trends in Personal Bankruptcy”, pp. 88 -90. 除美国、英国、加拿大和澳大利亚之外，其他的拥有比较宽容的自然人破产制度的国家或地区包括中国香港、新西兰、中国台湾、俄罗斯、苏格兰及荷兰。Martin, “Common - Law Bankruptcy Systems: Similarities and Differences”, p. 367 n. 1. 实际上，这些国家都有一个与《美国破产法》第 13 章类似的清偿计划，该清偿计划至少针对被豁免之前的一些债务人。

② 参见第 385 页注释④和注释⑤，第 386 页至第 434 页的注释，以及其相应文本。

③ See “England: History, Lonely Planet World Guide”, http://www.lonelyplanet.com/destinations/europe/england/history.htm, last visited Nov. 9, 2004.

④ See Skeel, Jr., *Debt's Dominion* 26 (2001), p. 38. （在 19 世纪 80 年代，英国破产法对债务人非常严格。债务人要接受非常严格的监视，而且想要获得债务免除要等很久。）英国法严格对待破产债务人的做法，在那个时候很难说是独特的。世界上对债务人的处罚，包括没收所有财产、放弃夫妻共同财产、监禁以及死刑。早期有说法称，在罗马，债权人可以瓜分债务人的身体。See Tabb, “The History of the Bankruptcy Laws in the United States”, p. 7.

⑤ See Robert Weisberg, “Commercial Morality, the Merchant Character, and the History of the Voidable Preference”, 39 *Stan. L. Rev.* 3, 20 (1986).

务人形容为一个反社会的不道德的经常利用其他人的人。① 法律本身被设计成只是为了债权人的利益而存在，而且实际上是刑法。② 破产法只是债权人施加于债务人的约束，这是对待一些不守规矩利用信贷的人的社会约束，这种社会约束是非自愿的。③ 接着，不用惊奇，早期的英国破产法中有很多针对不偿还债务而设置的刑罚，其中最有名的是“像一个重罪犯，而没有神职人员的服务”（suffer as a felon, without the benefit of clergy)，这是死刑的委婉说法。④ 当真的有少数人由于不能偿还债务而被处以死刑的时候，对债务人

---

① See Robert Weisberg, “Commercial Morality, the Merchant Character, and the History of the Voidable Preference”.

② See ibid.

③ See Tabb, “The Historical Evolution of the Bankruptcy Discharge”, p. 336.

1542 年议会起草第一部《英国破产法》（34 & 35 Henry 8, chapter 4, entitled “An act against such persons as do make bankrupts”）正如其名字所暗示，该法并不是为了保护债务人的利益；相反，这是为了给债权人提供另一个主张权利的方式。这个新的途径，主要是用来对抗所有具有欺骗行为，以及逃匿行为的债务人（但是不仅仅是不幸的债务人），在法案中，他们一直都被称为“冒犯者”。这部法律与所有其他早期的破产法一样，在本质上是准刑法。在必要的时候，也会对冒犯者处以监禁。一个英国评论人士提到，“这部法律在那时似乎得到非常严格地执行”。Ibid. 在这部法律的作用下（几乎长达三百年），破产对于债务人来说，是绝对不情愿的。破产程序的启动权只掌握在债权人手中。这个限制与该法的宗旨是完全相符合的，即保护债权人从而促进商业的发展。将债务人的财产查获、估价并且变卖之后所得的收益，由债权人按比例平分。这些债权人只需要证明其债权是有根据的。

Ibid. pp. 329 - 330 英国首部自愿破产法于 1844 年通过。但是该法只适用于商人。Ibid. p. 353. 在 1861 年，自愿破产的适用范围也扩大到非商人。See ibid. p. 354.

④ See Tabb, “The Historical Evolution of the Bankruptcy Discharge”, p. 336. But see Robert Weisberg, “Commercial Morality, the Merchant Character, and the History of the Voidable Preference”, p. 6. 韦斯伯格（Weisberg）研究丹尼尔·迪福（Daniel Defoe）1697 年的一本著作。丹尼尔·迪福是破产法及其社会影响的一位口头评论家。在他的文章“Essay on Projects”中，迪福指出英国的法律“一般很好，最重要的是宽容、慈悲并且自由”。但是破产法有点残忍；它放纵了债权人的怨恨与报复，而且债权人维护自身利益的权力也过大。该法根本没有给债务人留下什么路径，证明自己是诚实的；只是设计所有可能的路径，迫使债务人走向绝望，并不鼓励其从事新的职业，因为该法使债务人除了饥饿一无所有。

See ibid. 迪福的观点，很清楚地证明从整体上来看，社会已经意识到该法对一般破产的不良影响。

处以监禁就非常普遍，[①] 这在狄更斯式的社会中[②]是要被否定的。

即使早在17世纪的时候，就已经有许多信贷，但是也没有债务人豁免。[③] 最早的债务人豁免是由1705年的《安妮法》（the Statute of Anne）引进的，但是这个规定只存在3年。[④] 债务人豁免后来成为现在法律中的一个部分，但是只是依据申请批准，而不是自动适用。而且前提是，债务人要证明他是诚实的，并且与债权人配合。[⑤] 直到1705年，债务豁免只是适用于商人。因为在商业之外的背景下，信贷被视为没有必要存在，甚至被认为是欺诈行为。[⑥] 不像早期美国经济环境中那样，每个人都被视为可以促进经济增长的潜在的商人，早期的英国社会

---

① See Tabb, "The History of the Bankruptcy Laws in the United States", p. 7.

② 想了解英国19世纪的时候对于破产的观念，可以读一读狄更斯（Dic - kens）的《小杜丽》（*The Little Dorrit*）。See Charles Dickens, *The Little Dorrit*, Dodd, Mead 1951, 1857.［这是关于一个父亲和其家庭的故事。他们生活在斯温西（Swansea）债务人监狱。］狄更斯的故事并不同于上文中所提到的迪福的观点。本质上，破产人的待遇就像是患上了麻风病，破产人监狱就像是一个麻风病人隔离区。杜丽（Dorrit）先生最后通过继承一笔意外之财而脱离监狱。他将钱花光了，然后在被强迫回到债务人监狱之前死了。这个故事主要关注的是破产怎样影响家庭生活，以及其如何成为实质上的刑法。

③ See Tabb, "The Historical Evolution of the Bankruptcy Discharge", p. 330.

④ See ibid. p. 333. 塔布（Tabb）同样也提到，豁免并不是自动的。破产人需要接受一个"合格证书"（certificate of conformity）。如果收到这个证书，破产人需要接受法院的检查，对自身情况完全披露，并且要将所有的破产财产全部交给法院。法院保留否定证书的权力，但是这个权力很少被用到。有趣的是，债权人在这个时候，没有权利阻止破产人接受该证书。See ibid. pp. 333 - 334. 有人可能主张，这是第一部有利于债务人的破产法，但是该法几乎只存在了3年。

⑤ See Tabb, "The Historical Evolution of the Bankruptcy Discharge", p. 339. 该规定现在在许多国家的自然人破产法律中，仍然非常流行。

⑥ See ibid. pp. 335 - 336.

只是将信贷视为一个必要的恶。[①] 虽然法律本身随着时间变得更加宽容，但是对待债务和信贷的这种观念仍然没有本质上的变化。

（二）英国现在对待债务的观念

即使现在，英国人对于经济破产也相当敏感。[②] 他们一般将这样的破产视为人格的失败，并且会极端否定经济破产的个人，甚至破产的企业。过去情形严重的信用卡债务过重、失业或者疾病而导致的自然人破产现象很少。因为当时信用卡很少，而且如果失业或者生病需要医疗的时候，政府会救助。[③] 现在的信贷比以前更多，自然人破产也更多。

在 1997 年，当英国和威尔士每 1000 人中只有 0.47 的自然人破产申请时（与美国当年每 1000 人中有 5 个自然人破产申请相比），[④] 即使是由于商业原因而导致的破产，也仍然

---

① See Weisberg, "Commercial Morality, The Merchant Character, and the History of the Voidable Preference", p. 66. 正如韦斯伯格教授所指出的，在美国，破产法被视为一个"健康的、经济的并且科学的提高商业效率的工具"。See ibid. 在英国以土地为基础的传统社会中，信贷被视为一种道德上不光彩的行为，而且代表许多人的不当之财。See ibid. p. 13.

② See Weisberg, "Commercial Morality, The Merchant Character, and the History of the Voidable Preference".

③ See James A. Morone & Janice M. Goggin, "Health Policies in Europe: Welfare States in a Market Era", 20 *J. Health Pol.*, Pol'y & L. 557, 558, 563 (1995).（该文指出英国现在已经有一个由政府主导的健康的医疗制度，但是该制度与其他一些类似欧洲的制度，可能很快会被"美国化"。）

④ See Efrat, "Global Trends in Personal Bankruptcy", pp. 100 – 101. 英国破产率比欧洲其他大多数地区都要高。See Michael Harrison, "Personal British Bankruptcies Hit 10 – Year High", *The Fed. Cap. Press of Austl.*, Nov. 10, 2003, at A17.（该文认为英国的高破产率，是消费者信贷爆发式发展的结果。）

被视为重大的耻辱。[①] 破产公司的高管们如果想要再找个工作会非常艰难，而且经常被社会所排斥。[②] 因此，尽管有新的信贷可以使用，英国市场还是严厉惩罚这些经济上陷入困境的人。这种观念就是“一朝破产，永远破产”[③]。即使通过巨大的法律变革，政府也可能无法引导人们怎样思考，也无法引导人们邀请谁作为伙伴。

（三）欧洲大陆对待债务的态度：法律与这些态度相符吗？

亨利·基辛格（Henry Kissinger）曾经提到，当他想要与欧洲对话的时候，他不确定呼叫谁。[④] 虽然这个可能正在变化，因为欧盟正致力于统一货币与法律；但是，欧洲仍然由许多不同的文化组成，因而拥有非常多样化的破产制度，还拥有许多对待债务的不同观念。[⑤]

---

① 英国早期破产法严酷对待“破产人”的一个例子，就是如果是不符合规则的破产，那么可能被判处死刑，而且要获得豁免也需要满足下列条件：（1）获得“破产委员”们多数人同意的破产认证证书；（2）获得4/5的债权人的认证证书，这个4/5是指在债权人数目及其所持有的债权两个标准上，都要达到4/5；以及（3）发誓债权人认证证书“是通过公平而没有欺骗的途径获得的”。Peter V. Pantaleo，“Basic Business Bankruptcy”，*Practicing L. Inst. Commercial Law and Practice Course Handbook* 7，11（1992）.

② See e. g.，David Gow，“Former Alstom Chief to Return His £ 2.7 Million Pay－off，Guardian Unlimited”，http：//www.guardian.co.uk/executivepay/story/0，1204，1021483，00.html，last visited Nov. 22，2004.［该文介绍公众对公司破产之前，接受金色降落伞（golden parachute）管理层的鄙视。］

③ See Lucinda Kemeny & Garth Alexander，“Blair Chases American Dream”，*Times*（*London*），Feb. 18，2001，at A1.（请注意咒语“一朝破产，永远破产”。）在1978年《美国破产法》中，删除破产人这个词，取而代之的是更加文雅的“债务人”的称呼，主要是因为“破产人”一词，带有很大的负面色彩。Donald R. Price & Mark C. Rahdert，“Distributing the First Fruits：Statutory and Constitutional Implicaitons of Tithing in Bankruptcy”，26 *U. C. Davis L. Rev.* 853，862 n. 33（1993）.（1978年的改革法创造了当前的《美国破产法》。该法中，没有再用“破产人”这个称呼，而是用一个更加委婉的词——“债务人”。）

④ Steven Pearson，“Successful Restructuring Requires Sensitivity”，*The Financial News*，Dec. 1，2002，available at 2002 WL 24141004.

⑤ 参见第389页注释⑤，第390页至第402页的注释，第403页注释①至注释⑤，以及其相应文本。

通常来说，就经济破产所带来的社会耻辱来说，在欧洲大陆国家所受到的社会耻辱，会比在普通法国家中要更加严重；而且自然人破产法律也没有普通法国家宽容。[①] 重整法律反映的其他的社会关切更加多样。[②] 欧洲政府试图减少商业破产带来的负面耻辱，以鼓励大家发扬创业精神。[③] 许多国家与最新成立的欧盟的立法者一样，都想从美国获得一些启发。[④]

1. 欧洲大陆的信贷使用情况以及自然人破产制度

欧洲大陆的自然人破产制度的种类非常多。但是，在最近10年，随着对消费信贷规制的减弱，欧洲大陆的破产制度都变得更加宽容。[⑤] 消费信贷在欧洲大陆的使用范围非常广泛，一些国家（比如瑞典）的消费者经常使用；但是在意大利和希腊，消费者使用信贷并不频繁。[⑥] 总的来说，信贷使用量在

---

① See Efrat, "Global Trends in Personal Bankruptcy", pp. 100 – 101.

② 参见第394页注释⑤和注释⑥，第395页至第403页的注释，以及其相应文本。

③ Cf. Philip Cullum et al., "Entrepreneurship Around the Globe: Adapting to Different National Environments", *Outlook Point of View* (May 2002), http://www.accenture.com/xdoc/en/ideas/outlook/pov/A4_Global_entrepreneurial_models_PoV2.pdf, last visited Nov. 22, 2004.（该文指出对于企业高管们，最重要的是该国对待破产可能性的态度。）

④ Metzger & Bufford, "Exporting United States Bankruptcy Law: The Hungarian Experience", p. 153.

⑤ See Kilborn, *German Approach*, "The Innovative German Approach to Consumer Debt Relief: Revolutionary Changes in the German Law, and Surprising Lessons for the United States", p. 257; *French Law on Consumer Overindebtedness*, "La Responsabilisation de l'Economie: What the U. S. Can Learn from the New French Law on Consumer Overindebtedness", pp. 5 – 9.

⑥ Eur. Credit Research Inst., "Consumer Credit in the European Union" (Feb., 2000), http://www.ciaonet.org/wps/gun01/gun01.pdf, last visited Dec. 4 2004. "消费信贷在美国的分量，远远大于欧洲国家，包括英国。" 因为在欧洲不同国家中消费信贷的使用存在很大不同，所以很难概括出欧洲消费信贷使用的总体特征。

上升，存款率在下降。[①] 欧洲银行业和经济方面的官员表达了对这种趋势的担忧。[②] 最终，一些地方只是简单地就信贷使用的风险，对公众进行宣传教育。[③] 其他一些地方，让破产法与豁免法变得更加自由，以保证社会问题不因信贷使用量的增长而恶化。[④]

然而，并不是所有的欧洲国家都有宽容的破产制度，而且有些还完全没有针对消费者的制度。[⑤] 比如，在对破产有严格限制的意大利和希腊，[⑥] 个人一般没有资格申请破产保护，除

---

① See Org. for Econ. Cooperation & Dev. , "Household Saving Rates - Statistical Data Included, Economic Outlook", June 2001, at Annex, tbl. 26, http://www. findarticles. com/p/articles/mi_ m4456/is_ 2001_ June/ai_ 78133182 , last visited Dec. 10, 2004. 在 2000 年，法国的国家存款率是 16. 1%，而英国只有 4. 7%。长远看来，存款率有下降趋势。

② See Heather Stewart et al. , "Hawkish King Fears High Debt Could Tip UK into Crash", *Guardian Unlimited*, http://www. guardian. co. uk/business/story/0%2C3604%2C1063043%2C00. html (Oct. 15, 2003), last visited Dec. 4 2004.

③ "OFT Issues Consumer Debt Warning", *News. BBC. Co. UK*, http://news. bbc. co. uk/1/hi/business/3281871. stm (Nov. 19, 2003), last visited Dec. 10, 2004.

④ See Efrat, "The Rise and Fall of Entrepreneurs: An Empirical Study of Indivi-dual Bankruptcy Petitioners in Israel", p. 166. 埃弗拉特（Efrat）教授推测，在这些地方更加需要新生的政策，即政府对于信贷的比例以及使用范围都没有管制，政府积极促进创业，社会福利事业很少，以及私人金融机构批准信贷的标准相对宽松。他主张，美国的新生政策在这样的背景下非常有意义。而且，如果许多国家想学习美国这个方面的话，应该制定更加宽松的债务豁免制度。

⑤ See Efrat, "Global Trends in Personal Bankruptcy", pp. 82-83.（该文介绍在意大利与希腊，破产只能适用于商人或者企业。）依据一个学者对欧洲大陆制度的描述，最严格的或者最"保守的"阵营，由不为消费者提供任何豁免制度的国家组成。"中性的"阵营由下列这些国家组成，这些国家为经济上陷入困境的债务人提供豁免，但是这不是理所当然的。最宽松的或者"自由的"阵营由以美国为首的国家组成。这些国家提供的豁免，非常容易获得，而且是理所当然的。See ibid. pp. 84-87.

⑥ 值得注意的是，希腊人很少使用信贷。"Greek Economy - Weekly Review", *Athens News Agency*, Mar. 15, 2003, http://www. hri. org/news/greek/ana/2003/03-03-15. na. html, last visited Dec. 10, 2004.

非他们受雇于公司。① 换句话说，就是没有单独针对消费者的破产制度。② 即使对于受雇于企业的自然人来说，也是没有豁免的，除非在破产宣告很多年之后；并且，要符合许多限制苛刻的条件；再者，除非债权人得到了完全的清偿，否则不会有豁免。③ 至少从美国的观念来看，这肯定是对豁免的一个非常不同寻常的解释。④ 在这些法域中，破产背后潜在的主旨就是破产是一个由债权人主导的机制，而不是为陷入经济困境中的消费者服务。⑤

---

① See Efrat, "Global Trends in Personal Bankruptcy", pp. 82 – 83; see also Metzger & Bufford, "Exporting United States Bankruptcy Law: The Hungarian Experience", p. 154; Hon. Richard L. Bohanon & William C. Plouffe, Jr., "Mongolian Bankruptcy Law: A Comparative Analysis with the American Bankruptcy System", 7 *Tulsa J. Comp. & Int'l L.* 1, 6 (1999); Kevin P. Block, "Ukranian Bankruptcy Law", 20 *Loy. L. A. Int'l L & Comp. L. J.* 97, 99 (1997).

② 在少数地区，比如巴西与委内瑞拉，自然人只能在他是从事商业贸易活动的商人时，才有资格破产。在这些国家的大部分地区，信用卡还不是非常普遍，可能这些法律是适合于他们自己的社会的。See Antonio Mendes, "A Brief Incursion into Bankruptcy and the Enforcement of Creditor's Rights in Brazil", 16 *NW. J. Int' L. & Bus.* 107, 111 (1995); Efrat, "Global Trends in Personal Bankruptcy", p. 84. 在捷克共和国，债务人必须与他的债权人签订和解协议。See Helmut Gerlach, "Bankruptcy in the Czech Republic, Hungary and Poland and Section 304 of the United States Bankruptcy Code, Proceedings Ancillary to Foreign Bankruptcy Proceedings", 22 *Md. J. Int'l L. & Trade* 81, 93 (1998). 相反，智利与埃及在程序结束时，并不为债务人提供豁免。See Ricardo Sandoval, "Chilean Legislation and Cross – Border Insolvency", 33 *Tex. Int'l L. J.* 575, 577 (1998).

③ See Efrat, "Global Trends in Personal Bankruptcy", pp. 84 – 85. 埃弗拉特教授指出，在这些保守国家，破产是偏向债权人的制度，更类似于债务催收程序，只不过有个债务的框架而已。因此，根本没有必要对债务豁免。See ibid. p. 84. 比如，意大利只对商人进行豁免，而且获得豁免需要5年的时间。在希腊则要10年。See also White & Chase LLP, "Bankruptcy and a Fresh Start: Stigma on Failure and Legal Consequences of Bankruptcy 10 ", p. 335.

④ 1978年《美国破产法》允许特定债务全部或者部分豁免。

⑤ See Efrat, "Global Trends in Personal Bankruptcy", pp. 82 – 83. 比如，有人主张意大利破产法的目的是满足债权人的权利，以及将破产企业从市场中清除出去。See Giorgio Cherubini, "Recognition of an Insolvency Scheme of Arrangement in Italy 41", http://www.insol – europe.org/publications/cva_ italy.pdf , last visited Dec. 4 2004.

这种制度的缺失，在对消费信贷管制放松的背景下，可能造成严重的社会影响。过去，没有自然人破产制度的国家，一般没有消费信贷。现在这个平衡已经被打破。有的地方有消费信贷，比如意大利，但是没有退出的方式。[①] 如果有人在消费信贷中遇到了问题，那么可能无限期地处于问题之中。

其他欧洲国家更加宽容，而且提供一些形式的豁免。在挪威、瑞典、丹麦、荷兰、奥地利、德国、法国、西班牙和葡萄牙，[②] 法官拥有决定豁免是否正当的自由裁量权。[③] 虽然具体的豁免标准各地不同；但是一般由债务人承担证明责任，证明该豁免是正当的。[④] 在许多地方，法官可能只在个人没有能力偿还债务的情形下，才批准豁免。[⑤] 比如，丹麦要求债务人负债已经无可救药，并且在该具体情形下的豁免是正当的。[⑥] 在挪威，债务人应当永远没有支付能力。[⑦] 在瑞典，为了得到全部或者部分的豁免，债务人要充分证明，“在可预见到的未来

---

① See Efrat, “Global Trends in Personal Bankruptcy”, p. 81.

② See ibid. pp. 85 – 86. 这个分类同样也包括印度、巴勒斯坦、日本、新加坡和菲律宾这些亚洲国家，以及以色列、南非、肯尼亚和乌干达。

③ See ibid. p. 84. 这个特征对债务人救济有非常根本性的影响，因为他们有说服法官批准救济的责任。埃弗拉特教授指出，这些债务人不申请破产主要有三个基本原因：破产会带来的社会耻辱、对债务豁免的后果的无知，以及不确定能否说服法官，而且成本高昂。Ibid. pp. 86 – 87. 这是印度法律的一个特征。菲律宾、新加坡、日本，以及上面所列的非洲国家的法律都有这个特征。See ibid. pp. 85 – 86.

④ Efrat, “Global Trends in Personal Bankruptcy”, p. 84.

⑤ See ibid. p. 86.

⑥ See Efrat, “Global Trends in Personal Bankruptcy”, p. 85; see Hans Petter Graver, “Consumer Bankruptcy: A Right or a Privilege? The Role of the Courts in Establishing Moral Standards of Economic Conduct”, 20 *J. Consumer Pol'y* 161, 170 (1997).

⑦ See Efrat, “Global Trends in Personal Bankruptcy”, p. 85.

没有希望支付他的债务”①。

大多数欧洲法律只是在清偿计划制定之后，才会豁免债务，这与《美国破产法》第13章某些方面很像。② 比如，在德国，债务人要努力为了债权人的利益，提高他或她的收入，③ 在6年中要向债权人支付所有可以获得的收入。④ 此外，债权人收到债务人所有的收入，要超过一个确定的数额。对于这个规定存在争议，有人认为提供错误的指引。⑤

这部分讨论的所有制度都有让法律更加自由的趋势，即使都没有像美国、英国和其他普通法制度那样宽容。⑥ 直到最近，考虑到其广泛的社会制度，以及相当严格的借贷要求，对

---

① See Graver, “Consumer Bankruptcy: A Right or a Privilege? The Role of the Courts in Establishing Moral Standards of Economic Conduct”, p. 170; see Iain Ramsey, ed. ,“Consumer Law in the Global Economy: National and International Dimensions 287”, 1997（该文提供了一些有关外国破产法的文章）。

② See Efrat, “Global Trends in Personal Bankruptcy”, p. 88; see Christoph G. Paulus, “The New German Insolvency Code”, 33 *Tex. Int'l L. J.* 141, 143 - 44 (1998). Contra Kilborn, *German Approach*, “The Innovative German Approach to Consumer Debt Relief: Revolutionary Changes in the German Law, and Surprising Lessons for the United States”, p. 279.

③ See Kilborn, *German Approach*, “The Innovative German Approach to Consumer Debt Relief: Revolutionary Changes in the German Law, and Surprising Lessons for the United States”, pp. 280 - 281.（该文指出债务人不能拒绝工作，而且如果可以获得的工作机会很多的话，要在他自己领域之外的地方工作。）

④ See Paulus,“The New German Insolvency Code”, p. 144. 整体执行法（Gesamtvollstreckungsordnung）包括豁免规则——不是英美规则而是瑞士规则，只要债务人没有获得一定的收入或者财富，债权人就不能找债务人催债……在破产程序已经终结之后，债务人应当在7年之内，挣尽可能多的钱，并且将这些钱交给一个管理人，由管理人将这些钱分配给债权人。

⑤ 债务人可以完全保留第一份17，000美元的收入。See Kilborn, *German Approach*, “The Innovative German Approach to Consumer Debt Relief: Revolutionary Changes in the German Law, and Surprising Lessons for the United States”, p. 286. 在那之后，收入就要被分配。但是债务人每年不能持有超过27，500美元的收入。

⑥ Martin, “Common - Law Bankruptcy Systems: Similarities and Differences”, p. 75.

于欧洲大陆是否需要宽容的破产制度，并不怎么明确。① 但是，消费信贷扩张式地增长，使得这些债务豁免非常必要，尤其考虑到经济破产客观上所带来的耻辱。② 幸运的是，作为一个整体，欧洲政府看起来对于制定保护公民的健康的公共政策非常感兴趣，而不是为他们自己的利益，只想促进经济增长。③ 非常有希望的是，这些关注将使信贷的发展不会超出相关制度可以承受的范围。而这些制度在其能力范围内，可以通过有建设性的方式处理破产。一些国家，比如意大利，还没有对这些关注足够重视，可能最终会面对一些社会问题。④

学者贾森·基尔伯恩（Jason Kilborn）研究并翻译法国和德国的新的自然人破产制度，指出法国和德国公民对宽容消费者破产法律的极大的憎恶和怀疑。⑤ 虽然这些态度随着时间的推进，一定会改变，但是其反映了对不道德观念以及对个人责

---

① See Efrat, "Global Trends in Personal Bankruptcy", p. 96.

② See Kilborn, *German Approach*, "The Innovative German Approach to Consumer Debt Relief: Revolutionary Changes in the German Law, and Surprising Lessons for the United States", pp. 260 – 261; Kilborn, *French Law on Consumer Overindebtedness*, "La Responsabilisation de l'Economie: What the U. S. Can Learn from the New French Law on Consumer Overindebtedness", pp. 5 – 9.

③ See ibid.

④ See Efrat, "Global Trends in Personal Bankruptcy", pp. 82 – 83.

⑤ See Kilborn, *German Approach*, "The Innovative German Approach to Consumer Debt Relief: Revolutionary Changes in the German Law, and Surprising Lessons for the United States", p. 269. 1986 年的一个报告涉及自然人债务，立法者承认，需要建立自然人破产豁免制度，但是认为"建立英美模式的债务人豁免制度是不可能的"。Ibid. 在讨论法国的态度的时候，基尔伯恩教授注意到，法语中用来描述商业破产的单词来自于法语"faillite"或者拉丁语"fallere"，这些单词的意思就是欺骗、行骗或者诡计。Kilborn, *French Law on Consumer Overindebtedness*, "La Responsabilisation de l'Economie: What the U. S. Can Learn from the New French Law on Consumer Overindebtedness", p. 1. 最近一个立法对消费者破产过程更加持不信任态度，将其称之为"deconfiture"，意思是"由于挥霍浪费而失去"。

任的认识根深蒂固。[①] 加上不同的信贷实践，这两者都对于消费信贷的接受与需求，产生了极大影响。[②]

2. 欧洲重整体制：以法国和德国为例

与自然人破产制度一样，并不是所有的大陆国家都有重整制度。实际上，直到最近，大多数国家都还没有这样的制度。[③] 然而，伴随着共产主义的失败，以及欧洲对创立一个更加有竞争力的市场经济的渴望，重整法律成为非常流行的新立法。这些制度中的大部分都仍然与美国第 11 章非常不同。[④] 在大多数情况下，在申请开始的时候，没有“自动冻结”程序来保护债务人及其财产。[⑤] 此外，在大多数情形下，债务人一定要没有偿付能力，才可以申请重整，而且同样要求重整要有一定程度成功的可能。[⑥] 如果有冻结程序，一般也在法官将所有的问题厘清，并且发布公司破产或者重整公告之后才

---

① 当我提到“个人责任”的时候，我并不是指现在美国国会中所流传的概念。我只是要说明，破产是个道德问题，并且自然人的债务，不应当超出了他自己的承受范围。See Todd J. Zywicki, “The Past, Present, and Future of Bankruptcy Law in America”, 101 *Mich L. Rev.* 2016, 2025 - 27 (2003). 当然，我也指社会是否已经通过建立国家医疗制度、对穷人和失业人员提供好的福利等，满足个人的需要。

② Kilborn, *French Law on Consumer Overindebtedness*, “La Responsabilisation de l'Economie: What the U. S. Can Learn from the New French Law on Consumer Overindebtedness”, pp. 5 - 9; Kilborn, *German Approach*, “The Innovative German Approach to Consumer Debt Relief: Revolutionary Changes in the German Law, and Surprising Lessons for the United States”, pp. 260 - 261. 在这些文章中，基尔伯恩教授列出消费者信贷产生的时间，以及由此而带来的对更好的自然人破产保护制度的需要。

③ See Martin, “Qué Es La Diferencia?: A Comparison of the First Days of a Business Reorganization Case in Mexico and the United States”, p. 78.

④ See ibid.

⑤ See ibid.

⑥ See ibid.

开始。[①]

在多数制度下，债务人的管理层由中立的第三方接管人取代。该中立第三方将经营公司，重组企业，管理案件流程，负责起草计划。[②] 在一些重整程序中，担保权人并没有被排除或者中止行使取回担保物的权利，因此如果他们有意愿的话，可以阻止重整程序。[③] 比如，在新的欧盟委员会破产程序规章（Regulation of Insolvency Proceedings，IPR）中，担保权人保留

---

① Martin，"Qué Es La Diferencia?：A Comparison of the First Days of a Business Reorganization Case in Mexico and the United States"，p. 82.

② 参见第398页注释③至注释⑧，第399页至第403页的注释，第417页注释⑦，第418页至第422的注释，第423页注释①至注释⑧，以及其相应文本。

③ 因此，一些学者认为，这是和解制度而不是重整制度。两个经济学家最近完成一个关于世界各地破产和偿付能力不足的法律及其基本制度的研究。See Clas Wihlborg & Shubhashis Gangopadhyay，"Infrastructure Requirements in the Area of Bankruptcy Law"，in *Broorings - Wharton Papers on Financial Services* 281（Robert E. Litan & Richard Herring eds.，2001）. 假如有强大的债权人救济手段，以及强大的重整制度，就可以拯救更多的公司；他们从几个方面比较一些国家的制度，比较从该国的法律是对债务人更友好，还是对债权人更友好开始。See ibid. p. 291. 他们的研究，实际上声称更大，既要研究破产程序的经济角色，还要研究破产程序对资源有效分配、经济增长和经济负担的深度与持续时间的影响。See ibid. p. 284. 他们将债权人倾向的制度，界定为在破产中广泛承认债权人主张的制度。See ibid. p. 295. 将债务人导向的制度，界定为允许债务人保留股份，或者允许债务人继续控制破产公司的破产制度。See ibid. p. 293. 即使公司中已经没有剩余净值。See ibid. p. 291. 他们同样将不同国家或地区对待担保的态度，分成不同等级，尤其是在企业创造的所有现金流中，设定担保利益的浮动抵押。并且考察在不同国家法律中担保利益的范围。See ibid. pp. 294 - 295. 他们主张，允许浮动抵押权或主张的国家，以及将担保权人的利益放在无担保权人、劳动债权人和政府债权人利益之上的国家，应当可以给出借人创造更多的确定性，从而可以促进贷款，也能促进发展。See ibid. p. 295，307. 作者们指出，在拉丁美洲，劳动债权人受到格外的重视。这或许可以解释为什么在拉丁美洲贷款非常少的原因。在另一方面，作者承认，法国也有对劳动债权同样的偏好，see ibid. p. 301，但是那里的贷款并不少。

按照这种方式，对债权人非常友好的国家，都是英国式的普通法国家，包括美国和斯堪的纳维亚半岛的国家。See ibid. pp. 296 - 297. 对债权人非常友好的国家还包括德国、日本、荷兰、瑞士、苏格兰和南非。在另一方面，对担保权持反对态度的国家包括比利时、卢森堡、希腊、西班牙以及大部分拉丁美洲国家。

处理财产的权利，并且有从这些财产的收益中获得补偿的权利。[①]在一些国家中，劳动债权效力也非常强大，不需要中止，而且也可以投票否决债务人提出的任何计划。[②]

许多制度，比如美国的制度，规定债权人能够对重整计划进行投票表决，通过这样来决定是批准企业进行重整还是直接进行清算。[③] 如果有少数人持有不同意见，即使不是全部国家，也有许多国家的法律，允许多数人的意见对少数人产生效力。[④]在一些地方，大型机构债权人，比如贷款人和银行，控制着案件的进程，并且实际上决定着债务企业的命运。[⑤] 在大多数地方，担保权人的权利，不管在数量上还是在清偿条件上，都不会发生改变，因而有学者认为，这不是真正的第 11 章式的重整制度，而只是一个"和解"（composition）计划。[⑥]

与美国破产法相比，许多国家的破产法读起来像刑法。关于欺诈和刑事行为的讨论非常详细，让人们相信，当一个企业不能偿还其债务的时候，就被推定为是犯罪行为或者欺诈。[⑦]其他规定表明，有限责任并不像美国那样有限制。因此，更多的债务传递给家人、所有权人甚至管理人。[⑧] 最后，在一些国

---

① See Dr. Wolfgang Lueke，"The New European Law on International Insolvencies：A German Perspective"，17 *Bankr. Dev. J.* 369，369 n. 1（2001）.

② See ibid. 利克（Lueke）说，考虑到担保权人的利益，在依据欧盟委员会破产程序规章（IPR）规定下开始的案件中，欧盟委员会破产程序规章规定，"该权利不用受到程序的开启的影响"。

③ See Martin，"Qué Es La Diferencia?：A Comparison of the First Days of a Business Reorganization Case in Mexico and the United States"，p. 80.

④ See ibid. p. 82.

⑤ See Curtis J. Milhaupt，"On the（Fleeting）Existence of the Main Bank System and Other Japanese Economic Institutions"，27 *Law & Soc. Inquiry* 425，431 – 33（2002）.

⑥ See Martin，"Qué Es La Diferencia?：A Comparison of the First Days of a Business Reorganization Case in Mexico and the United States"，p. 81.

⑦ See ibid.

⑧ See Paulus，"The New German Insolvency Code"，p. 145.

家中，如果管理人让公司存活的时间比合理期限要长，而且没有寻求恢复援助或者停产，那么管理人可能会因为浪费债权人的财产，而受到刑事处罚。[①]

一直保持连续性的法国重整法，被认为是世界上最具有救济导向的重整法，甚至超过第 11 章。[②] 法国制度的目的并不只是使重整变容易，而是鼓励重整。法国通过采取早期干预措施，强制或者强烈鼓励企业尽早恢复的方式，实现这些目的。比如，在业务与工作岗位都还没有失去的时候就可以介入。[③] 法国的政府干预企业事务的历史很长，这在现代重整法中得到体现。[④] 这个过程倾向于不惜一切代价，保住提供工作岗位的企业。[⑤]

德国的重整法在一定程度上处于另一个极端。现在虽然允许，但是肯定不是鼓励控制债务人制度（DIP）的使用。在

---

① See Paulus,"The New German Insolvency Code", p. 147.

② See Wihlborg & Gangopadhyay, "Infrastructure Requirements in the Area of Bankruptcy Law", p. 293. 该文认为其比美国法更倾向于债务人的部分原因是，担保权人在美国法中的权利非常强大。这是第 11 章与第 7 章的破产平衡。在法国，担保权人没有这样强大的权利。实际上，法国破产法可能被认为是不利于担保权人的。

③ See Richard L. Koral & Marie - Christine Sordino, "The New Bankruptcy Reorganization Law in France: Ten Years Later", 70 *Am. Bankr. L. J.* 437 (1996). 法国新破产重整法要求的经济报告更加多，以保证尽早辨别哪些公司陷入经济困境，并且保证陷入困境的公司，自己可以知道他们什么时候需要救助。所有的经济报告都由商事法庭的办事员整理。他们运用计算机程序，来辨别公司出现的经济问题，将违约情况汇报给商事法庭的主席，以引起他的注意。如果公司自己并没有重视这些违约行为，商事法庭的主席有权召唤该公司的主席到内庭来进行“坦白的个人讨论”。我可以想象，那些公司都想避免这种讨论。美国的法院没有像法国法院这样的监督权，因此不能早期介入。法院也可以在诉讼进行之前，安排公司与其债权人进行调解。

④ See ibid. p. 444. 法国历史上就很注意保护职工的利益，这就解释为什么法院会参与到重整计划中。追溯到 1673 年的《科尔伯特法典》(Ordinance de Colbert)，以及最初的 1807 年商法典，法国就很倾向于国家干预。法院的作用更倾向于保护社会的经济职能，而不是债权人追讨债务的一个工具。

⑤ See ibid.

1999年，德国制定救济法，其目的是促使重整优于清算。[①] 在此之前，德国唯一的破产法只是一部清算法（Konkursordnung）。[②] 而另一部之前的法律——和解法（Vergleichsordnung）被允许恢复。[③] 但是由于重整而非清算一个困境企业的概念，并没有真正地被德国文化所接受，因此和解法并没有被使用过。[④] 因此，在新的《德国支付不能法》制定之前，所有的企业只能被清算。[⑤]

德国立法者，即使不是整体意义上的德国人，现在已经相信，清算并不是处理一些行业或者企业问题的最好方式。[⑥]《德国支付不能法》的制定是由经济衰退和其他一些经济问题所催生的，还有保护东欧的个人和企业的需要。他们被西方的

---

① 新的《德国支付不能法》（German Insolvency Code）很明确地在第一部分声明，该法典的一个目标，是要对偿付能力不足的债务人重整。See Christoph G. Paulus，"Germany：Lessons to Learn from the Implementation of a New Insolvency Code"，17 *Conn. J. Int'l L.* 89，89 – 91，quoting the Insolvenzordnung（Insolvency Act），v. 5. 10. 1994（BGB1. I S. 2866），Section 1（2001）.

在对该重要的变化过分欣喜之前，我们应当承认，这并不意味着美国意义上的营业中的重整。《德国支付不能法》第156（1）条规定，"在汇报会上，破产人应当报告债务人的经济情况及其原因。他应当评估全部或者部分维持债务人企业的前景，并指明起草一个破产计划的可能性，还要说明不同解决方案对债权人利益实现的影响"。See Paulus，"The New German Insolvency Code"，p. 148 n. 49［citing InsO，Section 156（1）］. 然而，第157条声明"在报告会议上，债权人会议应当决定债务人企业将被关闭还是暂时继续运营"。See ibid. p. 148 n. 50（citing InsO，Section 157）. 因此，新法中似乎没有考虑在该重整中让债务人营业很长时间并原封不动。

② See Paulus，"The New German Insolvency Code"，p. 142［citing Konkursordnung（Bankruptcy Act），v. 10. 2. 1877（RGBl. S. 351）］.

③ See ibid. citing Verordnung uber die Gesamtvollstrecknung（Gesamtvollstreckungsverordnung）（Collective Enforcement Act），v. 6. 6. 1990（GBl. DDR I S. 285）.

④ See ibid. pp. 141 – 142.

⑤ See ibid.

⑥ See Paulus，"The New German Insolvency Code"，p. 149 n. 13（citing InsO，Section 1）.

消费标准“压倒”了。[①] 不同于世界上大多数地区，德国破产法案件由一个专门的破产法院主持。[②]《德国支付不能法》规定的大部分情形中，接管人被称为管理人，由管理人经营债务人的企业。虽然在理论上控制债务人自己管理也是可能的。[③]

然而，实际情况可能完全不同。不管新法关于计划对债权人可能产生的影响是怎样规定的，债权人——尤其是担保权人总是拥有权力，或者的确仍然控制着破产程序。[④] 实际上，即使新法表明，每个案件中指定的管理人应该要独立而且不能偏向于案件中的任何一方，但是在《德国支付不能法》制定之前，[⑤] 非常普遍的现象是，管理人由案件中的领头的或者最主

---

① See Paulus, “The New German Insolvency Code”, p. 142. Paulus, “Germany: Lessons to Learn from the Implementation of a New Insolvency Code”, p. 90. 保罗斯（Paulus）教授在另一篇文章中解释，“在柏林墙倒下之后的几年间，很多东德家庭变得偿付能力不足，其数量在政治上都具有很大影响力。这是因为普通的西德的交易实践，对于之前的德意志民主共和国的居民来说，都没有见过。因此，德国立法机构有义务为这些家庭的需要做一些事情”。

② See Broude et al. , “The Judge's Role in Insolvency Proceedings: Views from the Bench: Views from the Bar”, pp. 518 – 519. 实际上，德国破产法院作出的许多重要的决定，都委托给已经毕业的法官助理（law clerk）来做。他们的报酬很低，并且被认为比起法官来说，缺少经验。See ibid. pp. 534 – 535.

③ See Paulus, “The New German Insolvency Code”, pp. 146 – 147. （该文声明管理人既要独立于债务人的利益，也要独立于债权人的利益。管理人在破产案件中，经常是以管理债务人企业为目的而指定的。但是如果债权人仍然信任债务人，“他们可能同意债务人自己继续管理”。）

④ Wihlborg & Gangopadhyay, “Infrastructure Requirements in the Area of Bankruptcy Law”, p. 300.

⑤ See Paulus, “The New German Insolvency Code”, p. 146 [citing InsO, Section 56 (1)].

要的担保权人选择。[①] 在《德国支付不能法》中这也并没有改变。[②] 因此，不管对于一个独立的管理人有什么样的技术要求，主导或者主要的银行，一般都可以选择一个对其有利的管理人。

此外，尽管《德国支付不能法》明确地提到该法的一个目的，是要“重整偿付能力不足的债务人”，但是这个概念的含义与一般的理解有很大不同。一个学者在《德国支付不能法》制定之后写文章指出，《德国支付不能法》并不认为重整优于清算，而且将决定权干脆交给债权人。[③] 即使是一个美国律师，也可能想象不到《德国支付不能法》对于重整的明文规定是什么样的，因为这并不是重整。重整应当是企业重组其债务，而继续长期经营其业务。《德国支付不能法》第 157 节指出，“在报告会议中，债权人组将决定债务人的企业是否被关闭或者暂时继续经营”[④]。因此，让债务人得以长期经营的重整，似乎在这个新法中并没有被考虑。

最后，《德国支付不能法》中关于控制债务人的规定，可能同样不会怎么被使用。控制债务人的概念在德国长期受到大

---

① See Wihlborg & Gangopadhyay, “Infrastructure Requirements in the Area of Bankruptcy Law”, p. 301.

② See Paulus, “Germany: Lessons to Learn from the Implementation of a New Insolvency Code”, p. 93.（该文指出最大的债权人有权指定一个管理人。这个管理人是由他们自己选择的、熟悉的并且信任的。）正如保罗斯教授所解释的，对于大的债权人为什么不应当有这样一项权利是没有特别理由的，即与他们熟悉并且相信的人一起工作。这主要考虑到，虽然他们要为债务人破产支付的对价最多，因此也可能会失去最多。但是，“当这些债权人开始不负责任地履行职责的时候，这个理论上的构想在实践中就行不通了。这里的责任意味着他们应当牢记他们所拥有的权利与权力，都是为了提高新法的效率，而不是为获得一些意外之财”。

③ Ibid. pp. 91 – 92.

④ See Paulus, “The New German Insolvency Code”, p. 148 n. 50 (quoting InsO, Section 157).

量批评与质疑，不管法律怎么规定都可能不会使用。[①] 保罗斯教授提到一个令人惊讶的关于霍尔兹曼建设公司（Holzman Construction Company）的破产故事。霍尔兹曼公司董事会指定最有经验的最有名的破产律师，以便他们可以好好利用新法带来的最好环境，开启第一个债务人控制的案件，继续经营。[②] 政府反对控制人占有概念，他们发现一个可以让霍尔兹曼完全摆脱的方式，因此就不会有破产，进而也不会有控制债务人。[③] 最开始的时候，控制债务人模式被拒绝，后来德国公司（包括霍尔兹曼自己）开始利用控制债务人制度。但是，这仍然是非常少的例外。[④]

再次，历史和文化在决定如何处理案件时，比法律如何规定的可能更加重要。正如一个学者所指出的，习惯了旧法的人们，可能会坚持他们所习惯了的法律，并且依据习惯行为，而不管纸面上的法律是怎么规定的。[⑤] 因此，在《德国支付不能法》生效两年之后，新法仍然受到广泛的反对，如果不是被忽视的话。[⑥]

3. 关于欧洲破产法和文化的结论

有人可能预测，在欧洲大陆大部分地区，自然人破产可能比企业破产带来更大的耻辱（尤其是因为有些国家不允许对

---

① See Paulus, "Germany: Lessons to Learn from the Implementation of a New Insolvency Code", p. 91.

② See ibid. pp. 91 – 92.

③ See ibid.

④ See Broich, Bayer, von Rom, "Restructuring & Turnarounds".（该文指出在德国债务人占有非常少，即使法律允许。）

⑤ See Paulus, "Germany: Lessons to Learn from the Implementation of a New Insolvency Code", p. 90. 正如保罗斯所提到的，除了对债务人占有这样的概念，以及重整优于清算这样的假定的忽视之外，法院和债权人还对新法作出非常狭窄的解释，而且尽可能与被取代的旧法保持一致。

⑥ See ibid.

消费者个人的债务进行豁免），但是自然人经济破产与企业破产之间的界限，在欧洲大陆非常模糊。破产就是破产，很简单，由此带来的社会耻辱也是非常大的。①

直到最近，消费信贷仍然非常少，因此并不怎么需要消费者破产制度。下个十年，随着消费信贷广泛地被人们使用，这将会变化。这可能导致很多国家社会负债过重，并且没有豁免的途径。即使制定豁免的制度，社会对待债务的观点也会妨碍他们的使用。欧洲许多破产企业所承受的耻辱非常大，包括英国，这导致破产企业的高管们，甚至职工与供应商都会完全消失。②

在企业这方面，欧洲政府已经尽其所能制定救济式的重整制度，以使面临破产的更多企业能够渡过困难时期存活下来。③ 正如一位欧盟官方人士所说：

---

① See Cullum et al.，"Entrepreneurship Around the Globe：Adapting to Different National Environments".

② Stephanie Gruner，"Seeking a Second Chance：Is Failure Still a Dirty Word?"，*Wall St. J.*，June 21，1999，at A1. 这可能比人们想象得更有意义。在一些国家，管理者可能会被监禁，如果没有在公司明显出现偿付能力不足的迹象之时停止运营的话。比如，在德国，如果该公司已经开始赔钱，有人可能会因为故意草率地维持一个公司的运营，而被送入监狱。Ibid. at A3. 在其他国家，如果公司赔钱还在经营的话，公司管理者和职员要承担个人责任。不用说，这样的法律并不鼓励冒险。

财务失败在比较倾向于社会主义的社会中影响更大。他们的政府至少会通过提供生活必需品来保护破产人，这些必需品由私营行业所缴纳的税收来承担，足以让大多数人过中等阶级的生活。这些都不鼓励企业家精神，也不需要一个非常强大的债务豁免制度；尽管他们比美国的制度，提供更加安全的保障网络。由于欧盟采纳的是更倾向于市场化的经济制度，他们的态度是否会改变，这是非常值得关注的。同样也非常值得关注的是，为了支持创造一个更加市场化的经济，不论是在社会生活中，还是在商业贸易中，生活处于中等水平的公民，是否会变得更加宽容。

③ See White & Chase LLP，"Bankruptcy and a Fresh Start：Stigma on Failure and Legal Consequences of Bankruptcy"，p. 31.

欧洲应该重新审视其对待风险、奖励与破产的观念。因此，企业政策必须要鼓励那些提议激励人们冒险的政策。对于是否要给失败的创业者第二次机会这个问题，欧洲经常犹豫不决。创业政策将考虑在什么样的条件下，破产带来的消极影响才较小，使再试一次成为可能。这将鼓励成员国审查破产立法以鼓励冒险。①

欧盟一个最近的研究调查了其当时 15 个成员国和美国的耻辱观与经济破产，从而确定为了欧盟经济整体的利益，应当怎样减少经济破产所带来的耻辱。②考虑到消极耻辱的程度，该研究得出结论认为，即使国内立法者制定促进债务人重新开始的法律，“仍然有必要进行一场欧洲文化运动，以促进债务人新生……”③

但是欧洲人对于怎样从事实上促进债务人重新开始，似乎有争议。这个研究与许多其他资料一样，大篇幅专注于将具有欺诈性的债务人与不具有欺诈性的债务人区分开来，而且只为有相应价值的债务人，提供新生的权利。④ 然而，并没有指出

---

① See White & Chase LLP, “Bankruptcy and a Fresh Start: Stigma on Failure and Legal Consequences of Bankruptcy”, p. 31.

② See ibid. 依据该研究，大多数欧盟成员国，都有旨在重整的法律程序。但是这些程序看起来在他们的商业社会中，似乎并不怎么成功，也不怎么流行。其原因在于，程序非常负面、非常复杂、非常昂贵，并且对于选择权没有足够重视。同样，新制度的适应过程也非常慢。Ibid. p. 356.

③ Ibid. p. 354. 这个研究想要说明“在拉丁国家，词语‘faillite’（‘fallimento’、‘quiebra’）带有非常负面的意义。看起来这些文化因素可能也需要合理的反思，以融入这些社会”。

④ See ibid. p. 356; Bethany Blowers, “The Economics of Insolvency Law; Conference Summary”, *Fin. Stability Rev.* 153, 153 (Dec. 2002), http://bankofengland. co. uk/conferences/fsr/fsr13. htm, last visited Nov. 22, 2004. 引自一个意大利律师保罗·迪·马蒂诺（Paolo di Martino）的话。他认为破产法应当“有能力在好的与欺骗性的债务人之间选择”。

欺诈将会是一个问题。[①] 虽然欧盟使成员国的破产法变得现代化与自由化的目标，看起来很明智，但是对于这是否可以起到实际作用还不知道。长期存在而且强大的文化观念，可能会起到阻碍作用，不管立法者的最佳立法目的是什么。在德国这很明显是一个阻碍，拯救文化并没有被德国社会所接受。相对而言，在法国，拯救文化完全与其社会长期固有的观念相一致，这些观念包括保留工作岗位的重要性，因而救济文化与企业重整已经被大众接受并广泛利用。[②]

（四）东亚的破产法和文化：一个不同的世界

对于所有的东亚国家和地区而言，日本从美国破产制度中移植的最多，而且形成最复杂的破产制度。[③] 下面会详细讨论日本的制度。在很大程度上，日本的移植并没能战胜关于破产的强大的文化观念。[④] 中国香港的传统较少，可能可以更加容易接受现代破产法。[⑤] 但是具有讽刺意义的是，由于其自己独

---

① 这暗示着，破产中的欺骗是个重要的问题，即使没有理由相信事实就是这样。考虑到极少数的债务人有欺诈行为，甚至在宽容的美国制度中也会出现。这个目标看起来非常奇怪地错位了。因为它关注的仍然是消极的方面，而不是促进宽容的豁免制度的建立，也不是为了促进以后经济的发展。这些目标看起来非常错位，尤其是与美国的新生制度的宗旨相对比时。比如，在一个著名的案件 Local Loan v. Hunt 中，美国最高法院将破产法描述为："生命中的一个新的机会，而且是未来奋斗的一个新的起点。这不会感受到旧债所带来的压力，也不会因为旧债而再受到打击。" 292 U. S. 234，244（1934）. 评论人士认为，破产提供了"将一个家庭从人间地狱中解放出来的机会。允许他们获得新的光明世界，而不再被恐怖、堕落与挫折的阴云所压迫……" Papke，"Discharge as Denouement：Appreciating the Storytelling of Appellate Opinions"，p. 212.

② 参见第 399 页注释②至注释⑤及其相应文本。

③ 参见第 414 页注释⑥至注释⑧，第 412 页至第 420 页的注释，以及其相应文本。

④ 参见第 421 页的注释，第 422 页注释①至注释⑤，以及其相应文本。

⑤ 参见第 423 注释④至注释⑨，第 424 页至第 427 页的注释，第 428 页注释①，以及其相应文本。

特的文化关怀，中国香港并没有将其商业破产法现代化。[①]《中华人民共和国破产法》（以下简称《破产法》）的建议稿同样也从美国制度中借鉴很多。[②] 这些法律比中国当前的法律，更加宽容地对待企业破产。[③] 鉴于中国传统的共产主义经济，其在试图引进破产法的时候，将面临非常特别的问题，因为破产法可以促进市场经济的发展。[④] 考虑到强大的社会观念认为破产是因为运气不好，而且会永远伴随一个家庭，[⑤] 因此中国在使更加宽容的破产法得到接受的时候，可能面对着与日本相类似的问题。

1. 日本破产法及文化

在过去的几年中，日本的消费习惯与日本的破产法一样，越来越像美国。[⑥] 日本为了保护企业获得新生，采取很多强有力的措施，以拯救日本陷入困境的经济。[⑦] 自然人破产同样也

---

① 参见第426页注释⑧至注释⑪，第427页的注释，以及其相应文本。

② 参见第428页注释②至注释⑦，第429页至第433页的注释，以及其相应文本。

③ Douglas G. Boshkoff & Yongxin Song, "China's New Bankruptcy Law: A Translation and Introduction", 61 *Am. Bankr. L. J.* 359, 359 – 360 (2001). 依据中国《民事诉讼法》，私营企业可以重整，但是国有企业需要申请政府的批准，才能申请清算或者重整。See ibid. p. 361; see Xianchu Zhang & Charles D. Booth, "Chinese Bankruptcy Law in an Emerging Market Economy: The Shenzhen Experience", 15 *Colum. J. Asian L.* 1, 12 (2001).

④ 参见第428页至第432页的注释，第433页注释①至注释⑤，以及其相应文本。

⑤ See Pauline Ma, "A New Chinese Bankruptcy System: Made for Business or for the State?", 11 *Austl. J. Corp. L.* 192, 205 (2000).

⑥ 参见第414页注释⑥至注释⑧，第415页至第420页的注释，以及其相应文本。

⑦ 参见第416页注释④至注释⑦，第417页至第420页的注释，以及其相应文本。

变得更加容易。[①] 日本近来已经更加普遍使用信贷，信贷的普遍使用又反过来促进贷款增长，这是必然的。[②] 但是，日本人还是因为文化的原因，而尽量避免使用。[③]

（1）法律与日本文化

西方法律观念，对于日本人的头脑、内心以及灵魂来说都很陌生。传统的日本文化强调集体优于个人，共性优于特性。[④] 因此，日本人觉得需要诉诸法律，是很尴尬也很羞愧的事情。[⑤] 实际上，日本人相信如果没有法律，那么每个人都可以生活得更好，因此不需要法律。[⑥] 自然而然，诉诸法院被视为最后的救济途径。非正式的调解与协商受到鼓励，并且主要用于争议解决。[⑦] 如果这些非正式途径行不通，才需要正式的途径。据推测，双方当事人都不会赢也不会输。[⑧] 法院体系的目的不是要宣告谁获胜谁失败，而是要促进双方当事人达成和谐的和解。[⑨]

---

① 参见第414页注释⑥和注释⑦，第415页的注释，第416页注释①至注释③，以及其相应文本。

② 参见第411页注释③至注释⑦，第412页至第413页的注释，第414页注释①至注释⑤，以及其相应文本。

③ 同上。

④ See Ken R. Minami, *Comment*, "Japanese Thought and Western Law: A Tangential View of the Japanese Bengoshi and the Japanese American Attorney", 8 *Loy. L. A. Int'l L & Comp. L. J.* 301, 302 (1985).

⑤ See ibid. p. 307.

⑥ See Yosiyuki Noda, "The Character of the Japanese People and their Conception of Law", in *The Japanese Legal System* 302 (Hideo Tanaka ed., 1976).

⑦ See Minami, *Comment*, "Japanese Thought and Western Law: A Tangential View of the Japanese Bengoshi and the Japanese Attorney", p. 305.

⑧ See Noda, "The Character of the Japanese People and their Conception of Law", p. 303.

⑨ See ibid.

日本文化经常被称为“羞耻文化”。① 这种文化的特征包括对需要法律持反对态度，还包括负债和经济破产可能造成自杀。② 在20世纪90年代，日本文化中混合了一个新的元素。政府与贵族开始国际化（kokusaika）运动，即日本作风与文化的国际化。③ 这个趋势为日本引进更多的外国影响因素。④ 但是，其他国家的文化潮流，从来没有完全融入日本的文化中去。⑤ 相反，他们保留他们的外来性，而且甚至被认为是精英的、异国的及世界性的。⑥

伴随着文化与商业全球化的现代趋势，日本早在2001年就开始改革其破产法。在过去，日本的破产程序只在与法院进行广泛且非正式秘密讨论之后才会发生。这个讨论的主题是重整而不进行破产，⑦ 还包括与债权人非正式的沟通。⑧ 这些非正式的讨论的重点在于拯救，而不通过任何“正式的法律途径……或者适用破产法”⑨。对于自然人或者陷入经济困境中的企业的领头人来说，非常不幸的是，普遍存在于日本社会的羞耻文化将破产视为个人失败，而不是商业失败。⑩ 日本这个关于破产的观念经常导致个人的悲剧、自杀或者被家庭与群体

① Associated Press, “Japanese Ponder Shame Culture That Leads to Suicides over Debt, Post and Courier ” (Charleston, S. C.), http: //www. charleston. net/stories/030703/wor_ 07japan. shtml (Mar. 3, 2003), last visited Nov. 22, 2004.

② See ibid.

③ See Halldór Stefánsson, “Media Stories of Bliss and Mixed Blessings,” in *The Worlds of Japanese Popular Culture* 165 (D. P. Martinez ed. , 1998).

④ See ibid.

⑤ Ibid.

⑥ Ibid.

⑦ Ron W. Harmer, “Comparison of Trends in National Law: The Pacific Rim”, 23 *Brook. J. Int'l L.* 139, 157 (1997).

⑧ Ibid.

⑨ Ibid. p. 158.

⑩ Brooke Schumm III, “Comparison of Japanese and American Bankruptcy Law”, 9 *Mich. Y. B. Int'l Legal Stud.* 291, 291 (1988).

隔离。[①] 破产是一种不同于“疾病、海难、大火、痛苦分娩以及其他变迁”的破坏。[②]

日本对于使用新型、正式破产法的犹豫，以及他们对更多非正式讨论的偏好，深深地植根于日本对法律的消极观念中。[③] 由于法律与道德对于日本人来说不可分离，一次违反合同或者一次正式的破产程序，会被视为个人性格缺陷。[④] 日本的制度不是权利与责任的法律体系，而是采纳义理（Giri）的概念。[⑤] 义理大致可以翻译为用来表示“一个人有义务，依据一个规定的方式，向特定的其他人行为的责任或者状态”[⑥]。义理并没有法律上的强制执行力，但是社会文化中，将其视为个人荣誉的一部分而得以执行。[⑦] 再次，耻辱或者犯罪的观念被视为与义理相对的一种行为方式，这构成日本法律与社会的基础。[⑧] 普遍周知的日本观念“失去或者挽回面子”，同样也由义理这个概念产生。[⑨] 遵从义理被视为本能的行为，而不需

---

① See Associated Press，“Japanese Ponder Shame Culture That Leads to Suicides over Debt，Post and Courier”.

② See Omamori – Good Luck Charms，http：//www. oren. jp/japan_ 22. htm ，last visited Nov. 5，2004. 可能对于日本社会来说，移植外国流行的文化潮流是可以接受的，但是移植外国的法律制度是不行的。新的日本破产法以《联合国国际贸易示范法》为依据。Kazuhiko Yamamoto，“New Japanese Legislation on Cross – Border Insolvency as Compared with the UNCITRAL Model Law”，11 *Int. Insol. Rev.* 67，69 (2002). 日本对法律制度传统的厌恶，以及破产在日本社会所带来的无所不在的社会耻辱，可能会阻止新的法律制度在日本的实施。这与其他国家是不可相提并论的。

③ See Noda，“The Character of the Japanese People and their Conception of Law”，p. 302.

④ See ibid. p. 309.

⑤ Minami，*Comment*，“Japanese Thought and Western Law：A Tangential View of the Japanese Bengoshi and the Japanese Attorney”，p. 306.

⑥ Ibid.

⑦ Ibid.

⑧ Ibid.

⑨ Ibid. pp. 306 – 307.

要后天学习，因此正式的法律规则由于违反本能，而受到了日本人的抵制。① 法律人在日本起到的作用，似乎不同于西方，日语中与“律师”这个词语相对应的为“Bengoshi”，大致可以被翻译为“调解人”而不是“诉讼人”。② 法律被类比为神圣的剑——摆放在那里，但是最好从未使用过。③

（2）日本的经济与消费习惯

虽然一些美国人认为，日本人是挥霍浪费的消费者，④ 但是实际上，日本人是世界上最大的储蓄者之一。⑤ 作为世界上第二大经济体的日本经济，在20世纪90年代初期开始走下坡路，因为全面的商业破产，反过来威胁到整个银行体系。⑥ 在很大程度上，这是由于日本传统上喜欢储蓄胜过消费，并且拒绝购买与日本正在成长的经济相当的商品而导致的。⑦ 日本政府呼吁公民

---

① Minami, *Comment*, “Japanese Thought and Western Law: A Tangential View of the Japanese Bengoshi and the Japanese Attorney”, p. 307.

② Ibid. p. 314 n. 93.

③ See Noda, “The Character of the Japanese People and their Conception of Law”, pp. 302 – 303.

④ See Arnold L. Redman & N. S. Gullet, “An Empirical Study of the Impact of Foreign Ownership on the Values of U. S. Commercial Properties”, 11 *J. Fin. Strat. Decs.* 53, 53 (1998). 可能这个观念是20世纪80年代日本盛行的不动产投资的结果。比如，在1985年，日本在美国投资的不动产有18亿美元。在一年之内，这个数字上升到57亿美元。在1988年，日本的投资总共有165亿美元。

⑤ See Mann, “Credit Cards and Debit Cards in the United States and Japan”, p. 1084 n. 103. （该文指出美国的家庭存款率现在在0%与1%之间徘徊，但是日本的存款率在28.5%左右。）有其他说法称，日本的存款率现在大概是11.2%，有所降低，但仍然是世界存款率最高的国家之一。其他的存款率比较高的国家，还有法国及比利时，其存款率分别为15.6%与13.9%。See Mizen, “Consumer Credit and Outstanding Debt in Europe 1”, p. 2.

⑥ See Sungwoo Kim & Steven Morrison, “A Fallacy of Composition: Saving Is Good for an Individual, Yet Very Harmful for a National Economy”, *Exploring Economics*, http://www.economics.neu.edu/exploring/index.php?pid=8&eid=77, last visited Nov. 19, 2004.

⑦ Ibid.

消费，以刺激他们不景气的经济。[①] 与美国公民不同，美国人在2001年9月11日之后，非常乐意去做同样的事情，但是日本人拒绝了。作为一个群体，他们并不怎么愿意消费，尤其是在以商业破产以及失业为特征的经济困难的年代。[②]

正如前面所讨论过的美国的消费习惯，这些习惯是在很多历史事件的作用下而形成的。[③] 在第二次世界大战之后，日本在标准化的大规模生产中，建立了自己的经济。[④] 这取得了非常大的成功，对世界上最大的消费者美国保持很大的贸易顺差，并且诞生许多中产阶级。[⑤] 日本在这个领域的成功，导致其很迟才进入股票或者“价值”（value）市场。而且进入这个领域的速度，可能又过快，因为并没有获得公众对金融业的理

① See kim & Morrison “A Fallacy of Composition: Saving Is Good for an Individual, Yet Very Harmful for a National Economy”.

② See “Japan Economy on Track for Another Grim Year”, *Honolulu Advertiser*, http://www.honoluluadvertiser.com/specials/outlook2002/japan.shtml (Jan. 20, 2002). 该文提到日本游客在夏威夷非常节省，因为日本的经济不景气。银行甚至开始提供无息贷款，促使人们借债花钱消费，但是没有用。这种方式与日本本土文化太不相符。因为喜欢买东西的日本人，也是喜欢用现金买东西，而且只是在他们觉得自己的存款可以承受的时候才会去买。经济已经非常疲软，人们拒绝任何消费，使得经济痛苦停滞。But see Mann, “Credit Cards and Debit Cards in the United States and Japan”, p. 1086.（该文指出尽管日本有着无可非议的高存款率，但是日本经济中也有许多消费者债务。）

③ 在德川时代（1603—1868），封建领主剥削佃户的剩余价值，让他们的生活水平非常低。See Shin-Ichi Yonekawa, “Recent Writing on Japanese Economic and Social History”, in *Econ. Hist. Rev.* 107, 108 (1985). 日本在这期间，同样也在努力发展非农产业，包括大米营销与融资、陆路运输及沿海运输。Ibid. p. 109. 在之后的明治时代（1868-1912），日本试图发展现代化的工业经济。Ibid. p. 110. 然而，这个运动已经非常落后于美国与欧洲的类似运动。日本还有一个非常不同的地方特色，这是马克思主义影响的结果，这使其工业保留军国主义色彩。即使政府主导的商业并不成功，但其为之后更为成功的资本主义制度提供了非常有价值的经验。Ibid. p. 111.

④ See “Post-Occupied Japan-After WWII”, http://www.japan-101.com/history/history_post_occupied_japan.htm, last visited Nov. 6, 2004.

⑤ Ibid.

解或支持，而金融业是价值市场的基础。[①] 这导致了泡沫经济，[②] 在20世纪90年代泡沫爆炸，其影响一直延续至今。[③]

然而，这个趋势可能会发生变化，尤其是在使用信用卡的领域。日本人现在比美国人携带更多的现金，而且没有广泛使用信用卡。[④] 此外，几乎一半的美国公民的信用卡有欠款，但是大概只有10%的日本人有这种情况。[⑤] 这是因为大部分日本人的卡并不是用于这种目的。在大多数情况下，日本人需要在收银台确定，想要在一个账单周期内偿还债务，还是要在更长的期间内保持负债。[⑥] 最近，日本创造出一个新产品，的确需要这种预先的决定与公开，允许顾客过后再决定他或她是否想要清偿该项目，或者将债务保留为欠款。[⑦] 对于发行者来说，这个商务产品非常成功，因为令人震惊的是，用这种卡购买的90%的商品，都没有在一个账单周期内还清欠款，而是成为循

---

① See "Post - Occupied Japan - After WWII", http://www.japan - 101.com/history/history_ post_ occupied_ japan.htm, last visited Nov. 6, 2004.

② Mark Thornton, "The Japanese Bubble Economy", http://www.lewrockwell.com/thornton/thornton24.html (May 23, 2004), last visited Nov. 6, 2004. 泡沫经济的一个非常鲜明的例子，来自20世纪90年代中期网络商业时代。在这个时期，公司股票的正常价格与其出售的虚拟价值，差别非常大。因此，短时间内，市场就会出现大型的高峰或者泡沫，直到其最终以虚拟价格爆炸，而之前是虚拟价格支撑其高峰。See "Economy: Japan's Economy Enters an Era of Globalization", http://www.sg.emb - japan.go.jp/JapanAccess/economy.htm, last visited Nov. 29, 2004.

③ See Thornton, "The Japanese Bubble Economy".

④ See Mann, "Credit Cards and Debit Cards in the United States and Japan", p. 1057.

⑤ See ibid.

⑥ See ibid. p. 1074. 将债务保留为欠款（carrying a balance），需要告诉售货员，该商品将不会立即支付对价。这个步骤是许多日本人所不愿意去做的，不管是小型购物，还是更大型的购物。实际上，大多数日本信用卡，更像是美国的借记卡。See ibid. pp. 1074 - 1075.

⑦ See Mann, "Credit Cards and Debit Cards in the United States and Japan", p. 1080.

环贷款。[①] 至少有一个学者预言，随着这个产品的普及，循环贷款的使用可能会极大提高。[②]

不管过去个人多么不愿意消费，日本企业的消费与借贷还是非常广泛。由于缺少利润，以及极度宽松的银行监管和借贷标准，许多企业面临破产。在许多企业破产之后，[③] 日本政府于1996年彻底接受拯救文化，开始快速修改企业重整法，以使其更加易于重整，防止其彻底失败。[④] 政府计划于2001年为小企业制定新的重整法，但是由于经济持续衰退，他们加快速度，事实上于计划之前就完成了新法的制定。[⑤]

(五) 日本的自然人破产

正如世界上其他许多地方一样，破产在日本最初并不适用于自然人，只是适用于商人。[⑥] 最终，日本建立了自然人破产制度，该制度可以被任何自然人所利用，不管其是否为商人。[⑦] 从一开始，日本的债权人就有权决定是否允许商人继续营业，或者直接清算其业务。[⑧] 现在，自然人可以经常获得豁免。至少有一个学者认为，日本自然人破产制度与美国的自然

---

① See Mann, "Credit Cards and Debit Cards in the United States and Japan", p. 1081.

② See ibid. p. 1081.

③ See Arthur J. Alexander, "Business Failures Rising in Japan as New Bankruptcy Law Takes Effect", 22 *Japan Econ. Inst. Rep.* (June 9, 2000), http://www.jei.org/Archive/JEIR00/0022w5.html, last visited Nov. 9, 2004.

④ See ibid. 改变法律背后的理论是如果这些公司能够偿还他们的债务，而不仅仅是停止营业，那么这可能拯救陷入困境的银行以及整个体系。

⑤ See ibid.

⑥ *Doing Business in Japan* § 7.01 (Zentaro Kitagawa ed., 2001). 那时的制度，只是一个在债务人与债权人之间的私人协议（kashi bunsan）。债务人是一个被社会遗弃的人，而且不配作为社会成员享有一般的社会关照。私人协议于17世纪开始，一直持续到1867年。

⑦ Ibid. § 7.01 [3] (2001). Bankruptcy Act, arts. 5, 12, 31, 33, 34, 42 - 44, 80 - 82.

⑧ *Doing Business in Japan* § 7.01 [2].

人破产制度，并没有很大区别。① 但是，在很多方面，日本破产法比美国破产法更加严格。只有在债务人不能清偿到期债务的时候才可破产。② 此外，豁免也不是自动的，而是需要申请。③ 再者，获得豁免要整整 10 天，而在此期间，债务人被禁止从事许多业务活动，包括担任企业或者株式会社的主管。④

自然人破产在日本非常少，在 2000 年，每 1000 人当中只有 0.7 个人申请破产，而在美国，每 1000 人中有 5.2 个人申请破产。⑤ 考虑到日本人的消费习惯，⑥ 还有这种行为所承受的社会耻辱，这个现象并不令人惊奇。从"bunsan"或者破产习惯法中的社会暗示，明显是"chawah hitotsu ni hashi ichi-

---

① See Mann, "Credit Cards and Debit Cards in the United States and Japan", pp. 1084 – 1085. See *Doing Business in Japan* § 7.02.

② 日本法专注于从民法角度，强调债务人的偿付能力不足，来为破产程序提供正当理由。当前，日本法承认三种破产理由：偿付能力不足（shiharai – funC），暂停支付（shiharai – teishi），以及资不抵债（saimu – chCka）。法院办事员记录申请，并不意味着法院已经认可有可以支持破产申请的事实。如果债务人不想破产的话，他们可以反驳任何类型的理由。如果想要更深层次地探讨日本破产法的运行及破产宣告，see Asian Development Bank, "Insolvency Law Reforms – Report on Japan", http://www.insolvencyasia.com/insolvency_ law_ regimes/japan/index.html, last visited Nov. 22, 2004; Shinchiro Abe, "Recent Developments of Insolvency Laws and Cross – Border Practices in the United States and Japan", 10 *Am. Bankr. Inst. L. Rev.* 47, 49 – 51 (2002)。正如在美国一样，日本法院会指定一个管理人处理所有的非豁免财产。See Minhi shikkC HC (Civil Execution Act), Law No. 4 of 1979), arts. 131, 132, 152, 153, 引自 *Doing Business in Japan* § 7.06 [1].

③ See Efrat, "Global Trends in Personal Bankruptcy", p. 102. 这将由法官的自由裁量权决定，只要法官发现债务人是诚实的，而且没有能力清偿他的债务。See ibid. 否定债务豁免的理由，包括案前欺诈性转移财产，以及向法庭作出虚假陈述。See Minji saisei ho (Civil Rehabilitation Act), Law No. 225 of 1999, arts. 366 – 369.

④ See *Doing Business in Japan* § 7.08 [3] n. 14.

⑤ Efrat, "Global Trends in Personal Bankruptcy", pp. 100 – 101.

⑥ See Mann, "Credit Cards and Debit Cards in the United States and Japan", p. 1084.

zen”，字面意义即“一个饭碗和一双筷子”①。这个词语涉及债务人依据习惯法而享有的全部豁免。② 这个表达表明，一个申请了破产的人，实际上没有什么权利拥有什么，而且这是“一个被人唾弃的人，不配享受作为社会成员所享有的一般社会关照”③。

（六）日本重整法

日本有许多的重整制度，而且他们相互之间并不排斥。④ 这个复杂的系统包括了之前的《和解法》（Composition Act）、⑤《企业重整法》（Corporate Reorganization Act），⑥ 还有最近制定的《民事再生法》（Civil Rehabilitation Act，CRA）。⑦ 日本的商法典同样也规定庭外程序，被称为“企业

---

① See *Doing Business in Japan* § 7.01［2］.

② See ibid.

③ See ibid.

④ See Shinichiro Abe，“The Japanese Corporate Reorganization Reform Law of 2002”，22 *Amer. Bankr. Inst. J.* 36，36（2003）；Kent Anderson，“Small Business Reorganizations：An Examination of Japan's Civil Rehabilitation Act Considering U. S. Policy Implications and Foreign Creditors' Practical Interests”，75 *Amer. Bankr. L. J.* 355，360（2001）.

⑤ See Abe，“The Japanese Corporate Reorganization Reform Law of 2002”，p. 36 n. 6［引自 Wagi ho（Composition Act），Law No. 72 of 1922，这是在 1999 年 12 月 14 日《民事再生法》通过之前，最经常使用的《企业重整法》。］See Minji saisei ho（Civil Rehabilitation Act），Law No. 225 of 1999. 对于统计数据，see Anderson，“Small Business Reorganizations：An Examination of Japan's Civil Rehabilitation Act Considering U. S. Policy Implications and Foreign Creditors' Practical Interests”，p. 360［quoting 1 Saiko Saibansho Jimu Somukyoku（Supreme Court General Secretariat），*Shiho Tokei Nenpo*，*Minji gyosei hen*（Annual Report of Judicial Statistics，Civil and Administrative Cases Volume）］（1990 - 1999）。

⑥ See Kaisha kosei ho（Corporate Reorganization Act），Law No. 172 of 1952.《企业重整法》被认为是针对大型公共企业重整的严格且不宽容的程序。See Theodore Eisenberg & Shoichi Tagashira，“Should We Abolish Chapter 11？The Evidence from Japan”，23 *J. Legal Stud.* 111，113 - 14（1994）.

⑦ See Civil Rehabilitation Act.

安排”（Corporate Arrangement）。[①]《企业重整法》是为大型公共交易公司所制定的，《和解法》从技术上来说是新《民事再生法》的前生，是针对小企业重整的。[②] 这些企业没有大到适用《企业重整法》，也没有小到适用《民事再生法》。[③] 实际上，日本的大型商场崇光百货（Sogo Department Store）最近依据《民事再生法》提起诉讼，可能是因为《民事再生法》更加考虑债务人的利益，并且比《企业重整法》更易于适用。[④] 与《和解法》和《企业重整法》相比，《民事再生法》是对当前法律的完全背离。[⑤] 不像现在所有美国之外的其他制度一样，[⑥]《民事再生法》并没有规定偿付能力不足的要求。[⑦] 正如大多数其他制度一样，一个案件只有在

① See Abe, “The Japanese Corporate Reorganization Reform Law of 2002”, p. 36. 这实际上是个法庭外的私下和解案件。因为提出来的和解计划，需要所有债权人的同意，这并不经常使用。

② See Anderson, “Small Business Reorganizations: An Examination of Japan's Civil Rehabilitation Act Considering U. S. Policy Implications and Foreign Creditors' Practical Interests”, pp. 360 - 361.（该文认为《民事再生法》被视为《和解法》的发展或者修订。）

③ See ibid.

④ See ibid. pp. 363 - 364.《企业重整法》在《民事再生法》制定的时候还没有修订，使得《民事再生法》成为日本人商业重整政策的最新制度。

⑤ See ibid. p. 363.

⑥ See e. g. , Broude et al. , “The Judge's Role in Insolvency Proceedings: Views from the Bench: Views from the Bar”, p. 560.（该文认为法国也没有偿付能力不足的要求。）

⑦ See Civil Rehabilitation Act, art. 21. 现在只要对资产负债表（balance sheet）有担忧，或者担心可能偿付能力不足，就足以申请成功。变化的原因是起草者想要避免偿付能力不足的要求，以防时间太晚，而无法再重整。See Anderson, “Small Business Reorganizations: An Examination of Japan's Civil Rehabilitation Act Considering U. S. Policy Implications and Foreign Creditors' Practical Interests”, p. 367.

有重整希望的时候才会被受理。[①]

理论上说，依据《民事再生法》，企业由控制债务人管理。[②] 然而，实际上控制债务人经营管理企业的程度，因为地区不同而不同。[③] 在大阪与札幌地区，法院一般遵从美国式的重整程序，让控制债务人管理为原则，而指定监督人仅仅是例外。[④]然而，在东京法院一般依据旧《和解法》的制度，在每个案件中都指定监督人。[⑤] 在名古屋，法院似乎追随英国制度，指定检查人，包括商业专业人士（比如会计师）来在每

---

① See Civil Rehabilitation Act, arts. 21 (1), 33. 该计划必须要有实际上被批准的可能，并且表明是诚信的。对于提出计划的时间，有一定的限制，但是限制并不严格。See Anderson, "Small Business Reorganizations: An Examination of Japan's Civil Rehabilitation Act Considering U. S. Policy Implications and Foreign Creditors' Practical Interests", p. 391. 《和解法》需要在申请的时候提出计划。与《和解法》不同，"《民事再生法》的附属规则规定，除非出现特别的情形，计划需要在两个月内提出，时间从证据提交截止日起算。这个截止日期一般是在程序开始之后的两周到四周之间"。Civil Rehabilitation Act, arts. 18 (1), 84 (emphasis added). 此外，由法院决定提交计划的时间期限。"债务人应当要在法院规定的时间内准备并向法院提交计划草案。" Anderson, "Small Business Reorganizations: An Examination of Japan's Civil Rehabilitation Act Considering U. S. Policy Implications and Foreign Creditors' Practical Interests", p. 391 [citing Civil Rehabilitation Act, art. 163 (1)].

② 然而，法院有权在一个案件中，指定非常多的专业人士，包括监督人（supervisors）、检查人（examiners）、管理人（trustees）、接管人（receivers）、政府代表以及债权人委员会。See Anderson, "Small Business Reorganizations: An Examination of Japan's Civil Rehabilitation Act Considering U. S. Policy Implications and Foreign Creditors' Practical Interests", pp. 373 – 379.（该文详细介绍这些专业人士的具体角色。）

③ See ibid. p. 373.

④ See ibid.

⑤ See ibid. 法院可以指定一个监督人，来监督债务人。法律并没有清楚规定监督人的权力，只是规定监督人应当要监督债务人，并且要确保债务人没有在未经过监管人的同意的情形下，从事特定的行为，这些特定的行为由法院决定。Civil Rehabilitation Act, art. 54. 监督人有两个积极的权力：（1）法院可以赋予监督人解除权（a right of avoidance），以对抗欺诈性的再次转让，ibid. art. 56；（2）监督人有类似于传唤（a subpoena – like right）的权利，可以直接要求债务人及其管理人员和职员提供报告。Ibid. art. 59.

个案件中经营管理公司。[①] 更不用说，在日本还存在针对控制债务人概念的矛盾情绪，但是这是为接受控制债务人概念，所迈出的非常重要的一步。

在《民事再生法》通过后不久，《企业重整法》被修改，以使其更加方便操作。[②] 新《企业重整法》中最根本的是，其既约束担保权人也约束无担保债权人。[③] 由于对别除权或担保人区分权的强烈信念，日本之前的破产法没有对担保权人的权利施加过影响。[④] 即使新的《民事再生法》，也没有涉及担保权人的权利。[⑤] 然而，其的确允许债务人减少其所欠财产的债务，这要向法院支付相应价值，才能消灭担保权人在那个特定财产上

---

① See Anderson，“Small Business Reorganizations：An Examination of Japan's Civil Rehabilitation Act Considering U. S. Policy Implications and Foreign Creditors' Practical Interests”．检查人的权力并不如监督人那么广泛。因为检查人没有传唤权也没有解除权。但是，检查人可以检查债务人。Ibid. art. 62. 检查人的主要职责，就是在规定的时间内为法院提交报告。

② See Abe，“The Japanese Corporate Reorganization Reform Law of 2002”，p. 36.《企业重整法》的修订版于2003年4月1日起生效。

③ Ibid.

④ See Civil Rehabilitation Act，art. 51；see Anderson，“Small Business Reorganizations：An Examination of Japan's Civil Rehabilitation Act Considering U. S. Policy Implications and Foreign Creditors' Practical Interests”，p. 380 n. 148. 但是，《民事再生法》没有规定法院可以暂时限制担保权人，通过司法拍卖的方式，出售债务人财产的权利。如果债务人申请的话，他要提前支付债权人可能的成本，并证明延迟不会损害债权人的利益以及这种行为的暂停最有利于债权人的利益。Civil Rehabilitation Act，art. 31（1）（2）.

⑤ 债务人有证明债权人无权享有该财产或者暂停的责任，这与《美国破产法》第362部分不同。《美国破产法》第362部分中，债务人可以获得自动中止，而且债权人如果要阻止该中止，需要提供许多证明。See 11 U. S. C. § § 362（d）（1），362（d）（2）. 这个例外，证明重整中担保权人的一般性权力，包括依据《民事再生法》而开始的案件。

的担保权益。[①]

《民事再生法》的通过，以及最近对《企业重整法》的修改，看起来是为了促进再生而使法律自由化的非常成功的尝试。话虽如此，我们可能假定，日本社会现在已经接受企业破产是日本生活中的一部分。现实看起来并不是这样。任何种类的破产仍然都还是很大的耻辱。政府最近甚至通过一个黄金时间的电视节目秀，介绍《民事再生法》的积极作用与特征，以促进《民事再生法》的适用，[②] 这种行为本身就证明社会对这种观念的抵制。

（七）当法律与文化冲突：债务与自杀

当日本政府尽其所能地降低社会耻辱与经济破产之间的关

① Civil Rehabilitation Act, art. 148（1）. 这本质上已经相当于《美国破产法》中的赎回（redemption），see 11 U. S. C. § 722，而且在第11章和第7章中，一样都可以得到批准。我觉得不幸的是，在多数情形下，多数美国债务人与日本债务人，实际上没有现金购买担保权人在这些担保物上的利益。虽然这并不是美国标准的担保权人权利的替代品，而且对于没有什么现金的穷债务人来说，可能没有什么用。但是，这是日本历史上，第一次在破产案件中削弱担保权人的权利。See Anderson, "Small Business Reorganizations: An Examination of Japan's Civil Rehabilitation Act Considering U. S. Policy Implications and Foreign Creditors' Practical Interests", p. 384. 这个规定在日本当前的通货紧缩的经济停滞环境中，可能非常有用，许多的担保财产都已经保不住它们原来的价值。如果没有其他情形，这个规定可能首次提供平衡，以在破产案件中对抗担保权人。

对《企业重整法》的修改，使程序比以前大大简便。See Abe, "The Japanese Corporate Reorganization Reform Law of 2002", p. 36.（在过去的20年中，每年都会有4次到47次。）依据新的《企业重整法》，破产法院不需要确定一个企业是否有重整的可能。相比《民事再生法》来说，《企业重整法》对债务人更加有利，而且这也可以促进尽早申请。《企业重整法》同样也给申请之后提出的主张，提供更好的保护，因此也促进申请之后的财务运转。See ibid. p. 37. 最后，虽然《企业重整法》本身并不是债务人占有的制度，但是它的确允许法院指定债务人的管理人员代替管理人。这里所说的债务人的管理人员是指债务人的首席执行官、首席财务官等。

② Anderson, "Small Business Reorganizations: An Examination of Japan's Civil Rehabilitation Act Considering U. S. Policy Implications and Foreign Creditors' Practical Interests", p. 363. 很难想象美国政府通过这样的电视节目，来促进第11章的使用，但是日本经济的确处于困境之中。

系时，日本消费者最终似乎不再那么拘束，消费增长了。循环消费贷款的使用看起来一直在增长，这可能有助于刺激经济的增长。这同样也可能导致更多的消费者经济破产，这可能会在实际上带来更多的社会问题。

虽然在系统中消费信贷增多，但是日本还是没有放松他们对经济破产的信念，不论是对于企业还是对于自然人。尽管大量负债企业最近已经退出市场，但是破产给日本的企业所带来的社会耻辱，实际上还是会比世界上其他任何地方都高。在日本，破产企业的高管们通常会作出比消失更严重的举动。经济破产是最恶性的社会耻辱，通常只能通过自杀才能得以解脱。[①] 由于更高的消费债务水平变得更加普遍，破产增多，因此自杀率也会上升。仅仅让法律变得自由，能否阻止这种潮流非常不清楚。[②]

---

① Mark West，"Dying to Get Out of Debt：Consumer Insolvency Law and Suicide in Japan"，14 – 15（2003），http：//www. law. umich. edu/centersandprograms/olin/abstracts/discussionpapers/2003/west03015. pdf，last visited Nov. 22，2004；see Francoise Kadri，"Millions of Ordinary Japanese on Brink of Financial Ruin as Debts Mount"，*Agence Fr. – Press*，Mar. 24，2002，available at 2002 WL 2369590；Yuri Kageyama，"Debt，Loan Sharks and Culture of Shame a Recipe for Suicide"，*Japan Times*，Mar. 13，2003，p. 15；Marina Kamimura，"As Japan's Economy Stumbles，Suicides Near Record Levels"，*CNN. Com*，http：//www. cnn. com/WORLD/asiapcf/9809/13/japan. suicides（Sept. 13，1998）. 自杀直接与财务失败相关，而且很少有人知道他们可以申请破产。See Gautaman Bhaskaran，"Suicide State"，*The Hindu*，May 12，2002，available at 2002 WL 20190290. 对于这个问题有许多的新闻报道，即使这可能是最惨的一种。这将高自杀率直接与经济衰退相联系，并且大概介绍政府试图通过教育，缓解这个问题的努力。这篇文章报道日本广为人知的终身雇佣制度，以及对公司忠诚的传统，同样还报道在失业之后的自杀趋势。日本的自杀率在工业化国家中是最高的，每天有超过 80 人自杀。这个资料将这些大量的死亡，归因于经济问题，该现象对于美国社会来说是非常陌生的。

② 一些心理学文献可以解释破产带来的社会耻辱。这些文献认为，越是重视独立性的社会，一般对违约的担心越少，特别是对于不能清偿的担心越少。重视依赖性严重超过独立性的文化，非常可能想要遵守他们的诺言，甚至不惜一切代价，这是他们为了保全面子的一种方式。Davangshu Datta，"Uncertain Times"，*The BS Weekend*，October 26，2002，available at 2002 WL 100052313.

日本文化非常复杂，有许多潜规则与等级。[①] 人们希望一辈子就做同样的工作，而且难以在觉得没丢面子的情形下面对失业。[②] 但是，挽回面子是最终的社会需要。不管法律还是宣传，都不能改变这些观念。在亚洲的大部分地区（包括日本），非正式的协议如果没有超过正式协议的执行力，也跟其相当。[③] 明确的破产法，像明确的合同法以及明确的公司与证券法一样，起到的作用远远小于这些法律在西方世界中所起到的作用。[④] 非正式的破产程序，经常比正式的程序更受欢迎，因为正式的规则，一般会与社会的价值体系相冲突。[⑤] 因此，单纯地改变法律，并不一定会改变经济与法律实践，或者关于经济破产的社会观念。

1. 从中国香港和中国内地所学到的经验

不论是中国香港还是中国内地，都没有制定像日本那样详细的破产法制度。[⑥] 香港有现代个人破产法，但是没有企业重

---

① Milhaupt, "On the (Fleeting) Existence of the Main Insolvencies: A German Perspective", pp. 434 – 435.

② See Curtis J. Milhaupt, "A Relational Theory of Japanese Corporate Governance: Contract, Culture, and the Law", 37 *Harv. Int'l L. J.* 3, 4 (1996).

③ See ibid.

④ See ibid.

⑤ See Wihlborg & Gangopadhyay, "Infrastructure Requirements in the Area of Bankruptcy Law", p. 305. 比如，在亚洲危机之后，印度尼西亚与泰国实施新的重整法律与程序。See ibid. p. 306. 这些新的变化，实际上对于帮助有自我经营能力的公司来说，没有什么影响，对于重整或者关闭无法继续经营的公司来说，也没有什么影响。因为有个根深蒂固的观念，即债权人不应当接管公司，因为这些公司是由公司所有者与管理者，经过很长时间建立起来的。Ibid. 很明显，这并没有刺激公司提升他们的经营，因为债权人不可能有效地取消赎买权，而且也不会带来接管的威胁。

⑥ 参见第 423 至第 433 页的注释，以及相应文本。因此，对于香港与中国内地的破产法谈论的比较少；see also Roman Tomasic et al., "Insolvency Law Administration and Culture in Six Asian Legal Systems", 6 *Austl. J. Corp. L.* 248, 248 (1996)（该文指出中国香港与中国内地当前的法律是旧的，这些法律的目的是要关闭企业，而不是救活它们）。

整制度。[①] 中国内地没有个人破产制度，但是有对困境企业的救济制度。[②] 跟日本一样，文化上的障碍可能使中国难以实施这些新法。[③]

（1）中国香港的破产法和文化

正如人们对一个英国的殖民地所预期的，在一定程度上，香港的破产法看起来总是像英国的破产法。[④] 出人意料的是，虽然采取几个措施来使其企业破产法现代化，香港仍然没有企业重整程序。香港当前的破产法大体上以1929年从英国引进的法律为基础。[⑤] 不用奇怪，这些法律陈旧、严厉，而且倾向于债权人。[⑥]

有关修改香港破产法关于企业重整部分的提议没有通过。[⑦] 清算（liquidation）即“破产”（bankruptcy），是企业的唯一选择。[⑧] 在几乎10年的时间里，学者与立法者一直试图在香港制定企业拯救机制，但是没有成功。[⑨] 这个被称为“临时监督”的机制，起草的时候是想模仿英国的“管理”（Administration）制度。在临时监督下，由专业人士或者接管人经营公

---

① Leslie Burton, “An Overview of Insolvency Proceedings in Asia”, 6 *Ann. Surv. Int'l L & Comp. L.* 113, 114 – 15 (2000).

② See Tomasic et al. , “Insolvency Law Administration and Culture in Six Asian Legal System”, p. 252.（中国还没有自然人破产制度，中国同样也在发展消费文化。）奈特·里德（Knight Ridder）报业集团的报纸刊登过一篇报道，说梅赛德斯（Mercedes）与古琦（Gucci）店里突然到处都是中国人。Tim Johnson, “China: Asia'sNew Money Machine”, *Albuquerque. J.* , Feb. 15, 2004, at B8.

③ 参见第430页注③至注释⑧，第431页注释①至注释④，以及其相应文本。

④ See Burton, “An Overview of Insolvency Proceedings in Asia”, p. 114.

⑤ See Tomasic et al. , “Insolvency Law Administration and Culture in Six Asian Legal System”, p. 255.

⑥ Burton, “An Overview of Insolvency Proceedings in Asia”, p. 114.

⑦ Burton, “An Overview of Insolvency Proceedings in Asia”, p. 115; see Philip Smart & Charles D. Booth, “Corporate Rescue: Hong Kong Developments”, 10 *Am. Bankr. Inst. L. Rev.* 41, 42 (2002).

⑧ See Burton, “An Overview of Insolvency Proceedings in Asia”, pp. 114 – 115.

⑨ See ibid. p. 115.

司并提出自愿的安排，由债权人在6个月之内投票表决。[①] 正如在英国的破产管理中，债权人控制着程序；[②] 这些没有通过的临时监督草案，也都没有规定控制债务人制度。[③]

新制度的第一个草案受到职工组织的激烈反对。因为依据《公司条例》第166节的规定，清算程序中职工债权人最先受到清偿。[④] 这些组织害怕新的临时监督，将对他们的利益带来不利影响，因而反对该议案。[⑤] 在那之后，为了满足这些利益要求，法律草案修改成要求在重整的背景下，临时监督中的任何企业要优先全额清偿所有的职工债权以及所有职工的遣散费，不论这些职工是之前就已经被解雇，还是未来将要被解雇。[⑥] 许多学者和立法者将这个要求视为阻碍重整成功，甚至试图阻碍重整的主要因素，这个要求在现在的草案中仍然存在。[⑦]

当前立法的另一个关键是担保权人的待遇。在早期的草案

---

① Charles D. Booth, "Hong Kong Corporate Rescue: Recent Developments", 15 *Am. Bankr. Inst. L. Rev.* 24, 24 (Nov. 2000). 有趣的是，该法案规定对于偿付能力充分或者偿付能力不足的公司，都适用临时监督。

② See ibid.

③ See ibid.

④ See Philip Smart & Charles D. Booth, "Provisional Supervision and Workers' Wages: An Alternative Proposal", 31 *HKLJ* 188, 188 (2001).

⑤ See ibid.

⑥ See Philip Smart & Charles D. Booth, "Corporate Rescue: Hong Kong Developments", p. 43. 该法实际上是要求这些公司“完全清偿（或者在一个合格的银行中设立一个信托账户，有足够的基金来完全清偿）：(1) 所有职工的薪酬债权；(2) 依据职工条例（the Employee Ordinance）所产生属于其‘前员工’的所有债权，比如遣散费”。Ibid. 因为“前员工”被解释得非常狭窄，这需要公司不仅要为已经解雇的员工预留资金，而且还要计算并且提前支付在重整过程中，将要被解雇的员工的资金。

⑦ Electronic Interview with Charles D. Booth, Associate Dean, University of Hong Kong (Dec. 2, 2004). 在强制清算中，职工的主要保障来自于“破产基金对工资的保障”。2002年9月，香港特别行政区财经事务及库务局局长提出，当前僵局的一个可能的解决方式，就是要求在临时监督中，公司需要提前支付（或者存入一个信托账户中）与这个基金在强制清算中可能需要支付的数量相当的钱，而不是要提前支付所有主张的全部费用。

中，担保权人与所有其他债权人一样表决计划安排，因此可能被强行接受他们并不喜欢的计划方案，并且可能失去他们就担保财产享有的优先地位。① 当现在的草案不包括这些不利规定的时候，事态可能向着有利于担保权人的方向前进了一大步。② 担保权人拥有全部或绝大部分债务人财产的担保权利，而且现在有否决临时监督的权利，并且能够在申请之后的 4 到 7 个工作日内，完全终止临时监督程序。③ 但是，这些都没有被立法所采纳，所以所有的规定还是大家都有份。此外，香港通过非正式途径解决破产和经济困境，总是有很长的历史，比如庭外解决，而且这个趋势不管临时监督通过与否，都很可能继续。

当香港的企业破产法还没有被现代化的时候，被称为“破产”的自然人破产法，已经非常宽松、非常现代化。④ 在过去，由于豁免规定具有自由裁量性，许多债务人并没有被豁免，而且可以获得豁免的最短期间是 8 年。⑤ 比如，从 1983 年到 1992 年的 10 年，香港大约有 2400 人申请个人破产，但是只有 25 人获得破产豁免。⑥ 实际上，豁免的自由裁量性导致破产成为大多数人一辈子的判决。⑦ 在提出申请之后、获得豁免之前，债务人不能获得额外的信贷。从 1998 年 4 月 1 日开始生效，即使不是

---

① Electronic Interview with Charles D. Booth, Associate Dean, University of Hong Kong (Dec. 2, 2004), pp. 42 – 43.

② See ibid.

③ Ibid. 即使行使这个否决权，可能导致银行受到负面宣传，当前的草案也不允许主要担保权人阻止临时监督的开始。Ibid. p. 44.

④ See Charles D. Booth & Philip St. J. Smart, “Retroactive or Prospective?: Determining the Scope of Hong Kong's New Insolvency Law”, 8 *Int'l Insol. Rev.* 27, 32 (1999).

⑤ Ibid. 该法案同样规定，在 1998 年 4 月 1 日之前判决的破产，从 1999 年 4 月 1 日起将被豁免。

⑥ Ibid. p. 32 n. 24.

⑦ Ibid. p. 32.

大部分，也有很多个人债务人可以在4年之内获得豁免。①

不同于东亚的有些地区，香港人并不害怕行使他们的破产权利。② 2003年11月，在香港有939起破产申请，③ 在同年10月有1417起。④ 这些数字表明，破产申请相对于上一个年度来说有所下降。2002年11月有2441起破产申请，在2003年1月有3193起。⑤ 这些数字与10年前相比非常大，表明破产申请的增长超过1000%。⑥ 虽然部分增长可以被归功于个人破产豁免制度的自由化；但是，消费信贷的增长，尤其是信用卡的大量使用，可能也能够为这些增长提供合理的解释。⑦ 在2002年3月，中国香港有将近700万的居民，而流通中的信用卡有938万张。⑧

文化在香港对待破产制度的态度中所起的作用非常小，尤其是与中国内地相比，⑨ 因为其法律缺乏香港当地独特的文化因素。⑩ 即使在香港还存在一些中国传统观念，比如出于道德的考虑想要向债权人偿还债务。但是这些中国传统观念，由于香港人口具有流动性而得以减弱。⑪ 此外，香港大多数破产制度涉及

---

① See Charles D. Booth & Philip St. J. Smart, "Retroactive or Prospective?: Determining the Scope of Hong Kong's New Insolvency Law".

② See Kelvin Chan & Chow Chung - yan, "Bankruptcies Fall to Their Lowest Level in Two Years", *S. China Morning Post*, Dec. 20, 2003, p. 3.

③ Ibid.

④ Ibid.

⑤ Ibid.

⑥ Ibid. 在美国，有迹象表明，在1998年豁免规则自由化之后，破产的申请有所提高，当然全部的增长可能不能归结为这个事实。

⑦ "Hong Kong Bankruptcies and Jobless Rates Hit Record", *The Asian Banker J.*, Sept. 20, 2002, p. 4.

⑧ Ibid. 作者提到这个数量，达到每个人1.34张信用卡。

⑨ Tomasic et al., "Insolvency Law Administration and Culture in Six Asian Legal System", pp. 282 – 283.

⑩ Ibid. p. 283.

⑪ Ibid.

外国公司，而不仅仅是中国的公司。在香港的财产有随人流动的趋势，而不是大型资本资产，而且香港的货币流动性非常大，这些都需要法院在破产案件中快速作出回应。[①]

因此也不用惊奇，在香港申请破产，并不像许多其他亚洲国家那样蒙受巨大耻辱，部分原因可能是香港是一个国际化的流动性非常大的社会。[②] 在20世纪80年代发生的一些大型破产使得这种观念更加普遍，因此也更加易于让人接受。[③] 对于生活在香港的传统的中国人来说，破产带来的耻辱还是存在的，因此中国人的企业很少选择破产。[④]

与中国内地一样，香港人都避免通过法院解决问题，更喜欢自己私下解决。[⑤] 香港经济的健康发展也使得破产制度改革不那么被需要。[⑥] 当企业陷入困境的时候，银行很愿意帮助他们脱离困境。然而，很多人相信香港非常需要破产法改革。[⑦] 此外，比起中国内地或者日本来说，香港人更可能接受并且运

---

① Tomasic et al.，"Insolvency Law Administration and Culture in Six Asian Legal System". 一般情况下，在香港，破产的目的是给职工提供补偿。在企业关闭之后，由一个工资破产基金来支付。Ibid. p. 282. 香港的员工根据他们的年龄，可以被分为两类：超过50岁的员工有着传统的中国文化观念与信念，将商业关系视为长期的承诺；年轻的员工一般更多受到西方文化的影响，很少用这种长远的眼光看待商业交往。如果他们觉得法律制度对他们有益，他们并不会害怕运用法律保护自己。因此，儒家文化传统正在被淡化。中国文化的影响非常有限，因为大多数破产实践，都是在英国普通法传统下培养起来的。Ibid. p. 283.

② Burton，"An Overview of Insolvency Proceedings in Asia"，p. 117.

③ Ibid.

④ Ibid. 涉及破产这方面，香港与中国内地的关系非常复杂。See ibid. p. 120. 当时，中国内地并没有接受在香港发生的破产。See ibid. 中国内地现在是香港最大的投资者，所以香港拥有的很多资金，都是来自中国内地的企业。Ibid. p. 116.

⑤ Tomasic et al.，"Insolvency Law Administration and Culture in Six Asian Legal System"，pp. 255 –256.

⑥ Andrew Duncan，"A Brief Overview of Insolvencies in Hong Kong"，30 *BCD News & Comment* 21（1997）.

⑦ Tomasic et al.，"Insolvency Law Administration and Culture in Six Asian Legal System"，p. 256.

用现代破产法。孔子学说以及其他的传统力量在现代的、长期被殖民的、以市场为基础的中国香港起到的作用更小。[①]

（2）中国内地的经济、破产法和文化

不像曾经为殖民地的中国香港，中国内地有很长的经济和社会隔离的历史，还有可以追溯到公元前221年的悠久历史，因为在公元前221年其获得独立。[②] 中国同样是世界上土地面积最大的国家之一，而且是世界上人口最多的国家，有1，298，847，624人。[③] 在最近几年，中国正在经历令人惊讶的转变。原来是国家控制经济，现在随着企业增多，私人控制的企业渐渐在经济中所占的比重越来越大。[④] 实际上，大大超过一半的中国企业，现在由私人所有；[⑤] 而且，中国现在非常鼓励吸引外资。[⑥]

过去，中国政府严格限制经济中出现的任何资本主义因素。[⑦] 现在，中国意识到，资本主义可能在很多领域比国有企

---

① Tomasic et al.，"Insolvency Law Administration and Culture in Six Asian Legal System"，p. 282.

② See"The World Fact Book Website－China"，http：//www. cia. gov/cia/publications/factbook/geos/ch. html，last visited Dec. 4，2004. 这与美国历史只能追溯到公元1776年相比，特别引人注目。

③ Ibid.（这是2004年7月的估计。）

④ See Asian Dev. Bank，*The Development of Private Enterprise in the People's Republic of China*，http：//www. adb. org/documents/studies/PRC_ Private_ Enterprise_ Development/prc_ private_ enterprise. pdf（Mar. 5，2003）.（该文讨论了五种类型的私营企业，以及中国政府和经济学家怎样界定"私营"。）

⑤ See ibid.

⑥ See Stephen H. Diamond，"The PetroChina Syndrome：Regulating Capital Markets in the Anti－Globalization Era"，29 *J. Corp. L.* 39. 47（2003）.［该文介绍了中国石油（PetroChina）首次公开发行。］

⑦ See Allan Zhang，"Hidden Dragon：Unleashing China's Private Sector"，http：// www. pwcglobal. com/extweb/newcolth. nsf/docid/3D15C57A6D220BB985256CF6007B9607，last visited Nov. 22，2004. 非常值得注意的是，这个数据是由普华永道（PricewaterhouseCoopers）提供的。普华永道在描述中国的投资环境时，可能会有自己的经济利益在里面。因而其所描述的情形，可能比实际情况会好些。

业体制更能提高生产力，因而接受甚至鼓励资本主义。[①]

对私有企业的接受并不是突然出现的。在 1982 年，政府努力促进经济发展，使资本主义企业家“再生”。[②]“在中共十六大上，并不只是‘红色资本家’被邀请加入共产党，甚至有些私人企业家也成为代表。”[③] 共产党同样也宣告要“促进非公有制经济的健康发展”并且“更好地保护私有财产”[④]。

中国的国有企业集中在重工业领域，而且负债很多。为了提高效率，这些行业通过大规模裁员以及企业重组而调整结构。[⑤] 结构调整措施取得的效果有限。即使是中国政府令人怀疑的官方数据，也显示国有企业的损失于 1996 年第一次超过利润。[⑥] 此外，中国的大型国有银行已经注销 153 亿美元的国有企业不良贷款。[⑦]

尽管制度环境非常困难，私有企业还是发展得非常快。[⑧]到 2002 年，私有领域产出大约占中国总产量的 60%，但是只是利用了 20% 的国家资源。[⑨] 10 个工作岗位中，有 8 个是私有领域创造的。[⑩] 中国整体经济以 8% 的速度增长，而且这个速

---

① See Allan Zhang，“Hidden Dragon：Unleashing China's Private Sector”，http：//www. pwcglobal. com/extweb/newcolth. nsf/docid/3D15C57A6D220BB985256CF6007B9607，last visited Nov. 22，2004.

② Ibid.

③ Ibid.

④ See Zhang，“Hidden Dragon：Unleashing China's Private Sector”.

⑤ Christopher A. McNally，*China's State - Owned Enterprises：Thriving or Crumbling?* 1（2002）.

⑥ See ibid. p. 1.

⑦ Ibid. p. 5. 相对于美国总共有 4220 亿美元的不良贷款来说，中国国有银行承担的这个注销量很小。See“A $45 Billion Shot In the Arm”，*The Economist Global Agenda*，http：//www. economist. com/agenda/displayStory. cfm? story_id = 2328008（Jan. 6，2004）. 这些贷款是银行贷款策略的产物，由破产的国有企业及依靠这些国有企业生活的员工的需要导致。

⑧ See Zhang，“Hidden Dragon：Unleashing China's Private Sector”.

⑨ Ibid.

⑩ Ibid.

度有望持续到2005年。[①] 中国共产党致力于在接下来的20年中保持这个增长，私有领域将成为这个增长中不可缺少的部分。[②]

文化在中国法律中起到非常重要的作用，尤其是对于破产法而言。[③] 鉴于其人口基数大，中国有记录的企业破产水平不高。[④] 在中国社会，破产的概念长期被谴责为“运气不好”，即“厄运”。[⑤] 如果父亲欠债，他的儿子或者孙子也会对此负有责任。破产预示将带来几代人的生活负担。[⑥]

中国历史上对于司法权力一直不信任。[⑦] 债权人专注于“关系”，与他们索赔权相抵触。[⑧] 正如下面会进一步讨论的，中国的破产案件由政府控制，而不是由独立的法院控制，导致

---

① See “A $45 Billion Shot In the Arm”.

② See Zhang，“Hidden Dragon：Unleashing China's Private Sector”. 中国大部分的经济生产，将继续依靠国有企业。但是，私营企业已经成长为中国经济的重要组成部分。中国的领导人已经认识到这些私营企业在保持国家经济发展中必不可少的角色。

③ See Ma，“A New Chinese Bankruptcy System：Made for Business or for the State?”，p. 205.

④ See Feng Chen，“Chinese Bankruptcy Law：Milestones and Challenges”，31 *St. Mary's L. J.* 49，60（1999）.“破产法在调整社会结构这方面，应当起非常重要的作用，但是中国法院的破产案件非常少。”“法院在1987年审理第一个破产案件。”“在最初的6个月中，在全国有98个案件。”总的来说，在1986年到1999年之间，审理16，632个案件。这些案件中的多数，都涉及私有企业、集体所有企业及合资企业。在实际破产的企业数量与破产案件的数量之间，出现极大的差距。“这个不相称可能是由下面三个因素所导致的：来自政府领导人的巨大压力，银行对破产的强烈反对，社会中根深蒂固的‘依赖’心理。”陈锋解释，依赖是因为工人阶级被视为社会的“领导阶级”，所以认为其政府应当照顾工人阶级，尤其是国有企业中的工人。

⑤ Ma，“A New Chinese Bankruptcy System：Made for Business or for the State?”，p. 205.

⑥ Ibid.

⑦ Ibid. p. 206.

⑧ Ibid.

人们并不信任这个制度。[①] 孔子学说仍然对商业行为有很大影响。孔子学说的道德教化，包括遵守一些价值观念，普通的中国人非常尊重这些价值观念，并且在中国商业实践以及他们对法律的使用中，可以很明显地看出来：礼，包括“礼义、礼仪、礼节等”；孝，“爱自己的家人，父母爱他们的孩子，孩子爱他们的父母”；义，“正义”；信，“诚实守信”；仁，“对他人仁慈、慈悲，这是最高的儒家美德”；忠，“对自己的国家忠诚”。[②] 孔子学说“鼓励平衡与和谐”。[③] 除非没有其他的选择，人们应当维持他们的友谊与关系的完好，而不是申请法院的介入；依据孔子学说，迫使债务人非自愿破产同样也是“违反道德”的。[④]

社会主义与共产主义同样对中国的文化观念，以及由此产生的破产法，产生了很大影响。[⑤] 中国最新的、最重要的《破产法（试行）》主要是针对国有企业。[⑥] 让国有企业破产非常

---

① Ma,“A New Chinese Bankruptcy System: Made for Business or for the State?”. 中国政府的政策非常保守，并且不允许大型国有企业破产。法官不能在没有政府批准的情形下，作出破产的决定。此外，许多实务人士同意“这个法律制度太粗了”，而且法官“并不理解破产法”，因为他们缺少“专业知识以及实践经验”。债权人认识到，法院处理破产纠纷的专业人士配备不够，因而在债权人怀疑或者知道企业偿付能力不足的情况下，其会试图自己采取行动，而没有法院引导。

② B. A. Robinson, “Confucianism: Founded by K'ung Fu Tzu, Ontario Consultants on Religious Tolerance”, http://www.religioustolerance.org/confuciu.htm (July 12, 1995).

③ Ma, “A New Chinese Bankruptcy System: Made for Business or for the State?”, p. 206.

④ Ibid. p. 207. 中国破产法起草过程中，遇到的一个挑战，就是要说服债权人相信“虽然保持和谐关系非常重要，但是如果通过破产法制度解决问题，他们的经济利益就可以得到更好的保护”。

⑤ See ibid.

⑥ Immanuel Gebhardt & Kerstin Olbrich, “New Developments in the Reform of Chinese Bankruptcy Law”, 12 *Austl. J. Corp. L.* 109, 109 (2000)（该文声称这部法律包括中国最详细的关于破产法的规定）。（这是指1986年《破产法（试行）》——译者注）

困难，这需要政府的批准。[①] 国有企业是国家的财产，而且破产被视为领导的失误，这会让政府很没面子；[②] 但是，很多的企业经营亏损。[③] 如果有很多的国有企业一次性关闭，那么会有很多人同时失去工作。到目前为止，还没有制定法律来解决这个问题。[④] 如果国有企业可以自由破产，也可能产生多米诺骨牌效应，因为许多国有企业相互之间依赖程度非常高。[⑤]

依据中国《民事诉讼法》第16章和第19章的规定，私有企业可以申请开启清算程序，然后可以转变为重组案件。[⑥] 如果法院受理了案件，那么针对索赔的冻结程序开始生效。[⑦] 虽然所有的案件以清算开始，但是通过债权人会议，可以就重组计划进行表决，如果有2/3以上非担保权人同意，重组计划就可以被批准。[⑧] 职工债权享有优先权，其次是税务债权。[⑨]

1986年，中国通过一个很有争议的允许国有企业破产的

---

① Ma, "A New Chinese Bankruptcy System: Made for Business or for the State?", p. 208.

② Ibid. p. 207.

③ Chen, "Chinese Bankruptcy Law: Milestones and Challenges", p. 60.

④ Ma, "A New Chinese Bankruptcy System: Made for Business or for the State?", p. 208. 中国工人阶级被认为是国家的领导阶级。Chen, "Chinese Bankruptcy Law: Milestones and Challenges", p. 59. 工人多年来付出的工资更多，因为他们相信在退休之后，每年可以收到相当于工资90%的退休金。如果国有企业破产，工人将一无所有。See Zhang & Booth, "Chinese Bankruptcy Law in an Emerging Market Economy: The Shenzhen Experience", p. 13.（该文介绍国有企业更加像自治市，而不是私营企业，这是他们的工人所关心的。）

⑤ Ma, "A New Chinese Bankruptcy System: Made for Business or for the State?", pp. 208 - 209.

⑥ Gebhardt & Olbrich, "New Developments in the Reform of Chinese Bankruptcy Law", p. 109. 在深圳市，债务人如果损失严重，或者无法清偿到期债务的话，就有资格破产。Zhang & Booth, "Chinese Bankruptcy Law in an Emerging Market Economy: The Shenzhen Experience", p. 7.

⑦ Zhang & Booth, "Chinese Bankruptcy Law in an Emerging Market Economy: The Shenzhen Experience", p. 9.

⑧ Ibid. p. 7.

⑨ Ibid.

法律。[①] 这些案件都以清算开始，但是之后可以转化为重组案件。[②] 制定这部新法的目的是鼓励国有企业更加有效地管理，并且清算亏损的企业。[③] 然而，立法者继续呼吁要修改这部法律，因为该法将企业是否能够申请破产的决定权交给了政府，而不是法院或者债权人。[④] 法院仍然不独立，公众也依然对司法机构不信任。[⑤] 此外，虽然新法有其明确的目的，但是政府仍然将国有企业破产视为一件非常丢脸的事情，因此阻碍新制度的形成。[⑥] 很明显，想要在国际资本市场竞争的欲望，不能战胜传统的文化和社会观念。

2. 关于东亚破产政策与文化的结论

正如许多传统社会正在学习的，修改法律与让人们习惯使用新法，是两件非常不同的事情。比如，日本很早就通过新的《民事再生法》，使其成为世界上少数设立控制债务人制度的

---

① See Ta – kuang Chang, "The Making of the Chinese Bankruptcy Law: A Study in the Chinese Legislative Process", 28 *Harv. Int'l L. J.* 333, 333 – 34 (1987). (该文详细介绍整个立法过程)。Gebhardt & Olbrich, "New Developments in the Reform of Chinese Bankruptcy Law", p. 152.

② Boshkoff & Song, "China's New Bankruptcy Law: A Translation and Introduction", p. 360.

③ See Zhang & Booth, "Chinese Bankruptcy Law in an Emerging Market Economy: The Shenzhen Experience", p. 2.

④ See Boshkoff & Song, "China's New Bankruptcy Law: A Translation and Introduction", p. 361; Ma, "A New Chinese Bankruptcy System: Made for Business or for the State?", p. 206; see also Gebhardt & Olbrich, "New Developments in the Reform of Chinese Bankruptcy Law", pp. 109 – 110 (介绍了改革的需要); Zhang & Booth, "Chinese Bankruptcy Law in an Emerging Market Economy: The Shenzhen Experience", pp. 2 – 3 (same).

⑤ Ma, "A New Chinese Bankruptcy System: Made for Business or for the State?", p. 206.

⑥ See ibid. p. 207. 怎样安置被解雇的工人，同样是一个巨大的障碍。《美国破产法》对于商业破产，并没有批判性质（non – judgmental）。中国破产法与美国破产法不同，中国破产法会因企业破产而责备一些人，至少会追究责任。Boshkoff & Song, "China's New Bankruptcy Law: A Translation and Introduction", p. 361. 中国法允许对经营管理不善的企业采取刑事处罚措施。

国家之一。这部法律的起草比计划的时间要早，从而试图为日本低迷的经济注入生机。虽然该法在一定程度上被使用着，但是政府希望其被更多地使用。[①] 债务所带来的耻辱还是非常普遍。随着债务增多，经济倒退，以及企业破产数量增长，与债务相关的自杀行为也在增多。[②] 虽然日本的经济财政大臣呼吁，法律与对债务清偿的态度都要转变，但是法律的转变，比观念的转变要容易得多。

由于中国也准备批准与展开其重整制度，可能中国也将会面临同样的问题。中国同样也将欠债不还视为非常大的耻辱，并且认为如果不还债，就会过上不幸的生活。[③] 从文化上来说，与日本一样，中国人将关系看得比金钱与自我提升更重要。

讨论到的亚洲国家中，没有哪个有高破产率。这既有文化的原因，也有机会导向的原因。有时候，法律起不到什么帮助。许多情况下，文化因素使得破产成为大忌。在中国，企业能够受到国家所有权的庇护，即使他们并不盈利，没有人丢脸。但是，在没有这种庇护的地方，比如日本的资本主义市场，自杀就成为一种解脱方式；对于另外一些人来说，使用新法还是可取的。日本以及其他拥有深刻的耻辱文化的国家一定要寻找一个方式，平衡经济目标与负债过多带来的其他严重问

---

① See Associated Press, "Japanese Ponder Shame Culture That Leads to Suicides over Debt, Post and Courier" (Charleston, S. C.). 实际上，日本政府通过电视与网络等多种手段，鼓励日本商人运用这部新法。很难想象，美国政府会这样鼓励第11章的运用。但是文化因素，令日本"推销"新法成为必要。日本传统的耻辱文化非常盛行。

② Ibid. 最让人感到耻辱的事情就是不还债。See West, "Dying to Get Out of Debt: Consumer Insolvency Law and Suicide in Japan". 自杀经常与破产相连，即使法律对管理人员与企业都已经非常友好。日本有世界最高的人均自杀率。

③ See e. g. , Pamela Pun, "Top Bank 'Names and Shames' Debtors in Adverts", *The Standard* (Hong Kong), http://www.thestandard.com.hk/news_detail_frame.cfm?articleid=51898&intcatid=2 (Nov. 3, 2004).

题之间的关系，比如通过越来越多的信贷刺激经济发展。最终，破产制度要符合国家的文化与经济需要。单纯地从世界上其他地方移植破产制度，是起不到什么作用的，尤其是从文化完全不同的地区移植。移植来的法律也会被误解和怀疑，而且得不到充分利用。

结论

正如前面讨论美国政策的时候所表明的，破产的再生与通过控制债务人的重整，根植于美国的资本主义社会。① 首先是创业型经济诞生，然后是充满活力的消费经济。② 这个制度条件在经济的起源时就存在，而破产制度就直接诞生于这样的情形之中。

现在，其他国家正试图建立一个更加充满活力的市场经济，在某种程度上，需要通过发展新的破产制度来实现。③ 与此同时，世界人民同样也面临着越来越多的信贷——经常是超过他们可以偿还的范围。④ 非常明确的是，一个减少新信贷经济可能带来的痛苦与折磨的途径就是，制定宽容的豁免和重整法，以解决不可避免会出现的经济破产问题。这无疑是一种全球趋势。⑤

本文认为，建立一个更加宽容的破产制度，可能会有一定的经济与社会意义，但是在一些社会中可能无法接受。另一方

---

① 参见第 349 页注释⑥和注释⑦，第 350 页至第 359 页的注释，以及其相应文本。

② 参见第 350 页注释③至注释⑤，第 351 页至第 359 页的注释，以及其相应文本。

③ Metzger & Bufford，"Exporting United States Bankruptcy Law：The Hungarian Experience"，p. 153.（该文指出当一个国家试图建立市场经济的时候，破产法是最需要制定的法律之一。）

④ 参见第 344 页注释①。

⑤ See Efrat，"Global Trends in Personal Bankruptcy"，pp. 92 –94.

面，美国对待破产的观念，自从破产变得普遍之后，就发生了变化，所以可能世界上长期存在的文化观念也会改变。只有时间能够证明这一切。与此同时，政府与立法者一定要意识到，移植破产法律制度并不是植入没有文化积累的社会中，比如18世纪与19世纪初美国的经济和社会体系。当前许多文化非常复杂。对于这些政府来说，我建议在发展新的破产制度的时候，接受下面所说的谨慎的途径。

第一，认识到新的破产制度需要一定的时间才能被接受，政府与立法者应当非常仔细并谨慎地思考，怎样以及何时放松对信贷体制的管制。他们应该限制那些可以处理自己收入的公民使用信贷，并且不要以为广泛的信贷与购买力必然代表幸福生活。对于一个没有接受债务豁免的社会，即使法律上允许债务豁免，也可能成为一个非常危险的陷阱。破产可能带来的社会后果包括失去家庭、其他财产甚至家人。

第二，假定因为已经大量扩张，其数量已经超过了许多人可以支付的范围，仔细考虑如何管制信贷已经太晚，政府与立法者应该试图教育公众，怎样负责任地使用信贷，以及怎样使用法律提供的债务豁免这样的有利条件。欧洲与日本都有过这样的教育，即使许多消费者表示，他们并不在乎法律现在会允许债务豁免。其他人可能会拒绝使用这些法律，因为这样做会被认为是不诚实的。① 教育措施应该继续努力关注去耻辱化，还要防止过度负债带来的隔离、自愿流放及自杀。

第三，建立新破产制度的政府应该要避免对任何制度的大规模的移植，而且尤其应该避免不考虑法律的具体构成，而移植美国制度。美国的债务文化看起来不同于世界上其他大多数

---

① See "Business Suicides: Japan's Death Trap", *Bus. Week Online*, http://www.businessweek.com/print/magazine/content/02_22/b3785141.htm (June 3, 2002).

地区，因此采用更加温和的移植方式，可能会获得更大的成功。从美国破产法中移植的部分制度，在德国、日本、东欧、印度尼西亚、[①] 泰国[②]以及世界上其他地区的实践中被忽视了。美国这些制度只是太令人困惑、太有背景、太复杂，因而难以在他们的“新家”中发挥作用。而且他们同样也要以新的东道国中，可能无法提供的社会文化条件为基础。[③] 这导致其带来的问题比解决的问题更多。因为由于过度负债而导致的社会问题，在新制度产生之前是被解决了的。各国不能大规模引进任何制度，而是需要努力从许多制度中借鉴，以确保新法符合社会经济发展的需要，并且适应该国社会中的独特文化。[④]

---

① See Wihlborg & Gangopadhyay, *Infrastructure Requirements in the Area of Bankruptcy Law*, p. 306.

② See ibid.

③ 一个很好的例子是日本、德国与墨西哥现在都已经有了债务人占有制度，但是在这些地方都没有普遍接受这个制度。

④ 这些文化因素的例子：在法国工作拥有独特地位，在日本名誉与面子地位非常受到重视，而德国和澳大利亚则非常重视效率。以文化问题为基础，可以发展的一些成熟领域包括豁免的范围、自动中止的范围、优先权制度、是否需要清偿计划，以及讨论到的许多其他领域。

译后记

中华人民共和国的破产立法过程，用“命途多舛”来形容应该不为过。从 1983 年经济体制改革之初“破产”的概念首次闯入国人的视野，到 1986 年第一部《破产法（试行）》最终开始实施；从 1992 年全面进行市场经济改革后，各地方政府的破产试点实践，到国务院制定的政策性破产规定；从在加入 WTO 及市场经济地位不断提升的双重压力下，于 2006 年通过的《中华人民共和国企业破产法》建立起一套与时俱进的破产制度，到 2008 年全球金融危机之后，又陷入讨论的“大而不倒”、个人破产立法、金融机构破产立法等新问题和新领域。中国破产法缓慢推进的进程中，留下了深深的谓之“中国特色”的印记。其中，每一个节点都承载着一段动人心魄的故事，每一席争论都牵涉经济主体利益的博弈与平衡，每一次的修正，不仅反映出了“政府”与“市场”关系的此消彼长，还不断提醒着人们，中国的市场经济已经融入世界经济发展的大版图之中。

随着中国与世界其他国家经贸往来的日益密切，这个被誉为“奇迹”的新兴经济体的制度环境，受到了来自不同国家的境外学者与相关从业人员的关注。而作为“转型时期的市场宪法”的破产法，更是首当其冲，人们不禁要问，中国《破产法》在多大程度上支撑着市场经济的飞速发展，适用于我国转型经济背景下产生的效果如何？中国《破产法》的法律移植取得了什么样的进展，会不会与司法实践之间出现“水土不服”？破产立法中有哪些成败得失，如何更好地使《破产法》真正成为我国经济转型的助推器？这些正好也契合“破产法卷”的翻译宗旨，为了能真正看清《破产法》的“庐山真面目”，本书选取了域外学者的评述论文而组成，希望能通过本书听到针对中国《破产法》相关问题的真知灼见。

对于上述这些问题，本书作者们以其独特的视角，针对不同方面，都做了有益的思考和研究。有的文章理论与实证遥相呼应，有的文章分析与举例相得益彰；有的对整个破产法制度高屋建瓴提出意见，有的就某一具体措施深入浅出叙述观点；有的回溯破产立法的历史进程，并展望未来的发展变化，有的仅对某一时点的法律修订，阐释相关的背景与环境。在文章的筛选过程中，翻译组始终恪守着一套严格的标准，秉持着宁缺毋滥的精神，在众多文章中常常忍痛割爱，以保证呈现给读者的文章的新颖性、启发性和可借鉴性。但是，仁者见仁，书中文章的观点究竟如何，“洋专家”是否熟悉中国的实际情况，敬请各位读者评判。

我们很荣幸能够参加本书的翻译，从最初接到译稿的那刻起，翻译组的每一位成员都把这看成是一次难得而珍贵的学习机会。翻译工作是连接作者与读者的桥梁，翻译得好，可能传递经典甚至创造经典；翻译得不好，也可能成为经典的“终结者”，因此，在学习之余，译者们肩负着重大的使命与责任。这份压力使我们在艰辛又耗时的翻译过程中不敢有丝毫懈怠，曾经几易其稿终不满意。而且，翻译会逼着译者不断地琢磨遣词造句，会逼着译者去查证大量的相关资料，也会逼着译者尽可能地注意细节，哪怕一个标点和一个脚注也不能疏忽。

翻译一方面要忠实于原文，译文在译好后不仅进行仔细校对，还有部分译文送交到原文作者手中，由他们进行评议与修正。另一方面，翻译的最终目的在于要面对读者，译作理应比原作更易于让读者理解，这才符合读者的“合理期待”。因此，译作不仅要考虑中文的表达的方式和习惯，还要注意使用“法言法语”，用翻译界经常提到的三个字来概括就是要做到“信、达、雅”。我们不敢说我们做到了，但是我们的确是以此为目标而努力着。

无论过程怎样，结果已经呈现于此。译者们所有的汗水与努力，都渗透于本书的字里行间，希望您轻松而舒畅的“悦读”就能说明一切。但是，由于译者们的水平有限，书中不足之处，还请各位读者批评雅正，不胜感激！

最后也最重要的是，感谢所有为此书辛勤付出的人，更感谢所有阅读此书的人。

本书全体译者

（执笔人：涂晟、谢琳）